Geltung und Durchbrechungen des Grundsatzes „Nullum crimen nulla poena sine lege“ im kanonischen Recht, insbesondere in c. 1399 CIC/1983

ADNOTATIONES IN IUS CANONICUM

Hrsg. von Elmar Güthoff und Karl-Heinz Selge

Band 39

PETER LANG

Frankfurt am Main · Berlin · Bern · Bruxelles · New York · Oxford · Wien

Bernd Eicholt

GELTUNG UND DURCHBRECHUNGEN DES GRUNDSATZES „NULLUM CRIMEN NULLA POENA SINE LEGE“ IM KANONISCHEN RECHT, INSBESONDERE IN C. 1399 CIC/1983

PETER LANG
Europäischer Verlag der Wissenschaften

Bibliografische Information Der Deutschen Bibliothek
Die Deutsche Bibliothek verzeichnet diese Publikation in der Deutschen Nationalbibliografie; detaillierte bibliografische Daten sind im Internet über <http://dnb.ddb.de> abrufbar.

Zugl.: Köln, Univ., Diss., 2005

D 38
ISSN 0946-9176
ISBN 3-631-55324-2

www.peterlang.de

Meinen Eltern

Vorwort

Die Arbeit wurde im Wintersemester 2005/2006 von der Rechtswissenschaftlichen Fakultät der Universität zu Köln als Dissertation angenommen. Die vorliegende Druckfassung ist geringfügig erweitert und korrigiert. Das Literaturverzeichnis ist auf dem Stand vom 15. September 2005. Neuere Literatur wurde bis zum 22. Januar 2006 nur berücksichtigt, soweit dies aus inhaltlichen Gründen erforderlich war.

Herrn Prof. Dr. Baldus danke ich für die vielfältige Unterstützung und die Geduld, mit der er die Erstellung dieser Arbeit begleitet hat. In vielen Einzelfragen hat er wertvolle weiterführende Hinweise sowohl aus inhaltlicher Sicht als auch im Hinblick auf Literatur gegeben. Darüber hinaus bin ich ihm und Herrn Prof. Dr. Muckel für die zügige Anfertigung des Erst- und des Zweitgutachtens dankbar.

Bei den erforderlichen Übersetzungen konnte ich insbesondere auf die Unterstützung von Frau Annette Beaumart, Frau Eva Maria Salvato und Herrn Stephan Christmann zählen.

Herrn RA und StB Franz-Josef Müller danke ich für die kritische Durchsicht der Arbeit, sowohl in inhaltlicher als auch in formaler Hinsicht. Eventuell vorhandene Fehler in Orthographie, Interpunktion und Grammatik liegen aber selbstverständlich allein in der Verantwortung des Verfassers.

Für die unkomplizierte Unterstützung bei der Beschaffung von Literatur schulde ich den Mitarbeiterinnen und Mitarbeitern der Bibliothèque Sainte-Geneviève (Paris), der Université Robert Schuman - Bibliothèque de 1er cycle–D. Huet-Weiller (Straßburg), der Bibliothèque Nationale Universitaire (Straßburg), dem Heythrop College (London), der Staatsbibliothek zu Berlin – Preußischer Kulturbesitz und der Universitätsbibliothek Regensburg besonderen Dank.

Zu danken habe ich ferner Herrn Prof. Dr. Dr. Elmar Güthoff und Herrn Dr. Selge für die Aufnahme in die Reihe Adnotationes in Ius Canonicum.

Landreger/Köln, den 21. Mai 2006
Bernd Eicholt

Gliederung

Literatur- und Quellenverzeichnis

Abbo, John A. / *Hannan*, Jerome D.: The sacred canons (2 Bände), 2. neubearbeitete (=3.) Aufl. St. Louis u. a. 1960

Adami, Franco Edoardo: Continuità e variazioni di tematiche penalistiche nel nuovo Codex Iuris Canonici, in: EIC 40 (1984), 55 ff. und EIC 45 (1989), 137 ff.

Ahlbrecht, Heiko: Geschichte der völkerrechtlichen Strafgerichtsbarkeit im 20. Jahrhundert, Baden-Baden 1999

Akademie für Staats- und Rechtswissenschaft der DDR: Staatsrecht der DDR, 2. Aufl. Berlin 1984

Alesandro, John A. / *Cuneo*, J. James / *Varvaro*, William A. / *Vondenberger*, Victoria: Jurisprudence: A Collection of U.S. Tribunal Decisions, Washington D. C. 2002

Alesandro, John A.: Dismissal from the clerical state in cases of sexual misconduct: recent derogations, in: Canon Law Society of America (Hrsg.), Proceedings of the fifty-sixth annual convention in Atlanta/Georgia, Washington D. C. 1994, S. 28 ff.

Althaus, Rüdiger: *sive procedura iudicialis sive administrativa* – Zwei gleichwertige Alternativen der kirchlichen Strafverhängung ?, in: Althaus, Rüdiger / Oehmen-Vieregge, Rosel / Olschewski, Jürgen (Hrsg.), Aktuelle Beiträge zum Kirchenrecht, FG für Heinrich J. F. Reinhardt, Frankfurt/M. u. a. 2002, S. 31 ff.

Amann, Thomas A.: Der Verwaltungsakt für Einzelfälle, St. Ottilien 1997

Amann, Thomas A.: Die Strafe der Exkommunikation aufgrund der versuchten Priesterweihe von Frauen, in: AfkKR 171 (2002), 93 ff.

Amar, Yvan: Les dix commandements, Neuauflage Paris 2004

Ancel, Marc: A propos de quelques discussions récentes sur la règle „nulla pœna sine lege“, in: Rev. sc. crim. 1937, 670 ff.

Ancel, Marc: Est-il désirable que le juge puisse retenir et punir un fait qui ne rentre pas expressément sous les termes d'une disposition légale ?, in: R.I.D.P. 1937, 240 ff.

Ancel, Marc: Le règle „nulla poena sine lege“ dans les législations modernes, in: Annales de l'Institut de Droit comparé de l'Université de Paris 2 (1936), 245 ff.

André, Michel: Cours alphabétique et méthodique de Droit Canon (6 Bände), 3. Aufl. Paris 1859/1860

Andrieu-Guitrancourt, Pierre: Introduction sommaire a l'étude du droit en général et du droit canonique contemporain en particulier, Paris 1963

Angelo, Sosio d': Nozione del delitto nel codice di diritto canonico, in: ETL 3 (1926), 210 ff.

Annibale, Josephus d': Summa theologiae moralis (3 Bände), 4. Aufl. Rom 1896-1897

Arias, Juan: Principios basicos para la reforma del derecho penal canonico, in: IusCan 10 (1970), 185 ff.

Aristoteles: Werke in deutscher Übersetzung, Flashar, Hellmut / Grumach, Ernst (Hrsg.) (Bisher erschienen: Bände 1, 3, 6, 7, 8, 9, 10, 11, 12, 14, 17, 18, 19, tw. mit Unterbänden), unterschiedliche Aufl. 1958-2002

Astrath, Wilhelm: Der kirchliche Strafprozeß – eine Hilfe für Rechtsfrieden und Rechtssicherheit,
in: Lüdicke, Klaus / Mussinghoff, Heinrich / Schwendenwein, Hugo (Hrsg.), Iustus Iudex, FG für Paul Wesemann, Essen 1990, S. 363 ff.

Auria, Andrea d': L' Imputabilità penale,
in: Gruppo Italiano Docenti di Diritto Canonico (Hrsg.), La sanzioni nella Chiesa, Mailand 1997, S. 49 ff.

Aymans, Winfried / *Heinemann*, Heribert / *Mörsdorf*, Klaus / *Strigl*, Richard A.: Lex Ecclesiae Fundamentalis. Bericht über die Arbeitsergebnisse eines Kanonistischen Symposiums in München 1971, in: AfkKR 140 (1971), 407 ff.

Aymans, Winfried / *Mörsdorf*, Klaus: Kanonisches Recht (bisher 2 Bände), 13. Aufl. Paderborn u. a. 1991-1997

Aymans, Winfried: Die Quellen des kanonischen Rechtes in der Kodifikation von 1917,
in: IusCan 15 (1975), 79 ff.

Aymans, Winfried: Kirchliche Grundrechte und Menschenrechte,
in: AfkKR 149 (1980), 389 ff.

Badura, Peter: Staatsrecht, 3. Aufl. München 2003

Baldanza, Joseph: De recognoscendo iure canonico poenali – quaestiones quaedam,
in: EIC 19 (1963), 93 ff.

Bareille, Georges: Code du droit canonique, Neuauflage (= 6. Aufl.), Montréjeau u. a. 1929

Basset, William: Der Ruf nach Fairness in den Rechtsverfahren, in: Conc. 11 (1975), 494 ff.

Bästlein, Klaus: Der Nürnberger Juristenprozeß und seine Rezeption in Deutschland,
in: Peschel-Gutzeit, Lore Maria (Hrsg.), Das Nürnberger Juristen-Urteil von 1947, Baden-Baden 1996, S. 9 ff.

Beal, John P. / *Coriden*, James A. / *Green*, Thomas J.: New Commentary on the Code of Canon Law, New York u. a. 2000

Beccaria, Cesare: Dei delitti e delle pene, Venturi, Franco di (Hrsg.), Turin 1965

Becker, Hans-Jürgen: Das rechtliche Gehör, in: Hausmann, Jost / Krause, Thomas (Hrsg.), „Zur Erhaltung guter Ordnung", FS für Wolfgang Sellert, Köln u. a. 2000, S. 67 ff.

Beinert, Wolfgang: Angst und Kirche, in: StdZ 207 (1989), 219 ff.

Bénétruy, Joseph: Le précepte en droit canonique, in: AnnCan 5 (1957), 43 ff.

Benjamin, Hilde: Vom IV. zum V. Parteitag der Sozialistischen Einheitspartei Deutschlands,
in: NJ 1958, 437 ff.

Bernardini, Corrado: Osservazioni sul canone 1399, in: MonEccl. 114 (1989), 143 ff.

Bernardini, Roger: Droit pénal général, Paris 2003

Bernardis, Lazzaro Maria de: Una sentenza fuori del tempo, in: IDE 98 (1987), 342 ff.

Bernasconi, Jacques: Le juge pénal et la légalité, Diss. iur. Lyon 1979

Bernhard, Jean: Excommunication et pénitence – sacrement aux deux premiers siècles de l'église – contribution canonique,
in: RDC 15 (1965), 265 ff. und 318 ff. und RDC 16 (1966), 41 ff.

Bernhard, Jean: Les droits fondamentaux dans la perspective de la „Lex Fundamentalis" et de la révision du code de droit canonique,
in: Corecco, Eugenio / Herzog, Niklaus / Scola, Angelo (Hrsg.), Les Droits Fondamentaux du Chrétien dans I'Eglise et dans la Société – Die Grundrechte des Christen in Kirche und Gesellschaft – I Diritti Fondamentali del Cristiano nella Chiesa e nella Società, Fribourg u. a. 1981, S. 367 ff.

Bernhard, Jean: Les Procédures,
in: Bernhard, Jean / Lefebvre, Charles / Rapp, Francis (Hrsg.), L'époque de la réforme et du concile de Trente (= Le Bras, Gabriel / Gaudemet, Jean [Hrsg.], Histoire du Droit et des Institutions de l'Église en Occident, Band XIV), Paris 1989, S. 389 ff.

Beste, Udalricus: Introductio In Codicem, 5. Aufl. Neapel 1961

Bettiol, Giuseppe: Sullo spirito del diritto penale canonico dopo il concilio „Vaticano II", in: RIDPP 1972, 1083 ff.

Beyer, Jean: La „Communio" comme critère des droits fondamentaux,
in: Corecco, Eugenio / Herzog, Niklaus / Scola, Angelo (Hrsg.),
Les Droits Fondamentaux du Chrétien dans I'Eglise et dans la Société –
Die Grundrechte des Christen in Kirche und Gesellschaft – I Diritti Fondamentali del Cristiano nella Chiesa e nella Società, Fribourg u. a. 1981, S. 79 ff.

Beziz-Ayache, Annie: Dictionnaire de droit pénal général et procédure pénale, 2. Aufl. Paris 2003

Biermann, Frank: Gesetzliches Unrecht in der DDR und Rückwirkungsverbot – am Beispiel von § 27 des DDR-Grenzgesetzes, Diss. iur. Göttingen 1997

Blat, Albertus: Commentarium textus codicis iuris canonici (5 Bände), Band 1, 4 und 5 in 1. Aufl., Band 2 und 3 in 2. Aufl. Rom 1921-1934

Blumentritt, Stephan W.: Das österreichische Strafgesetz über schwere Polizei-Uebertretungen vom 3. September 1803; 2. Aufl. Wien 1848

Boberach, Heinz: Richterbriefe, Boppard 1975

Böckenförde, Ernst-Wolfgang: Die Rechtsauffassung im kommunistischen Staat, 2. Aufl. München 1967

Böckenförde, Werner: Der neue Codex Iuris Canonici, in: NJW 1983, 2532 ff.

Bonner Kommentar zum Grundgesetz: Dolzer, Rudolf / Vogel, Klaus u. a. (Hrsg.), Heidelberg Loseblattausgabe

Bopp, Georg: Die Entwicklung des Gesetzesbegriffes im Sinne des Grundrechtes „Nulla poena, nullum crimen sine lege", Diss. jur. Freiburg/Brsg. 1966

Borras, Alphonse: L'Église peut-elle punir ?, in: NRT 113 (1991), 205 ff.

Borras, Alphonse: L'excommunication dans le nouveau code de droit canonique, Paris 1987

Borras, Alphonse: Les sanctions dans l'église, Paris 1990

Bouscaren, T. Lincoln / *Ellis*, Adam C. / *Korth*, Francis N.: Canon Law, 4. Aufl. Milwaukee 1963

Boyle, Paul: Die Erneuerung des Kirchenrechts und die Resolutionen der „Canon Law Society of America" von 1965, in: Conc. 3 (1967), 635 ff.

Breitsching, Konrad: Menschenrechte, Grundrechte und kirchliche Rechtsordnung, in: Breitsching, Konrad / Rees, Wilhelm (Hrsg.), Tradition – Wegeweisung in die Zukunft, FS für Johannes Mühlsteiger, Berlin 2001, S. 191 ff.

Bressolette, Claude: Les droits des fidèles dans l'Eglise – Question de mode ou vraie question ?, in: AnnCan 25 (1981), 267 ff.

Bricout, Joseph: Dictionnaire pratique des connaissances religieuses (6 Bände), Paris 1925-1928 und 5 Ergänzungslieferungen 1929-1933

Bride, André: Chronique de droit pénal ecclésiastique – L évolution du droit pénal depuis le Code, in: AnnCan 2 (1953), 303 ff.

Bruggaier, Ludwig: Joseph Hollweck, in: AfkKR 107 (1927), 656 ff.

Buchner, Silke: Die Rechtswidrigkeit der Taten von „Mauerschützen" im Lichte von Art. 103 II GG unter besonderer Berücksichtigung des Völkerrechts, Frankfurt/M. u. a. 1996

Buschmann, Arno: Textbuch zur Strafrechtsgeschichte der Neuzeit, München 1998

Busso, Ariel David: Besonderheiten der kirchlichen Ehejudikatur in Argentinien; Vortrag im Rahmen der Tagung „De Processibus Matrimonialibus" am 25./26. November 2005 am Kanonistischen Institut der Universität Potsdam, erscheint demnächst im Rahmen von DPM 13 (2005)

Cabreros de Anta, Marcelino / *Alonso Lobo*, Arturo / *Alonso Moran*, Sabino: Comentarios al Código de Derecho Canonico (4 Bände), Madrid 1963 –1964

Calabrese, Antonio: Diritto penale canonico, Vatikanstadt 1996

Cance, Adrien: Décisions et précisions canoniques 1928-1955, Paris 1956

Cance, Adrien: Le code de droit canonique (4 Bände), Band 1-3 in 8. Aufl., Band 4 in 1. Aufl. Paris 1949-1952

Cantón, Alberto Bernárdez u. a.: Derecho canónico (2 Bände), Pamplona 1974

Caparros, Ernest / *Thériault*, Michel / *Thorn*, Jean: Code de droit canonique bilingue et annoté, Texte latin-français du *Code de droit canonique* et traduction en langue française de la 5e édition en langue espagnole du commentaire préparé sous la responsabilité de l'INSTITUT MARTÍN DE AZPILCUETA, 2. Aufl. Montréal 1999

Cappello, Felix M.: Summa Iuris Canonici (3 Bände), Bände 1 und 2 in 6. Aufl., Band 3 in 4. Aufl. Rom 1955-1962

Carbasse, Jean-Marie: Histoire du droit pénal et de la justice criminelle, Paris 2000

Carbasse, Jean-Marie: Introduction historique au droit pénal, Paris 1990

Carbasse, Jean-Marie: Le droit pénal dans la déclaration des droits, in: Droits 8 (1988), 123 ff.

Carcassonne, Guy: La Constitution, 6. Aufl. Paris 2004

Card, Richard / *Cross*, Rupert / *Jones*, Philip Asterly: Criminal Law, 16. Aufl. London u. a. 2004

Caron, Arthur: Canon law and moral theology, in: Jurist 22 (1962), 319 ff.

Casamayor, Louis (= *Fuster*, Serge): Préface zu: Cesare Beccaria, Des délits et des peines, Paris 1979, S. 5 ff.

Casey, James V.: A Study of Canon 2222, § 1, Diss. iur. can Washington D. C. 1949

Cassola, Ovidio: Natura e Divisione del Delitto – Osservazioni de iure contendo, in: Apoll. 34 (1961), 332 ff.

Castellano, Marius: De decreto episcopali administrativo, in: MonEccl. 77 (1952), 76 ff.

Catholicisme hier, aujourd'hui, demain: Jacquemet, Gabriel / Mathon, Gérard / Baudry, Gérard-Henry / Guilly, Paul (Hrsg.), (15 Bände), Paris 1948-2000

Chanez, Cédric: La norme générale du c. 1399 CIC: Histoire et problématique du principe de la légalité., http://isuisse.ifrance.com/chanezc/1399%20CIC.pdf (Stand: 29. April 2005)

Chanez, Cédric: Applicabilité des peines par l'église – Etude du c. 1311 CIC, Lizenziatsarbeit Fribourg (Schweiz), http://isusisse.com/fichiers/1311cic.pdf

Charles, Raymond: Histoire du droit pénal, 4. Aufl. Paris 1976

Charrier, Jean Loup: Code de la Convention européenne des droits de l'homme, (3. Aufl.) Paris 2005

Chelodi, Ioannes / *Ciprotti*, Pio: Ius canonicum de delictis et poenis et de iudiciis criminalibus, 5. Aufl. Vicenza u. a. 1943

Chiappetta, Luigi: Il codice di diritto canonico (3 Bände), 2. Aufl. Rom 1996

Chiappetta, Luigi: Prontuario di diritto canonico e concordatario, Rom 1994

Chiappetta, Luigi: Sommario di diritto canonico e concordatario, Rom 1995

Cimetier, Francisque: Les sources du droit ecclésiastique, Paris 1930

Cimetier, Francisque: Pour étudier le Code de Droit Canonique, 2. Aufl. Paris 1927

Ciprotti, Pio: Elementi di novità nel diritto penale canonico vigente, in: MonEccl 114 (1989), 17 ff.

Ciprotti, Pio: Il diritto penale della chiesa dopo il concilio, in: EIC 26 (1970), 91 ff.

Cleve, Jürgen: Inkompatibilität und Kumulationsverbot, Frankfurt/M. u. a. 1999

Codex Iuris Canonici - Codex des kanonischen Rechts: Herausgegeben im Auftrag der Deutschen Bischofskonferenz, 5. Aufl. Kevelaer 2001

Codex Iuris Canonici: Gasparri, Petrus (Hrsg.), Rom 1918

Codicis Iuris Canonici Fontes: Gasparri, Petrus / Serédi, Jusztinián (Hrsg.) (9 Bände), Vatikanstadt 1923-1939

Cohen-Jonathan, Gérard: La Convention européenne des droits de l'homme, Aix-en-Provence u. a. 1989

Comentario exegético al Código de Derecho Canónico: Marzoa, Angel / Miras, Jorge / Rodríguez-Ocaña, Rafael (Hrsg.) (5 Bände, Bände II, III und IV in je 2 Teilbänden), 3. Aufl. Pamplona 2002

Condé, Pierre-Yves: Le scandale canonique entre concept théologique et signe linguistique, in: RDC 50 (2000), 243 ff.

Constitutio criminalis Theresiana oder der Römisch-Kaiserl. zu Hungarn und Böheim u. u. Königl. Apost. Majestät Mariä Theresiä, Erzherzogin zu Österreich, u. u. peinliche Gerichtsordnung: Wien 1769 (Nachdruck: Foregger, Egmont (Hrsg.), Graz 1993)

Conte a Coronata, Matthaeus Conte a: Compendium Iuris Canonici (3 Bände), Band 1 in 6. Aufl., Band 2 in 5. Aufl. und Band 3 in 1. Aufl., Turin 1949-1964

Conte a Coronata, Matthaeus: Institutiones Iuris Canonici (5 Bände), Band 1 in 4. Aufl., Bände 2 bis 4 in 5. Aufl. und Band 5 in 3. Aufl. Turin u. a. 1950-1962

Conte, Philippe / *Maistre du Chambon*, Patrick: Droit pénal général, 7. Aufl. Paris 2004

Corbet, Patrick: Autour de Burchard de Worms – L'Église allemande et les interdits de parenté (IXème-XIIème siècle), Frankfurt/M. 2001

Corecco, Eugenio: „Ordinatio rationis" oder „ordinatio fidei" ? Anmerkungen zur Definition des kanonischen Gesetzes, in: Gerosa, Libero / Müller, Ludger (Hrsg.), Eugenio Corecco – Ordinatio Fidei, Paderborn u. a. 1994, S. 17 ff.

Corecco, Eugenio: Das Urteil im kanonischen Recht, in: Morsak, Louis C. / Escher, Markus (Hrsg.), FS für Louis Carlen, Zürich 1989, S. 241 ff.

Corecco, Eugenio: Der Katalog der Pflichten und Rechte des Gläubigen im CIC, in: Gabriels, André / Reinhardt, Heinrich J. H. (Hrsg.), Ministerium Iustitiae, FS für Heribert Heinemann, Essen 1985, S. 179 ff.

Corecco, Eugenio: Erwägungen zum Problem der Grundrechte des Christen in Kirche und Gesellschaft, in: AfkKR 150 (1981), 421 ff.

Corecco, Eugenio: Handlung „contra legem" und Rechtssicherheit im kanonischen Recht,in: Gerosa, Libero / Müller, Ludger (Hrsg.), Eugenio Corecco – Ordinatio Fidei, Paderborn u. a. 1994, S. 36 ff.

Coriden, James A. / *Green*, Thomas J. / *Heintschel*, Donald E.: The Code of Canon Law, London 1985

Coriden, James A.: A challenge: Make the Rights real, in: Jurist 45 (1985), 1 ff.

Coriden, James A.: Advisory Opinions – The canonical penalty for abortion as applicable to administrators of clinics and hospitals, in: Jurist 46 (1986), 652 ff.

Coriden, James A.: The Right of Catholics to Hold Meetings on Church Property: Canonical and Pastoral Issues, in: Jurist 62 (2002), 76 ff.

Cornils, Karin / *Greve*, Vagn: Das dänische Strafgesetz – Straffeloven, Freiburg/Brsg. 1997

Corpus Iuris Civilis: Mommsen, Theodor / Krüger, Paul / Schoell, Rudolf / Kroll, Wilhelm / Kunkel, Wolfgang,
Band I (Institutiones [Krüger], Digesta [Mommsen]) in 17. Aufl.,
Band II (Codex Iustinianus [Krüger]) in 13. Aufl. und
Band III (Novellae [Schoell/Kroll]) in 7. Aufl. Berlin 1959-1963

Cortés, David: De prinzipio: „Nullum crimen, nulla poena sine lege" in iure canonico, Diss. iur. kan. München 1958 (Maschinenschrift)

Coste-Floret, Paul: L'Interprétation des lois pénales, in: R.D.P.C. 1937, 4 ff.

Danti-Juan, Michel: Les principes du droit pénal et le conseil constitutionnel, in: Pradel, Jean (Hrsg.), Droit constitutionnel et droit pénal, Paris 2000, S. 15 ff.

Debove, Frédéric / *Falletti*, François: Précis de droit pénal et de procédure pénale, Paris 2001

Decretum Gratiani: Glossierte Fassung, Erstellt unter der Verantwortung von Papst Gregor XIII., Lyon 1606

Delmas Saint-Hilaire, Jean-Pierre: Les principes de la légalité des délits et des peines, in: Ancel, Marc / Bassiouni, Chérif / Blaise, Henry / Marx, Yvonne (Hrsg.), Mélanges en l'honneur du doyen Pierre Bouzat, Paris 1980, S. 149 ff.

Delmas-Marty, Mireille: Le crime contre l'humanité, les droits de l'homme, et l'irréductible humain, in: Rev. sc. crim. 1994, 477 ff.

Demel, Sabine: Abtreibung zwischen Straffreiheit und Exkommunikation, Stuttgart u. a. 1995

Demel, Sabine: Die eigenberechtigte Kirche als Modell für die Ökumene, in: Gerosa, Libero / Demel, Sabine / Krämer, Peter / Müller, Ludger (Hrsg.), Patriarchale und synodale Strukturen in den katholischen Ostkirchen, Münster u. a. 2001, S. 243 ff.

Desportes, Frédéric / *Le Gunehec*, Francis: Droit pénal général, 11. Aufl. Paris 2004

Dictionnaire Encyclopédique de la Théologie Catholique: Wetzer, Heinrich-Joseph / Welte, Bededikt (Hrsg.), Goschler, Isidore (Übersetzer), 25 Bände, 3. Aufl. Paris 1869-1871

Direction des Journaux officiels: Législation et réglementation Code Pénal, Paris 2004

Diz Pintado, Esperanza: El principio de legalidad penal en el derecho canonico: En el codigo de 1917 y en el de 1983, in: REDC 41 (1985), 401 ff.

Domingo, Rafael / *Rodríguez-Antolín*, Beatriz: Reglas Jurídicas y Aforismos, Pamplona 2000

Donnedieu de Vabres, Henri: Traité de droit criminel et de législation pénale comparée, 3. Aufl. Paris 1947

Dordett, Alexander: Erwägungen zur Reform des Kanonischen Strafrechts, in: Mosiek, Ulrich / Zapp, Hartmut (Hrsg.), Ius et salus animarum, FS für Bernhard Panzram, Freiburg/Brsg. 1972, S. 307 ff.

Drößler, Bernd Th.: Bemerkungen zur Interpretationstheorie des CIC/1983, in: AfkKR 153 (1984), 3 ff.

Droste, Franz: Kirchliches Disciplinar- und Criminal-Verfahren gegen Geistliche, Paderborn 1882

Duguit, Léon / *Monnier*, Henry / *Bonnard*, Robert / *Berlia*, Georges: Les constitutions et les principales lois politiques de la France depuis 1789, 7. Aufl. Paris 1952

Duguit, Léon: La séparation des pouvoirs et l'assemblée nationale de 1789, in: Revue d'économie politique 7 (1893), 99 ff., 336 ff. und 567 ff.

Duguit, Léon: Traité de droit constitutionnel (5 Bände), Band 1-3 in 3. Aufl., Band 4 und 5 in 2. Aufl. Paris 1921-1930

Durand, Guy: Sexualité et foi; Montreal 1977

Ebner von Eschenbach, Georg-Friedrich: Wieviel Unrecht verträgt der deutsche Rechtsstaat ?, München 2000

Échappé, Olivier: État de droit et droit canonique, in: AnnCan 38 (1996), 127 ff.

Échappé, Olivier: L'imputabilité de l'acte délictueux, in: AnnCan 30 (1987), 115 ff.

Échappé, Olivier: *Regulae Iuris* et droit canonique contemporain, in: REDC 47 (1990), 423 ff.

Ehrle, Franz: Franz Xaver Wernz, der 25. General der Gesellschaft Jesu, in: StdZ 90 (1915), 340 ff.

Eichmann, Eduard: Das Strafrecht des Codex Iuris Canonici, Paderborn 1920

Eichmann, Eduard: Lehrbuch des Kirchenrechts auf Grund des Codex Iuris Canonici für Studierende, (1. Aufl.) Paderborn 1923

Eisert, Wolfgang: Die Waldheimer Prozesse, Esslingen u. a. 1993

Enciclopedia del diritto: Marchetti, Dino (Band I-XIV) \ Pugliatti, Salvatore / Mortati, Costantino (Band XV-XXVII) \ Passarelli, Constantino (Band XXVIII-XXXIII) \ Santoro-Passarelli, Francesco (ab Band XXXIV) (Hrsg.), bisher 46 Bände, 6 Ergänzungsbände und 4 Stichwortverzeichnisbände, Mailand 1958 ff.

Erdö, Péter: Das „Heil der Seelen" im Codex Iuris Canonici. Ein öffentlich-rechtliches Prinzip der Interpretation und der Rechtsanwendung, in: AfkKR 172 (2003), 84 ff.

Erdö, Péter: Die Quellen des Kirchenrechts, Frankfurt/M. u. a. 2002

Erdö, Péter: Die Verhängung von Kirchenstrafen auf dem Verwaltungsweg. Einige mögliche Mittel der Wirksamkeit des kanonischen Strafsystems, in: DPM 8/2 (2001), 17 ff.

Erdö, Péter:La funzione dei riferimenti alle salvezza delle anime nei due Codici Chiesa Cattolica, in: Zapp, Hartmut / Weiß, Andreas / Korta, Stefan (Hrsg.), Ius Canonicum in Oriente et Occidentum, FS für Carl Gerold Fürst, Frankfurt/M. u. a. 2003, 49 ff.

Eser, Albin / *Arnold*, Jörg (Hrsg.), Strafrecht in Reaktion auf Systemunrecht, Band 1 Internationales Kolloquium, Freiburg/Brsg. 2000

Eser, Albin: Strafrecht in Staat und Kirche, in: Schwab, Dieter / Giesen, Dieter / Listl, Joseph / Strätz, Hans-Wolfgang (Hrsg.), Staat, Kirche, Wissenschaft in einer pluralistischen Gesellschaft, FS für Paul Mikat, Berlin 1989, S. 493 ff.

Esswein, Anthony Albert: The Extrajudical Coercive Powers Of Ecclesiastical Superiors, Diss iur. can. Washington D. C. 1941

Falco, Mario: Introduzione allo studio del „Codex Iuris Canonici", Turin 1925

Faris, John D.: Penal law in the Catholic Churches: A comparative overview, in: Folia Theologica 2 (1999), 53 ff.

Favoreu, Louis / *Philip*, Loïc: Les grandes décisions du Conseil constitutionnel, 12. Aufl. Paris 2003

Fedele, Pio: Discorsi sul diritto canonico, Rom 1973

Fedele, Pio: Il principio „nullum crimen sine praevia lege poenali" e il diritto penale caononico, in: RIDP 1937, 489 ff.

Feine, Hans Erich: Kirchliche Rechtsgeschichte, 5. Aufl. Köln u. a. 1972

Felici, Pericles: De poenale iure interpretando, in: Apoll. 11 (1938), 404 ff.

Felici, Pericles: Una questione elegante: Favorevole o odiosa la norma penale ?, in: Comm. 10 (1978), 273 ff.

Feliciani, Giorgio: Christian Faithful. Their Rights and Obligations (cc. 7-26), in: Nedungatt, George (Hrsg.), A guide to the Eastern Code, Rom 2002, S. 81 ff.

Feuerbach, Paul Johann Anselm von: Lehrbuch des gemeinen in Deutschland geltenden Peinlichen Rechts, (1. Aufl.) Gießen 1801

Fidas, Vlassios: Doctrine et développement historique des droits fondamentaux dans la tradition orthodoxe, in: Corecco, Eugenio / Herzog, Niklaus / Scola, Angelo (Hrsg.), Les Droits Fondamentaux du Chrétien dans I'Eglise et dans la Société – Die Grundrechte des Christen in Kirche und Gesellschaft – I Diritti Fondamentali del Cristiano nella Chiesa e nella Società, Fribourg u. a. 1981, S. 669 ff.

Fieffé-Lacroix: La clef des lois romaines (2 Bände), Metz 1809/1810 (Nachdruck Aalen 1979 als Supplément 2 und 3 zu: Hulot, Henri (Hrsg.), Corps de droit civil romain en latin et en français (14 Bände und 3 Suppléments), Metz 1803-1805, Supplément 1 Metz 1811, Supplément 2 und 3 Metz 1809/1810)

Fiter, Roger: Droit canonique, droit humain original - Ou instrument d'oppression au sein de l'église ?, in: PJR 7 (1990), 49 ff.

Flatten, Heinrich: Der Häresieverdacht im Codex Iuris Canonici, Amsterdam 1963

Franz, Günther: Staatsverfassungen, 2. Aufl. München 1964

Fricke, Karl Wilhelm: Politik und Justiz in der DDR, 2. Aufl. Köln 1990

Friedberg, Emil: Corpus Iuris Canonici (2 Bände), Leipzig 1879 (Nachdruck Graz 1959)

Frost, Herbert: Kanonisches Zinsverbot, in: Baldus, Manfred / Heckel, Martin / Muckel, Stefan (Hrsg.), Ausgewählte Schriften zum Staats- und Kirchenrecht, S. 274 f., Tübingen 2001

Frowein, Jochen Abraham / *Peukert*, Wolfgang: Europäische Menschenrechtskonvention, 2. Aufl. Kehl u. a. 1996

Fuchs, Ottmar: Wegmarkierungen in die Zukunft – Demokratisierung als Identitätsvollzug der Kirche, in: Inhoffen, Peter / Remele, Kurt / Saringer, Ulrike (Hrsg.), Demokratische Prozesse in den Kirchen ?, Graz u. a. 1998, S. 178 ff.

Fürst, Carl G.: Penal sanctions (cc. 1401-1467), in: Nedungatt, George (Hrsg.), A guide to the Eastern Code, Rom 2002, S. 787 ff.

Garçon, Emile / *Rousselet*, Marcel / *Patin*, Maurice / *Ancel*, Marc: Code Pénal (3 Bände), 2. Aufl. Paris 1952-1959

Garé, Thierry / *Ginestet*, Catherine: Droit pénal – procédure pénale, 3. Aufl. Paris 2004

Garraud, René: Traité théorique et pratique du droit pénal français (6 Bände), 3. Aufl. Paris 1928-1953

Gaudemet, Jean: La condition des chrétiens dans la doctrine canonique des XVIIIe et XIXe siècles, in: Corecco, Eugenio / Herzog, Niklaus / Scola, Angelo (Hrsg.), Les Droits Fondamentaux du Chrétien dans I'Eglise et dans la Société – Die Grundrechte des Christen in Kirche und Gesellschaft – I Diritti Fondamentali del Cristiano nella Chiesa e nella Società, Fribourg u. a. 1981, S. 645 ff.

Gaudemet, Jean: Les institutions ecclésiastiques en France du milieu du XIIe au début du XIVe siècle, in: Lot, Ferdinand / Fawtier, Robert (Hrsg.), Histoire des institutions Françaises au moyen âge, Institutions Ecclesiastiques, Paris 1962, S. 143 ff.

Gaudemet, Jean: Les sources du droit canonique VIIIe-XXe siècle, Paris 1993

Gaudemet, Jean: Les sources du droit de l'église en occident du IIe au VIIe siècle, Paris 1985

Gefaell, Pablo: Relations entre les deux „Codes" de l'unique „Corpus Iuris Canonici", in: AnnCan 41 (1999), 165 ff.

Gerlach, Hermann: Lehrbuch des katholischen Kirchenrechts, 4. Aufl. Paderborn u. a. 1885

Gerosa, Libero: Bußsakrament, in: Ahlers, Reinhild / Gerosa, Libero / Müller, Ludger (Hrsg.), Ecclesia a sacramentis, Paderborn 1992, S. 53 ff.

Gerosa, Libero: Das Recht der Kirche, Paderborn 1995

Gerosa, Libero: Exkommunikation und freier Glaubensgehorsam, Paderborn 1995

Giacchi, Orio: Precedenti canonistici del principio „Nullum crimen sine praevia lege poenali", in: Studi in onore di Francesco Scaduto (2 Bände), Firenze 1936, Band I, S. 433 ff.

Gilissen, John: Introduction historique au droit, Brüssel 1979

Glaser, Stefan; Le principe de la légalité en matière pénale, notamment en droit codifié et en droit coutumier, in: R.D.P.C. 1966, 899 ff.

Godechot, Jacques: Les constitutions de la France depuis 1789, Paris 1995

Gomard, Bernhard: Auslegung und Analogie bei der Anwendung dänischer Wirtschaftsstrafgesetze, in: ZStW 83 (1971), 332 ff.

Gómez, Juan Arias: Protección juridica de los derechos fundamentales principio de legalidad penal, in: Corecco, Eugenio / Herzog, Niklaus / Scola, Angelo (Hrsg.), Les Droits Fondamentaux du Chrétien dans I'Eglise et dans la Société – Die Grundrechte des Christen in Kirche und Gesellschaft – I Diritti Fondamentali del Cristiano nella Chiesa e nella Società, Fribourg u. a. 1981, S. 461 ff.

Gottero, Roberto: Commento a un canone – La „norma generale" del diritto penale canonico (can. 1399), in: QDE 10 (1997), 343 ff.

Grande, Elisabetta: Droit pénal, principe de légalité et civilisation juridique: vision globale, in: RIDC 2004, 119 ff.

Graveson, Ronald Harry: Der Grundsatz „nulla poena sine lege" und Kontrollratsgesetz Nr. 10, in: MDR 1947, 278 ff.

Green, Thomas J.: Clerical sexual abuse of minors: some canonical reflections, in: Jurist 63 (2003), 366 ff.

Green, Thomas J.: Penal Law in the *Code of Canon Law* and in the *Code of Canons of the Eastern Churches*: Some Comparative Reflections, in: StudCan 28 (1994), 407 ff.

Green, Thomas J.: Penal Law Revisited: The Revision of the Penal Law Schema, in: StudCan 15 (1981), 135 ff.

Green, Thomas J.: Penal law: A review of selected themes, in: Jurist 50 (1990), 221 ff.

Green, Thomas J.: Reflections on penal law reform, in: Canon Law Society of America (Hrsg.), Proceedings of the Forty-Second Annual Convention in Orlando/Florida, Washington D. C. 1981, S. 179 ff.

Green, Thomas J.: The future of penal law in the church, in: Jurist 35 (1975), 212 ff.

Greinacher, Norbert: Herrschaftsfreie Gemeinde, in: Conc. 7 (1971), 181 ff.

Grocholewski, Zenon: Révision du procès canonique, in: StudCan 17 (1983), 357 ff.

Grünwald, Gerald: Bedeutung und Begründung des Satzes „nulla poena sine lege“, in: ZStW 76 (1964), 1 ff.

Grützner, Heinrich / *Pötz*, Paul-Günter: Internationaler Rechtshilfeverkehr in Strafsachen, Loseblattausgabe, Heidelberg

Güde, Max: Die Anwendung des Kontrollratsgesetzes Nr. 10 durch die deutschen Gerichte, in: DRZ 1947, 111 ff.

Güthoff, Elmar: „Consensus“ und „consilium“ in c. 127 CIC, 1983 und c. 934 CCEO, Würzburg 1994

Güthoff, Elmar: Kanonistische Erwägungen zur eigenständigen Bedeutung der Apostasie, in: Aymans, Winfried / Haering, Stephan / Schmitz, Heribert (Hrsg.), Iudicare inter fideles, FS für Karl-Theodor Geringer, St. Ottilien 2002, S. 109 ff.

Gutleben, Robert: Das Strafsystem des Codex Iuris Canonici, Diss. iur. Würzburg 1930

Haas, Günter: „Qui abortum procurat ...“ – Täterschaft bei c. 1398 CIC und Enzyklica „Evangelium vitae“, in: AfkKR 164 (1995), 439 ff.

Hagen, August: Prinzipien des katholischen Kirchenrechts, Würzburg 1949

Hamburger, Ernest: L'Analogie dans le droit pénal allemand, in: R.D.P.C. 1937, 182 ff.

Hamon, Thierry: L'organisation judiciaire de la Bretagne a l'époque d'Yves Hélory (XIIIe et XIVe siècle), in: Lebreton, Claudy (Hrsg.), Au temps d'Yves Hélory, Rennes 2003, S. 26 ff.

Hamon, Thierry: Saint Yves et les juristes, in: Balcou, Jean / Berger, Claude / Le Goff, Hervé / Neubauer, Jacques (Hrsg.), Amorik – Lettres Arts Traditions, Numéro Un - Mai 2003 Saint Yves, Perros-Guirec 2003, S. 120 ff.

Handwörterbuch zur deutschen Rechtsgeschichte: Erler, Adalbert u. a. (Hrsg.) (5 Bände), Berlin 1971-1998

Hardegen, Richard: Das neue Grundgesetz des Staates Vatikanstadt, in: KuR 2003, 1 ff. = **130**, 81 ff.

Hardegen, Richard: Der Vatikanstaat – Seine Entstehung, Vortrag im Wintersemester 2001/2002 im Rahmen eines Seminars am Institut für Kirchenrecht und Rheinische Kirchenrechtsgeschichte der Universität zu Köln (Leitung: Prof. Dr. Baldus)

Häring, Bernhard: Das Gesetz Christi – Moraltheologie (3 Bände), 8. Aufl. München u. a. 1967

Häring, Bernhard: La théologie morale, Paris 1992

Haring, Johann: Der kirchliche Strafprozeß, Graz 1931

Haring, Johann: Grundzüge des katholischen Kirchenrechtes (2 Bände), 3. Aufl. Graz 1924

Hattenhauer, Hans (Hrsg.): Allgemeines Landrecht für die Preußischen Staaten von 1794, 3. Aufl. Neuwied u. a. 1996

Heimerl, Hans / *Pree*, Helmuth: Kirchenrecht – Allgemeine Normen und Eherecht, Wien u. a. 1983

Heinemann, Heribert: Demokratisierung der Kirche oder Erneuerung synodaler Einrichtungen ?, in: Fürst, Gebhard (Hrsg.), Dialog als Selbstvollzug der Kirche ?, Freiburg/Brsg. u. a. 1997, S. 270 ff.

Heiner, Franz: Der kirchliche Strafprozeß, Köln 1912

Heiner, Franz: Katholisches Kirchenrecht (2 Bände), 6. Aufl. Paderborn 1912-1913

Heinze, Kurt / *Schilling*, Karl / *Maschke*, Hermann: Die Rechtsprechung der Nürnberger Militärtribunale, Bonn 1952

Hennau, Christiane / *Verhaegen*, Jacques / *Spielmann*, Dean / *Bruyndonckx*, Annabelle: Droit pénal général, 3. Aufl. Brüssel 2003

Hergenröther, Philipp / *Hollweck*, Joseph: Lehrbuch des katholischen Kirchenrechts, 2. Aufl. Freiburg/Brsg. 1905

Hering, Carl Joseph: Die Aequitas bei Gratian, in: StudGrat 2 (1954), 95 ff.

Hering, Carl Joseph: Die Aequitas im Decretum Gratiani, in: Fechner, Erich / Hippel, Ernst von / Frost, Herbert; Aequitas und Toleranz, Gesammelte Schriften von Carl Joseph Hering, Bonn 1971, S. 84 ff.

Hering, Carl Joseph: Die Billigkeit im kanonischen Recht, in: Fechner, Erich / Hippel, Ernst von / Frost, Herbert; Aequitas und Toleranz, Gesammelte Schriften von Carl Joseph Hering, Bonn 1971, S. 68 ff.

Herrmann, Horst: Erwägungen zu einer Reform des c. 2222, in: ÖAKR 20 (1969), 3 ff.

Herrmann, Horst: Überlegungen zum Auftrag einer nachkonziliaren Codexrevision, in: Heinemann, Heribert / Herrmann, Horst / Mikat, Paul (Hrsg.), Diaconia et ius, FG für Heinrich Flatten, München u. a. 1973, S. 275 ff.

Hesse, Konrad: Grundzüge des Verfassungsrechts der Bundesrepublik Deutschland, 20. Aufl. Heidelberg 1995

Hierold, Alfred E.: Vom Sinn und Zweck kirchlicher Strafe, in: Gabriels, André / Reinhardt, Heinrich J. H. (Hrsg.), Ministerium iustitiae, FS für Heribert Heinemann, Essen 1985, S. 331 ff.

Hilling, Nikolaus: Die Allgemeinen Normen des Codex Juris Canonici, Freiburg/Brsg. 1926

Hilling, Nikolaus: Die Bedeutung der iurisdictio voluntaria und involuntaria im römischen Recht und im kanonischen Recht des Mittelalters und der Neuzeit, in: AfkKR 105 (1925), 449 ff.

Hilling, Nikolaus: Kanonistische Spezialitäten, in: AfkKR 122 (1947), 3 ff.

Hinschius, Paul: Das Kirchenrecht der Katholiken und Protestanten in Deutschland – System des katholischen Kirchenrechts mit besonderer Rücksicht auf Deutschland (Sechs Bände), Berlin 1869-1897 (Nachdruck Graz 1959)

Hippel, Robert v.: Deutsches Strafrecht (2 Bände), Berlin 1925-1930

Hirsch, E.: Der Simoniebegriff und eine angebliche Erweiterung desselben im elften Jahrhundert., in: AfkKR 86 (1906), 3 ff.

Hofmann, Karl: Das Verwaltungsstrafverfahren im kanonischen Recht, in: Heckel, Johannes u. a. (Hrsg.), FS für Ulrich Stutz, Stuttgart 1938, S. 461 ff.

Holböck, Carl: Handbuch des Kirchenrechtes (2 Bände), Innsbruck u. a. 1951

Hollweck, Joseph: Die kirchlichen Strafgesetze, Mainz 1899

Honoré, Léon: Le Chasteté, in: NRT 59 (1932), 524 ff.

Hove, Alphonse van: Commentarium Lovaniense in Codicem Iuris Canonici, (Band 1 in 5 Teilbänden), Band I/1 in 2. Aufl. und Bände I/2-5 in 1. Aufl. Mecheln u. a. 1930-1945

Hove, Alphonse van: De retrotractione vel non legum in iure canonico, in: ETL 12 (1935), 551 ff.

Hove, Alphonse van: Leges quae ordini publico consulunt., in: ETL 1 (1924), 153 ff.

Huber, Ernst Rudolf / *Huber*, Wolfgang: Staat und Kirche im 19. und 20. Jahrhundert (5 Bände), Band 1 und 3 in 2. Aufl. Band 2, 4 und 5 in 1. Aufl. Berlin u. a. 1976-1995

Huber, Ernst Rudolf: Deutsche Verfassungsgeschichte seit 1789 (8 Bände), Band 1 und 4 im revidierten Nachdruck der 2. Aufl., Band 2 und 3 in 3. Aufl., Band 5 und 6 im revidierten Nachdruck der 1. Aufl., Band 7 und 8 in Aufl. Stuttgart 1984-1994

Huber, Ernst Rudolf: Dokumente zur deutschen Verfassungsgeschichte (5 Bände), Band 1 bis 4 in 3. Aufl., Band 5 in 1. Aufl., Stuttgart u. a. 1978-1997

Huber, Ernst Rudolf: Verfassungsrecht des Großdeutschen Reiches, 2. Aufl. Hamburg 1939

Huber, Josef: Die Strafverhängung durch außergerichtliches Dekret in CIC und CCEO, in: Zapp, Hartmut / Weiß, Andreas / Korta, Stefan (Hrsg.), Ius Canonicum in Oriente et Occidentum, FS für Carl Gerold Fürst, Frankfurt/M. u. a. 2003, 879 ff.

Hughes, Michael: The Presumption of Imputability in Canon 1321, § 3, in: StudCan 21 (1987), 19 ff.

Huizing, Peter: Bemerkungen zur Revision des kirchlichen Gesetzbuches, in: Conc. 8 (1972), 201 ff.

Huizing, Peter: Delikte und Strafen, in: Conc. 3 (1967), 657 ff.

Huysmans, Ruud: Pouvoir et liberté. Du gouvernement dans l'église catholique romaine, in: PJR 8 (1991), 84 ff.

Imbert, Jean: Les temps Carolingiens (741-891) L'église: Les Institutions (= Le Bras, Gabriel / Gaudemet, Jean (Hrsg.): Histoire du Droit et des Institutions de l' Église en Occident, Band V/1), Paris 1994

Innocenti, Antonio: Código de derecho canónico, 13. Aufl. Madrid 1995

Isensee, Josef / *Kirchhof*, Paul: Handbuch des Staatsrechts der Bundesrepublik Deutschland (10 Bände), Bände 1 bis 3 in 3. Aufl., Bände 4 – 6 in 2. Aufl., Band 7 – 10 in 1. Aufl., Heidelberg 1992-2005

Jaques, Roland: Droit de la défense présenter de nouvelles preuves en appel, in: StudCan 37 (2003), 163 ff.

Jasonni, Massimo: Il concorso di delitti nella piu recente disciplina canonistica, in: IDE 98 (1987), 668 ff.

Jeandidier, Wilfrid: Principe de légalité criminelle, in: Juris-Classeur, Penal-Code I, Paris Loseblattausgabe

Jemolo, Arturo Carlo.: Peculiarità del diritto penale ecclesiastico, in: Scialoja, Vittorio u. a. (Hrsg.), Studi in onore di Federico Cammeo (2 Bände), Padua u. a. 1933, Band 1, S. 723 ff.

Jescheck, Hans-Heinrich / *Weigend*, Thomas: Lehrbuch des Strafrechts, Allgemeiner Teil, 5. Aufl. Berlin 1996

Jescheck, Hans-Heinrich: Die Verantwortlichkeit der Staatsorgane nach Völkerstrafrecht, Bonn 1952

Jescheck, Hans-Heinrich: The General Principles of International Criminal Law Set Out in Nuremberg, as Mirrored in the ICC Statute, in: JICJ 2 (2004), 38 ff.

Johannes Paul II.: Ansprache vom 24. Januar 2003 an die Teilnehmer des vom Päpstlichen Rat für die Interpretation von Gesetzestexten veranstalteten Akademischen Tages „Zwanzig Jahre kanonische Erfahrung", in: AfkKR 172 (2003), 119 ff.

Johnson, Josephus: De distinctione inter potestatem iudicialem et potestatem administrativam in iure canonico, in: Apoll. 9 (1936), S. 258 ff.

Jombart, Emile: L'exercice dans l'église du pouvoir administratif et du pouvoir judiciaire: in: RDC 5 (1955), 330 ff.

Jone, Heribert: Commentarium in Codicem Iuris Canonici (3 Bände), Paderborn u. a. 1950-1955

Jone, Heribert: Gesetzbuch der lateinischen Kirche (3 Bände), 2. Aufl. Paderborn 1950-1953

Jone, Heribert: Katholische Moraltheologie, 17. Aufl. Paderborn 1961

Jullien, André: Juges et avocats des Tribunaux de l'Église, Rom 1970

Julliot de la Morandière, Léon: De la règle nulla pœna sine lege, Diss. iur. Paris 1910

Jung, Susanne: Die Rechtsprobleme der Nürnberger Prozesse, Tübingen 1992

Justiz und NS-Verbrechen: Rüter-Ehlermann, Adelheid L. / Rüter, Christiaan F. u. a. (Hrsg.), (bisher 29 Bände + Registerband zu Band I-XXII sowie Vorläufiges Verfahrensregister zu den Bänden XXIII ff.), Amsterdam 1968 ff.

Kahn, Louis: Délit et la peine en droit canon, Nancy 1898

Katechismus der katholischen Kirche: München u. a. 2003

Keessel, Dionysius Gottfried van der: Lectures on Books 47 and 48 of the digest setting out the criminal law as applied in the courts of Holland (based on Cornelis van Eck) and on the new criminal code, 1809, Lateinisch editiert und ins Englische übersetzt von Beinart, Ben-Zion / Warmelo, Paul van (6 Bände), Cape Town u. a. 1969-1981

Kéry, Lotte: Kirchenrechtliche Grundlagen des öffentlichen Strafrechts, in: SavZ Kan. 122 (2005), 128 ff.

Klein, Joseph: Modernes Rechtsdenken und kanonisches Recht, in: Feckes, Carl u. a. (Hrsg.), Scientia sacra, FG für Karl Joseph Kardinal Schulte, Köln u. a. 1935, S. 328 ff.

Klein, Joseph: Skandalon, Tübingen 1958

Koch, Hansjoachim: Volksgerichtshof, München 1988

Koering-Joulin, Renée: Pour un retour à une interprétation stricte...Du principe de la légalité criminelle (à propos de l'article 7, 1^0 de la Convention européenne des droits de l'homme), in: Jonathan-Cohen, Gérard / Flauss, Jean-François / Lambert, Pierre (Hrsg.), Liber Amicorum Marc-André Eissen, Brüssel u. a. 1995, S. 247 ff.

Kotzula, Stephan: Zur Exkommunikation im CIC/1983, in: AfkKR 156 (1987), 432 ff.

Krämer, Peter: Menschenrechte – Christenrechte,
in: Gabriels, André / Reinhardt, Heinrich J. H. (Hrsg.), Ministerium Iustitiae, FS für Heribert Heinemann, Essen 1985, S. 169 ff.

Krämer, Peter: Was bringt die Reform des Kirchenrechts ?, in: StdZ 199 (1981), 651 ff.

Krey, Volker: Keine Strafe ohne Gesetz, Berlin u. a. 1983

Kuttner, Stephan: Kanonistische Schuldlehre, Vatikanstadt 1935 (Nachdruck Vatikanstadt 1973)

Lacoste, Jean-Yves (Hrsg.): Dictionnaire critique de théologie, 2. Aufl. Paris 2002

Laemmer, Hugo: Institutionen des katholischen Kirchenrechts, 2. Aufl. Freiburg/Brsg. 1892

Laemmer, Hugo: Zur Codifikation des Canonischen Rechts, Freibug/Brsg. u. a. 1899

Lamarque, Jean: Un cas de rétroactivité de la loi pénale: L'article 215 du code des douanes appliqué à la détention d'or, in: RD. 1985, 285 ff.

Landau, Peter: Der Einfluß des kanonischen Rechts auf die europäische Rechtskultur,
in: Schulze, Reiner (Hrsg.), Europäische Rechts- und Verfassungsgeschichte, Berlin 1991, S. 39 ff.

Landau, Peter: Ehetrennung als Strafe, in: SavZ Kan. 112 (1995), 148 ff.

Laun, Andreas: Die moraltheologische und kirchenrechtliche Bewertung der Mensur,
in: ThPQ 135 (1987), 52 ff.

Le Gall, Patrick: L'excommunication est-elle une peine ?, in: RDC 37 (1987), 106 ff.

Le Mappian, Jean: Saint Yves – patron des juristes, Rennes 1997

Le Tourneau, Dominique: Le droit canonique, 3. Aufl. Paris 2002

Le Tourneau, Dominique: Quelle protection pour les droits et les devoirs fondamentaux des fidèles dans l'Église ?, in: StudCan 28 (1994), 59 ff.

Léauté, Jaques: Le changement de fonction de la règle „nulla poena sine lege",
in: Dix ans de conférences d'agrégation,
Béquignon-Lagarde, Charlotte / Breton, André / Laufenburger, Henry / Yver, Jean (Hrsg.), Etudes de Droit Commercial offertes à Joseph Hamel, Paris 1961, S. 81 ff.

Lederhilger, Severin J.: Das „ius divinum" bei Hans Dombois, Wien 1994

Lederhilger, Severin J.: Repetition oder Innovation ?, Bemerkungen zu Interpretationsgrundsätzen für den CIC/1983, in: AfkKR 172 (2003), 58 ff.

Ledrus, Michel: Le problème des lois purement pénales, in: NRT 59 (1932), 45 ff.

Lefebvre, Charles: La théorie générale du droit, in: Le Bras, Gabriel / Lefebvre, Charles / Rambaud, Jacqueline, L'âge classique 1140-1378. Sources et théorie du droit (= Le Bras, Gabriel / Gaudemet, Jean [Hrsg.], Histoire du Droit et des Institutions de l' Église en Occident, Band VII), Paris 1965, S. 347 ff.

Lefebvre, Charles: Les pouvoirs dans l'église
in: Chevailler, Laurent / Lefebvre, Charles / Metz, René: Le droit et les institutions de l'église catholique latine de la fin du XVIIIe siècle a 1978 – Organismes collégiaux et moyens de gouvernement (= Le Bras, Gabriel / Gaudemet, Jean [Hrsg.], Histoire du Droit et des Institutions de l' Église en Occident, Band XVII), Paris 1982, S. 189 ff.

Lefebvre, Charles: Les pouvoirs du juge en droit canonique, Diss. iur. Paris 1938

Lega, Michaële / *Bartoccetti*, Victorio: Commentarius in iudicia ecclesiastica (3 Bände), 2. Aufl. Rom 1950

Lega, Michaële: Praelectiones in textum iuris canonici – De iudiciis ecclesiasticis (4 Bände), Band 1 und 2 in 2. Aufl., Band 3 und 4 in 1. Aufl. Rom 1899-1910

Lehmann, Karl: Zur dogmatischen Legitimation einer Demokratisierung in der Kirche, in: Conc. 7 (1971) 171 ff.

Leipziger Kommentar StGB: Jähnke, Burkhard / Laufhütte, Heinrich Wilhelm / Odersky, Walter (Hrsg.), 11. Aufl., Berlin u. a. 1992 ff.

Leißner, Gustav: Verwaltung und öffentlicher Dienst in der sowjetischen Besatzungszone Deutschlands, Stuttgart u. a. 1961

Lesage, Germain: La Nature du Droit canonique, Ottawa 1960

Lesage, Germain: Les droits fondamentaux de la personne dans la perspective du „common law", in: Corecco, Eugenio / Herzog, Niklaus / Scola, Angelo (Hrsg.), Les Droits Fondamentaux du Chrétien dans I'Eglise et dans la Société – Die Grundrechte des Christen in Kirche und Gesellschaft – I Diritti Fondamentali del Cristiano nella Chiesa e nella Società, Fribourg u. a. 1981, S. 843 ff.

Levasseur, Georges / *Chavanne*, Albert / *Montreuil*, Jean / *Bouloc*, Bernard / *Matsopoulou*, Haritini: Droit pénal général et procédure pénale, 14. Aufl. Paris 2002

Levasseur, Georges / *Doucet*, Jean-Paul: Le droit pénal appliqué, (nur 1. Band erschienen), Paris 1969

Lexikon für Theologie und Kirche: Kasper, Walter u. a. (Hrsg.) (bisher 11 Bände), 3. Aufl., Freiburg/Brsg. 1993 ff.

Lipiński, Fabian: Il principio di legalità e riserva di legge nel diritto penale cononico del 1983, Rom 2000

Listl, Joseph / *Müller*, Hubert / *Schmitz*, Heribert: Grundriß des nachkonziliaren Kirchenrechts, Regensburg 1980

Listl, Joseph / *Müller*, Hubert / *Schmitz*, Heribert: Handbuch des katholischen Kirchenrechts, Regensburg 1983

Listl, Joseph / *Schmitz*, Heribert: Handbuch des katholischen Kirchenrechts, 2. Aufl. Regensburg 1999

Liszt, Franz v./ *Schmidt*, Eberhard: Lehrbuch des deutschen Strafrechts, 26. Aufl. Berlin u. a. 1932

Löbmann, Benno: Die Reform der Struktur des kirchlichen Strafrechtes, in: Siepen, Karl / Weitzel, Joseph / Wirth, Paul (Hrsg.), Ecclesia et ius, FG für Audomar Scheuermann, München u. a. 1968, S. 707 ff.

Lois annotées ou Lois, décrets, ordonnances, avis du Conseil d'Etat: Carette, Antoine Auguste / de Villeneuve, Jean Esprit Marie Pierre Lemoine (Hrsg.), Band 1 (1791-1830), Paris 1854

Lombardia, Pedro: Le droit public ecclésiastique selon Vatican II, in: Apoll. 40 (1967), 59 ff.

Lombardo, Luigi Scavo: Il principio „nullum crimen sine praevia lege poenali" nel diritto penale canonico e la norma del can. 2222 § 1 del C.I.C., in: Annali del seminario giuridico, 1 (1946/47), 191 ff.

Loth, Bernard / *Michel*, Albert: Dictionnaire de théologie catholique, Tables générales (3 Bände), 1951-1972

Luca, P. Marianus de: Praelectiones iuris canonici (4 Bände und ein Einführungsband), Rom 1897/1898

Lüderssen, Klaus: Der Staat geht unter – das Unrecht bleibt ?, Frankfurt/M. 1992

Lüdicke, Klaus: Dolus und culpa im Codex Iuris Canonici, in: Aymans, Winfried / Geringer, Karl-Theodor (Hrsg.), Iuri Canonico Promovendo, FS für Heribert Schmitz, Regensburg 1994, S. 359 ff.

Ludwig, August: Geschichte des Sacrilegs nach den Quellen des katholischen Kirchenrechts, in: AfkKR 69 (1893), 169 ff.

Luf, Gerhard: Grundrechte im CIC/1983, in: ÖAKR 35 (1985), 107 ff.

Maillot, Alphonse: Le Décalogue une morale pour notre temps; 2. Aufl. Paris 1985

Mampel, Siegfried: Die sozialistische Verfassung der Deutschen Demokratischen Republik, 2. Aufl. Frankfurt/M. 1982

Mampel, Siegfried: Die Verfassung der sowjetischen Besatzungszone Deutschlands, Frankfurt/M. u. a. 1962

Marcus, Franz: Das Strafrecht Dänemarks, in: Mezger, Edmund / Schönke, Adolf / Jescheck, Hans-Heinrich (Hrsg), Das ausländische Strafrecht der Gegenwart (6 Bände), Berlin 1955-1982, Erster Band Argentinien-Dänemark-Japan-Jugoslawien, Berlin 1955, S. 67 ff.

Maroto, Philippo: Institutiones Iuris Canonici (2 Bände), Band 1 in 3. Aufl., Band 2 in 1. Aufl. Madrid 1919-1921

Martz, François: Le droit de quitter l'église, in: PJR 7 (1990), 159 ff.

Marzoa, Angel: Los delitos y las penas canonicas, in: Universidad de Navarra Facultad de Derecho Canonico, Instituto Martin de Azpilcueta (Hrsg.), Manual de derecho canonico, 2. Aufl. Pamplona 1991, S. 735 ff.

Mascala, Corinne: Droit pénal général, Paris 2003

Mathis, Burkhard: Das katholische Kirchenrecht für den Laien, Paderborn 1940

Mattia, Giuseppe di: Equità e riserva di legge nel diritto penale canonico (Cann. 221 § 3 e 1399), in: Gruppo Italiano Docenti di Diritto Canonico (Hrsg.), La sanzioni nella Chiesa, Mailand 1997, S. 89 ff.

Mattia, Giuseppe di: Pena e azione pastorale nel diritto penale della chiesa, in: MonEccl. 114 (1989), 35 ff.

Mattia, Giuseppe di: Potere e consultazione nel diritto penale canonico come strumento della „communio ecclesialis“, in: Ciani, Americo / Diurni, Giovanni (Hrsg.), Esercizio del potere e prassi della consultazione, Vatikanstadt 1991, S. 91 ff.

Mattia, Giuseppe di: Sostanza e forma nel nuovo diritto penale canonico, in: Pontificia Università Lateranense u. a. (Hrsg.), Il nuovo codice di diritto canonico, Rom 1983, S. 409 ff.

Maunz, Theodor / *Dürig*, Günter / *Herzog*, Roman / *Scholz*, Rupert u. a. (Hrsg.): Grundgesetz, München Loseblattausgabe

May, Georg: Das geistliche Wesen des kanonischen Rechts, in: AfkKR 130 (1961), 1 ff.

Mayaud, Yves: Code Pénal – Édition 2006, 103. Aufl. Paris 2006

Mazzoni, Giampietro: Comunione ecclesiale e sanzione, in: Gruppo Italiano Docenti di Diritto Canonico (Hrsg.), La sanzioni nella Chiesa, Mailand 1997, S. 9 ff.

McDonough, Elizabeth: Sanctions in the 1983 Code: Purpose and procedures; progress and problems, in: Canon Law Society of America (Hrsg.), Proceedings of the fifty-second annual convention in Cleveland/Ohio, Washington D. C. 1991, S. 206 ff.

Mechler, Wolf-Dieter: Kriegsalltag an der „Heimatfront" - Das Sondergericht Hannover 1939-1945, Hannover 1997

Meier, Dominicus: Die Rechtsbindung kirchlicher Gesetzgeber als unabdingbare Voraussetzung einer kirchlichen Verwaltungsgerichtsbarkeit, in: Aymans, Winfried / Haering, Stephan / Schmitz, Heribert (Hrsg.), Iudicare inter fideles, FS für Karl-Theodor Geringer, St. Ottilien 2002, S. 287 ff.

Melillo, Antonio: Il can. 1399 C.J.C. nella definizione del sistema penale canonico, in: IDE 113 (2002), 694 ff.

Mendonça, Augustine: Rotal anthology, Washington D. C. 1992

Merle, Roger / *Vitu,* André: Traité de droit criminel (3 Bände), Band 1 in 7. Aufl., Band 2 in 5. Aufl., Band 3 in 1. Aufl., Paris 1982-1997

Merle, Roger: La pénitence et la peine, Paris 1985

Merten, Detlef / *Papier,* Hans-Jürgen: Handbuch der Grundrechte in Deutschland und Europa (9 Bände, bisher erschienen Band 1), Heidelberg 2004 ff.

Metz, René: L'église a ses lois, Paris 1959

Metz, René: Simples réflexions sur la reforme du droit pénal de l'église, in: RDC 18 (1968), 97 ff.

Michiels, Gommarus: De delictis et poenis (3 Bände), 1. Band in 2. Aufl., Bände 2 und 3 in 1. Aufl. Paris u. a. 1961

Michiels, Gommarus: Normae generales juris canonici (2 Bände), 2. Aufl. Paris u. a. 1949

Miguel, Raul Suarez de: Droits fondamentaux de l'homme et orthopraxie chrétienne: Communio et altérité, in: Corecco, Eugenio / Herzog, Niklaus / Scola, Angelo (Hrsg.), Les Droits Fondamentaux du Chrétien dans I'Eglise et dans la Société – Die Grundrechte des Christen in Kirche und Gesellschaft – I Diritti Fondamentali del Cristiano nella Chiesa e nella Società, Fribourg u. a. 1981, S. 1151 ff.

Ministerium der Justiz / Akademie für Staats- und Rechtswissenschaft der DDR (Hrsg.): Strafrecht der Deutschen Demokratischen Republik, Kommentar zum Strafgesetzbuch, 4. Aufl. Berlin 1984

Miziński, Artur Grzegorz: Gli elementi costitutivi del delitto, in: Apollinaris 74 (2001), 633 ff.

Mommsen, Theodor: Römisches Strafrecht, 2. Neudruck der Ausgabe Leipzig 1899, (Nachdruck Aalen 1990)

Montesquieu, Charles de: De l'esprit des lois, Paris 1871

Mörsdorf, Klaus: Die Rechtssprache des Codex Juris Canonici, Paderborn 1937

Mörsdorf, Klaus: Die Regierungsaufgaben des Bischofs im Lichte der kanonischen Gewaltenunterscheidung, in: Theologische Fakultät der Universität München (Hrsg.), Episcopus, FS für Michael Kardinal von Faulhaber, Regensburg 1949, S. 257 ff.

Mörsdorf, Klaus: Lehrbuch des Kirchenrechts auf Grund des Codex Iuris Canonici (3 Bände), 11./12. Aufl. Paderborn u. a. 1964-1979 (Band I in 11. Aufl. 1964, Band II in 12. Aufl. 1967, Band III in 11. Aufl. 1979)

Mörsdorf, Klaus: Rechtsprechung und Verwaltung im kanonischen Recht, Freiburg/Brsg. 1941

Mothon, Joseph Pie: Institutiones Canoniques (3 Bände), Paris 1922-1924

Müller, Hubert: Die rechtliche Stellung des Diözesanbischofs gegenüber Generalvikar und Bischofsvikar, in: AfkKR 153 (1984), 399 ff.

München, Nicolaus: Das kanonische Gerichtsverfahren und Strafrecht (2 Bände), 2. Aufl. Köln u. a. 1874

Münchener Kommentar zum Strafgesetzbuch: Joecks, Wolfgang / Miebach, Klaus (Hrsg.) (7 Bände, bisher erschienen Band 1- 3), München 2003 ff.

Münsterischer Kommentar zum Codex Iuris Canonici: Lüdicke, Klaus (Hrsg.), Loseblattausgabe Essen

Naucke, Wolfgang: Die Mißachtung des strafrechtlichen Rückwirkungsverbots 1933-1945, in: Horn, Norbert (Hrsg.), Europäisches Rechtsdenken in Geschichte und Gegenwart, FS für Helmut Coing (2 Bände), München 1982, Band 1, S. 225 ff.

Naucke, Wolfgang: Die strafjuristische Privilegierung staatsverstärkter Kriminalität, Frankfurt/M. 1996

Naurois, Louis de: Crise du droit canonique ?, in: NRT 97 (1975), 501 ff.

Naz, Roul (Hrsg.): Dictionnaire de droit canonique (7 Bände), Paris 1935-1965

Naz, Roul (Hrsg.): Traité de droit canonique (4 Bände), 2. Aufl. Paris 1954-1955

Nelles, Marcus: Summum ius summa iniuria ?, St. Ottilien 2004

Nessel, William J.: Conspiracy in civil and canon law, in: Jurist 27 (1967), 310 ff.

Neuberth, Ralph: Demokratie im Volk Gottes, Stuttgart 2001

Neumann, Johannes: Synodales Prinzip, Freiburg/Brsg. u. a. 1973

Niehoff, Martina: Die von internationalen Strafgerichtshöfen anwendbaren Normen des Völkerstrafrechts, Frankfurt/M. u. a. 1999

Nigro, Francesco: Le sanzioni nella chiesa come tutela della comunione ecclesiale (Libro VI CJC), in: Pontificia Universitas Urbaniana (Hrsg.), La nuova legislazione canonica, 3. Aufl. Rom 1983, S. 423 ff.

Noubel, Jean-Félix: La suspense „ex informata conscientia" des canons 2186-2194, in: RDC 5 (1955), 307 ff.

Noval, Josephus: De ratione corrigendi et puniendi sive in judico sive extra jure Codicis J. C., in: IusPont 2 (1922), 147 ff. und IusPont 3 (1923), 36 ff. und 204 ff.

O'Connor, James I.: Trends in Canon Law: The Question of Penalties, in: StudCan 3 (1969), 209 ff.

Ochoa, Javier u.a.: Leges Ecclesiae post Codicem iuris canonici editae (bisher 9 Bände), Rom 1966-2001

Olshausen, Justus von: Kommentar zum Strafgesetzbuch für das Deutsche Reich, Freiesleben, Hans / Hörchner, Max / Kirchner, Carl / Niethammer, Emil (Bearbeiter) (3 Bände), 12. Aufl. Berlin 1942-1943

Ombres, Roberto: Giustizia ed equità nel nuovo codice di diritto canonico latino: Note introduttive, in: Apoll. 61 (1988), 717 ff.

Ostendorf, Heribert / *Veen*, Heino ter: Das „Nürnberger Juristenurteil", Frankfurt/M. u. a. 1985

Otaduy, Javier / *Labandeira*, Eduardo: Normas y actos juridicos, in: Universidad de Navarra Facultad de Derecho Canonico, Instituto Martin de Azpilcueta (Hrsg.), Manual de derecho canonico, 2. Aufl. Pamplona 1991, S. 281 ff.

Ottaviani, Alaphridus: Institutiones iuris publici ecclesiastici (2 Bände), Vatikanstadt, 4. Aufl. 1958-1960

Paarhammer, Hans: Das spezielle Strafrecht des CIC, in: Lüdicke, Klaus / Paarhammer, Hans / Binder, Dieter A. (Hrsg.), Recht im Dienste des Menschen, FG für Hugo Schwendenwein, Graz u. a. 1986, S. 403 ff.

Pachmann, Theodor: Lehrbuch des Kirchenrechtes (3 Bände), 3. Aufl. Wien 1863-1866

Pagé, Jean-Guy: Autorité, loi et liberté dans I'Église, in: StudCan 6 (1972), 227 ff.

Pahud de Mortanges, René: Strafzwecke bei Gratian und den Dekretisten, in: SavZ Kan. 78 (1992), 121 ff.

Pahud de Mortanges, René: Zwischen Vergebung und Vergeltung, Baden-Baden 1992

Paillot, Albert: L 'infliction de peines sous forme de précepte, in: RDC 2 (1952), 407 ff. und RDC 3 (1953), 33 ff.

Paolis, Velasio de: Aspectus theologici et iuridici in systemate poenali canonico, in: PerRMCL 75 (1986), 221 ff.

Paolis, Velasio de: De recognoscendo iure poenali canonico, in: PerRMCL 63 (1974), 37 ff.

Paolis, Velasio de: La potestà coattiva nella chiesa, in: Gruppo Italiano Docenti di Diritto Canonico (Hrsg.), La sanzioni nella Chiesa, Mailand 1997, S. 25 ff.

Paolis, Vesalio de: De sanctionibus in ecclesia, Adnoationes in Codicem: Liber VI, Rom 1986

Paralieu, Roger: Guide pratique du code de droit canonique, Bourges 1985

Passicos, Jean: Droits de l'Homme, droits du Chrétien, in: AnnCan 25 (1981), 263 ff.

Pawluk, Tadeusz: Les droits fondamentaux dans la doctrine des canonistes polonais du XVe siècle, in: Corecco, Eugenio / Herzog, Niklaus / Scola, Angelo (Hrsg.), Les Droits Fondamentaux du Chrétien dans I'Eglise et dans la Société – Die Grundrechte des Christen in Kirche und Gesellschaft – I Diritti Fondamentali del Cristiano nella Chiesa e nella Società, Fribourg u. a. 1981, S. 787 ff.

Pechstein, Matthias: Droit constitutionnel et droit pénal en Allemagne,
in: Pradel, Jean (Hrsg.): Droit constitutionnel et droit pénal, Paris 2000, S. 93 ff.

Pellé, P.: Le droit pénal de l'église, Paris 1939

Pellegrini, Germanus-Joseph: Jus ecclesiae poenale (3 Bände), Neapel 1962-1967

Pelletier, Hervé / Perfetti, Jean: Code Pénal 2006, 18. Aufl. Paris 2005

Pennington, Kenneth: Innocent until proven guilty: The origins of a legal maxim,
in: Jurist 63 (2003), 106 ff.

Peperoni, Salvator: Lineamenta iuris poenalis canonici, Rom 1966

Perrone, Lorenzo: De Nicée à Chalcédoine, Les quatre premiers conciles œcuméniques. Institutions, doctrines, processus de réception,
in: Alberigo, Giuseppe (Hrsg.) / Mignon, Jaques (Übersetzer),
Les conciles œcuméniques – Band 1 L'Histoire, Paris 1994, S. 17 ff.,
Originalausgabe: Alberigo, Giuseppe (Hrsg.), Storia dei concili ecumenici, Brescia 1990

Petrani, Alexius: De Sacra Congregatione pro Ecclesia Orientali eiusque facultatibus,
in: Apoll. 10 (1937), 28 ff.

Pettiti, Louis: Les concepts des droits de l'homme et les églises – leur insertion et leur transposition concrete dans le droit international des droits de l'homme,
in: Corecco, Eugenio / Herzog, Niklaus / Scola, Angelo (Hrsg.),
Les Droits Fondamentaux du Chrétien dans I'Eglise et dans la Société –
Die Grundrechte des Christen in Kirche und Gesellschaft – I Diritti Fondamentali del Cristiano nella Chiesa e nella Società, Fribourg u. a. 1981, S. 797 ff.

Phillips, Georg: Kirchenrecht (7 Bände, Band 7 in zwei Teilbänden), unterschiedliche Aufl. Regensburg 1848-1872 (Nachdruck Graz 1959/1960)

Piñero Carrion, José Maria: La ley de la iglesia (2 Bände), Madrid 1985

Pinto, Pio Vito: Commento al Codice di Diritto Canonico, 2. Aufl. Vatikanstadt 2001

Pirhing, Ehrenreich: Ius Canonicum (5 Bände), 2. Aufl. Dillingen 1722

Plöchl, Willibald M.: Geschichte des Kirchenrechts (5 Bände),
1-3. Band 2. Aufl. Wien u. a. 1960-1970, 4. Und 5. Band Wien u. a. 1966-1969

Poisson, Henri: La vie de Saint Yves, Rennes 2003

Pompedda, Mario Francesco: La retta amministrazione della giustizia nella Chiesa,
http://www2.unicatt.it/unicattolica/cattnews/allegati/Pompeddalectio.pdf
(Stand: 29. April 2005)

Porteron, Céderic: Lois et décrets, in: Répertoire de droit pénal et de procédure pénale V, Dalloz encyclopédie juridique, 2. Aufl. Paris (Stand Mai 2005)

Pradel, Jean / *Corstens*, Geert: Droit pénal européen, 2. Aufl. Paris 2002

Pradel, Jean / *Varinard*, André: Les grands arrêts du droit pénal général, 4. Aufl. Paris 2003

Pradel, Jean: Droit pénal comparé, 2. Aufl. Paris 2002

Pradel, Jean: Histoire des doctrines pénales, 2. Aufl. Paris 1991

Pradel, Jean: Le nouveau Code pénal (Partie générale), 2. Aufl. Paris 1995

Pradel, Jean: Manuel de droit pénal général, 15. Aufl. Paris 2004

Pradel, Jean: Principes de droit criminel, Droit pénal général, Paris 1999

Pree, Helmuth: Die Rechtsstellung des advocatus und des procurator im kanonischen Prozeßrecht, in: Aymans, Winfried / Geringer, Karl-Theodor (Hrsg.), Iuri Canonico Promovendo, FS für Heribert Schmitz, Regensburg 1994, S. 303 ff.

Pree, Helmuth: Zur Wandelbarkeit und Unwandelbarkeit des Ius Divinum, in: Reinhardt, Heinrich J. F. (Hrsg.), Theologia et Ius Canonicum, FG für Heribert Heinemann, Essen 1995, S. 111 ff.

Primetshofer, Bruno: Der CCEO und seine (möglichen) Auswirkungen auf das Recht der Lateinischen Kirche, in: Aymans, Winfried / Geringer, Karl-Theodor (Hrsg.), Iuri Canonico Promovendo, FS für Heribert Schmitz, Regensburg 1994, S. 557 ff.

Primetshofer, Bruno: Vom Geist des Codex Iuris Canonici/1983, in: Amon, Karl / Primetshofer, Bruno / Rehberger, Karl / Winkler, Gerhard / Zinnhobler, Rudolf (Hrsg.), Ecclesia peregrinans, FS für Josef Lenzenweger, Wien 1986, S. 405 ff.

Proctor, John G.: Clerical misconduct: Canonical and practical consequences, in: Canon Law Society of America (Hrsg.), Proceedings of the forty-ninth annual convention in Nashville/Tennessee, Washington D. C. 1988, S. 227 ff.

Provost, James H.: Revison of Book V of the Code of Canon Law, in: StudCan 9 (1975), 135 ff.

Prümmer, Dominicus M. / *Münch,* Engelbert: Manuale iuris canonici, 6. Aufl. Freiburg/Brsg. 1933

Przybyla, Alfons: Zasada legalności w kościelnym prawie karnym, in: Prawo kanoniczne 14 (1971), 225 ff.

Pufendorf, Samuel A.: Mascovius, Gottfridus (Hrsg.), De Jure Naturae Et Gentium (2 Bände), Frankfurt/M. u. a. 1759 (Nachdruck Frankfurt/M. 1967)

Puza, Richard: Katholisches Kirchenrecht, 1. Aufl. Heidelberg 1986

Puza, Richard: La hiérarchie des normes en droit canonique, in: RDC 47 (1997), 127 ff.

Radbruch, Gustav: Zur Diskussion über die Verbrechen gegen die Menschlichkeit, in: SJZ 1947, Sp. 131 ff.

Rassat, Michèle-Laure: Droit pénal général, Paris 2004

Redazione di Quaderni di diritto ecclesiale (Hrsg.): Codice di diritto canonico commentato, 2. Aufl. Mailand 2004

Rees, Wilhelm: Bestrafung ohne Strafgesetz, in: Aymans, Winfried / Geringer, Karl-Theodor (Hrsg.), Iuri Canonico Promovendo, FS für Heribert Schmitz, Regensburg 1994, S. 373 ff.

Rees, Wilhelm: Die Strafgewalt der Kirche, Berlin 1993

Rees, Wilhelm: Rezension von Pahud de Mortanges, René, Zwischen Vergebung und Vergeltung, in: AfkKR 161 (1992), 649 ff.

Rees, Wilhelm: Sexueller Missbrauch von Minderjährigen durch Kleriker, in: AfkKR 172 (2003), 392 ff.

Rees, Wilhelm: Strafrecht in der Kirche. Kritische Anfragen und Sonderheiten gegenüber dem weltlichen Recht, in: ÖAKR 44 (1995-97), 243 ff.

Rees, Wilhelm: Unterschiedliche Strafen in der einen katholischen Kirche ?, in: Zapp, Hartmut / Weiß, Andreas / Korta, Stefan (Hrsg.), Ius Canonicum in Oriente et Occidentum, FS für Carl Gerold Fürst, Frankfurt/M. u. a. 2003, 939 ff.

Regatillo, Eduardus: Institutiones iuris canonici (2 Bände), 7. Aufl. Santander 1963-1964

Reiffenstuel, Anaklet: Ius canonicum universum (6 Bände), Antwerpen 1755

Renout, Harald: Droit pénal général, 9. Aufl. Orléans 2004

Renoux, Thierry S. / *Villiers*, Michel de: Code constitutionnel Édition 2005, Paris 2004

Renoux, Thierry S., Rapport de synthèse, in: Pradel, Jean (Hrsg.), Droit constitutionnel et droit pénal, Paris 2000, S. 149 ff.

Rhode, Ulrich: Die Verhängung von Strafen wegen verbotener Gottesdienstgemeinschaft, in: AfkKR 171 (2002), 420 ff.

Rieck, Annette: Der heilige Ivo von Hélory (1247-1303), Frankfurt a. M. u. a. 1998

Riedel-Spangenberger, Ilona: „Qui homicidium patrat ...", in: Puza, Richard / Weiß, Andreas (Hrsg.), Iustitia in caritate, FG für Ernst Rößler, Frankfurt/M. u. a. 1997, S. 643 ff.

Riedel-Spangenberger, Ilona: Gottesrecht und Menschenrecht – Zur Legitimation, Limitation und Normierung positiven kirchlichen Rechts, in: Reinhardt, Heinrich J. F. (Hrsg.), Theologia et Ius Canonicum, FG für Heribert Heinemann, Essen 1995, S. 99 ff.

Riedel-Spangenberger, Ilona: Grundbegriffe des Kirchenrechts, Paderborn u. a. 1992

Roberti, Franciscus: De delictis et poenis (Band I in 2 Teilbänden), Teilband 1 in 2. Aufl., Teilband 2 in 1. Aufl. Rom 1930-1944

Roberti, Franciscus: Quaenam poenae applicari possint per modum praecepti, in: Apoll. 4 (1931), 294 ff.

Rochet, Jean-Claude: Efficacité du droit pénal canonique, in: AnnCan 38 (1996), 137 ff.

Roggemann, Herwig: Systemunrecht und Strafrecht am Beispiel der Mauerschützen in der ehemaligen DDR, Berlin 1993

Roman Replies und CLSA Advisory Opinions 2000: Pedone, F. Stephen / Donlon, James I. (Hrsg.), Washington D. C. 2000

Rosenau, Henning: Tödliche Schüsse im staatlichen Auftrag, Baden-Baden 1996

Rösler, Augustin: Hugo Lämmer, in: AfkKR 98 (1918), 613 ff.

Roßhirt, Conrad Franz: Canonisches Recht, Schaffhausen 1857

Roxin, Claus: Strafrecht Allgemeiner Teil (2 Bände), Band I in 4. Aufl. und Band II in 1. Aufl. München 1997-2006

Ruf, Norbert: Das Recht der katholischen Kirche, 5. Aufl. Freiburg/Brsg. u. a. 1989

Ruf, Norbert: Die Strafzumessung im kanonischen Recht auf Grund der Allgemeinen Lehren und Sonderbestimmungen – Mit einem Vergleich zum deutschen Strafrecht, Diss. iur. Freiburg/Brsg. 1968

Rüthers, Bernd: Entartetes Recht, 2. Aufl. München 1989

Sadowski, Piotr: Il principio di legalità nel diritto penale canonico, Rom 1999

Salvador, Carlos Corral / *Paolis,* Velasio de / *Ghirlanda,* Gianfanco*:* Nuovo Dizionario de diritto canonico, 2. Aufl. Mailand 1996

Sanchis, Josemaría: Il can. 1399: Alluni aspetti della sua portata e incidenza nel sistema penale canonico,in: Gutiérrez, Domingo J. Andrés (Hrsg.), Vitam impendendere magisterio, Vatikanstadt 1993, S. 289 ff.

Sanguineti, Sebastiano: Iuris eccelesiastici, Institutiones in usum praelectionum, 3. Aufl. Rom 1896

Sauter, Joseph Anton: Fundamenta iuris ecclesiastici catholicorum, (2 Bände), 3. Aufl. Rottweiler 1825-1826

Sax, Walter: Grundsätze der Strafrechtspflege, in: Bettermann, Karl August / Nipperdey, Hans Carl / Scheuner, Ulrich (Hrsg.), Die Grundrechte, Berlin 1959, S. 909 ff.

Schauf, Heribert: Einführung in das kirchliche Strafrecht, Aachen 1952

Scheuermann, Audomar: Das Schema 1973 für das kommende kirchliche Strafrecht, in: AfkKR 143 (1974), 3 ff.

Scheuermann, Audomar: Erwägungen zur kirchlichen Strafrechtsreform, in: AfkKR 131 (1962), 393 ff.

Schlichting, Alain de / *Oellers-Frahm,* Karin: Introduction au français juridique – Einführung in die französische Rechtssprache, 2. Aufl. München u. a. 2002

Schlick, Jean: Des limites de la justice administrative dans l'église catholique, in: PJR 3 (1986), 127 ff.

Schmidt, Eberhard: Einführung in die Geschichte der deutschen Strafrechtspflege, 3. Aufl. Göttingen 1965

Schmitt, Carl*:* Der Führer schützt das Recht, in: DJZ 1934, Sp. 945 ff.

Schmitt, Carl: Nationalsozialismus und Rechtsstaat, in: JW 1934, 713 ff.

Schmitt, Carl: Über die drei Arten des rechtswissenschaftlichen Denkens, Hamburg 1934

Schmitz, Heribert: Delikta graviora Congregatione de Doctrina Fidei reservata, in: DPM 9 (2002), 293 ff.

Schmitz, Heribert: Der Kongregation für die Glaubenslehre vorbehaltene Straftaten, in: AfkKR 170 (2001), 441 ff.

Schmitz, Heribert: Rechtsschutz und kanonisches Dienstrecht, in: Scheuermann, Audomar / May, Georg (Hrsg.), Ius sacrum, FS für Klaus Mörsdorf, München u. a. 1969, S. 745 ff.

Schmoller, Gustav *v.* / *Maier*, Hedwig / *Tobler*, Achim: Handbuch des Besatzungsrechts (2 Ordner), Loseblattausgabe, 5 Lieferungen, Tübingen 1951-1957

Schnapper, Bernard: Les peines arbitraires du XIIIe au XVIIIe siècle (Doctrines savantes et usages français), in: TvR 1973, 237 ff. und 1974, 81 ff.

Schönke, Adolf / *Schröder*, Horst: Strafgesetzbuch, 26. Aufl. München 2001

Schönke, Adolf: Strafgesetzbuch für das Deutsche Reich, 2. Aufl. München u. a. 1944

Schreiber, Hans-Ludwig: Gesetz und Richter. Frankfurt/M. 1976

Schubert, Werner / *Glöckner*, Hans Peter: Nachschlagewerk des Reichsgerichts zum Strafrecht (4 Bände), Goldbach 1995-1997

Schüller, Thomas: Die Barmherzigkeit als Prinzip der Rechtsapplikation in der Kirche im Dienste der salus animarum, Würzburg 1993

Schulte, Johann Friedrich v.: Lehrbuch des katholischen Kirchenrechtes, 4. Aufl. Gießen 1886

Schulte, Johann Friedrich v.: System des allgemeinen katholischen Kirchenrechts, Gießen 1856

Schwendenwein, Hugo: Das neue Kirchenrecht, 2. Aufl. Graz u. a. 1984

Schwendenwein, Hugo: Der Einfluß der öffentlichen Meinungsbildung auf rechtsgestaltende Maßnahmen, in: DPM 6 (1999), 117 ff.

Schwendenwein, Hugo: Die katholische Kirche, Essen 2003

Sebott, Reinhold: Das kirchliche Strafrecht, Frankfurt a. M. 1992

Sektion Rechtswissenschaft der Humboldt-Universität zu Berlin, Akademie für Staats- und Rechtswissenschaft der DDR (Hrsg.): Strafrecht Allgemeiner Teil, 2. Aufl. Berlin 1978

Sériaux, Alain: Droit canonique, Paris 1996

Sheehy, Gerard / *Brown*, Ralph / *Kelly*, Donal / *McGrath*, Aidan: The Canon Law – Letter & Spirit, 2. Aufl. London 1996

Silbernagel, Isidor: Permaneder's Handbuch des gemeingiltigen katholischen Kirchenrechtes, 4. Aufl. Landshut 1863

Silbernagel, Isiodor: Lehrbuch des katholischen Kirchenrechts, 4. Aufl. Regensburg 1903

Sodano, Angelo: Vortrag vom 24. Januar 2003 an die Teilnehmer des Akademischen Tages „Zwanzig Jahre kanonische Erfahrung“, in: AfkKR 172 (2003), 123 ff.

Soler, Sebastian: La formulation actuelle du principe „Nullum crimen“, in: Rev. sc. crim. 1952, 11 ff.

Solnar, Vladimir: Maintien ou abandon de la règle „Nulla pœna sine lege“, in: R.D.P.C. 1937, 744 ff.

Soria-Vasco, Alexandre / *Laplane*, Henri / *Chueca*, Michel-Ange (Hrsg.): Code de droit canonique annoté, Traduction et adaptation françaises des commentaires de l'Université pontificale de Salamanque publiés sous la direction du Professeur Lamberto de Echeverria, Paris u. a. 1989

Soyer, Jean-Claude: Droit pénal et procédure pénale, 18. Aufl. Paris 2004

Spielmann, Dean / *Spielmann*, Alphonse: Droit pénal général luxembourgeois, 2. Aufl. Brüssel 2004

Sprandel, Rolf: Ivo von Chartres und die moderne Doktrin „Nulla poena sine lege !“., in: SavZ Kan. 47 (1961), 95 ff.

Stamm, Heinz-Meinolf: Vergehen gehen Ehe und Familie in den frühmittelalterlichen Bußbüchern, in: DPM 7 (2000), 151 ff.

Stefani, Gaston / *Levasseur*, Georges / *Bouloc*, Bernard: Droit pénal général, 19. Aufl. Paris 2005

Stefani, Gaston: Le domaine de la loi et du règlement en matière pénal, in: Etudes juridiques offertes à Léon Julliot de la Morandière par ses élèves et ses amis, Paris 1964, S. 531 ff.

Stern, Klaus: Das Staatsrecht der Bundesrepublik Deutschland (bisher erschienen sind die Bände I, II, III/1 und III/2 und V), Band I in 2. Aufl. München 1984, die anderen Bände München 1980-2000

Strauch, Dieter: Mittelalterliches Recht – Herkunft – Kennzeichen– Fortwirken– in: OJR 9 (2004), 161 ff.

Strigl, Richard A.: Das Funktionsverhältnis zwischen kirchlicher Strafgewalt und Öffentlichkeit, München 1965

Stutz, Ulrich: Der Geist des Codex iuris canonici, Stuttgart 1918

Suchecki, Zbigniew: Il processo penale giudiziario nel Codice di Diritto Canonico del 1983, in: Zapp, Hartmut / Weiß, Andreas / Korta, Stefan (Hrsg.), Ius Canonicum in Oriente et Occidentum, FS für Carl Gerold Fürst, Frankfurt/M. u. a. 2003, 959 ff.

Sudre, Frédéric: Droits intangibles et/ou droits fondamentaux: Y a-t-il des droits prééminents dans la Convention européenne des droits de l'homme ?, in: Jonathan-Cohen, Gérard / Flauss, Jean-François / Lambert, Pierre (Hrsg.), Liber Amicorum Marc-André Eissen, Brüssel u. a. 1995, S. 382 ff.

Systematischer Kommentar zum Strafgesetzbuch: Rudolphi, Hans-Joachim / Horn, Eckhard / Samson, Erich / Günther, Hans-Ludwig / Hoyer, Andreas (Hrsg.), Loseblattausgabe Neuwied u. a.

Szentirmai, Alexander: Erwägungen zur Straftheorie des geltenden Kirchenrechts, in: ÖAKR 10 (1959), 262 ff.

Tambasco, Domenico: Nullum crimen, nulla poena sine lege – Nella codificazione Pio-Benedettina, in: IDE 113 (2002), 245 ff.

Tarquini, Camillo: Iuris ecclesiastici publici – Institutiones, 20. Aufl. Rom 1906

Toxé, Philippe: La hiérarchie des normes canoniques latines ou la rationabilité du droit canonique, in: AnnCan 44 (2002), 113 ff.

Tröndle, Herbert / *Fischer*, Thomas: Strafgesetzbuch, 51. Aufl. München 2003

Troper, Michel: La séparation des pouvoirs et l'histoire constitutionnelle française, Paris 1973

Universidad de Navarra Facultad de Derecho Canónico, a cargo del Instituto Martín de Azpilcueta: Código de derecho canónico, 6. Aufl. Pamplona 2001

Vacant, Alfred / *Mangenot*, Eugène / *Aman*, Emile: Dictionnaire de théologie catholique (15 Bände in jeweils 2 Teilbänden), Band 1 – 4 in 3. Aufl., Band 5 – 15 in 1. Aufl., Paris 1915-1950

Valdrini, Patrick / *Durand*, Jean-Paul / *Échappé*, Olivier / *Vernay*, Jaques: Droit canonique, 2. Aufl. Paris 1999

Valdrini, Patrick: Injustices et protection des droits dans l'église, 3. Aufl. Straßburg 1985

Venard, Marc: Le concile Latran V (1512-1517) et le concile de Trente (1545-1563), in: Alberigo, Giuseppe (Hrsg.) / Mignon, Jaques (Übersetzer), Les conciles œcuméniques – Band 1 L'Histoire, Paris 1994, S. 291 ff., Originalausgabe: Alberigo, Giuseppe (Hrsg.), Storia dei concili ecumenici, Brescia 1990

Ventura, Marco: Conflit et punition dans l'église catholique romaine, in: PJR 14 (1997), 257 ff.

Venturi, Franco: Introduction zu: Cesare Beccaria, Des délits et des peines, Genf 1965, S. IX ff.

Verbessertes Land-Recht des Königreichs Preussen: Königsberg 1721

Vermeersch, Arthur / *Creusen*, Joseph: Epitome iuris canonici (3 Bände), Band 1 in 8. Aufl. und Bände 2 und 3 in 7. Aufl. Mecheln u. a. 1954-1963

Vermeersch, Arthur / *Creusen*, Joseph: Epitome iuris canonici (3 Bände), 4. Aufl. Brüssel 1929-1931

Vernay, Jacques: Le droit dans l'Église catholique, Paris 1995

Vidal, Petrus: Notio delicti in iure codicis, in: IusPont 2 (1922), 99 ff.

Vileo, Stephen L.: A theological analysis of scandal in the *summa theologiae* of St. Thomas Aquinas, Diss. theol. Rom 1993

Vitu, André: Le principe de légalité et la procédure pénale, in: R.I.C.P.T. 1967, 94 ff. (94)

Wächter, Lothar: Gesetz im kanonischen Recht, St. Ottilien 1989

Waider, Heribert: Literaturbericht Kirchliches Strafrecht, in: ZStW 78 (1966), 524 ff.

Waider, Heribert: Literaturbericht Kirchliches Strafrecht, in: ZStW 89 (1977), 995 ff.

Waider, Heribert: Literaturbericht Kirchliches Strafrecht, in: ZStW 95 (1983), 378 ff.

Waider, Heribert: Literaturbericht Kirchliches Strafrecht, in: ZStW 98 (1986), 145 ff.

Waider, Heribert: Literaturbericht Kirchliches Strafrecht, in: ZStW 101 (1989), 627 ff.

Walf, Knut: Einführung in das neue katholische Kirchenrecht, Zürich u. a. 1984

Waymel, Marie-Antoinette: Droit canonique, une science théologique, in: PJR 1 (1984), 47 ff.

Welzel, Hans: Das Deutsche Strafrecht, 11. Aufl. Berlin 1969

Wenger, Leopold: Über canon und regula in den römischen Rechtsquellen, in: SavZ Kan. 32 (1943), 495 ff.

Wentker, Hermann: Die juristische Ahndung von NS-Verbrechen in der Sowjetischen Besatzungszone und in der DDR, in: KJ 2002, 60 ff.

Werckmeister, Jean: Introduction, S. 11 ff., in: Yves de Chartres, Le Prologue, Paris 1997

Werckmeister, Jean: L'admission des divorcés remariés aux sacrements et l'interprétation du can. 915, in: RDC 51 (2001), 373 ff.

Werckmeister, Jean: Le premier „canoniste“: Yves de Chartres, in: RDC 47 (1997), 53 ff.

Werckmeister, Jean: Petit dictionnaire de droit canonique, Paris 1993

Werckmeister, Jean: Rezension zu Alain SÉRIAUX, Droit canonique, in: RDC 46 (1996), 383 ff.

Werckmeister, Jean: Théologie et droit pénal: Autour du scandale, in: RDC 39 (1989), 93 ff.

Werle, Gerhard: Justiz-Strafrecht und polizeiliche Verbrechensbekämpfung im Dritten Reich, Berlin u. a. 1989

Wernz, Franz Xaver / *Vidal*, Peter: Ius canonicum (7 Bände), Band III und IV in 1. Aufl., Band I, VI und VII in 2. Aufl. und Band II und V in 3. Aufl. Rom 1933-1952

Wernz, Franz Xaver: Ius decretalium (6 Bände), Band V und VI in 1.Aufl., Band III und IV in 2. Aufl. und Band I und II in 3. Aufl. Rom u. a. 1908-1915

Wimmer, August: Die Bestrafung von Humanitätsverbrechen und der Grundsatz „nullum crimen sine lege", in: SJZ 1947, Sp. 123 ff.

Woestman, William H.: Ecclesiastical Sanctions and the Penal Process, 2. Aufl. Ottawa 2003

Wohlmuth, Josef (Hrsg.): Dekrete der ökumenischen Konzilien (3 Bände), Paderborn u. a. 1998-2002, Originalausgabe: Istituto per le scienze religose: Alberigo, Giuseppe u. a. (Hrsg.), Conciliorum Oecumenicorum Decreta - 3. Aufl. Bologna 1973

Wolfe, William: Punishment for individual crimes, in.: Canon Law Society of America (Hrsg.), Proceedings of the forty-fifth annual convention in San Francisco/Kalifornien, Washington D. C. 1984, S. 230 ff.

Wolff, Hans J. / *Bachof*, Otto / *Stober*, Rolf: Verwaltungsrecht (3 Bände), Band 1 in 11. Aufl., Band 2 in 6. Aufl., Band 3 in 5. Aufl., München 1999-2004

Zacharias, Diana: Kernwissen Staatsrecht (2 Bände), Band I in 3. Aufl. und Band II in 2. Aufl., Thüngersheim u. a. 2001-2002

Zapp, Hartmut: Zur kanonischen Strafrechtsreform nach dem Entwurf der Kodexkommission, in: ÖAKR 27 (1976), 36 ff.

Zeiger, Ivo: Nulla poena sine lege, in: StdZ 132 (1937), 297 ff.

Zimmermann, Stefan: Die strafrechtliche „Bewältigung" der deutschen Diktaturen, in: JuS 1996, 865 ff.

Zizola, Giancarlo: Demokratisierung des Gottesvolkes, in: Conc. 7 (1971), 204 ff.

Żurowski, Marian Aleksander: Autorité et liberté dans l'Église, in: Thériault, Michel / Thorn, Jean (Hrsg.), Le nouveau code de droit canonique – The new Code of Canon Law (2 Bände), Ottawa 1986, Band 1 S. 375 ff.

Żurowski, Marian Aleksander: Les fondements des droits des fidèles dans la communauté ecclésiale, in: Corecco, Eugenio / Herzog, Niklaus / Scola, Angelo (Hrsg.), Les Droits Fondamentaux du Chrétien dans l'Eglise et dans la Société – Die Grundrechte des Christen in Kirche und Gesellschaft – I Diritti Fondamentali del Cristiano nella Chiesa e nella Società, Fribourg u. a. 1981, S. 175 ff.

Žužek, Ivan: La „Lex Ecclesiae Fundamentalis" et les deux codes, in: AnnCan 40 (1998), 19 ff.

Abkürzungen

a. M.	anderer Meinung
AAS	Acta Apostolicae Sedis (Band [Jahr], Seite)
ABlAHK	Amtsblatt der Alliierten Hohen Kommission für Deutschland (Jahr, Seite)
ABlKRD	Amtsblatt des Kontrollrats in Deutschland (Jahr, Seite)
AfkKR	Archiv für katholisches Kirchenrecht (Band [Jahr], Seite)
ALR	Preußisches Allgemeines Landrecht von 1794
Anm.	Anmerkung
AnnCan	L'Année Canonique (Band [Jahr], Seite)
Apg.	Apostelgeschichte
Apoll.	Apollinaris (Band [Jahr], Seite)
Art. (Artt.)	Artikel (Artikel *pl*)
ASS	Acta Sanctae Sedis (Band [Jahr], Seite)
Aufl.	Auflage
B.	Bulletin des arrêts de la Cour de Cassation rendus en matière criminelle (1805-1953); Bulletin des arrêts de la Cour de cassation, Chambre criminelle (ab 1954)
BDG	Bundesdisziplinargesetz
BGBl.	Bundesgesetzblatt (Teil I/Teil II, Seite)
BGH	Bundesgerichtshof
BGHR	BGH-Rechtsprechung Strafsachen (§ des StGB, Stichwort, Nummer)
BGHSt	Entscheidungen des Bundesgerichtshofs in Strafsachen (Band, Seite)
BK	Bonner Kommentar zum Grundgesetz
BVerfG	Bundesverfassungsgericht
BVerfGE	Entscheidungen des Bundesverfassungsgerichts (Band, Seite)
bzgl.	bezüglich
C.	Causa
c. (cc.)	Kanon (Kanones)
C. P.	Code pénal
C. P. P.	Code de procédure pénale
Catholicisme	Catholicisme hier, aujourd'hui, demain
CCC	Constitutio Criminalis Carolina
CCEO	Codex Canonum Ecclesiarum Orientalium
Chamb. Crim.	Chambre criminelle de la Cour de cassation

CIC	Codex Iuris Canonici
Clem.	Klementinen (Clementiae constitutiones, Bestandteil des Corpus Iuris Canonici)
Cod.	Codex Iustinianus (Bestandteil des Corpus Iuris Civilis)
Comm	Communicationes (Band [Jahr], Seite)
Conc.	Concilium (Band [Jahr], Seite)
Cons. const.	Conseil constitutionnel
D.	Distinction
DJZ	Deutsche Juristen-Zeitung (Jahr, Spalte)
DP	Dalloz – Recueil périodique et critique (Jahr Teil, Seite),
DPM	De Processibus Matrimonialibus (Band [Jahr], Seite)
DRZ	Deutsche Rechts-Zeitschrift (Jahr, Seite)
EGGVG	Einführungsgesetz zum Gerichtsverfassungsgesetz
EGMR	Europäischer Gerichtshof für Menschenrechte
EGStGB/StPO	Einführungsgesetz zum Strafgesetzbuch und zur Strafprozeßordnung (der DDR)
EIC	Ephemerides Iuris Canonici (Band [Jahr], Seite)
EMRK	Konvention zum Schutz der Menschenrechte und Grundfreiheiten vom 4. November 1950 (Europäische Menschenrechtskonvention)
En.	Endnote
ETL	Ephemerides Theologicae Lovanienses (Band [Jahr], Seite)
EU	Europäische Union
f. / ff.	folgende Seite(n)
FG	Festgabe
Fn.	Fußnote
Fontes	Codicis Iuris Canonici Fontes
FS	Festschrift
GG	Grundgesetz
HbdGR	Handbuch der Grundrechte
HbdkKR	Handbuch des katholischen Kirchenrechts
HbdStR	Handbuch des Staatsrechts
HerKorr	Herder Korrespondenz (Band [Jahr], Seite)
HRG	Handwörterbuch zur deutschen Rechtsgeschichte
Hrsg.	Herausgeber
i. d. F.	in der Fassung
i. E.	im Ergebnis

i. S.	Im Sinne
i. V. m.	in Verbindung mit
IDE	Il diritto ecclesiastico (Band [Jahr], Seite)
IMT	Internationaler Militärgerichtshof gegen die Hauptkriegsverbrecher
incl.	inklusive
insbes.	insbesondere
Inst.	Institutionen
IPBürgR	Internationaler Pakt über bürgerliche und zivile Rechte vom 19. Dezember 1966
IusCan	Ius Canonicum (Band [Jahr], Seite)
IusPont	Ius Pontificium (Band [Jahr], Seite)
JCP	Juris-classeur periodique (La semaine juridique) (Jahr Teil, Nr.)
JICJ	Journal of International Criminal Justice (Band [Jahr], Seite)
JMBl. NW	Justizministerialblatt Nordrhein-Westfalen (Jahr, Seite)
JOC	Journal Officiel du Commandement en Chef Français (Seite)
Jurist	The Jurist (Band [Jahr], Seite)
JuS	Juristische Schulung (Jahr, Seite)
JW	Juristische Wochenschrift (Jahr, Seite)
KJ	Kritische Justiz (Jahr, Seite)
KRG 10	Kontrollratsgesetz Nr. 10
KuR	Kirche und Recht (Jahr, Seite = Gliederungsnummer, Seite)
LK	Leipziger Kommentar
LThK	Lexikon für Theologie und Kirche
m. w. N.	mit weiteren Nachweisen
MGG	Military Government Gazette Germany – British zone of control (Amtsblatt der Militärregierung Deutschland – Britisches Kontrollgebiet) (Seite)
mglw.	möglicherweise
MK	Münsterischer Kommentar zum CIC
Mon.	Moniteur universel (Jahr, Seite)
MonEccl	Monitor Ecclesiasticus (Band [Jahr], Seite)
MP	Motu Proprio
Mt	Matthäus-Evangelium
MüKo	Münchener Kommentar zum Strafgesetzbuch
NJ	Neue Justiz (Jahr, Seite)
NJW	Neue Juristische Wochenschrift (Jahr, Seite)

Nr.	Nummer
NRT	Nouvelle Revue Théologique (Band [Jahr], Seite)
o. a.	oben angegebenen
ÖAKR	Österreichisches Archiv für Kirchenrecht (Band [Jahr], Seite)
OG	Oberstes Gericht (der DDR)
OGHSt	Entscheidungen des Obersten Gerichtshofs für die britische Zone in Strafsachen (Band, Seite)
OJR	Orbis Juris Romani (Band [Jahr], Seite)
OLG	Oberlandesgericht
Oss.Rom	Osservatore Romano
PerRMCL	Periodica de morali canonica liturgica (Band [Jahr], Seite)
PJR	Praxis juridique et religion (Band [Jahr], Seite)
q.	Quaestio
QDE	Quaderni di diritto ecclesiale (Band [Jahr], Seite)
R.D.P.C.	Revue de droit pénal et de criminologie (Jahr, Seite)
R.I.C.P.T.	Revue internationale de criminologie et de police technique (Jahr, Seite)
R.I.D.P.	Revue internationale de droit pénal (Jahr, Seite)
RD.	Recueil Dalloz (Jahr, Seite)
RDC	Revue de droit canonique (Band [Jahr], Seite)
RDJ	Recueil Dalloz Jurisprudence (Jahr, Seite)
REDC	Revista española de derecho canónico (Band [Jahr], Seite)
reg. iur.	Regulae Iuris
Rev. sc. crim.	Revue de science criminelle et droit pénal comparé (Jahr, Seite)
RGBl.	Reichsgesetzblatt (Teil I/Teil II, Seite)
RIDC	Revue internationale de droit compare (Jahr, Seite)
RIDP	Rivista italiana di diritto penale (Band [Jahr], Seite)
RIDPP	Rivista italiana di diritto procedura penale (Band [Jahr], Seite)
Rn.	Randnummer
RS	Recueil Sirey - Recueil général des lois et des arrêts (Jahr Teil, Seite)
S.	Seite
s.	siehe
S. C. C.	Sacra Congregatio Concilii
S. C. de prop. Fide	Sacra Congregatio pro Gentium Evangelizatione seu de Propaganda Fide

SaBl.	Sammelblatt (1949-1955: für Gesetze, Verordnungen und Bekanntmachungen des Bundes, der Länder und der Besatzungsmächte; 1955-2002: für Rechtsvorschriften des Bundes und der Länder; ab 2002: Rechtsvorschriften des Bundes und der Länder) (Jahr, Seite)
SavZ Kan.	Zeitschrift der Savigny-Stiftung für Rechtsgeschichte, Kanonistische Abteilung (Band [Jahr], Seite)
SJZ	Süddeutsche Juristenzeitung (Jahr, Spalte)
SK	Systematischer Kommentar zum Strafgesetzbuch
SMAD	Sowjetische Militäradministration in Deutschland
sog.	sogenannten
Sp.	Spalte
StdZ	Stimmen der Zeit (Band [Jahr], Seite)
StGB	Strafgesetzbuch
StPO	Strafprozessordnung
StudCan	Studia canonica (Band [Jahr], Seite)
StudGrat	Studia Gratiana (Band [Jahr], Seite)
ThPQ	Theolgisch-Praktische Quartalschrift (Band [Jahr], Seite)
TvR	Tijdschrift voor rechtsgeschiedenis – Revue d'histoire du droit – The legal history review (Jahr, Seite)
Var.	Variante
vgl.	vergleiche
VI^{0}	Liber Sextus (Gesetzbuch Bonifazius' VIII., Bestandteil des Corpus Iuris Canonici)
WRV	Weimarer Reichsverfassung
X	Liber extra (Dekretalen Gregors IX., Bestandteil des Corpus Iuris Canonici)
z. B.	zum Beispiel
z. T.	zum Teil
ZStW	Zeitschrift für die gesamte Strafrechtswissenschaft (Band [Jahr], Seite)
ZVO	Zentralverordnungsblatt (Jahr, Seite)

1. Teil Einleitung und Darstellung des geschichtlichen Hintergrunds des Nullum-crimen-Satzes im kanonischen Recht

A. Einleitung

I. Problemdarstellung

Der Codex Iuris Canonici (CIC) vom 25. Januar 1983, das Gesetzbuch der lateinischen (römisch-katholischen) Rituskirche der Katholischen Kirche, enthält in c. 1399 folgende Bestimmung:

> *„Praeter casus hac vel aliis legibus statutos, divinae vel canonicae legis externa violatio tunc tantum potest iusta quidem poena puniri, cum specialis violationis gravitas punitionem postulat, et necessitas urget scandala praeveniendi vel reparandi."*

> „Außer den Fällen, die in diesem oder in anderen Gesetzen geregelt sind, kann die äußere Verletzung eines göttlichen oder eines kanonischen Gesetzes nur dann mit einer gerechten Strafe belegt werden, wenn die besondere Schwere der Rechtsverletzung eine Bestrafung fordert und die Notwendigkeit drängt, Ärgernissen zuvorzukommen oder sie zu beheben."[1]

Einen Vorläufer hatte diese Bestimmung bereits mit c. 2222 § 1 CIC/1917:

> *„Licet lex nullam sanctionem appositam habeat, legitimus tamen Superior potest illius transgressionem, etiam sine praevia poena comminatione, aliqua iusta poena punire, si scandalum forte datum aut specialis transgressionis gravitas id ferat; secus reus punire nequit, nisi prius monitus fuerit cum comminatione poena latae vel ferendae sententiae in casu transgressionis, et nihilominus legem violaverit."*

> „Ist einem Gesetz keine Sanktion beigefügt, kann der rechtmäßige Obere eine Gesetzesverletzung auch ohne vorherige Strafandrohung mit einer gerechten Strafe bestrafen, wenn das eingetretene Ärgernis oder die besondere Schwere der Verletzung dies erfordert; ansonsten kann der Täter nicht bestraft werden, wenn nicht zuvor eine Mahnung mit Androhung einer Tat- oder Spruchstrafe ergangen war und er dennoch das Gesetz verletzen sollte."

Kritik an diesen Vorschriften wurde und wird nicht nur von Juristen[2], sondern auch von Kanonisten[3] geübt. Bemängelt wird, c. 1399 CIC/1983 (früher c. 2222 § 1 CIC/1917) stehe mit dem Grundsatz „nullum crimen nulla poena sine lege"[4] nicht im Einklang, umgehe bzw. höhle ihn aus. Die Vorschrift sei überdies wegen ihrer Unbestimmtheit in der Praxis nicht anwendbar[5]. Jedenfalls sei sie aber abzulehnen, weil sie von einem in den (weltlichen) Staaten anerkannten und von

---

1 Übersetzung nach Codex Iuris Canonici - Codex des kanonischen Rechts, S. 614/615.

2 Waider, ZStW 98 (1986), 145 ff. (168); Waider, ZStW 101 (1989), 627 ff. (629 f.).

3 Fürst, S. 787 ff. (793); MK-Lüdicke, c. 1399 Rn. 2; Primetshofer, Geist, S. 405 ff. (416).

4 Zu den Grundlagen dieses Prinzips in verschiedenen Rechtsordnungen: Domingo/Rodríguez-Antolín, S. 98 (Nr. 464).

5 Vgl. MK-Lüdicke, c. 1399 Rn. 2.

der Kirche selbst in c. 221 § 3 CIC/1983 formulierten Prinzip sowie dem heutigen Rechtsverständnis abweiche[6] und deswegen als Willkür angesehen werde[7].

Hintergrund dieser Kritik ist teilweise der Vergleich mit der Rechtslage im staatlichen, über- oder zwischenstaatlichen (künftig: weltlichen) Recht, insbesondere soweit ein ausdrücklicher Hinweis auf Art. 7 EMRK bzw. Art. 103 Abs. 2 GG erfolgt[8]. Es greift jedoch zu kurz, die gegen c. 1399 CIC/1983 geäußerten Einwände allein mit der Abweichung vom weltlichen Recht zu erklären. C. 1399 CIC/1983 steht mit Bestimmungen des CIC/1983 selbst in einem Spannungsverhältnis, insbesondere mit c. 221 § 3 CIC/1983. Danach haben die Gläubigen das Recht, dass kanonische Strafen über sie nur „ad normam legis", also nach den Bestimmungen des Gesetzes, verhängt werden. Nur der Gesetzgeber hat daher zu entscheiden, welches Verhalten strafbar ist[9].

Der Gesetzesvorbehalt gilt im kirchlichen Strafrecht jedoch auch unabhängig von c. 221 § 3 CIC/1983. Einerseits liegt jedem Strafrechtskodex mittelbar der Nullum-crimen-Satz zugrunde. Andererseits ergibt sich dieser Grundsatz aus den allgemeinen Rechtsprinzipien des kanonischen Rechts „In poenis benignior est interpretatio facienda."[10], „Contra eum, qui legem dicere potuit apertius, est interpretatio facienda."[11] sowie „Odia restringi, et favores convenit ampliari."[12]. Diese – in die Rechtsregeln des Liber Sextus des Corpus Iuris Canonici aufgenommenen – Grundsätze des kanonischen Rechts, sind gemäß c. 19 CIC/1983 zu beachten[13].

Mit diesen Prinzipien ist c. 1399 CIC/1983 bzw. war c. 2222 § 1 CIC/1917 anscheinend kaum zu vereinbaren. In der vorliegenden Arbeit soll untersucht werden, ob diese Annahme zutrifft und deshalb Forderungen[14] entsprochen werden sollte, auf eine derartige Vorschrift im kirchlichen Strafrecht zu verzichten oder

---

6 Vgl. dazu W. Böckenförde, NJW 1983, 2532 ff. (2537); Primetshofer, Geist, S. 405 ff. (416); Waider, ZStW 98 (1986), 145 ff. (168); Waider, ZStW 101 (1989), 627 ff. (630); Werckmeister, RDC 39 (1989), 93 ff. (106).

7 Waider, ZStW 78 (1966), 524 ff. (533 f.).

8 Vgl. Pahud de Mortanges, Vergebung, S. 182; Primetshofer, Auswirkungen, S. 557 ff. (565 mit Fn. 26); Waider, ZStW 89 (1977), 995 ff. (1007). Da der Apostolische Stuhl der EMRK nicht beigetreten sei, sei aber eine Klage vor dem EGMR ausgeschlossen, vgl. Pahud de Mortanges, Vergebung, S. 182 i. V. m. S. 115. Werckmeister, Dictionnaire, „Légalité des peines (Principe de la)", S. 128, weist auf den inhaltsgleichen Art. 11 Nr. 2 der am 10. Dezember 1948 von den Vereinten Nationen beschlossenen „Allgemeinen Erklärung der Menschenrechte" hin. Mittelbar auch Boyle, Conc. 3 (1967), 635 ff. (637 f.), der fordert, dass die Kirche derartige Werte, die in den jeweiligen Staaten in Kraft seien, beachten und das gleiche Maß an Würde und Integrität wahren solle wie das staatliche Recht.

9 Vgl. Lipiński, S. 77.

10 Reg. iur. 49 in VI^0 (Friedberg II, Sp. 1123).

11 Reg. iur. 57 in VI^0 (Friedberg II, Sp. 1123).

12 Reg. iur. 15 in VI^0 (Friedberg II, Sp. 1122).

13 MK-Socha, c. 19 Rn. 9; siehe auch 2. Teil D. II. (S. 52 f.).

14 So: Waider, ZStW 95 (1983), 378 ff. (400).

ob es – unter Berücksichtigung der kanonischen Tradition – Gründe gibt, die c. 1399 CIC/1983 rechtfertigen.

Dabei kann die Praxis kaum berücksichtigt werden. Strafverfahren sind in der Kirche selten[15]. Urteile in Strafverfahren werden ferner nur ausnahmsweise veröffentlicht[16]. Daher kann im Folgenden fast nur auf Stellungnahmen in der Literatur, nicht aber auf Rechtsprechung verwiesen werden.

II. Geschichtliche Entwicklung des Strafrechts der Kirche

Die Frage, ob und ggf. wie c. 1399 CIC/1983 zu rechtfertigen ist, kann nicht losgelöst von der Frage eines Strafrechts in der Kirche, insbesondere dessen geschichtlicher Entwicklung, beantwortet werden. Auf den ersten Blick ist es überraschend für jeden, der sich nicht näher mit dem kanonischen Recht befasst, dass der CIC/1983 einen besonderen Abschnitt, das VI. Buch (cc. 1311-1399 CIC/1983) mit 89 Kanones, zum Strafrecht aufweist. Die Existenz eines kirchlichen Strafrechts wird vom CIC/1983 sogar als selbstverständlich vorausgesetzt. In der einleitenden Vorschrift wird es als das „angeborene und eigene Recht" der Kirche bezeichnet, straffällig gewordene Gläubige durch Strafmittel zurechtzuweisen (c. 1311 CIC/1983)[17].

---

[15] Weltweit ist in den letzten Jahren allerdings ein Anstieg der Strafverfahren im Zusammenhang mit sexuellem Missbrauch von Minderjährigen durch Kleriker festzustellen. Eher regional – im westeuropäischen Raum – waren Verstöße gegen die Bestimmungen über die Zulassung von Nichtkatholiken zu den Sakramenten (insbesondere zur Heiligen Eucharistie) über c. 844 §§ 3-5 CIC/1983 hinaus, sowie der Versuch der Weihe von Frauen zu Priesterinnen zu verzeichnen. Statistiken über die Anzahl von Strafverfahren sind nur vereinzelt zu erlangen. Z. B. waren im Jahre 2005 in Argentinien beim Berufungsgericht 3 Strafverfahren anhängig, vgl. Busso, DPM 13 (2005).

[16] Die Entscheidungssammlung der Urteile der Rota Romana enthält in den Jahren nach Inkrafttreten des CIC/1917 in den Jahrgangsbänden zwar regelmäßig deutlich mehr als 50 – zuletzt über 100 – Urteile. Strafurteile werden dort aber nur in einzelnen Bänden und auch in diesen nur vereinzelt veröffentlicht. Seit vielen Jahren sind Strafurteile der Rota Romana dort praktisch nicht mehr nachweisbar. Für die Zeit zwischen 1971 und 1988 ist nur ein Strafurteil verzeichnet, vgl. Mendonça, S. 448, aber nicht im Wortlaut veröffentlicht. Dies mag damit zusammenhängen, dass die Rota Romana nur für gerichtliche Strafverfahren zuständig ist. Für Strafverfahren, die auf dem Verwaltungswege (vgl. näher unter III. [S. 7 f.]) durchgeführt werden, ist die Apostolische Signatur Rechtsmittelinstanz; eine entsprechende Entscheidungssammlung fehlt für dieses Gericht.
Die regelmäßig erscheinenden Entscheidungssammlungen kirchlicher Gerichte auf nationaler Ebene, z. B. in Großbritannien (Matrimonial Decisions of Great Britain and Ireland [Hrsg.: Canon Law Society of Great Britain and Ireland]) oder in Deutschland (Leitsätze [Hrsg.: Deutsche Bischofskonferenz]) befassen sich mit Ehenichtigkeitsverfahren. Dies hängt entscheidend damit zusammen, dass die meisten Verfahren vor kirchlichen Gerichten Ehesachen sind. Der Anteil dieser Verfahren liegt bei mindestens 98 % (vgl. Rochet, AnnCan 38 [1996], 137 ff. [137]. Eines der wenigen veröffentlichten Strafurteile ist bei Alesandro/Cuneo/Varvaro/Vondenberger, S. 449 ff., abgedruckt.

[17] „Nativum et proprium Ecclesiae ius est christifideles delinquentes poenalibus sanctionibus coercere.".

Dieser Anspruch wird durch die geschichtliche Entwicklung bestätigt. Erste Anfänge bzw. Vorläufer des kirchlichen Strafrechts sind bereits in den frühen Gemeinden festzustellen[18]. Mitglieder, die gegen wesentliche Grundsätze der kirchlichen bzw. göttlichen Ordnung verstoßen hatten, wurden aus der aktiven kirchlichen Gemeinschaft, insbesondere vom Empfang der Sakramente, ausgeschlossen, also „exkommuniziert". Voraussetzung hierfür war eine schwere Sünde, durch die ein Ge- oder Verbot Gottes bzw. der Gemeinschaft verletzt wurde[19]. Ein auf einer Strafgesetzgebung fußendes Strafrecht existierte zu diesem Zeitpunkt allerdings noch nicht. Ab dem 2. Jahrhundert gab es vermehrt Regelungen, die die Bußdisziplin betreffen[20]. Die öffentliche Buße war bei den Laien der „Keim" des Strafrechts[21]. Jedenfalls seit dem 4. Jahrhundert ist dann eine Strafgesetzgebung festzustellen[22]. Obwohl im Grundsatz bereits zu diesem Zeitpunkt zwischen „Sünde" und „Delikt" unterschieden wurde, gab es dennoch lange Zeit keine eindeutige Trennung zwischen Straf- und Bußrecht. Parallel und in Konkurrenz zu den Strafgesetzen entstanden seit dem 6. Jahrhundert sogar Bußbücher[23]. Hintergrund war, dass die Kirche die Exkommunikation als Folge der Anwendung des Strafrechts vermeiden wollte[24]. Im 8. Jahrhundert wurde insoweit eine Trennung vollzogen, als nur noch für öffentlich begangene Sünden auch öffentliche Bußen verhängt wurden, dagegen für geheime Sünden ausschließlich geheime Bußen[25]. Zu einer langsamen Trennung zwischen Buß- und Strafrecht kam es erst seit dem hohen Mittelalter[26].

Die kirchliche Strafgesetzgebung ist im Laufe der Jahrhunderte immer mehr ausgeweitet und an die aktuellen Gegebenheiten angepasst worden, insbesondere wurde auf Verhaltensweisen reagiert, die von den Oberen als schädlich für ihre Autorität oder die Gemeinschaft angesehen wurden[27]. Es überrascht daher

---

18 Scheuermann, AfkKR 131 (1962), 393 ff. (395 und 396).

19 Vgl. dazu Bernhard, RDC 16 (1966), 41 ff. (42 f.); Feine, S. 42 f.; Hinschius IV, S. 691 f.; Mazzoni, S. 9 ff. (18); Plöchl I, S. 97; Silbernagel, Handbuch, S. 561.

20 Vgl. Pellegrini I, S. 15; zu nennen sind insoweit z. B. die Beschlüsse der Konzilien von Elvira (300), Ancyra (314) und Nicäa (325), vgl. Cimetier, Sources, S. 31.

21 Vgl. v. Schulte, Lehrbuch, S. 204; Valdrini/Durand/Échappé/Vernay, Rn. 597 (S. 378 Fn. 4). Zur Entwicklung des Strafrechts aus dem Bußrecht s. auch Mazzoni, S. 9 ff. (16 ff.) und Rees, Strafgewalt, S. 116 ff.; bezüglich der Kleriker liegen die Anfänge des Strafrechts in der Disziplinargewalt der Bischöfe, vgl. Eichmann, Strafrecht, S. 7/8.

22 Vgl. Cortés, S. 44.

23 Zu den Bußbüchern wird auf Erdö, Quellen, S. 58 ff.; Gaudemet, IIe au VIIe siècle, S. 124 ff.; Gaudemet, VIIIe-XXe siècle, S. 39 ff.; Lahache, in: Naz, Dictionnaire VI, „Pénitentiels", Sp. 1337 ff.; Stamm, DPM 7 (2000), 151 ff., verwiesen.

24 Eichmann, Strafrecht, S. 10; Rees, Strafgewalt, S. 127.

25 O'Connor, StudCan 3 (1969), 209 ff. (212).

26 Vgl. Puza, Kirchenrecht, S. 389; ähnlich Chanez, Applicabilité, S. 7; Mazzoni, S. 9 ff. (18).

27 Vgl. Hinschius V, S. 157 ff.; Kéry kommt daher zu dem Ergebnis, das Strafrecht des klassischen kanonischen Rechts sei „keinesfalls eine alle Lebensfragen erfassende geschlos-

nicht, dass in der ersten Kodifikation des kanonischen Rechts, dem CIC/1917, das Strafrecht umfangreich geregelt war. So enthielt der 3. Teil des 5. Buches, in dem die meisten[28] Strafvorschriften zusammengefasst waren, rund 100 Tatbestände.

Die bedeutenden theologischen Aussagen des Zweiten Vatikanischen Konzils machten eine umfassende Reform des Kirchenrechts notwendig. In den „Principia quae Codicis Iuris Canonici recognitionem dirigant" behandelte der 9. Grundsatz[29] die Frage der Stellung des Strafrechts im künftigen Kodex. Diesem Grundsatz lag noch das Verständnis der Kirche als „societas iuridice perfecta"[30] zugrunde, da das Strafrecht damit gerechtfertigt wurde, dass die Kirche als äußere, sichtbare und unabhängige Gesellschaft hierauf nicht verzichten könne. Deutlich wurde aber auch das Bestreben, den Umfang strafrechtlicher Bestimmungen zu beschränken. Ausdrücklich wurde in diesem Grundsatz gefordert, Tatstrafen[31] auf wenige Fälle zu reduzieren und nur für schwerste Vergehen vorzusehen. Die Geschichte der Strafrechtskodifikation soll an dieser Stelle nicht erneut nachgezeichnet werden[32]. Für das hier behandelte Thema ist von Interesse, dass bereits das erste Schema zum neuen Strafrecht in c. 73 eine c. 2222 § 1 CIC/1917 entsprechende Vorschrift enthielt. An dieser Vorschrift

---

sene Sanktionsordnung (...), sondern eher das Ergebnis einer ‚Gelegenheitsgesetzgebung'" gewesen, Kéry, SavZ Kan. 122 (2005), 128 ff. (167).

28 Vgl. zu weiteren Strafbestimmungen: Rees, Strafgewalt, S. 297 ff.

29 Comm. 1 (1969), 77 ff. (84 f.).

30 Die Lehre von der Kirche als „societas iuridice perfecta" geht zurück auf die Enzyklika „Immortale Dei" Papst Leo XIII. (1878-1903) vom 1. November 1885 (ASS 18 [1885], 161 ff.), auszugsweise in deutsch abgedruckt in: E. R. Huber/W. Huber III, Nr. 137 (S. 336 ff.). Sie geht davon aus, dass Kirche und Staat zwei gleichberechtigte und auf ihrem Gebiet souveräne Gemeinschaften sind, aber zur Erfüllung ihrer jeweiligen Aufgaben auch zusammenarbeiten müssen, vgl. näher Listl, in: Listl/Schmitz, HbdkKR (1999), S. 1245; Lombardia, Apoll. 40 (1967), 59 ff. (71); E. R. Huber/W. Huber III, S. 335. Das Zweite Vatikanische Konzil hat dieses Verhältnis zwischen Staat und Kirche insbesondere durch die „Erklärung über die Religionsfreiheit" vom 7. Dezember 1965 (AAS 58 [1966], 929 ff.) auf eine andere Grundlage gestellt. Im Mittelpunkt steht nicht mehr der Anspruch der Kirche, eine selbstständige Gemeinschaft neben dem Staat zu sein, sondern dessen Pflicht, die Religionsfreiheit zu gewähren. Ob durch diesen Ansatz das Verhältnis zwischen Staat und Kirche umfassend erklärbar ist (verneinend: Listl, in: Listl/Schmitz, HbdkKR [1999], S. 1251 Fn. 42 gegen Lombardia, Apoll. 40 [1967], 59 ff. [107 f.]), kann dahinstehen. Denn jedenfalls der aus dieser Lehre abgeleitete Anspruch wird aufrechterhalten, vgl. Wiedenhofer, in: LThK IX, „Societas perfecta", 681 f. (681 f.). Insbesondere c. 1311 CIC/1983 – aber auch dem kirchlichen Strafrecht insgesamt – liegt immer noch das Verständnis der Kirche als einer „societas iuridice perfecta" zugrunde.

31 Vgl. sogleich unter III. (S. 6 f.).

32 Vgl. dazu Rees, Strafgewalt, S. 330 ff.

wurde trotz Kritik[33] festgehalten und mit c. 1399 CIC/1983 eine zwar engere, aber dennoch in ihren Grundzügen vergleichbare[34] Vorschrift erlassen.

Die Selbstverständlichkeit, mit der in c. 1311 CIC/1983 die Existenz eines kirchlichen Strafrechts begründet wird, lässt nicht erkennen, dass insbesondere nach dem Zweiten Vatikanischen Konzil – teilweise sogar schon Ende des 19. Jahrhunderts – dessen Berechtigung umstritten war[35]. Diese grundsätzlichen Vorbehalte[36] haben im Text des CIC/1983 kaum Niederschlag gefunden. Auffällig ist zwar die deutliche Reduzierung strafrechtlicher Normen gegenüber dem CIC/1917[37]. Hintergrund hierfür ist aber nicht eine Skepsis gegenüber dem kirchlichen Strafrecht, sondern das Bestreben, die Vorschriften verständlicher sowie besser anwendbar zu fassen und nicht mehr – wie im CIC/1917 – bis in die Einzelheiten auszuformulieren. Daneben stand die Absicht, die Delikte insgesamt auf das erforderliche Maß zu reduzieren[38].

III. Überblick über Besonderheiten des gegenwärtigen kirchlichen Strafrechts gegenüber dem staatlichen Strafrecht

Das kirchliche Strafrecht weist gegenüber dem staatlichen Strafrecht zwar Gemeinsamkeiten, aber auch mehrere Besonderheiten auf:

Ebenso wie im staatlichen Bereich gibt das kirchliche Strafrecht der zuständigen Autorität die Möglichkeit, auf ein Fehlverhalten mit der Androhung und Verhängung eines Übels zu reagieren.

Anders als im staatlichen Strafrecht setzt der Eintritt einer Strafe aber nicht zwingend eine hoheitliche Entscheidung voraus, sondern kann bereits unmittelbare Folge der Tat sein (c. 1314 CIC/1983). Man bezeichnet dies als den Eintritt einer Strafe „latae sententiae“. Dieser Begriff – der eigentlich bedeutet, dass die Verhängung der Strafe, das Urteil, (schon) erfolgt ist – wird in der deutschen kanonistischen Fachsprache mit „Tatstrafe“ übersetzt. Der bloße Gesetzesverstoß

---

33 Forderungen, auf eine c. 2222 § 1 CIC/1917 entsprechende Vorschrift zu verzichten und dem Gesetzmäßigkeitsprinzip streng Rechnung zu tragen (vgl. Comm. 9 [1977], 80), wurde nicht entsprochen.

34 Vgl. näher 4. Teil C. (S. 183-185).

35 Vgl. dazu Rees, Strafgewalt, S. 46 ff.

36 Gefragt wird u. a., auf welche Autorität sich der Strafanspruch gründet und ob die kirchlichen Maßnahmen überhaupt als Strafe angesehen würden und werden könnten, da sie nicht mit den weltlichen Strafen (insbesondere Freiheitsstrafen) vergleichbar seien. Diskutiert wird ferner, inwieweit der Strafanspruch der Kirche mit der (Glaubens)Freiheit der Gläubigen und der Barmherzigkeit vereinbar ist sowie ob das Nicht-Wissen um die Existenz des kirchlichen Strafrechts diesem nicht letztlich die Effektivität entzieht, vgl. z. B. Borras, NRT 113 (1991), 205 ff. (207 ff.).

37 Jasonni, IDE 98 (1987), 668 ff. (669), führt hierzu aus, die kanonische Gesetzgebung von 1983 habe, mit deutlicher Kursänderung im Vergleich zu der Kodifikation von 1917, den Komplex und die sehr heterogene Materie der Delikte in sehr knapper Form festgelegt, man könne fast schon von „Nicht-Behandlung“ sprechen.

38 Vgl. MK-Lüdicke, Einleitung vor c. 1311 Rn. 9.

hat in diesen Fällen bereits Minderungen der Stellung des Gläubigen in der Kirche zur Folge. Eine Tatstrafe führt regelmäßig aber nur zu Verboten (cc. 1331 § 1; 1332, 1. Alt; 1336 § 2 CIC/1983). Die Befolgung dieser Verbote ist im äußeren Bereich nicht durchsetzbar, sondern begründet (nur) eine Gewissensverpflichtung. Der Umfang dieser Verpflichtung ergibt sich aus c. 1352 CIC/1983. Weitergehende Folgen treten ein, wenn die Strafe durch eine hoheitliche Entscheidung der Kirche festgestellt worden ist[39]. Tatstrafen sind die Ausnahme im kirchlichen Strafrecht und treten nur ein, wenn dies im Gesetz ausdrücklich bestimmt ist (c. 1314 CIC/1983). In allen anderen Fällen handelt es sich bei den in einem Strafgesetz angedrohten Strafen um Strafen „ferendae sententiae", also des zukünftigen, zu sprechenden Urteils, in der deutschen kanonistischen Fachsprache als „Spruchstrafe" bezeichnet.

Eine weitere Besonderheit betrifft das Strafverfahren. Im Strafverfahren wird geprüft, ob eine bereits eingetretene Tatstrafe *festzustellen* oder eine Spruchstrafe zu *verhängen* ist. Am Beginn des Strafverfahrens steht die Voruntersuchung (c. 1717 CIC/1983). Nach Abschluss der Voruntersuchung wird entschieden, ob ein gerichtliches Strafverfahren oder ein außergerichtliches Verwaltungsverfahren durchgeführt werden soll (c. 1718, 3⁰ CIC/1983). Das gerichtliche Verfahren ist zwar in c. 1342 § 1 CIC/1983 als Regel vorgesehen; das Vorgehen mittels eines außergerichtlichen Dekrets erfolgt danach nur, soweit dem gerichtlichen Verfahren ein gerechter Grund entgegensteht. Trotz dieser Bestimmung und obwohl auf dem Verwaltungswege nicht alle im kanonischen Recht vorgesehenen Strafen verhängt oder festgestellt werden können[40], sind in

---

[39] Ohne formelle Feststellung des Eintritts der Tatstrafe ist ein Ordensangehöriger zu entlassen, der eine Straftat gemäß c. 1398 CIC/1983 begangen hat; in diesem Fall sind jedoch die entsprechenden Beweise durch den Oberen zu erheben (c. 695 CIC/1983). Irregulär für den Empfang einer Weihe – also gehindert, diese zu empfangen – ist auch derjenige, der die Straftat der Apostasie, der Häresie, des Schismas oder der Abtreibung begangen hat; eine formelle Feststellung des Eintritts der Tatstrafe ist nicht erforderlich (c. 1041 § 1, 2⁰ und 4⁰ CIC/1983). Die in c. 1041 CIC/1983 genannten Personen sind auch irregulär, die empfangenen Weihen auszuüben (c. 1044 § 1, 2⁰ und 3⁰ CIC/1983). Darüber hinaus ist – ohne Auswirkung auf die Gültigkeit – die Assistenz bei einer Eheschließung verboten, wenn einer der Eheschließenden mit einer Beugestrafe belegt ist; deren Feststellung ist nicht erforderlich (c. 1071 § 1, 5⁰ CIC/1983).
Die Feststellung der Tatstrafe der Exkommunikation ist Voraussetzung, damit der Betroffene unfähig zur Stimmabgabe bei einer kanonischen Wahl (c. 171 § 1, 3⁰ CIC/1983) oder zur Aufnahme in einen öffentlichen kirchlichen Verein (c. 316 § 1 CIC/1983) ist. Nur derjenige, dessen latae sententiae eingetretene Strafe festgestellt worden ist, ist unfähig, Tauf- bzw. Firmpate zu sein (c. 874 § 1, 4⁰ bzw. c. 893 § 1 CIC/1983). Die Feststellung der eingetretenen Tatstrafe der Exkommunikation oder des Interdiktes ist auch Voraussetzung für die Nichtzulassung zur Heiligen Kommunion (c. 915 CIC/1983). Irregulär ist auch, wer eine Weihe vorgenommen hat, obwohl er hieran auf Grund einer festgestellten Tatstrafe gehindert war (c. 1041, 6⁰ CIC/1983).

[40] Vgl. c. 1342 § 2 CIC/1983.

der Praxis gerichtliche Strafverfahren die Ausnahme[41]. Die Einzelheiten des Verwaltungsverfahrens ergeben sich aus c. 1720 CIC/1983. Die Regelungen zum gerichtlichen Strafverfahren sind cc. 1721 ff., 1400 ff. und 1501 ff. CIC/1983 zu entnehmen.

Bei den Strafen ist zu unterscheiden zwischen den „censurae", in Deutschland als Beugestrafen oder als Zensuren bezeichnet, sowie den „poenae expiatoriae", die Sühnestrafen. Ziel von Beugestrafen ist es, den Täter zu bessern. Gibt der Täter seine Widersetzlichkeit, die „contumacia", gegen die kirchliche Ordnung auf, ist die Beugestrafe zu erlassen (c. 1358 CIC/1983). Die Vollstreckung von Sühnestrafen ist dagegen unabhängig von einem Sinneswandel des Täters; sie ist allein eine Sühne für die Tat und dient der Wiederherstellung der verletzten Ordnung. Die einzelnen Beuge- bzw. Sühnestrafen, die mit ihnen verbundenen Folgen sowie weitere Sanktionen der Kirche werden noch näher behandelt[42].

In jüngerer Zeit wird der Strafcharakter sowohl der Beuge- als auch der Sühnestrafen in Frage gestellt. Die Zensuren seien weder Strafen noch Disziplinarmaßnahmen. Insbesondere die Exkommunikation sei letztlich ein Selbstausschluss des Täters aus der Gemeinschaft als Folge seines Verstoßes gegen die kirchliche Ordnung. Aber auch die Sühnestrafen seien keine Strafen im eigentlichen Sinne, sondern Maßnahmen mit lediglich disziplinarrechtlichem Charakter. Letztere träfen nämlich praktisch ausschließlich kirchliche Amtsträger. Sie enthielten die Feststellung der kirchlichen Autorität, dass die Person für das ihr übertragene Amt ungeeignet sei[43]. Verwiesen wird auch darauf, das VI. Buch des CIC/1983 trage die Überschrift „De sanctionibus in Ecclesiae" um anzuzeigen, dass es in der Kirche keine Strafen im eigentlichen Sinne, sondern nur Sanktionen gebe[44], während das V. Buch des CIC/1917 noch mit „De delictis et poenis" überschrieben war. Diese Kritik überzeugt nicht. Der Gesetzgeber sieht diese Maßnahmen als Strafen an. Für die „poenae expiatoriae" ergibt sich dies bereits aus ihrer Bezeichnung und für die Beugestrafen z. B. aus c. 1349 CIC/1983, in dem es heißt:

> „(...) ***iudex poenas*** *graviores*, ***praesertim censuras***, *ne irroget, nisi casus gravitas id omnio postulet* (...)".

Die Überschrift des VI. Buches des CIC/1983 steht dieser Auslegung nicht entgegen. Der 1. Teil dieses Buches ist mit „De delictis et poenis in genere" und der 2. Teil mit „De poenis in singula delicta" überschrieben. Auch hieraus ergibt sich, dass die bei den einzelnen Delikten genannten Folgen „Strafen" sind. Durch die gegenüber dem CIC/1917 abweichende Überschrift des VI. Buches des CIC/1983 wird deutlicher als bisher herausgestellt, dass dieses auch Maß-

---

41 Vgl. Erdö, DPM 8/2 (2001), 17 ff. (28).

42 Vgl. 2. Teil E. II. 2. (S. 100-103).

43 Vgl. näher Gerosa, Exkommunikation, S. 285 ff.; Gerosa, Recht, S. 233 ff.; kritisch zu diesem Ansatz: Le Gall, RDC 37 (1987), 106 ff. (112 ff.).

44 Gerosa, Recht, S. 231.

nahmen enthält, die keine Strafen sind, sondern allenfalls strafähnlichen Charakter haben, wie Strafsicherungsmittel und Bußen im äußeren Bereich (cc. 1339, 1340 CIC/1983).

Eine weitere Besonderheit des kirchlichen Strafrechts sind die oft weiten Strafrahmen, insbesondere soweit allgemein eine gerechte Strafe angedroht wird. Mit diesen generalklauselartigen Strafrahmen sowie der vom Gesetzgeber in c. 1341 CIC/1983 zum Ausdruck gebrachten Subsidiarität strafrechtlicher Maßnahmen korrespondiert, dass ggf. statt einer an sich verwirkten Strafe auch lediglich eine Buße verhängt werden kann (cc. 1343, 1344 CIC/1983).

B. Inhalt des Satzes „nullum crimen nulla poena sine lege"

Der Nullum-crimen-Satz besagt, dass eine Straftat nur vorliegt, wenn der Täter ein Gesetz, das eine Strafandrohung enthält, verletzt hat („nullum crimen sine lege"). Es dürfen nur die gesetzlich angedrohten Strafen verhängt werden; das Strafverfolgungsorgan hat also kein Straffindungsrecht und muss den festgelegten Strafrahmen beachten („nulla poena sine lege")[45].

Es werden im juristischen Schrifttum folgende Ausformungen dieses Satzes unterschieden:

- Der Grundsatz „nullum crimen nulla poena sine lege *scripta*" besagt, dass eine Strafe nur nach Maßgabe eines Gesetzes, also des „geschriebenen" Rechts, verhängt werden darf, nicht auf Grund Gewohnheitsrechts[46] oder eines mündlich verkündeten Gesetzes. Ziel dieses Gebotes ist es nicht zuletzt, die Gleichheit aller Menschen vor dem Gesetz und eine Beständigkeit der Rechtsprechung zu sichern sowie jedem die Möglichkeit zu geben sich zu informieren, welches Verhalten strafbar ist[47].
- Weiter zu beachten ist das Rückwirkungsverbot, „nullum crimen nulla poena sine lege *praevia*". Verboten ist danach die rückwirkende Strafbegründung oder -verschärfung. Dem Gesetzgeber ist es verwehrt, nachträglich ein bisher nicht strafbares Verhalten unter Strafe zu stellen oder die Strafandrohung für bereits begangene Delikte zu erhöhen[48].

---

[45] Garé/Ginestet, Rn. 26 f.; Levasseur/Chavanne/Montreuil/Bouloc/Matsopoulou, Rn. 98 (S. 42).

[46] Vgl. Beziz-Ayache, „coutume", S. 47 f. (47); Delmas Saint-Hilaire, S. 149 ff. (152); Jescheck/Weigend, § 15 III 1; Levasseur/Chavanne/Montreuil/Bouloc/Matsopoulou, Rn. 92 (S. 40); Roxin I, § 5 Rn. 9.

[47] Vgl. Rassat, Rn. 151 (S. 166).

[48] Vgl. Fischer, in: Tröndle/Fischer, § 1 Rn. 14 f.; Carcassonne, Rn. 514. Einfachgesetzlich ist dies in § 2 StGB sowie – für das französische Recht – in Art. 111-2 Abs. 2 C. P. geregelt. Die rückwirkende Anwendung bloß interpretierender Gesetze ist aber im französischen Strafrecht grundsätzlich möglich, vgl. Chamb. Crim., B. 2000, 42 ff. (44). Das Problem, ob der Täter die Grenzen des strafbaren Verhaltens vor dieser Präzisierung erkennen konnte, ähnelt der Problematik des Verbotsirrtums/Rechtsirrtums, vgl. Conte/Chambon, Rn. 138 (S. 84). Vgl. zum Rückwirkungsverbot für das deutsche Strafrecht des 20. Jahrhunderts 3. Teil A. I.,

- Ferner gilt der Grundsatz „nullum crimen nulla poena sine lege *stricta*“, das Analogieverbot[49]. Unzulässig ist daher die Anwendung einer Strafvorschrift über ihren Wortlaut hinaus. Dies gilt auch dann, wenn die allgemeinen Voraussetzungen der Analogie – eine vom Gesetzgeber nicht gewollte Regelungslücke und die Vergleichbarkeit des geregelten und des nicht geregelten Sachverhalts – vorliegen[50].

---

insbes. Fn. 557-559 (S. 119-124), für das französische Recht 3. Teil A. I., insbes. Fn. 518 (S. 112-115) und Fn. 685 (3. Teil C. 1. 3. d) [S. 144 f.]) sowie für das internationale Recht 3. Teil C. I. 3. d) (S. 144-146).

49 Jescheck/Weigend, § 15 III 2 a; Roxin I, § 5 Rn. 8. Vgl. zum Analogieverbot für das deutsche Strafrecht des 20. Jahrhunderts auch 3. Teil A. I., insbes. Fn. 557-559 (S. 119-124). In Frankreich gilt gemäß Art. 111-4 C. P. „La loi pénale est d'interprétation stricte.“. Im Code pénal 1810 war diese Regel zwar nicht ausdrücklich enthalten, wurde aber aus dem Nullum-crimen-Satz abgeleitet, vgl. Donnedieu de Vabres, Nr. 98 (S. 54). Damit ist aber nicht gemeint, dass bei der Auslegung von Strafgesetzen immer die mildeste, für den Angeklagten günstigste Interpretation zu wählen ist. Die geforderte strenge Auslegung ist nicht beschränkt auf eine wörtliche. Vielmehr ist auch in Frankreich ggf. eine weite, an dem Sinn des Gesetzes ausgerichtete, Interpretation zulässig, vgl. Pradel/Varinard, S. 224 f.; Desportes/Le Gunehec, Rn. 225 ff. (S. 167 ff.); Coste-Floret, R.D.P.C. 1937, 4 ff. (11); Stefani/Levasseur/Bouloc, Rn. 128 ff. (S. 131 ff.). Ein Beispiel hierfür ist, dass der unbefugte Entzug von elektrischer Energie in Frankreich als Diebstahl verfolgt und diese damit als „Sache“ angesehen wird, vgl. Chamb. Crim., RS 1913 I, 337/338; Mayaud, Art. 311-2 Anm. 9; anders für das deutsche Recht: RGSt 29, 111 ff. (114 f.); 32, 165 ff. (182 ff.). Zur Kritik an diesem Urteil und anderen Entscheidungen, die als Einschränkungen des Analogieverbots angesehen werden, s. Donnedieu de Vabres, Nr. 100 (S. 55 f.). Der Richter soll sogar die Aufgabe und die Gewalt haben, offenkundige Redaktionsversehen des Gesetzgebers zu korrigieren, vgl. Bernasconi, S. 148 Fn. 2. Bernasconi verweist auf eine Entscheidung der Chamb. Crim., DP 1930 I, 101 ff. (104 f.). Das Gericht entnahm Art. 78 Nr. 5 des Dekrets vom 11. November 1917 (JO 1917, 9256 ff.), dass jedes Ein- oder Aussteigen *bevor* der Zug vollständig zum Stehen gekommen ist, gemäß Art. 21 der „Loi sur la police de chemins de fer“ vom 15. Juli 1845 (Mon. 1845, 2189 f.) bestraft werden könne. Art. 78 Nr. 5 des Dekrets lautete jedoch, dass es einem Reisenden verboten sei, „de monter ou de descendre ailleurs que dans les gares, stations, haltes ou aux arrêts à ce destinés et lorsque le train est complètement arrêté“; der Reisende darf also bei wörtlicher Auslegung den Zug nicht verlassen oder in diesen einsteigen, *wenn* („lorsque“) der Zug in dem Bahnhof vollständig zum Stehen gekommen ist. Der Gesetzgeber hat dieses Redaktionsversehen erst nach Begehung der Tat, die Gegenstand des o. a. Verfahrens war, in dem Dekret vom 5. März 1929 (JO 1929, 2928) korrigiert; für strafbar erklärt wurde nunmehr zutreffend „de monter ou de descendre ailleurs que dans les gares, stations, haltes ou aux arrêts à ce destinés et lorsque le train *n'est pas* complètement arrêté“. Dennoch gilt auch in Frankreich, dass der Wortlaut des Gesetzes die Grenze der Auslegung ist, vgl. Merle/Vitu I, Rn. 170 (S. 250) und Rn. 174 (S. 254); Mayaud, Art. 111-3 Anm. 33 und Art. 111-4 Anm. 4; Conte/Chambon, Rn. 124 (S. 77 f.). Verboten ist damit die Analogie, vgl. Desportes/Le Gunehec, Rn. 222 (S. 163 ff.); Merle/Vitu I, Rn. 170 (S. 250) und Rn. 174 (S. 254); Levasseur/Chavanne/Montreuil/Bouloc/Matsopoulou, Rn. 101 (S. 42 f.).

50 Ziel dieses Verbotes ist es, dass jeder die Grenzen der Strafbarkeit an Hand des geschriebenen Rechts selbst erkennen kann und das Prinzip der Gesetzmäßigkeit gestärkt wird. Darüber hinaus soll auch verhindert werden, dass sich persönliche Auffassungen oder Ideologien des Richters bei der Entscheidung durchsetzen, vgl. Solnar, R.D.P.C. 1937, 744 ff. (749).

- Der letzte Teilaspekt ist „nullum crimen nulla poena sine lege *certa*“, das Bestimmtheitsgebot[51]. Hierzu wird zutreffend festgestellt, die eigentliche Gefahr für den Nullum-crimen-Satz drohe durch unbestimmte Strafgesetze[52]. Unzulässig ist damit ein Strafgesetz, das nicht eindeutig regelt, welches Verhalten hiervon erfasst wird. Die konstitutiven Elemente des Strafgesetzes müssen daher durch klare und bestimmte Voraussetzungen abschließend gesetzlich geregelt sein, und zwar unter Ausschluss von Ermessensfreiheit der Richter[53]. Der Einzelne soll dadurch die Chance haben, die Reichweite eines Strafgesetzes zu erkennen und sein Verhalten danach auszurichten[54]. Dabei dürfen die Anforderungen an die Bestimmtheit aber nicht überspannt werden. Generalklauseln und unbestimmte Rechtsbegriffe sind zulässig, wenn sich ihnen unter Beachtung der Auslegungsregeln ein Sinn geben lässt[55]. Auch die Festlegung des Strafrahmens ist unverzichtbar[56].

C. Geschichtliche Entwicklung des Grundsatzes im kanonischen Recht bis zum Inkrafttreten des CIC/1917

I. Strafpraxis

Eine normativ-abschließende Festlegung der Verhaltensweisen, die den Ausschluss von der aktiven Teilnahme am kirchlichen Gemeinschaftsleben nach sich ziehen konnten, existierte in der Anfangszeit christlicher Gemeinden nicht. Hieran änderte sich in der nachapostolischen Zeit wenig. Zwar war dies für viele Verhaltensweisen bereits bestimmt. Der Ausschluss konnte aber weiterhin auch wegen Sünden erfolgen, für die dies bisher nicht vorgesehen war bzw. für die es keinen Präzedenzfall gab[57]. Daher hing es letztlich von der Beurteilung des Bi-

---

51 Roxin I, § 5 Rn. 11; Garé/Ginestet, Rn. 31 ff.; Jescheck/Weigend, § 15 (vor I); Carcassonne, Rn. 513; Pradel, Principes, Nr. 20 (S. 34).

52 Vgl. Welzel, S. 23; Diz Pintado, REDC 41 (1985), 401 ff. (407 f.).

53 Vgl. Mayaud, Art. 111-3 Anm. 7; Pelletier/Perfetti, Art. 111-3 Anm. 9.

54 Vgl. MüKo-Schmitz, § 1 Rn. 6; Fischer, in: Tröndle/Fischer, § 1 Rn. 5; Charrier, Rn. 412; Pradel/Corstens, Rn. 294 (S. 336).

55 Vgl. näher Jescheck/Weigend, § 15 I 4; Roxin I, § 5 Rn. 75. Derartige Generalklauseln sind gerechtfertigt, um – wie der spätere Richter am IGM, Donnedieu de Vabres, auf dem 4. Internationalen Strafrechtskongress (Juli 1937 in Paris) ausführte – Strafvorschriften zu ermöglichen, die den gesellschaftlichen und sozialen Bedürfnissen Rechnung tragen, vgl. den Bericht von Ancel, Rev. sc. crim. 1937, 670 ff. (676).

56 Vgl. LK-Gribbohm, § 1 Rn. 62. Die früher vertretene Auffassung, dass auch eine „Geldstrafe in unbegrenzter Höhe“ angedroht werden könne (z. B. Sax, in: Bettermann/Nipperdey/Scheuner, S. 909 ff. [1013]) ist heute kaum noch haltbar, vgl. BVerfG, NJW 2002, 1779 ff. (1780, 1782 f.); SK-Rudolphi, § 1 Rn. 16 auch mit weiteren Nachweisen für die Gegenauffassung. Vgl. zur Rechtslage in Frankreich unter Hinweis auf Art. 111-2 C. P.: Code Pénal, S. 291.

57 Vgl. Hinschius IV, S. 693; ähnlich Hergenröther/Hollweck, S. 545: Die verfolgbaren Delikte sowie die Strafen wurden detaillierter, wenn auch die Tatbestände noch nicht näher umschrieben waren. Strigl, in: Listl/Müller/Schmitz, Grundriß, S. 747, stellt fest, dass zunächst die Exkommunikation bei nicht namentlich festgelegten Sünden nur nach dreimaliger

schofs[58] ab, ob ein Verhalten als eine die Exkommunikation rechtfertigende Sünde angesehen wurde[59]. Voraussetzung war, dass ein Verstoß gegen eine göttliche Weisung, insbesondere aus der Heiligen Schrift, vorlag. Hinschius sieht in der Kompetenz, über derartige Fehltritte im Einzelfall zu entscheiden, eine „gesetzgebende Gewalt eigenthümlichen Charakters"[60]. Im 11. Jahrhundert setzte die Strafverhängung zwar im Regelfall die Verletzung eines Strafgesetzes voraus. Die zuständige Autorität konnte aber nach einer vorhergehenden Warnung jede Verletzung eines Gesetzes (auch des Sittengesetzes) bestrafen. Im Ausnahmefall konnte auf diese Warnung sogar verzichtet werden[61]. In Betracht kam dies – und hier zeigt sich eine Parallele zu c. 2222 § 1 CIC/1917 bzw. c. 1399 CIC/1983 –, wenn es sich um eine schwere Tat handelte oder ein Ärgernis drohte[62]. Diese Möglichkeit blieb sogar bestehen, nachdem sich seit dem 13. Jahrhundert teilweise eine exzessive Strafgesetzgebung entwickelt hatte. Hierdurch wurde nämlich häufig nur auf aktuelle Fehlentwicklungen reagiert[63]. Eine systematische Strafgesetzgebung, die das strafbare Verhalten abschließend regelte, gab es dagegen nicht[64]. Diese Rechtslage galt im Wesentlichen bis zum Inkrafttreten des CIC/1917. So entschied die Rota Romana noch im Jahre 1910, auch der Verstoß gegen ein Gesetz, dem keine Strafe beigefügt sei, könne mit einer Strafe geahndet werden[65].

Diese umfassenden Möglichkeiten des Bischofs, auch dann eine Strafe zu verhängen, wenn kein Strafgesetz verletzt worden war, hingen damit zusammen, dass eine verbindliche Festlegung des Begriffs der Straftat („Delikt") in Abgrenzung zu einer im äußeren Bereich wahrnehmbaren Sünde erst im CIC/1917 erfolgte[66]. In der kanonistischen Literatur wurde zwar wiederholt versucht, das

---

Mahnung möglich war. Auch Gaudemet, Institutions, S. 143 ff. (164), weist für die Zeit vom 12. bis 14. Jahrhundert in allgemeiner Form darauf hin, dass Verstöße von Klerikern oder Laien gegen die Disziplin strafrechtlich geahndet werden konnten.

58 In der Urkirche oblag die Strafgewalt dagegen der Gemeinde, vgl. Eichmann, Strafrecht, S. 8.

59 Casey, S. XI; Casey berichtet a. a. O., es habe später eine Beschränkung dieser Gewalt gegeben, um der Gefahr des Missbrauchs vorzubeugen. Gemeint ist wohl u. a., dass eine Exkommunikation grundsätzlich nur erfolgen durfte, wenn zuvor eine Mahnung ergangen war, vgl. unten II. 6. g) (S. 32).

60 Hinschius IV, S. 745; ähnlich – für c. 2222 § 1 CIC/1917 – Casey, S. 54 Fn. 42.

61 Plöchl II, S. 384 f.; ähnlich auch Corecco, Urteil, S. 241 ff. (259): Der Bischof ist ursprünglich frei gegenüber dem Strafrecht.

62 Vgl. den Nachweis bei Casey, S. 11.

63 Vgl. Hinschius V, S. 235/236.

64 Vgl. Casey, S. 2; vgl. oben unter A. II. (S. 4 f. Fn. 27).

65 S. R. R. vom 10. Juni 1910 coram Sebastianelli, Decisiones II, Nr. XX, 191 ff. (195); ähnlich S. R. R. vom 17. Juli 1917 coram Massimi, Decisiones IX, Nr. XVII, 155 ff. (157).

66 Vgl. Casey, S. 48; Conte a Coronata, Institutiones IV, Nr. 1638 (S. 9 f.). Zu den verschiedenen Versuchen einer Abgrenzung des Deliktes von der Sünde: Kuttner, S. 3 ff.; selbst die Bezeichnung für eine Straftat variierte (crimen, delictum, scelus, excessus, flagitium, facinus, maleficium), vgl. Michiels, De delictis I, S. 59/60.

Delikt dadurch zu definieren, dass – neben der schweren Schuldhaftigkeit – die Verletzung der äußeren kirchlichen Ordnung sowie ein dadurch hervorgerufenes Ärgernis verlangt wurde[67]. Das Delikt umfasste also ein subjektives Element (i. d. R. Vorsatz) und ein objektives Element (Schaden, Rechtsgutsverletzung)[68]. Nicht verlangt wurde aber ein rechtliches Element, also der Verstoß gegen ein *Straf*gesetz als Voraussetzung. Auch diese Versuche konnten damit nicht zu einer eindeutigen Abgrenzung führen.

II. Belegstellen für den Nullum-crimen-Satz im Corpus Iuris Canonici[69]

Im Folgenden wird untersucht, ob sich aus Entscheidungen der Päpste, von Synoden oder Bischöfen bzw. Lehrautoritäten, die Bestandteil des Corpus Iuris Canonici sind, Hinweise auf die Geltung des Nullum-crimen-Satzes ergeben:

1. Bestrafung nur auf Grund eines Strafgesetzes ?

Folgende Stellen kommen als Beleg für den Grundsatz in Betracht, dass eine Bestrafung nur auf Grund eines Strafgesetzes zulässig war:

a) C. 2 q. 1 c. 11 und C. 24 q. 3 c. 6

Aus der Sammlung Kaiserlicher Konstitutionen[70] in das Corpus Iuris Canonici übernommen wurde folgende Bestimmung:

> „*Nemo episcopus, nemo presbyter excommunicet aliquem, antequa causa probetur, propter quam ecclesiastici canones hoc fieri iubent. Si quis autem excommunicaverit adversus eam aliquem, ille, qui excommunicatus est, maioris sacerdotis auctoritate ad gratiam sanctae communionis redeat; is autem, qui non legitime excommunicaverit, in tantum abstineat tempus, quantum maioris sacerdotis auctoritati visum fuerit, ut quod iniuste fecit ipse iuste patiatur.*"[71]

> „Kein Bischof und kein Priester exkommuniziert einen anderen, bevor nicht der Grund erwiesen ist, aus welchem die Kirchengesetze dieses vorschreiben. Wenn aber dem entgegen jemand einen anderen exkommuniziert, so ist demjenigen, der exkommuniziert worden ist, von höhergestellten Geistlichen nach Ermessen die Heilige Gemeinschaft (das Abendmahl) zu gestatten; derjenige aber, der rechtswidrig exkommuniziert hat, ist von dieser so lange ausgeschlossen wie es die höhere geistliche Autorität für angemessen erachtet, damit ihm das, was er unrechtmäßig getan hat, selbst rechtmäßig zugeteilt wird."

---

67 Vgl. Riedel-Spangenberger, Homicidium, S. 643 ff. (646); Zapp, ÖAKR 27 (1976), 36 ff. (39). Den Eintritt eines Ärgernisses forderten aber nicht alle Dekretisten, vgl. Kuttner, S. 21.

68 Vgl. Pellegrini I, S. 16; s. auch unten III. 1. (S. 36).

69 Die Quellen des Corpus Iuris Canonici werden nach der neuen Zitationsweise angegeben, vgl. dazu Aymans/Mörsdorf I, S. 40/41. Die Rechtschreibung wurde an die heute übliche angeglichen.

70 Novelle Nr. 123 (Constitution CXXXIV), c. XI: „Omnibus autem episcopis et presbyteris interdicimus segregare aliquem sancta communione, antequam causa monstretur propter quam sanctae regulae hoc fieri iubent.", vgl: Corpus Iuris Civilis III, S. 603.

71 C. 2 q. 1 c. 11 (Friedberg I, Sp. 443).

Diese Bestimmung wurde von einem Pariser Konzil zu Zeiten Ludwigs des Frommen (um 829) bestätigt:

> „*De illicita excommunicatione lex Iustiniani, imperatoris catholici, quam probat et servat catholica ecclesia, constitutione CXXVIII, cap. CCCLI, decrevit, ut nemo presbyter excommunicet aliquem ante, quam causa probetur, propter quam ecclesiastici conones hoc fieri iubent.*"[72]
>
> „Betreffend die rechtswidrige Exkommunikation bestimmt ein Gesetz des katholischen Kaisers Justinian, welches die katholische Kirche billigt und beachtet, die Konstitution CXXVIII, cap. CCCLI, dass kein Priester jemanden exkommunizieren soll, bevor nicht ein Grund bewiesen ist, welchen die kirchlichen Kanones für ausreichend erklären."

C. 2 q. 1 c. 11 verwirft nicht allein die Verdachtsstrafe („probetur"), sondern ist scheinbar auch ein Indiz für die Geltung des Satzes „nullum crimen nulla poena sine lege"[73]. Dennoch wurde weder dieses Gesetz des römischen Kaisers Justinian[74] noch der Beschluss der Pariser Kirchenversammlung von den Inha-

---

[72] C. 24 q. 3 c. 6 (Friedberg I, Sp. 990 ff. [990 f.]).

[73] So, wenn auch ohne ausdrücklichen Hinweis auf diese Stellen zum Kirchenrecht des 8./9. Jahrhunderts: Imbert, S. 65: „Ce n'est pas à l'évêque de fixer les motifs de l'excommunication: il doit se référer aux ‚canons ecclésiastiques' (...)".

[74] Die römischen Kaiser regelten – nachdem das Christentum Staatsreligion geworden war – in nicht unerheblichem Umfang Angelegenheiten der Kirche; vgl. Wenger, SavZ Kan. 32 (1943), 495 ff. (502 f.). Die Kirche wurde zum „objet de la politique de l'empereur, qui regarde l'Église comme un élément fondamental de son projet de gouvernement.", so Perrone, S. 17 ff. (21). Die Konzilien wandelten sich in ein Instrument zur Ausübung staatlicher Macht; sie dienten dem Wohlergehen und der Einheit des Staates und wurden letztlich zu einem Organ des Staates, vgl. Perrone, S. 17 ff. (22). Besonders deutlich wird dies bei dem Konzil von Nicäa (784). Die dort ergangenen Beschlüsse wurden wie staatliche kaiserliche Gesetze vom (ost)römischen Kaiser Konstantin VI. (780-797) promulgiert, vgl. Wohlmuth I, S. 31. Bei dieser Ausgangslage dürfte der Grund für C. 2 q. 1 c. 11 gewesen sein, dass die Exkommunikation eines Gläubigen nicht auf die einzelne Gemeinde beschränkt, sondern allgemein – auch im staatlichen Bereich – verbindlich war. Die Exkommunikation konnte damit auch auf Gebieten Folgen haben, die die Interessen der Kirche nach heutigem Verständnis nicht unmittelbar betrafen. Ein Beispiel hierfür enthält die vom (ost)römischen Kaiser Justinian (527-565) erlassene 115. Novelle (Constitution CXII). Nach deren § 14 konnten Eltern ihre Kinder enterben, wenn diese nicht den katholischen Glauben hatten, vgl. Corpus Iuris Civilis III, S. 541 ff.: „Si quis de praedictis parentibus orthodoxus constitutus senserit suum filium vel liberos non esse catholicae fidei nec in sacrosancta ecclesia communicare, in qua omnes beatissimi patriarchae una conspiratione et concordia fidem rectissimam praedicare et sanctas quattuor synodos, Nicaenam Constantinopolitanam Ephesinam primam et Calchedonensem, amplecti seu recitare noscuntur, licentiam pro hac maxime causa ingratos eos et exheredes in suo scribere testamento. Et hoc quidem pro ingratitudinis causa decrevimus. Generalem autem providentiam liberis catholicis deferentes iubemus, salvis legibus quae iam de aliis haereticis sunt prolatae, et circa Nestorianos et Acephalos haec observari. ut si quando parentes inventi fuerint sive Iudaico Nestorii furori dediti sive Acephalorum amplectentes insaniam et ideo ab ecclesiae catholicae communione separati, non liceat eis alios heredes sibi instituere nisi liberos orthodoxos et ecclesiae catholicae communicantes, vel liberis non existentibus agnatos vel cognatos qui scilicet catholici sint. Quodsi forte ex filiis alii quidem sunt orthodoxi et ecclesiae catholicae communicantes alii

bern der Strafgewalt als Normierung dieses Grundsatzes angesehen bzw. anerkannt. Wie dargelegt, entsprach es nicht der damaligen Praxis, für die Verhängung der Exkommunikation den Verstoß gegen ein Strafgesetz vorauszusetzen. Ein allgemeiner Grundsatz, dass eine Strafe nur auf Grund eines vorherigen Gesetzes verhängt werden kann, ist diesen Stellen aber auch aus einem anderen Grunde nicht zu entnehmen: Bereits zum Zeitpunkt des Erlasses dieser Bestimmungen gab es neben der Exkommunikation weitere Strafen, z. B. die Suspension von Mitgliedschaftsrechten und den Ausschluss aus der Abendmahlsgemeinschaft[75], deren Anwendung durch die genannten Regelungen nicht eingeschränkt wurde.

b) C. 32 q. 4 c. 3

Als Beleg für die Geltung des Satzes „nullum crimen nulla poena sine lege" im kanonischen Recht wird C. 32 q. 4 c. 3[76] aufgeführt[77]:

> *„Dixit Sara ad Abraham: ‚Ecce conclusit me Dominus, ut non pariam; intra ergo ad ancillam meam, ut filium facias ex illa'. Et ita factum est. Sed considera primum, quod Abraham ante legem Moysi, et ante evangelium fuit; nondum interdictum adulterium videbatur. Poena criminis ex tempore legis est, quae crimen inhibuit, nec ante legem nulla rei damnatio est, sed ex lege.(...)."*

---

vero ab ea separati, omnem parentum substantiam ad filios tantum catholicos pervenire sancimus, licet ultimas voluntates huiusmodi personae fecerint contra tenorem huius nostrae constitutionis aliquid disponentes. Si vero posthac fratres ab ecclesia separati ad eam conversi fuerint, pars eis competens in statu quo inventa fuerit tempore quo redditur eis praebeatur, ut nullam de fructibus aut gubernatione medii temporis inquietudinem vel molestiam catholici patiantur qui ante praedictas res detinebant, quoniam huiusmodi rerum, quas ex fratrum parte non communicantium catholici possidebant, sicut, alienationem vetamus ita praeteritorum temporum fructus aut gubernationem nullatenus ab his a quibus detentae sunt exigi vel retractari permittimus. Si autem usque ad finem vitae suae in eodem errore non communicantes permanserint, tunc catholicos fratres vel heredes ipsorum plenissimo iure dominii easdem res possidere decernimus. Quodsi filii quidem omnes perversi et ab ecclesiae catholicae communione alieni inventi fuerint, alii autem propinqui agnati vel cognati religionem catholicam colentes et communicantes esse fuerint approbati, eos liberis haereticis anteponi et eorum hereditati succedere. Si vero liberi et propinqui agnati vel cognati ab orthodoxae religionis communione sint extranei, tunc si quidem schema clericorum parentes eorum habuerint, ab ecclesiam civitatis ubi domicilium habebant res eorum volumus pertinere, ita ut si ecclesiastici intra annale spatium huiusmodi personarum res vindicare neglexerint, earum dominium nostri fisci viribus vindicetur. Si autem laici sint, sine aliqua distinctione substantias eorum ad res privatas nostras similiter pervenire sancimus. Quae obtinere decernimus etiam si testamento non facto tales personae decesserint; omnibus quae contra ceteros haereticos in aliis constitutionibus disposita sunt et contra Nestorianos et Acephalos et alios omnes, qui catholicae ecclesiae, in qua praedictae quattuor synodi et patriarchae recitantur, non communicant, et successiones eorum similiter observandis. Si enim pro causis corporalibus cogitamus, quanto magis pro animarum salute providentia est nostrae sollicitudinis adhibenda.".

75 Eichmann, Strafrecht, S. 7; Hinschius IV, S. 713 f. und S. 746/747.

76 Friedberg I, Sp. 1128.

77 Hollweck, S. 66 Fn. 5.

„Sara sagte zu Abraham: ‚Siehe der Herr macht mich verschlossen, dass ich nicht gebären kann. Lege Dich daher zu meiner Magd, dass Du mit ihr einen Sohn erzeugest‘. Und so ist es geschehen. Aber bedenken wir zunächst, dass, da Abraham vor dem Gesetz Moses und vor dem Evangelium lebte, der Ehebruch noch nicht als verboten angesehen wurde. Die Strafe des Verbrechens stammt aus der Zeit des Gesetzes, welches das Verbrechen verboten hat. Vor dem Gesetz ist aber keine Bestrafung irgendeiner Sache, sondern erst aus dem Gesetz. (...).“

Hollweck folgert aus dieser Stelle, im kanonischen Recht gelte dieser Grundsatz immer. Hinschius widerspricht dem, da es Moses um religiös-sittliche – nicht um rechtliche – Vorschriften gehe[78]. Dieses Argument überzeugt nicht. Hinschius weist selbst darauf hin, dass Verstöße gegen göttliche Ge- oder Verbote, die aus der Heiligen Schrift ableitbar sind, strafrechtlich geahndet werden konnten[79]. Trotzdem kann Hollweck bei der Interpretation dieser Stelle nicht gefolgt werden: Die Stelle besagt lediglich, dass die Verhängung einer Strafe den Verstoß gegen ein Verbotsgesetz voraussetzt. Als Argument für die Geltung des Nullum-crimen-Satzes im kanonischen Recht könnte sie nur herangezogen werden, wenn dem Verbot des Ehebruchs auch eine Strafandrohung beigefügt worden wäre. Aus dieser Stelle ergibt sich daher nur, dass dieses göttliche Gesetz nicht rückwirkend in Kraft getreten ist[80].

c) C. 11 q. 3 c. 41

Die Kirchenversammlung zu Meaux beschloss im Jahre 845[81]:

„Nemo episcoporum quemlibet sine certa et manifesta peccati causa communioni privet ecclesiastica. Sub anathemate autem sine conscientia archiepiscopi, aut coepiscoporum nullum praesumat ponere, nisi unde canonica docet auctoritas, (...).“

„Kein Bischof schließt jemanden ohne eine sichere und erwiesene Sünde von der kirchlichen Gemeinschaft aus. Mit dem Anathem belegt er aber ohne Wissen des Erzbischofs oder seiner Mitbischöfe niemanden, es sei denn, das kirchliche Recht bestimmt diese Strafe, (...).“

Ein Ausschluss von der Abendmahlsgemeinschaft kommt danach wegen (irgend)einer sicher festgestellten und bewiesenen Sünde in Betracht. Es muss daher kein Verstoß gegen ein Strafgesetz vorliegen. Eine Einschränkung gilt aber für die Verhängung eines Anathems[82]. Dieses darf der Bischof – wenn nicht eine

---

78 Hinschius IV, S. 745 Fn. 4.

79 Hinschius IV, S. 745; vgl. zu den hierfür herangezogenen biblischen Grundlagen: Bernhard, RDC 15 (1965), 265 ff. (268 ff.).

80 Kahn, S. 34; J. Klein, Rechtsdenken, S. 328 ff. (351).

81 C. 11 q. 3 c. 41 (Friedberg I, Sp. 655).

82 Der Begriff des Anathems hat im Laufe der Jahrhunderte einen Bedeutungswandel vollzogen. Während in dem Beschluss darauf abgestellt wurde, das Anathem führe zur ewigen Verdammnis („qui [...] aeterna est mortis damnatio [...]), wurde hierunter später eine in besonders feierlicher Form verhängte Exkommunikation verstanden, vgl. näher Amanieu, in: Naz, Dictionnaire I, „Anathème“, Sp. 512 ff.; in diesem Sinne auch c. 2257 § 2 CIC/1917.

entsprechende gesetzliche Regelung existiert – nicht ohne Wissen seiner Mitbischöfe oder des Erzbischofs verhängen. Mit deren bzw. dessen Wissen ist die Verhängung nach allgemeinen Grundsätzen, also auch ohne Strafgesetz oder Präzedenzentscheidung, zulässig. Eine Grundlage für die umfassende Geltung des Satzes „nullum crimen nulla poena sine lege" lässt sich dieser Bestimmung daher nicht entnehmen.

d) C. 11 q. 3 c. 42

Die Kirchenversammlung der Auvergne entschied im Jahre 549:

> *"Nullus sacerdotum quemquam rectae fidei hominem pro paruis et levibus causis a communione suspendat, praeter eas culpas, pro quibus antiqui patres arceri ab ecclesia iusserunt conmittentes."*[83]
>
> „Kein geweihter Amtsträger darf einen Rechtgläubigen aus einem geringen oder unbedeutenden Grund von der Gemeinschaft ausschließen, sondern nur wegen solcher schuldhafter Verhaltensweisen, für die die alten Väter den Ausschluss aus der Kirche als verwirkt geboten haben."

Die Exkommunikation setzt danach einen wichtigen Grund und ein schuldhaftes Verhalten voraus, für das die alten Väter den Ausschluss geboten haben. Damit lässt sich dieser Stelle ein Anhaltspunkt für die Geltung des Satzes „nullum crimen nulla poena sine lege" – allerdings beschränkt auf die Exkommunikation – entnehmen.

2. Nullum crimen nulla poena sine lege *stricta*

Für das Analogieverbot[84] finden sich im Corpus Iuris Canonici mehrere Stellen:

a) VI⁰, 1, 6, 22

Papst Bonifaz VIII. (1294-1303) entschied im Jahre 1299, die Bestimmung, dass eine zur Leitung einer Pfarrkirche erwählte Person innerhalb eines Jahres zum Priester geweiht werden müsse, um nicht ihr Amt zu verlieren, sei ein Strafgesetz. Daher sei sie eher einschränkend als erweiternd auszulegen. Auf Kollegiatkirchen sei sie, selbst wenn diese Pfarrkirchen seien, nicht anwendbar. Für die dort eingesetzten Personen bleibe das alte Recht gültig[85].

---

83 C. 11 q. 3 c. 42 (Friedberg I, Sp. 655).

84 Vgl. allgemein zum Analogieverbot im Corpus Iuris Canonici: Lefebvre, Juge, S. 122/123.

85 VI⁰, 1, 6, 22 (Friedberg II, Sp. 961): „Statutum felicis recordationis Gergorii Papae X. praedecessoris nostri de his, qui ad parochialium ecclesiarum regimen assumuntur, promovendis ad sacerdotium infra annum, alioquin eisdem ecclesiis sint privati, quod, quum sit poenale, restringi potius convenit quam laxari, declaramus ad collegiatas ecclesias, etiamsi alias parochiales exstiterint, et assumptos ad earum regimen non extendi, sed antiqua iura servari debere potius in eisdem.".

b) C. 32 q. 2 c. 8 und 9

C. 32 q. 2 c. 8 und 9 enthalten – zusammengefasst – eine restriktive Auslegung hinsichtlich des Verbrechens des Mordes: Nach der Lehre Moses war danach derjenige, der eine schwangere Frau verletzte und dadurch das ungeborene Kind tötete, (nur) dann eines Mordes schuldig, wenn dessen Körper bereits voll ausgebildet und damit beseelt gewesen war[86].

c) Reg. iur. 15 und 49

In den Rechtsregeln (reg. iur.), die dem Liber Sextus des Corpus Iuris Canonici beigefügt sind, wird festgestellt, dass bei Bestimmungen, die Rechte einschränken, eine enge Auslegung geboten sei[87] bzw. bei strafrechtlichen Regelungen immer die mildere Auslegung Anwendung finde[88].

d) X, 1, 7, 2

Eine Ausnahme vom Analogieverbot enthält die Entscheidung von Papst Innozenz III. (1198-1216) aus dem Jahre 1198[89]. Ein Erzbischof hatte einen neugewählten – aber noch nicht zum Bischof geweihten – Prälaten in einer anderen Diözese als vorgesehen eingesetzt. Dieses Vorgehen wurde vom Papst gerügt, da nur er, aber nicht der Erzbischof, einen Bischof versetzen könne. Diese Bestimmung gelte zwar dem Wortlaut nach nur für geweihte Bischöfe, müsse aber wegen der Ähnlichkeit des Sachverhaltes auch auf den vorliegenden

---

86 Friedberg I, Sp. 1122: C. 32 q. 2 c. 8: „Quod vero non formatum puerperium ad homicidium pertinere noluit, profecto nec hominem deputavit, quod tale in utero geritur. Hic de anima quaestio solet agitari, utrum quicquid formatum non est nec animatum quidem possit intelligi, et ideo non homicidium sit, quia nec exanimatum dici potest, si animam non habebat."; C. 32 q. 2 c. 9: „Moyses tradidit: ‚Si quis percusserit mulierem in utero habentem, et abortiuum fecerit, si formatum fuerit, det animam pro anima; si autem informatum fuerit, mulctetur pecunia,‘ ut probaret non esse animan ante formam. (...)".

87 Reg. iur. 15 in VI⁰ (Friedberg II, Sp. 1122): „Odia restringi, et favores convenit ampliari.".

88 Reg. iur. 49 in VI⁰ (Friedberg II, Sp. 1123): „In poenis benignior est interpretatio facienda."; s. auch D. 1 c. 18 de poenit (= C. 33 q. 3 c. 18): „Poenae (...) legum interpretatione molliendae sunt pocius, quam exasperandae." (Friedberg I, Sp. 1162).

89 X, 1, 7, 2 (Friedberg II, Sp. 97 f. [97]): „Licet usque ad tempora ista quod cautum fuerat de episcopis expressum non fuerat de electis, propter expressam tamen similitudinem, vel identitatem potius, nemini poterat videri dubium subtiliter intuenti, quum de similibus idem iudicum sit habendum.". Diskutiert wurde auch, ob eine strafrechtliche Bestimmung, die die heimliche Eheschließung unter Verwandten, denen die Eheschließung verboten war, betraf (X, 4, 3, 3 = Friedberg II, Sp. 679 f. [680]) auf andere Fälle ausgeweitet werden kann, s. Fedele, RIDP 1937, 489 ff. (495 f.). Generell galt, dass eine extensive Auslegung von Strafvorschriften zum Schutz des Seelenheils zulässig war, vgl. Fedele, RIDP 1937, 489 ff. (496 und 500 f.). Strafrechtliche Mittel sollten dementsprechend – jedenfalls in der Theorie – aber auch nur dann eingesetzt werden, wenn das Verhalten „das Seelenheil anderer, aber auch den Erfolg des Ganzen, das Heil der gesamten Christenheit oder konkreter noch die Herrschaft der Kirche und des Papsttums" gefährdete; soweit diese Gefahr nicht bestand, wurde den Rechten des Einzelnen große Bedeutung beigemessen, vgl. Kéry, SavZ Kan. 122 (2005), 128 ff. (131).

Fall erstreckt werden. Im zweiten Teil des Schreibens bestätigte der Papst deshalb die von einem anderen Erzbischof auf seine Weisung ausgesprochenen Strafen. Diese Strafen wurden lediglich gnadenhalber, aber nicht aus Rechtsgründen aufgehoben. Damit wurde die Norm, die Grundlage der Strafbarkeit war, analog angewandt.

3. Nullum crimen nulla poena sine lege *praevia*

a) Grundsätzlicher Ausschluss der Rückwirkung

aa) Ausdrücklicher Bezug allein auf die Zukunft

Im Grundsatz galt, dass eine Strafbarkeit nicht rückwirkend durch Gesetz begründet werden konnte. Dies ergibt sich aus dem allgemeinen – spätestens seit dem 6. Jahrhundert anerkannten – Grundsatz, dass Gesetze, soweit nichts anderes bestimmt ist, nur Zukünftiges regeln[90]. Häufig wurde in strafrechtlichen Bestimmungen ausdrücklich darauf hingewiesen, dass (nur) derjenige bestraft wird, der das Gesetz zukünftig verletzt. Diese textliche Klarstellung erfolgt z. B. durch Verwendung des Konjunktiv Präsens[91], des Wortes „post"[92], eine zeitliche

---

[90] Vgl. X, 1, 2, 2 (Friedberg II, Sp. 7 f.): „Quoties vero novum quid statuitur, ita solet futuris formam imponere, ut multis dispendiis praeterita non commendet; (...)". Damit wurde das römisch-rechtliche Prinzip der Nichtrückwirkung belastender Vorschriften (vgl. 3. Teil A. I. [S. 107 Fn. 475]) im kanonischen Recht anerkannt; vgl. Strauch, OJR 9 (2004), 161 ff. (171 f.). Zum Rückwirkungsverbot im kanonischen Recht und dessen Ausnahmen s. Lefebvre, Théorie, S. 347 ff. (437 ff.).

[91] Z. B.: D. 81 c. 16 (Friedberg I, Sp. 285): „Si quis amodo episcopus, presbyter, diaconus feminam acceperit vel acceptam retinuerit, proprio gradu decidat, usque dum ad satisfactionem veniat, nec in choro psallentium maneat, nec aliquam portionem de rebus ecclesiasticis habeat."; C. 11 q. 1 c. 42 (Friedberg I, Sp. 639): „Si quis hoc praesumpserit facere, conventus et causam perdat, et a communione efficiatur extraneus."; X, 3, 49, 4 (Friedberg II, Sp. 654 f. [655]): „Si autem consules aut alii de cetero ista commiserint, et commoniti desistere forte noluerint, tam ipsi quam fautores eorum excommunicationi (...)".

[92] C. 12 q. 2 c. 13 (Friedberg I, Sp. 690): „Quisquis autem post hanc definitionem nostram contrarium quid huic sanctae sedi ac universali synodo agere temptaverit, deponatur (...)"; C. 23 q. 8 c. 32 (Friedberg I, Sp. 964 f.): „Si quis igitur post huius nostrae prohibitionis promulgationem malo studio, sive pro odio, sive pro vindicta ignem apposuerit, vel apponi fecerit, aut appositoribus consilium aut auxiliun scienter tribuerit, excommunicetur, (...)"; c. 20 des Konzils von Chalkedon (451) (Wohlmuth I, S. 96): „Si quis autem episcopus post hanc definitionem susceperit clericum ad alium episcopum pertinentem, placuit et susceptum et suscipientem communione privari, (...)"; c. 2 des Vierten Konzils von Konstantinopel (869/870) (Wohlmuth I, S. 167 f.): „Quisquis autem post hanc definitionem nostram comprehensus fuerit spernens quidquam capitulorum et decretorum quae ab illis exposita sunt, si quidem sacerdos fuerit aut clericus, a proprio decidat honore simul et ordine: monachus autem, vel laicus, cuiuscumque sit dignitatis, segregetur, (...)".

Einschränkung eines Verbots für die Zukunft[93] oder dadurch, dass für das geforderte Verhalten eine Frist gesetzt wurde[94].

bb) Nicht abgeschlossener Sachverhalt

In nicht wenigen Fällen wird nur scheinbar eine Strafbarkeit rückwirkend begründet, da zwar an ein in der Vergangenheit liegendes Verhalten angeknüpft wird, der strafrechtlich relevante Vorwurf jedoch darin liegt, dass der Betroffene in seinem Verhalten verharrt, also ein noch nicht abgeschlossener Sachverhalt geregelt wird.

So entschied das Konzil von Chalkedon (451):

> *„Qui semel in clero deputati sunt aut monachorum vitam expetiverunt, statuimus, neque ad militiam neque ad dignitatem aliquam venire mundanam aut, hoc temptantes et non agentes poenitentiam, ut redeant ad hoc, quod propter Deum prius elegerunt, anathematizari."*
>
> „Wir haben entschieden: Alle, die einmal in den Klerus aufgenommen wurden oder Mönche geworden sind, dürfen weder zum Militärdienst noch zu einer weltlichen Würde überwechseln; alle, die es dennoch getan haben und darüber keine Reue empfinden, eine Reue, die sie zu dem zurückkehren lässt, was sie früher um Gottes Willen gewählt haben, werden mit dem Anathem belegt."[95]

Ausgangspunkt ist zwar ein in der Vergangenheit liegendes Verhalten, nämlich das Verlassen des Klerikerdienstes oder des Klosters ohne Erlaubnis. Tatsächlich ist der strafrechtlich relevante Vorwurf aber, dass der Betroffene auch nach Erlass des Konzilsbeschlusses hieran festhält, so dass auf ein zukünftiges Verhalten abgestellt wird. Dies gilt entsprechend für c. 14 dieses Beschlusses. Danach durften Lektoren und Kantoren keine nicht-katholische Frau heiraten. War die Ehe bereits geschlossen, mussten sie ein Kind, soweit dies noch nicht geschehen war, der Gemeinschaft der Kirche zuführen. Wer dieses Gebot verletzte, unterlag kanonischer Strafe. Auch hier wurde nicht auf ein früheres Verhalten abgestellt, sondern auf eines nach diesem Beschluss[96].

---

93 C. 71 des Vierten Laterankonzils (1215) (Wohlmuth II, S. 270): „Licet autem torneamenta sint in diversis conciliis sub certa poena generaliter interdicta, quia tamen hoc tempore crucis negotium per ea plurimum impeditur, nos illa sub poena excommunicationis firmiter prohibemus usque ad triennium exerceri."; II c. 5 des Ersten Konzils von Lyon (1245) (Wohlmuth II, S. 297 ff. [300]: „Prohibemus insuper omnibus christianis et sub anathemate interdicimus, ut in terras Saracenorum, qui in partes orientales inhabitant, usque ad quadriennium transmittant vel transvehant naves suas, (...)" und zur Abhaltung von Ritterturnieren: „Licet autem torneamenta (...) nos ea sub poena excommunicationis firmiter inhibemus usque ad triennium exerceri.".

94 Extr. comm. 3, 2, 5 (Friedberg II, Sp. 1259 ff. [1261]): „Et nihilominus in eos, qui ex certa scientia contrarium praesumpserint, nisi intra octo dierum spatium post publicationem praesentium resipuerint cum effectu, excommunicationis in personas, et interdicti in universitates, ac suspensionis in conventus, capitula sive collegia, (...)".

95 C. 7 des Konzils von Chalkedon (451) (Wohlmuth I, S. 90).

96 Wohlmuth I, S. 93/94.

cc) Wiederholung einer alten Regelung in einer nur scheinbar rückwirkenden neuen Bestimmung

In einigen Fällen wird vom Wortlaut einer Strafvorschrift zwar ein in der Vergangenheit liegendes Verhalten erfasst. Tatsächlich war dieses aber bereits zum Zeitpunkt der Tat strafbar. So entschied das Vierte Laterankonzil (1215), es sei als Simonie anzusehen, wenn jemand gegen Bezahlung in ein Kloster aufgenommen werde. Auch wer vor dieser Entscheidung aufgenommen worden sei, solle aus dem Kloster entfernt und in einer anderen Niederlassung untergebracht bzw. in einer niedrigeren Stellung eingesetzt werden[97]. Eine Rückwirkung liegt dennoch nicht vor. Seit dem 4. Jahrhundert hat es keine wesentliche Erweiterung des Simoniebegriffs gegeben, sondern lediglich eine nähere Umschreibung der Formen[98]. Spätestens seit dem 8./9. Jahrhundert ist auch die Aufnahme als Mönch in ein Kloster gegen Bezahlung als Simonie angesehen worden[99].

b) Ausnahmsweise Rückwirkung

In vergleichsweise wenigen Fällen ist tatsächlich eine Rückwirkung anzunehmen.

So wurde auf dem Vierten Konzil von Konstantinopel (869/870) in c. 16 kritisiert, dass sich Personen als kirchliche Würdenträger verkleidet und scheinbar geistliche Handlungen vorgenommen hätten. Dem Patriarchen von Konstantinopel wurde für den Fall, dass er diesem Treiben weiterhin tatenlos zusähe, die Absetzung angedroht. Weiter heißt es aber, dass „alle, die einem derartigen Schauspiel irgendwie Beihilfe geleistet haben oder leisten werden“[100], für drei Jahre exkommuniziert werden. Betroffen von der Strafe war daher auch, wer in der Vergangenheit so gehandelt hatte.

Ein weiteres Beispiel ist c. 22 des Zweiten Konzils von Lyon (1274). Danach waren auch alle Laien, die in der *Vergangenheit* Kirchenobere oder Domkapitel genötigt hatten, kirchlichen Besitz zu veräußern („ad submissiones huismodi faciendas *hactenus* compulerunt“), exkommuniziert[101].

Das von Kahn[102] für die Zulässigkeit rückwirkender Strafbestimmungen genannte Beispiel X, 5, 19, 5 überzeugt dagegen nicht. Dort wird zwar die Strafbarkeit des Wuchers für zeitlich vor dieser Entscheidung liegende Fälle be-

---

97 Vgl. näher Wohlmuth II, S. 264 f. (c. 64).

98 Vgl. Hirsch, AfkKR 86 (1906), 3 ff. (7 f. und 18 f.).

99 Vgl. Naz, in: Naz, Dictionnaire VII, „Simonie“, Sp. 1019 ff. (1019). Grundlage ist insoweit das Konzil von Nicäa (787) (c. 19 der 8. Sitzung, abgedruckt bei: Wohlmuth I, S. 152 f.), vgl. Bride, in: Vacant/Mangenot/Amann XIV/2, „Simonie“, Sp. 2141 ff. (2145). Abgeleitet wird das Verbot der Simonie aus Apg. 8, 18-22.

100 „(...) qui autem quoquo modo huiusmodi ministraverunt vel ministraturi sunt impiissimae actioni (...).“, vgl. Wohlmuth I, S. 178.

101 Wohlmuth II, S. 326.

102 Kahn, S. 34.

jaht[103]. Es wird aber insoweit auf c. 13 des Zweiten Laterankonzils (1139) verwiesen[104]. Dies zeigt, dass nicht rückwirkend die Strafbarkeit begründet, sondern lediglich eine frühere Entscheidung in Erinnerung gerufen werden soll.

4. Nullum crimen nulla poena sine lege *certa*

a) Teilweise kasusistische Umschreibung des strafbaren Verhaltens

Viele strafrechtliche Bestimmungen enthielten – nicht zuletzt, weil sie auf Grund aktueller Ereignisse erlassen wurden – genaue, häufig sogar kasuistische Umschreibungen des strafbaren Verhaltens. So wurden insbesondere von Konzilien als häretisch oder schismatisch angesehene Glaubenslehren, deren Annahme mit der Exkommunikation / dem Anathem bedroht wurde, im Einzelnen beschrieben[105].

---

[103] Friedberg II, Sp. 811 f. (811): (...) Super his fraternitati tuae taliter respondemus, quod, sive ante sive post interdictum nostrum usuras extorserint, cogendi sunt per poenam, quam statuimus in concilio, (...). Vgl. dazu auch: Frost, S. 274.

[104] Vgl. Wohlmuth II, S. 200: „Porro detestabilem et probrosam divinis et humanis legibus, per Scripturam in veteri et novo Testamento abdicatam, illam, inquam, insatiabilem foeneratorum rapacitatem damnamus et ab omni ecclesiastica consolatione sequestramus, praecipientes ut nullus archiepiscopus, nullus episcopus vel cuiuslibet ordinis abbas seu quivis in ordine et clero, nisi cum summa cautela usurarios recipere praesumat; sed in tota vita infames habeantur et nisi resipuerint, christiana sepultura priventur.".

[105] Vgl. z. B.: Konzil von Ephesus (431) (Wohlmuth I, S. 59 ff.); Konzil von Trient (1545-1563), 6. Sitzung, Kanones über die Rechtfertigung (Wohlmuth III, S. 679 ff.); 7. Sitzung, Erstes Dekret (über die Sakramente) (Wohlmuth III, S. 684 ff.); 13. Sitzung, Kanones über das hochheilige Sakrament der Eucharistie (Wohlmuth III, S. 697 f.); 14. Sitzung, Kanones über das hochheilige Sakrament der Buße (Wohlmuth III, S. 711 ff.) und Kanones über das Sakrament der letzten Ölung (Wohlmuth III, S. 713); 21. Sitzung, Kanones über die Kommunion unter beiden Gestalten und die Kinderkommunion (Wohlmuth III, S. 727); 22. Sitzung, Kanones über das hochheilige Opfer der Messe (Wohlmuth III, S. 735 f.); 23. Sitzung, Kanones über das Sakrament des Ordo (Wohlmuth III, S. 743 f.); 24. Sitzung, Kanones über das Sakrament der Ehe (Wohlmuth III, S. 754 f.) und Erstes Vatikanisches Konzil (869/1870), 3. Sitzung, Kanones (Wohlmuth III, S. 809 ff.). Die sehr ins Einzelne gehenden Strafbestimmungen in den Dekreten des Konzils von Trient, insbesondere hinsichtlich der Sakramente, können nur vor dem Hintergrund der Reformationsbewegung verstanden werden. Die neu entstandenen evangelischen / protestantischen Kirchen erkannten lediglich zwei (Taufe und Eucharistie) der sieben Sakramente an, vgl. Venard, S. 291 ff. (318). Daher sollte jede Abweichung vom katholischen Glauben durch Annahme dieser neuen Sakramentenlehre als schismatisch bestraft werden können.

b) Generalklauselartige Straftatbestände

aa) Strafandrohungen für Verstöße gegen Gebote der Heiligen Schrift, des Papstes oder eines Konzils

Andererseits wurde jedoch in vielen Fällen denjenigen eine Strafe angedroht, die einem Gebot der Heiligen Schrift, des Papstes, eines Konzils usw. nicht gehorchten[106], ohne dass die zu beachtenden Vorschriften näher eingegrenzt wur-

---

106 Vgl. z. B.: D. 19 c. 5 (Friedberg I, Sp. 61): „Sit ergo ruinae suae dolore prostratus, quisquis apostolicis voluerit contraire decretis, nec locum deinceps inter sacerdotes habeat, sed extorris fiat a sancto ministerio, non de eius iudicio quisquam postea curam habeat, quoniam iam damnatus a sancta et apostolica ecclesia sua inobedientia atque praesumptione a quoquam esse non dubitatur: quia maioris excommunicationis deiectione est abiciendus, cui sanctae ecclesiae commissa fuerit disciplina, qui non solum praelatae sanctae ecclesiae iussionibus parere debuit, sed etiam aliis ne praeterirent insinuare. Sitque alienus a divinis et pontificalibus officiis, qui noluit praeceptis obtemperare apostolicis."; D. 19 c. 7 (Friedberg I, Sp. 62): „Verum hanc petrae istius sacratissimam firmitatem, Domino, ut diximus, edificante constructam, nimis impia vult praesumptione violare, quisquis eius potestatem temptat infringere, favendo cupiditatibus suis, et id, quod accepit a veteribus, non sequendo."; C. 3 q. 4 c. 3 (Friedberg I, Sp. 512): „Si quis vero a suo proposito retrorsum exorbitaverit, et iussa apostolicae sedis libenter transgressus fuerit, infamis efficitur."; C. 24 q. 3 c. 14 (Friedberg I, Sp. 994): „Tam sacerdotes quam reliqui fideles omnes summam debent habere curam de his, qui pereunt, quatinus eorum redargutione aut corrigantur a peccatis, aut, si incorrigibiles apparuerint, ab ecclesia separentur."; C. 25 q. 1 c. 4 (Friedberg I, Sp. 1008): „Nulli fas sit sine status sui periculo vel divinas constitutiones, vel apostolicae sedis decreta temerare, quia nos, qui potentissimi sacerdotis administramus officia, talis transgressionum culpa respiciet, si in causis Dei desides fuerimus inventi, qui meminimus, quod timere debemus, qualiter comminetur Deus negligentiae sacerdotum. Siquidem maiori reatu delinquit qui pociori honore fruitur, et graviora facit vicia peccatorum sublimitas peccantium."; C. 25 q. 1 c. 5 (Friedberg I, Sp. 1008): „Violatores canonum voluntarie graviter a sanctis Patribus iudicantur, et a sancto Spiritu (...) damnantur, quoniam blasphemare Spiritum sanctum non incongrue videntur quia contra eosdem sacros canones non necessitate compulsi, sed libenter, ut praemissum est, aliquid aut proterue agunt, aut loqui praesumunt, aut facere volentibus sponte consentiunt. Talis enim praesumptio manifeste unum genus est blasphemantium Spiritum sanctum, quoniam, ut iam praelibatum est, contra eum agit, cuius nisu et gratia sancti canones editi sunt."; C. 25 q. 1 c. 12 (Friedberg I, Sp. 1010): „Omnia decretalia cunctorum praedecessorum nostrorum constituta, quae de ecclesiasticis ordinibus et canonum promulgata sunt disciplinis, ita ab omnibus episcopis, ac sacerdotibus generaliter custodiri debere mandamus, ut si quid in illa commiserit, veniam sibi honoris deinceps noverint denegari."; C. 25 q. 1 c. 13 (Friedberg I, Sp. 1010): „Haec consona sanctis Patribus definitione sancimus, ut qui sacris canonibus obedire nescit nec sacris ministrare, vel communionem capere sit dignus altaribus."; C. 25 q. 2 c. 18 (Friedberg I, Sp. 1016): „Si quis dogmata, mandata, interdicta, sanctiones vel decreta pro catholica fide vel ecclesiastica disciplina, pro correctione imminentium vel futurorum malorum a sedis apostolicae Praesule salubriter promulgata contempserit, anathema sit."; c. 2 des Vierten Konzils von Konstantinopel (869/870) (Wohlmuth I, S. 167 f.): „Itaque beatissimum papam Nicolaum tamquam organum sancti Spiritus habentes, nec non et sanctissimum Hardrianum papam successorem eius, definimus atque sancimus etiam omnia quae ab eis synodice per diversa tempora exposita sunt et promulgata, tam pro defensione ac statu Constantinopolitanorum ecclesiae, et summi sacerdotis eius, Igantii videlicet sanctissimi patriarchae, quam etiam pro Photii neophyti et invasoris expulsione ac condemnatione, servari

den. Letztlich konnte so jeder Verstoß gegen eine derartige Bestimmung und jeder Ungehorsam gegen eine Weisung eines Oberen bestraft werden. Der Hintergrund hierfür wird von Papst Innozenz III. dargelegt: Seine Aufgabe sah er darin, jedweden Ungehorsam[107] bzw. jede Todsünde[108] zu bestrafen. Dieses Amtsverständnis hat eine Grundlage in einem Dekretale Papst Gregor I. (590-604), in dem er feststellt, dass ein Schweigen der Seelsorger auf Fehlverhalten dem Seelenheil der Gläubigen schadet[109]. Diese Bestimmungen wurden in diesem Sinne auch in der Praxis angewandt:

- Papst Innozenz III. entschied, ein Bischof, der am Tage seiner eigenen Weihe vor Ende der feierlichen Messe einen anderen zum Acolythen geweiht hatte, sei zu bestrafen, da nur der Papst das Recht habe, am Tage seiner eigenen Weihe einem anderen die Weihe zu spenden[110].
- Der gleiche Papst entschied, die pünktliche Durchführung einer Wahl sei ggf. auch durch Verhängung einer Zensur zu gewährleisten[111].
- Im Jahre 1213 schrieb wiederum Innozenz III. an den Bischof von Bologna, einem Subdiakon, der entgegen den Bestimmungen ohne vorherige Diakonenweihe zum Priester geweiht worden war, sei wegen dieser Gesetzesverletzung eine angemessene Buße aufzuerlegen[112].

---

semper et custodiri cum expositis capitulis immutilata pariter et illaesa, et nullum episcoporum, aut presbyterorum, vel diaconorum, aut quempiam de catalogo clericorum evertere, vel reprobare aliquid horum audere. Quisquis autem post hanc definitionem nostram comprehensus fuerit spernens quidquam capitulorum et decretorum quae ab illis exposita sunt, si quidem sacerdos fuerit aut clericus, a proprio decidat honore simul et ordine: monachus autem, vel laicus, cuiuscumque sit dignitatis, segregetur, (...)". Mittelbar ergibt sich dies auch aus C. 32 q. 4 c. 4 (Friedberg I, Sp. 1128): Anhand des Ehebruchs wird dargelegt, dass der Täter wegen (dieser) Sünde gegen Gott die kirchliche Gemeinschaft verliere („ [...] et si quis fecerit, eum peccare in Deum, cuius legem violet, et gratiam solvat. Et quia in Deum peccat, sacramenti caelestis amittit consorcium."). Dieser Gedanke war verallgemeinerungsfähig.

[107] X, 2, 14, 8 (Friedberg II, Sp. 296 f. [297]): „(...) in nomine Domini cum Apostolo omnem inobedientiam ulcisci volentes (...) ".

[108] X, 2, 1, 13 (Friedberg II, Sp. 242 ff. [243]): „ (...) ad officium nostrum spectet de quocunque mortali peccato corripere quemlibet Christianum, et, si correctionem contempserit, ipsum per districtionem ecclesiasticam coercere.".

[109] D. 43 c. 4 (Friedberg I, Sp. 156): „Ephesiis Paulus dicit: ‚Mundae sunt manus meae a sanguine omnium vestrum: non enim subterfugi, quominus annunciarem omne consilium Dei vobis.' Mundus ergo a sanguine eorum non esset, si eis Dei consilium pronunciare noluisset, quia, cum increpare delinquentes noluerit, eos proculdubio tacendo pastor occidit. ".

[110] X, 1, 6, 28 (Friedberg II, Sp. 71 ff. [73]): „§ 1 Super eo autem, quod in die consecrationis suae, antequam missarum solemnia finirentur, acolythum ordinavit, pro tali excessu eum corripias et castiges (...)".

[111] X, 1, 6, 35 (Friedberg II, Sp. 82): „Si vero utriusque partis fuerit cassata electio, vos, fratribus omnibus, qui fuerint in provincia, convocatis, quod maiori et saniori parti eorum super praedictis videritis complacere, per censuram ecclesiasticam faciatis firmiter observari.".

[112] X, 5, 29, 1 (Friedberg II, Sp. 833 f. [833]).

- Die Mitglieder eines Domkapitels, die sich der Weisung des Papstes widersetzt hatten, einen neuen Domherrn aufzunehmen, wurden exkommuniziert, bis sie dieser Forderung nachkamen[113].
- Den Bischöfen, die Privilegien, die der Papst einem Orden gewährt hatte, nicht beachteten, wurden ihrerseits Privilegien entzogen[114].

Auch im Eherecht[115] gibt es mehrere Beispiele dafür, dass ein Verstoß gegen eine Bestimmung, die keine Strafandrohung enthält, als Delikt behandelt werden konnte:

- Im Jahre 1172 entschied Papst Alexander III. (1159-1181) folgenden Fall: Ein Vater hatte versprochen, seine Tochter einem bestimmten Sohn des L. zur Ehefrau zu geben. Für den Fall, dass dem irgendein Hindernis entgegenstehe, gebe er sie einem anderen Sohne des L., den dieser mit einer anderen Frau erzeugt hatte, zur Frau. Nach der Verlobung mit dem erstgenannten Sohn ergaben sich Hinweise auf das Bestehen eines Ehehindernisses. Deshalb bestand der Vater auf der Eheschließung mit dem anderen Sohne. Da aber – so der Papst – geschrieben stehe, dass der Bruder die Braut des Bruders nicht heiraten könne, ordnete er an, dass der Vater wegen seines rechtswidrigen Eides mit einer Buße zu belegen sei[116].

---

113 X, 3, 5, 22 (Friedberg II, Sp. 473 f.).

114 X, 5, 33, 4 (Friedberg II, Sp. 850).

115 Insbesondere bei Eheschließungen, die entgegen einem bestehenden Verbot unter Verwandten erfolgten, wurde vor allem zwischen dem 9. und dem 12. Jahrhundert auf das Strafrecht zurückgegriffen. Als Strafe wurde dabei die Trennung der Eheleute angesehen, vgl. Landau, SavZ Kan. 112 (1995), 148 ff. (153). Weigerten sich die Eheleute, diesem Gebot nachzukommen, konnte als weitere Strafe insbesondere die Exkommunikation verhängt werden (vgl. Corbet, S. 45 f., 170 ff., 203 ff.). Hintergrund für den Einsatz des Strafrechts in diesen Fällen war nicht zuletzt, dass sich das Verständnis, diese Verbote als Gründe anzusehen, die der Gültigkeit der Ehe von Anfang an entgegenstehen, zu diesem Zeitpunkt noch nicht durchgesetzt hatte, vgl. Corbet, S. 177 f.; Landau SavZ Kan. 112 (1995), 148 ff. (165) und das Strafrecht damit als einziges Mittel erschien, diesen Verstößen entgegenzuwirken. Ab dem 12. Jahrhundert erfolgte beeinflusst durch die Reformen Papst Cölestin II. (1143/1144) zunehmend eine Unterscheidung von Straf- und Eheverfahren, vgl. Landau, SavZ Kan. 112 (1995), 148 ff. (181).

116 X, 4, 1, 4 (Friedberg II, Sp. 662): „Ad audientiam nostri apostolatus pervenit, quod, quum H. Albericus, Papiensis civis, filiam suam cuidam filiorum L. dare vellet uxorem, iuravit, quod, si ille, cui desponsabatur, eam habere casu aliquo interveniente non posset, alteri filio, quem de alia uxore genuerat, eandem puellam matrimonio copularet. Contractis autem a filio priore sponsalibus, quidam, ad ecclesiam accedentes, consanguinitatem inter eos esse iuramentis interpositis firmaverunt. Ideoque prae fatus H. eandem feminam dare alteri filio nititur, ut iuravit. Sed quoniam scriptum est, quod sponsam fratris frater habere non potest: discretioni tuae per apostolica scripta praecipiendo mandamus, quatenus eum suum implere propositum, quod canonicae rationi obviat, non permittas, sed, ut poenitentiam agat de illicito iuramento, monitione praemissa, ecclesiastica districtione compellas.“.

- Die – ohne Zustimmung der Kirche vorgenommene und dem Kirchenrecht widersprechende – Trennung von der Ehefrau konnte mit einer Buße bzw. Strafe geahndet werden[117].
- Im Jahre 1235 entschied Papst Gregor IX. (1227-1241), ein Verlöbnis, das die Eltern für ihr 7-jähriges Kind geschlossen hatten, sei unwirksam. Die Vertragspartner seien durch Zensuren davon abzuhalten, aus dem Vertrag Rechte zu fordern[118].

bb) Strafbarkeit der Nachlässigkeit bei der Ausführung des geistlichen Amtes

Als Straftat konnte ferner (jede) Nachlässigkeit bei der Ausübung des geistlichen Amtes angesehen werden[119]. So kritisierte Papst Gregor I. im Jahre 597 einen Bischof wegen dessen Verfehlungen bei der Überwachung der Ordensdisziplin und führte aus:

> „*Quia ergo tantum hebes tantumque es negligens, ut, nisi canonicam in te fueris cohercionem expertus, in aliis districtionem et disciplinam nescias custodire, qualiter debeas esse sollicitus congruo tibi, si Domino placuerit, tempore demonstrabimus.*“[120]
>
> „Da Du aber ungeschickt und nachlässig bist, dass Du in anderen Fällen Strenge und Disziplin auch nicht wirst anwenden können, so werden Wir Dir, damit Du nicht eine kanonische Strafe erleidest, wenn es der Herrn will, zu gegebener Zeit zeigen, was Du tun sollst.“

In der gleichen Angelegenheit schrieb er auch an den Defensor Sergius:

> „*Nam si quolibet modo in hac re negligens vel lentus extiteris, ita in te districtissime noveris vindicandum, ut quod ex te nescis poena possis resecante cognoscere, (...).*“[121]
>
> „Denn wenn Du Dich in dieser Angelegenheit in irgendeiner Weise nachlässig oder langsam zeigen solltest, wird gegen Dich eine strenge Strafe verhängt werden, so dass Du, was Du nicht selber weißt, durch die Strafe lernen kannst, (...).“

Auf dem Konzil zu Basel[122] wurde entschieden, dass diejenigen, die über die Einhaltung der Gesetze zu wachen hätten, ihrerseits der Strafe unterlägen, wenn sie rechtswidrig handeln[123].

---

117 X, 4, 2, 12 (Friedberg II, Sp. 677); X, 4, 4, 3 (Friedberg II, Sp. 680 f. [681]); X, 4, 19, 3 (Friedberg II, Sp. 720 f. [721]).

118 X, 4, 1, 29 (Friedberg II, Sp. 671 f. [672]): „Quum itaque libera matrimonia esse debeant, et ideo talis stipulatio propter poenae interpositionem sit merito improbanda, mandamus, quatenus si est ita, eundem B., ut ab extorsione praedictae poenae desistat, ecclesiastica censura compellas.“.

119 Vgl. C. 11 q. 3 c. 9 (Friedberg I, Sp. 645); Clem. 3, 6, 1 (Friedberg II, Sp. 1161).

120 C. 27 q. 1 c. 18 (Friedberg I, Sp. 1053 f. [1054]).

121 C. 27 q. 1 c. 19 (Friedberg I, Sp. 1054).

122 Basel, Ferrara, Florenz und Rom (1431-1445).

123 Wohlmuth II, S. 498: „(...) si quid illicite perpetrasse ipsos constiterit, nullatenus inultum dimittat, (...).“.

Auch das Fünfte Laterankonzil (1512-1517) drohte in allgemeiner Form allen, die sich im Bereich der Seelsorge verfehlen, Strafe an[124].

Die Reform des Klerus war einer der Schwerpunkte des Konzils von Trient (1545-1563)[125]. So heißt es in c. 4 des Dekrets der 14. Sitzung über die Reform des Klerus, die Kirchenoberen hätten (alle) Verfehlungen, Verbrechen und Vergehen ihrer Untergebenen zu korrigieren und zu bestrafen[126].

Ähnlich heißt es in c. 10 des in der 24. Sitzung dieses Konzils verabschiedeten Reformdekrets:

> „Damit die Bischöfe das Volk, das sie leiten, besser in der Gehorsamspflicht erhalten, haben sie in allen Angelegenheiten der Visitation und der Zurechtweisung der Sitten ihrer Untergebenen das Recht und die Gewalt – auch als Delegaten des Apostolischen Stuhles –, alles, was ihnen nach ihrer Klugheit zur Besserung ihrer Untergebenen und zum Wohl der Diözesen notwendig erscheint, gemäß den Bestimmungen der Kanones zu ordnen, zu regeln, zu bestrafen und zu vollstrecken."[127]

Die Formulierung, eine Bestrafung habe „gemäß den Bestimmungen der Kanones" zu erfolgen, beschränkte die Strafgewalt der Bischöfe nicht. Diese Bestimmungen ließen, wie beschrieben, weite Möglichkeiten, jeden Ungehorsam gegen Gesetze, Weisungen oder Synodalbeschlüsse zu bestrafen. Auch wenn die Konzilsväter beabsichtigt hatten, die Ausübung der Strafgewalt einzuschränken, konnte der Obere dennoch letztlich allein entscheiden, ob ein Verhalten Autorität und Disziplin der Kirche beeinträchtigte und deshalb zu bestrafen war. Der

---

124 Wohlmuth II, S. 646: „(...) quod episcopi et eorum superiores et alii praelati praefati parochiales ecclesias ad eosdem fratres ratione locorum suorum legitime spectantes, quo ad ea, quae ad parochianorum curam, et sacramentorum conservationem administrationemque pertinent, sine tamen visitatorum insolito gravamine vel impensa, visitare, et illarum curam gerentes, et circa illam delinquentes, si religiosi fuerint, iuxta ipsius ordinis regularia instituta intra septa regularis loci, saeculares vero presbyteros, et fratres huiusmodi beneficia obtinentes, libere tamquam suae iurisdictione subiectos punire.".

125 Allerdings waren diese disziplinären Regelungen des Konzils nichts radikal Neues; im Wesentlichen wurden die bestehenden Regelungen in Erinnerung gerufen, vgl. Venard, S. 291 ff. (319).

126 Wohlmuth III, S. 715: „Omnes ecclesiarum praelati, qui ad corrigendos subditorum excessus diligenter intendere debent (...) quoscunque saeculares clericos, (...) de eorum excessibus, criminibus et delictis, quoties et quando opus fuerit, (...) corrigendi et castigandi facultatem habeant:". Hierbei ging es also nicht nur um die Verfolgung von Verstößen gegen Strafgesetze, sondern aller Verhaltensweisen, die mit dem geistlichen Stand unvereinbar sind, vgl. Bernhard, Procédures, S. 389 ff. (395).

127 Wohlmuth III, S. 765: „Episcopi, ut aptius quem regunt populum possint in officio atque obedientia continere, in omnibus his, quae ad visitationem ac morum correctionem subditorum suorum spectant, ius et potestatem habeant, etiam tamquam apostolicae sedis delegati, ea ordinandi, moderandi, puniendi et exsequendi, iuxta canonum sanctiones, quae illis ex prudentia sua pro subditorum emendatione ac dioecesis suae utilitate necessaria videbuntur; (...).".

Einsatz des Strafrechts war in diesen Fällen häufig das letzte Mittel, um die Autorität der Kirche durchzusetzen[128].

Aus dem gleichen Grunde ist die Feststellung in X, 1, 31, 1, die Bischöfe seien in der Verfolgung von Ehebruch und (anderen) Verbrechen frei, entsprechend den Bestimmungen der Kanones vorzugehen[129], nicht als Einschränkung der Strafkompetenz im Sinne eines Gesetzmäßigkeitsprinzips, sondern als Sicherung ihrer weiten Strafkompetenz anzusehen.

cc) Missbrauch bestehender Rechte

Ein strafbarer Ungehorsam konnte auch vorliegen, wenn zwar nicht gegen den Wortlaut, wohl aber gegen den Sinn eines Gesetzes verstoßen und ein Recht missbräuchlich ausgeübt wurde:

- Papst Alexander III. entschied im Jahre 1180, dass diejenigen, die versuchten, durch eine Berufung beim Apostolischen Stuhl die Entscheidung eines Streites zu verzögern, zu exkommunizieren seien, wenn dies öffentlich geschehen war[130].
- Ein Dekretale Papst Innozenz III. aus dem Jahre 1206 bestimmte, bei Einsprüchen gegen die Rechtmäßigkeit einer Wahl müsse verhindert werden, dass sich jemand durch Hinterlist (hier: unberechtigte Einwände) Vorteile verschaffe. Gegen die Beschwerdeführer sollte daher ggf. eine Zensur verhängt werden[131].
- Wer den Folgen eines Urteils durch Erschleichung eines günstigen Reskriptes entgehen wollte, konnte ebenfalls wegen Ungehorsams bestraft werden[132].

dd) Verursachung von Ärgernis als strafbegründendes Merkmal

Teilweise wird als strafbegründendes Tatbestandsmerkmal ausdrücklich ein Ärgernis („scandalum") genannt. So wurde in einem auf der 25. Sitzung des Konzils von Trient beschlossenen Dekret in c. 14 bestimmt, Regularen, die sich au-

---

128 Vgl. Plöchl V, S. 39.

129 X, 1, 31, 1 (Friedberg II, Sp. 186): „Habeant igitur episcopi singularum urbium in suis dioecesibus, liberam potestatem adulteria et scelera inquirere, ulcisci et iudicare, secundum quod canones censent, absque impedimento alicuius.".

130 X, 2, 28, 13 (Friedberg II, Sp. 413 f.): „Pervenit ad nos, quod, quum presbyteri et alii clerici se conquerantur ab aliquibus vulneratos, vel alias graviter esse laesos, et ad probandum quod asserunt plerumque testes producunt, ii, qui impetuntur, apostolicam sedem appellant; sed appellationem interpositam prosequi, vel consortia hominum devitare contemnunt. Unde quia quid tibi faciendum sit exinde nostris litteris certiorari desideras Fraternitati tuae, praesentium auctoritate mandamus, (...) Si vero eorum excessus publicus est et notorius, appellationis obtentu (...) non praetermittas, quin eos excommunicatos denuncies, sicut ex ipsa iniectione manuum in clericos excommunicationis sententiam incurrerunt, (...).".

131 X, 1, 6, 32 (Friedberg II, Sp. 77 ff. [79]).

132 Vgl. X, 2, 28, 44 (Friedberg II, Sp. 425 f. [426]).

ßerhalb der Klausur so verfehlt hätten, dass sie dem Volk ein Ärgernis seien, müssten auf Verlangen des Bischofs von ihrem Oberen streng bestraft werden[133].

5. Nullum crimen nulla poena sine lege *scripta*

Gewohnheitsrecht wurde im Corpus Iuris Canonici als Quelle des Strafrechts nicht ausgeschlossen, so dass der Grundsatz „nullum crimen sine lege *scripta*" nicht galt. In der Glossa Ordinaria zum Decretum Gratiani[134] heißt es, dass man in Strafsachen „üblicherweise" bereits nach zwei Fällen von einer Gewohnheit sprechen könne.

Bezug auf das Gewohnheitsrecht wird in C. 1 q. 7 c. 2 genommen. Dort wird festgestellt, dass auch derjenige, der nicht schriftlich festgelegte Gewohnheiten der Kirche verletze, dem Anathem verfalle[135]. Dieser Fall betrifft jedoch genau genommen das Bestimmtheitsgebot, da die Strafandrohung allgemein an die Verletzung der Gehorsamspflicht gegenüber Rechtssätzen, hier Gewohnheiten / Gewohnheitsrecht, anknüpft.

6. Belegstellen für c. 2222 § 1 CIC/1917 in der annotierten Fassung

Betrachtet man die in der annotierten Fassung[136] des CIC/1917 für c. 2222 § 1 CIC/1917 genannten Quellen[137], zeigt sich, dass diese unterschiedliche Ausprägungen des Nullum-crimen-Satzes betreffen:

a) D. 86 c. 24

Die erste Quelle ist D. 86 c. 24[138]. Gegenstand des Dekretale Papst Gregor I. (590-604) aus dem Jahre 598 war ein Verstoß gegen das Gebot, den Sonntag zu

---

133 Wohlmuth III, S. 780: „Regularis non subditus episcopo, qui intra claustra monasterii degit, et extra ea ita notorie deliquerit, ut populo scandalo sit, episcopo instante a suo superiore intra tempus, ab episcopo praefigendum, severe puniatur, (...)".

134 Decretum Gratiani Glossa Ordinaria zu D. 1 c. 4.

135 Friedberg I, Sp. 426 f. (426): „Si quis omnem traditionem ecclesiasticam scriptam vel non scriptam violat, anathema sit.".

136 In der annotierten Fassung des CIC/1917 – Erstausgabe durch Gasparri – werden historische Belege für die einzelnen Bestimmungen des Kodex angegeben.

137 Vgl. Ochoa VII, Nr. 5165 Sp. 9263 ff. (9710).

138 Friedberg I, Sp. 303: „Tanta nequitia ad aures meas de tua senectute pervenit, ut eam, nisi humanitus, pensaremus, fixa iam maledictione feriremus. Dictum quippe est mihi, quod dominicorum die, priusquam missarum solemnia celebrare, ad exarandam messem latoris praesentium perrexisti, et post exarationem eius missarum solemnia celebrasti; post missarum solemnia etiam terminos possessionis illius eradicare minime timuisti. Quod factum quae poena debeat sequi, omnes, qui audiunt, sciunt. (...) Et quidem poenae sententia in te fuerat iaculanda; sed quia simplicitatem tuam cum senectute cognovimus, interim tacemus. Eos vero, quorum consilio hoc egisti, in duobus mensibus excommunicatos esse decrevimus: ita ut, si quid eis intra duorum mensium spatium humanitus evenerit, benedictione viatici non priventur. (...).".

heiligen[139], da vor dem Schlusssegen in der Messe Erntearbeiten durchgeführt wurden. Dieses Verhalten wurde vom Papst als strafwürdig angesehen, obwohl ein entsprechendes Strafgesetz nicht ersichtlich ist. Da diese Regelung auch für die Zukunft allgemeine Geltung haben sollte, ist hier der Grundsatz „nullum crimen sine lege *praevia*" betroffen.

b) C. 2 q. 1 c. 21

Bei der zweiten als Quelle genannten Stelle, C. 2 q. 1 c. 21[140], handelt es sich um ein Dekretale Papst Nikolaus I. (858-867) aus dem Jahre 863. Dort wird bestimmt, die Erzbischöfe von Trier und Köln seien ihrer Ämter enthoben. Den beiden Bischöfen wurde vorgeworfen, sie hätten König Lothar, der mit zwei Frauen lebte, in diesem Verhalten unterstützt. Obwohl dessen Verbrechen offensichtlich gewesen sei, habe er bei beiden Bischöfen Schutz und Beistand gefunden. Für die hier behandelte Frage ist der Fall von Bedeutung, weil den Bischöfen allgemein die Verletzung von Pflichten vorgeworfen wurde, nämlich dass sie den Ehebruch des Königs Lothar geduldet hätten, anstatt dagegen einzuschreiten. Deutlich wird dies aus einer Parallelstelle zu diesem Fall, C. 11 q. 3 c. 10[141]. Dort heißt es zur Begründung für die Absetzung der Bischöfe, für alle sei erkennbar, dass sie apostolische und kirchliche Vorschriften in Vielem überschritten und die Normen der Billigkeit liederlich verletzt hätten[142]. Ihnen wird daher nicht ein Verstoß gegen eine konkrete Strafvorschrift vorgeworfen, sondern allgemein die Verletzung kirchlicher Bestimmungen, ihrer Pflichten und der Billigkeit. Hier ist daher der Grundsatz „nullum crimen sine lege *certa*" betroffen.

c) C. 11 q. 3 c. 8

Die dritte Quelle ist ein Beschluss der Kirchenversammlung von Agde (Kirchenprovinz Narbonne) aus dem Jahre 506[143]: Bischöfe, die unschuldige Personen, oder solche, die nur ein geringes Vergehen begangen haben, exkommunizieren oder diesen, trotz deren Reue, die Wiederaufnahme in die Kirche verweigern, sollen von den benachbarten Bischöfen verwarnt werden. Wenn sie dennoch an der Exkommunikation festhalten, sollen die übrigen Bischöfe den unverdient Exkommunizierten bis zur Einberufung einer Synode das Abendmahl

---

139 Vgl. zu dieser Frage Hinschius IV, S. 289 ff., u. a. auch zur Durchsetzung dieser Pflicht mit kirchlichen Mitteln.

140 Friedberg I, Sp. 449.

141 Friedberg I, Sp. 645/646.

142 „ (...) in quibus omnibus invenimus eos apostolicas atque canonicas sanctiones in pluribus excessisse, et aequitatis normam nequiter temerasse, (...).".

143 Friedberg I, Sp. 645: „Episcopi, si sacerdotali moderatione postposita innocentes aut minimis causis culpabiles excommunicare praesumpserint, aut ad gratiam baptismi festinantes fortasse recipere noluerint, a vicinis episcopis eiusdem provinciae litteris moneantur, et si parere noluerint, communio illis usque ad tempus synodi a reliquis episcopis denegetur, ne forte per excommunicationis peccatum excommunicati longo tempore morte praeveniantur.".

gewähren. Hintergrund des Beschlusses ist, dass die Exkommunikation den hiervon Betroffenen überall bindet, also auch in anderen Diözesen zu beachten ist. Der Beschluss enthält von diesem Grundsatz eine Ausnahme, wenn die Exkommunikation rechtswidrig ist. Diese Vorschrift ist keine materielle Strafvorschrift, sondern betrifft die Frage des Vollzugs einer ausgesprochenen Strafe bzw. dessen Aussetzung. Unter dem Gesichtspunkt „nullum crimen nulla poena sine lege" ist diese Stelle allenfalls mittelbar relevant.

d) C. 23 q. 4 c. 30

In der vierten Quelle – C. 23 q. 4 c. 30[144] – wird die Gefangennahme von Papst Sylvester I. (314-335) durch einen Patrizier geschildert. Für die Zukunft wird allen, die eine derartige Tat begehen, eine Strafe angedroht. Aber auch diejenigen, die an *dieser* Gefangennahme beteiligt waren, werden mit dem Bannfluch belegt[145]. In diesem Fall liegt ein rückwirkendes Strafgesetz vor, so dass der Grundsatz „nullum crimen sine lege *praevia*" eingeschränkt wurde.

e) X, 5, 20, 3

Papst Urban III. (1185-1187) entschied in der fünften Quelle, dass ein Geistlicher, der das Siegel des Königs von Frankreich gefälscht hatte, aus dem Priesterstand zu entlassen sei[146]. Ob diese Quelle einschlägig ist, ist fraglich. Zur damaligen Zeit war zwar im kanonischen Recht in erster Linie nur die Fälschung päpstlicher bzw. kirchlicher Urkunden mit Strafe bedroht. Es gab jedoch Ausnahmen auf partikularer Ebene. So drohte das Konzil von Agde (506) in allgemeiner Form Klerikern für die Fälschung von Urkunden Strafe an[147] und durch das Provinzialkonzil von Rouen (1098) wurden alle Fälschungen von Urkunden bei Strafe verboten[148]. Lehnt man die Anwendung dieser Bestimmungen auf den vorliegenden Fall ab, ist eine Einschränkung des Satzes „nullum crimen sine lege *certa*" gegeben, da ein Verstoß gegen das 8. Gebot des Dekalogs vorlag.

f) X, 5, 26, 1

Ein Beispiel für eine allgemeine Pflichtverletzung eines Klerikers, nämlich Ungehorsam bzw. Auflehnung gegen die kirchliche Autorität, enthält auch die sechste Quelle, X, 5, 26, 1[149], eine Entscheidung Papst Clemens III. (1187-1191)

---

[144] Friedberg I, Sp. 913.

[145] „§ 1: Habeto itaque cum his, qui tibi consentiunt, plenae damnationis sententiam, sublatumque tibi nomen et munus ministerii sacerdotalis agnosce, sancti Spiritus iudico et apostolica a nobis auctoritate damnatus.".

[146] X, 5, 20, 3 (Friedberg II, Sp. 817).

[147] D. 50 c. 7 (Friedberg I, Sp. 179); Hinschius IV, S. 806 f. Fn. 4.

[148] Vgl. umfassend zu Strafvorschriften wegen Urkundenfälschung: Hinschius V, S. 199/200.

[149] Friedberg II, Sp. 826: „Ad ultimum fraternitati tuae mandamus atque praecipimus, quatenus. Quia nobis per litteras tuas retulisti quod I. clericus sanctae Trinitatis, multis coram abstantibus, verba quaedam in depressionem officii et beneficii nostri protulit, ipsum a teme-

aus dem Jahre 1190. Vorgeworfen wurde dem Geistlichen, er habe vor den Versammelten Worte gebraucht, durch die das Amt des Papstes herabgesetzt und dessen Verwaltung kritisiert worden sei. Der Papst verfügte, der Geistliche müsse so bestraft werden, dass niemand mehr wage, gegen die römische Kirche derartige Worte zu gebrauchen („[...] *ne de cetero contra Romanam ecclesiam in talia verba prorumpant.*“). Betroffen ist hier wieder der Grundsatz „nullum crimen sine lege *certa*“, da Pflichtverletzungen generell als strafwürdig angesehen wurden.

g) X, 5, 39, 48

Die siebte Quelle ist ein Beschluss des Vierten Laterankonzils (1215)[150]. Gegenstand dieses Beschlusses ist in erster Linie die Aufforderung an die kirchlichen Oberen, keinen Untergebenen ohne überzeugenden und vernünftigen Grund zu exkommunizieren. Auf jeden Fall müsse dieser zuvor gemahnt werden. Auch wenn man dem Erfordernis der Mahnung einen Hinweis auf das Gesetzmäßigkeitsprinzip entnimmt, galt dieses nur eingeschränkt, also für die Exkommunikation, nicht für andere Strafen.

h) Konzil von Trient, 14. Sitzung, Dekret de ref. c. 1; „Auctorem fidei“ Prop. 49, 50; S. C. C. Vercellen vom 21. März 1643 und S. C. de Prop. Fide, Instruktion vom 20. Oktober 1884

Die achte Quelle ist c. 1 des in der 14. Sitzung des Konzils von Trient beschlossenen Dekrets über die Reform (des Klerus):

> „*Cum honestius ac tutius sit subiecto, debitam praepositis obedientiam impendendo, in inferiori ministerio deservire, quam cum praepositorum scandalo graduum altiorum appetere dignitatem, ei, cui ascensus ad sacros ordines a suo praelato ex quacunque causa, etiam ob occultum crimen, quomodolibet, etiam extraiudicialiter, fuerit interdictus, aut qui a suis ordinibus seu gradibus vel dignitatibus ecclesiasticis fuerit suspensus, nulla contra ipsius praelati voluntatem concessa licentia de se promoveri faciendo, aut ad priores ordines, gradus, dignitates sive honores restitutio suffragetur.*"
>
> „Für einen Untergebenen ist es ehrenvoller und sicherer, den Vorgesetzten den gebührenden Gehorsam zu erweisen und sich einem niedrigeren Dienst zu widmen, als zum Ärger der Vorgesetzten die Würde einer höheren Stufe anzustreben. Wenn deshalb jemandem von seinem Kirchenoberen der Aufstieg zu den höheren Stufen des Ordo aus irgendeinem Grund, sei es auch wegen eines geheimen Vergehens, irgendwie – auch außergerichtlich – untersagt worden ist oder er von seinen Ordostufen, Graden oder kirchlichen Würden suspendiert wurde, profitiert er nicht von einer gegen den Willen seines Kirchenoberen gewährten Erlaubnis, sich

---

ritate sua per suspensionem officii et beneficii sublato appellationis, obstaculo compescas, ut poena illius aliis terrorem incutiat, ne de cetero contra Romanam ecclesiam in talia verba prorumpant.".

150 X, 5, 39, 48 (Friedberg II, Sp. 909 f.).

> befördern zu lassen, oder von einer ebenso gewährten Wiedereinsetzung in frühere Ordostufen, Grade oder Ehrenstellungen."[151]

Der erste Teil des Beschlusses ist eine Ermahnung an Kleriker, sich nicht dem Karrierestreben hinzugeben, aber keine Strafvorschrift, da keine Sanktion für den Verstoß hiergegen angedroht oder festgelegt wird.

Der zweite Teil betrifft drei Fragen:

- Einerseits wird festgelegt, dass derjenige, der gegen den Willen des Oberen ein höheres Amt erreicht hat, hierdurch keine Vorteile haben soll. Insoweit ist in dem Beschluss eine Strafvorschrift zu sehen[152], da in diesen Fällen der Kleriker jedenfalls gegen die Gehorsamspflicht verstößt und er das so erworbene Amt als Folge des Ungehorsams verliert. Diese Bestimmung ist jedoch klar umgrenzt und nicht geeignet, als Grundlage für c. 2222 § 1 CIC/1917 angesehen zu werden.
- Ferner wird auf die Möglichkeit verwiesen, dass eine Bestrafung auch wegen eines *geheimen* Deliktes erfolgen kann[153]. Zur Frage, ob die Bestrafung die Verletzung eines Strafgesetzes voraussetzt, wird damit nicht Stellung genommen.
- Darüber hinaus wird aber bestimmt oder jedenfalls vorausgesetzt, dass ein Kleriker aus „irgendeinem Grund" von seinen „Ordostufen, Graden oder kirchlichen Würden suspendiert" werden kann. Daher wurde dem Beschluss entnommen, dass ein Oberer Suspensionen „nach Wissen und Gewissen" vornehmen darf[154]. Angesichts dieser Auslegung stellte Plöchl zutreffend fest, durch diese Bestimmung sei die Abgrenzung von Delikt und Sünde sowie die Erarbeitung eines Begriffs des Deliktes weiter erschwert bzw. die Grenze, ab der eine kirchliche Strafe verhängt werden konnte, weiter verwischt worden[155]. Auch hier ist damit der Grundsatz „nullum crimen nulla poena sine lege *certa*" betroffen. Allerdings war der Anwendungsbereich dieser Vorschrift auf Kleriker beschränkt; als historischer Beleg zur Rechtfertigung des auf alle Gläubigen anwendbaren c. 2222 § 1 CIC/1917 ist dieser Beschluss nicht geeignet.

---

[151] Wohlmuth III, S. 714.

[152] So: Bernhard, Procédures, S. 389 ff. (395).

[153] Casey, S. 22, kommt zu dem Ergebnis, das Konzil von Trient habe insoweit ursprünglich geheime Delikte zum Gegenstand gehabt; später sei allerdings eine Ausweitung auch auf nicht-geheime Delikte erfolgt.

[154] Vgl. Konstitution des Papstes Pius VI. (1775-1799) „Auctorem fidei" vom 28. August 1794, prop. 49, 50 (Fontes II, N. 475, S. 682 ff. [701]). Diese Konstitution ist in der annotierten Fassung ebenso als Quelle für c. 2222 § 1 CIC/1917 angegeben wie die Entscheidung der S. C. C. vom 21. März 1643 (Fontes V, N. 2642, S. 296 f. [296, Nr. 4]) und die Instruktion der S. C. de prop. Fide vom 20. Oktober 1884 (Fontes VII, N. 4907, S. 509 ff. [509, vor Nr. 1]), die beide ebenfalls auf diesen Beschluss des Konzils von Trient verweisen.

[155] Vgl. Plöchl V, S. 38.

7. Zusammenfassende Bewertung

Die Verletzung eines Strafgesetzes wurde in der Strafpraxis und in den Quellen des kanonischen Rechts nicht als zwingende – sondern nur als regelmäßige – Voraussetzung für die Verhängung einer Strafe angesehen. Bei der Exkommunikation wurde zwar – allerdings auch nur für den Regelfall – verlangt, dass zuvor eine Mahnung erfolgte, die ein evtl. fehlendes Strafgesetz ersetzte. Dennoch konnte jedes Verhalten, das nach Einschätzung des Inhabers der Strafgewalt für den Verkündigungsauftrag der Kirche schädlich war, strafrechtliche Konsequenzen haben[156]. Das kanonische Recht kannte damit bis zum Inkrafttreten des CIC/1917 die Freiheit des Oberen, eine Strafe nach eigenem Ermessen auch dann zu verhängen, wenn diese nicht ausdrücklich vorgesehen war[157].

Auch aus den Schriften des letzten bedeutenden vorgratianischen Kanonisten Ivo von Chartres[158] (1040-1115) lässt sich der Grundsatz „nullum crimen sine lege" nicht entnehmen[159]. Sprandel[160] kommt in seiner ausführlichen Analyse zu dem Ergebnis, dass die hierfür angeführten Schriften Ivos nicht das materielle Strafrecht betreffen, sondern die Beweiswürdigung sowie die Fragen, ob rechtswidrigen Anträgen entsprochen werden darf und ob kirchliche Angelegenheiten vor ein weltliches Gericht getragen werden dürfen. Von einer Umgrenzung der Taten, die bestraft werden können, ist in diesen Schriften Ivos nicht die Rede[161].

Die vier Ausprägungen des Nullum-crimen-Satzes wurden vor Inkrafttreten des CIC/1917 in unterschiedlichem Umfang beachtet:

- Das Analogieverbot („nullum crimen sine lege *stricta*") war ein Grundsatz; eine Analogie wurde nur in seltenen Fällen als zulässig anerkannt. Daher wird auch in der kanonistischen Literatur bereits seit Jahrhunderten das Analogieverbot genannt. Hierbei handelt es sich jedoch nur um *einen* Bestandteil des Nullum-crimen-Satzes; die generelle Geltung dieses Satzes im kanonischen Recht kann dem Analogieverbot nicht entnommen werden[162].
- Auch das Verbot des Erlasses von Strafvorschriften mit Rückwirkung („nullum crimen sine lege *praevia*") wurde nur selten durchbrochen.

---

156 Vgl. Green, Jurist 50 (1990), 221 ff. (247).

157 Vgl. Schnapper, TvR 1973, 237 ff. (263); André V, „Peines", S. 279 ff. (279).

158 Vgl. Werckmeister, Introduction, S. 11 ff., und Werckmeister, RDC 47 (1997), 53 ff., zu Leben und Werk Ivo von Chartres. Ivo von Chartres wird hin und wieder mit dem Schutzpatron der Juristen, Ivo Helory (ca. 1247-1303), verwechselt; zu Ivo Helory wird auf die umfassenden Arbeiten von Rieck und Le Mappian verwiesen.

159 Anders aber: Borras, Sanctions, S. 23 Fn. 18.

160 Sprandel, SavZ Kan. 47 (1961), 95 ff. (97 ff.).

161 Im Ergebnis ebenfalls zurückhaltend gegenüber einer Ableitung des Nullum-crimen-Satzes aus den Schriften Ivos: Sadowski, S. 26/27.

162 Vgl. aber Giacchi, S. 433 ff. (440 ff.).

- Ein Ausschluss strafbegründenden Gewohnheitsrechts („nullum crimen sine lege *scripta*") ist jedenfalls anfänglich im kanonischen Recht nicht festzustellen. Dieses verlor jedoch mit der zunehmenden Zahl der in Schriftform ergangenen Strafgesetze an Bedeutung. Zwar verwiesen noch Ende des 17./Anfang des 18. Jahrhunderts sowohl Reiffenstuel[163] als auch Pirhing[164] darauf, dass die Strafbarkeit auch auf Gewohnheitsrecht beruhen könne. Zu Beginn des 20. Jahrhunderts stellte Wernz[165] aber fest, im Strafrecht habe Gewohnheitsrecht seine Bedeutung vollständig verloren.
- Nicht anerkannt war das Bestimmtheitsgebot („nullum crimen sine lege *certa*"). Vielmehr wurde wiederholt generell festgestellt, jeder Ungehorsam gegen irgendeinen Befehl oder irgendein Gesetz könne bestraft werden. Lediglich einen geringen Schutz bot der Vorbehalt, dass eine Pflicht zum Gehorsam nicht bestand, wenn das Gebot unbestimmt („indiscretum") oder ungerecht („iniustum") war[166].

Die Beantwortung der Frage, ob der Nullum-crimen-Satz vor Inkrafttreten des CIC/1917 im kanonischen Recht als allgemeines Prinzip unbekannt war[167] oder ob er seit Jahrhunderten bzw. seit dem 12. Jahrhundert in der Kirche gilt[168] und sich deshalb zuerst im kanonischen Recht entwickelt hat und erst später in das weltliche Recht übernommen worden ist[169], hängt davon ab, ob man den Bestimmtheitsgrundsatz als Bestandteil des Nullum-crimen-Satzes ansieht. Nur wer dies verneint, kann zu dem Ergebnis kommen, der Nullum-crimen-Satz sei im kanonischen Recht anerkannt gewesen. In den Fällen der „Bestrafung ohne vorheriges Strafgesetz" lag nämlich regelmäßig die Verletzung eines kirchlichen oder göttlichen Gesetzes vor. Die Verletzung derartiger Gesetze wurde als Ungehorsam gegen die Kirche gewertet, der bestraft werden konnte. Daher fehlte es in diesen Fällen genau genommen nicht an der vorherigen Strafandrohung, sondern lediglich an einem hinreichend bestimmt gefassten Strafgesetz.

---

163 Reiffenstuel V, Titel XXXVII Nr. 5 (S. 299). Das hier zitierte Werk von Reiffenstuel (1641/1642-1703) wurde erstmals 1700-1714 veröffentlicht, vgl. näher Naz, in: Naz, Dictionnaire VII, „Reiffenstuel", Sp. 547 f. (548).

164 Pirhing V, Titel XXXVII Nr. 1 (S. 383). Das Werk von Pirhing (1606-1679) erschien erstmals 1674-1677, vgl. näher Naz, in: Naz, Dictionnaire VI, „Pirhing", Sp. 1504.

165 Vgl. Wernz VI, Nr. 9 (S. 7).

166 Vgl. X, 2, 28, 54 (Friedberg II, Sp. 432 f. [433]): „Si vero notorium forsan exsisteret, quod mandatum episcopi indiscretum fuerat vel iniustum, cui non tenebatur subditus obedire, (...).".

167 Vgl. Kahn, S. 35 sowie S. 165; Michiels, De delictis I, S. 78 f.; Przybyla, Prawo kanoniczne 14 (1971), 225 ff. (235 f.); Rees, Bestrafung, S. 373 ff. (379).

168 Vgl. C. Bernardini, MonEccl. 114 (1989), 143 ff. (143); Calabrese, S. 365; Chiappetta, Codice II, Rn. 5049 Fn. 1; Lipiński, S. 96; Miziński, Apoll. 74 (2001), 633 ff. (648); de Paolis, Sanctionibus, S. 123. Dieses kirchliche Prinzip sei aber nie rigoros angewandt worden; vgl. Chiappetta, Codice II, Rn. 5049 Fn. 1; de Paolis, Sanctionibus, S. 123; Lipiński, S. 96.

169 So: Chiappetta, Codice II, Rn. 5049 Fn. 1; Fedele, RIDP 1937, 489 ff. (491).

III. Stellungnahmen in der kanonistischen Literatur

1. Keine Geltung des Nullum-crimen-Satzes

In der kanonistischen Literatur hielten nicht zuletzt vor dem Hintergrund dieser Rechtslage sowie der Strafpraxis bis zum Inkrafttreten des CIC/1917 nicht wenige Autoren an dem Grundsatz fest, dass jede Gesetzesverletzung strafrechtliche Folgen haben konnte:

Ende des 17./Anfang des 18. Jahrhunderts stellten Reiffenstuel[170] und Pirhing[171] darauf ab, die Verhängung einer Strafe setze lediglich *regelmäßig* die Verletzung eines Strafgesetzes voraus. Ausnahmsweise könne eine Bestrafung aber auch erfolgen, wenn das Verhalten weder in einem Gesetz bzw. einem Statut noch nach einer Gewohnheit mit Strafe bedroht sei.

Auch im 19. Jahrhundert wurden diese umfassenden Strafmöglichkeiten der Bischöfe nach wie vor befürwortet. Dabei wurde überwiegend darauf abgestellt, dem Begriff des kirchlichen Deliktes fehle das gesetzliche Element, so dass jede Störung der sozialen Ordnung strafbar sein könne[172] bzw. dass ein Delikt ein ungesetzliches und dem Kirchengesetz widersprechendes Verhalten sei[173]. Andere definierten das Delikt als ein Verhalten, durch das jemand die ihm obliegenden Pflichten schuldhaft verletze[174]. Allgemein ausgedrückt: Der Ungehorsam gegen kirchliche Gebote wurde als Delikt angesehen[175].

Teilweise wurde zur Begründung darauf verwiesen, der Schutz des Glaubens erfordere diese Strafmöglichkeiten: Das Strafrecht diene der Heiligung der sündigen Menschheit. Die Aufstellung eines abschließenden Strafrechts widerspreche der gedeihlichen Seelsorge. Änderungen der äußeren Umstände könne dann nicht Rechnung getragen werden, da nicht unter Strafe gestellte Handlungen indirekt als erlaubt erklärt würden. Daher müsse dem Oberen bei der Anwendung des Strafrechts freie Hand gelassen werden[176]. Eine Aufzählung aller „Unbotmäßigkeiten“ in Gesetzen sei „vielleicht“ im Rahmen der staatlichen Strafgesetzgebung möglich, aber „am wenigsten“ für das kirchliche Regiment; hier ließen sich nur Grundzüge angeben[177].

Lega erkannte vor Erlass des CIC/1917 zwar grundsätzlich an, dass der Nullum-crimen-Satz jedem Strafrechtskodex eigen sei[178], verwies aber darauf, dass nach

---

170 Reiffenstuel V, Titel XXXVII Nr. 5 (S. 299).

171 Pirhing V, Titel XXXVII Nr. 1 (S. 383).

172 Vgl. Kahn, S. 35; Lega, Praelectiones II, Nr. 20 (S. 22 ff.); de-Luca IV, Nr. 2 (S. 3); Sanguineti, Nr. 675 (S. 495); Tarquini, S. 15 (Nr. 25).

173 Z. B. Gerlach, S. 364 und S. 365; Sauter II, S. 527.

174 Vgl. Pachmann III, S. 209.

175 Vgl. Roßhirt, S. 774.

176 Vgl. Hinschius V, S. 906/907.

177 Fedele, RIDP 1937, 489 ff. (492); Roßhirt, S. 786.

178 Lega, Praelectiones II, Nr. 28 (S. 35).

kanonischem Recht über die ausdrücklichen Strafgesetze hinaus Strafen verhängt werden könnten[179].

2. Forderungen nach Anerkennung des Nullum-crimen-Satzes

Ende des 19./Anfang des 20. Jahrhunderts wurde abweichend von dieser Auffassung z. B. von d'Annibale[180], Droste[181], Heiner[182], Hollweck[183], Laemmer[184], München[185] und Wernz[186] vertreten, dass eine Strafe nur verhängt werden dürfe, wenn der Betroffene ein *Straf*gesetz verletzt habe. Dabei wurde der Tradition des kanonischen Rechts insoweit Rechnung getragen, als die Verhängung einer Strafe auch dann möglich sein sollte, wenn der Betroffene zwar kein Strafgesetz verletzt, wohl aber eine vorangegangene Mahnung, das Verhalten aufzugeben, missachtet hatte[187]. Der zuletzt genannte Fall sei keine Ausnahme von diesem Grundsatz, da das verletzte Gesetz durch diese „monitio" – für diesen Einzelfall – zu einem Strafgesetz werde[188]. Diese Auffassung vertrat auch v. Schulte: Zwar definierte er das Verbrechen allgemein als Verletzung eines „gebietenden" oder „verbietenden" Rechtssatzes, der entweder aus dem Dekalog abgeleitet werden könne *oder* eine positive strafrechtliche Sanktion enthalte[189]. In einem weiteren Werk stellte er aber fest, eine Strafe könne nur verhängt werden, wenn ein Verhalten in einem Gesetz (oder vom Richter) mit Strafe bedroht sei. Fehle es daran, komme nur eine Zensur (Beugestrafe) in Frage[190], die regelmäßig eine vorherige Mahnung voraussetzte[191]. Auch Silbernagel ist zu dieser Gruppe von Autoren zu rechnen, da er die Straftaten aufzählte[192] und erklärte, der Richter

---

179 Lega, Praelectiones II, Nr. 20 (S. 24).

180 d'Annibale I, Nr. 296 (S. 283): „Delictum est: *Externa legis poenalis violatio dolo malo facta.*". Bei der Strafverhängung gelte immer: Nulla poena sine lege, vgl. d'Annibale I, Nr. 304 (S. 294).

181 Droste, S. 1.

182 Vgl. Heiner, Strafprozeß, S. 2; Heiner, Kirchenrecht II, S. 78 und ähnlich S. 127.

183 Hollweck, § 1 (S. 65 f.) und S. 66 Fn. 5; zurückhaltender nimmt er zu dieser Frage in dem von ihm weitergeführten Lehrbuch von Hergenröther Stellung: Für den Regelfall setze eine Straftat zwar voraus, dass dem (göttlichen oder kirchlichen) Gesetz eine Strafandrohung beigefügt sei, Ausnahmen seien jedoch nicht völlig ausgeschlossen, vgl. Hergenröther/ Hollweck, S. 549 Fn. 2.

184 Laemmer, Institutionen, S. 327, S. 373 Fn. 3 und S. 374.

185 München II, S. 23.

186 Wernz VI, Nr. 14 (S. 14 ff.); eine Strafe könne bei Verletzung eines Nicht-Strafgesetzes ohne vorherige Mahnung nur durch den Papst verhängt werden, Wernz VI, Nr. 14 (S. 16).

187 Hollweck, S. 66 Fn. 5; Wernz VI, Nr. 14 (S. 15 und S. 16); im Ergebnis auch: Droste, S. 1 in Verbindung mit S. 101.

188 Hollweck, S. 66 Fn. 5.

189 Vgl. v. Schulte, System, S. 400.

190 Vgl. v. Schulte, Lehrbuch, S. 207.

191 Vgl. oben II. 6. g) (S. 32).

192 Silbernagel, Lehrbuch, S. 424 ff.

dürfe nur die von dem *Gesetz* – also anscheinend dem *Straf*gesetz – bestimmte Strafe verhängen[193].

3. Zusammenfassende Bewertung

Der Nullum-crimen-Satz setzte sich im 19. Jahrhundert im staatlichen Recht allmählich durch[194]. Ebenfalls ab Mitte des 19. Jahrhunderts wurde auch in der kanonistischen Literatur vermehrt die strikte Geltung des Nullum-crimen-Satzes und eine gesetzliche Festlegung des strafbaren Verhaltens verlangt. Bei einigen kanonistischen Autoren wird deutlich, dass sie staatliche Rechtsprinzipien für das kanonische Recht nutzbar machen wollten, so dass diese Entwicklung wohl durch das staatliche Recht beeinflusst wurde[195]. So z. B. bei Wernz, der ausführt, jede societas – also Staat und Kirche – beachte den Grundsatz, dass eine Strafe nur bei einer Verletzung eines Strafgesetzes verhängt werden könne[196]. Eine Beeinflussung vom weltlichen Recht ist auch bei Hollweck anzunehmen, der sein Werk über die kirchlichen Strafgesetze nach Art eines modernen (staatlichen) Strafgesetzbuches nebst Kommentar aufbaute, also einzelne Grundsätze als Paragraphen voranstellte und diese anschließend auslegte[197].

Teilweise dürfte die Forderung nach der Geltung des Gesetzmäßigkeitsprinzips auch damit zusammenhängen, dass die Autoren die juristische Methode anwandten, z. B. die bereits oben erwähnten Wernz[198] und Hollweck[199]. Das auf Gesetzen und Gewohnheiten beruhende Kirchenrecht war damit strikt von der Moraltheologie zu trennen. Der Begründung für die weitgehenden Strafmöglichkeiten, dass der Begriff des Deliktes nur von dem der Sünde her zu verstehen sei und beide Bereiche eng miteinander verbunden seien[200], wird bei diesem juristischen Ansatz die Grundlage entzogen.

---

193 Silbernagel, Lehrbuch, S. 452.

194 Vgl. 3. Teil A. I. (S. 112-119).

195 Allgemein auf den zeitlichen Zusammenhang der Forderungen nach Anerkennung dieses Prinzips im weltlichen und im kanonischen Recht weist di Mattia, Equità, S. 89 ff. (91), hin.

196 Vgl. Wernz VI, Nr. 14 (S. 15).

197 Vgl. Bruggaier, AfkKR 107 (1927), 656 ff. (660).

198 Andererseits ließ Wernz aber auch die theologischen Bezüge des Kirchenrechts nie aus dem Blick und berücksichtigte diese stark bei der Auslegung der Gesetze, vgl. dazu Naz, in: Naz, Dictionnaire VII, „Wernz", Sp. 1636 ff. (1637); Ehrle, StdZ 90 (1915), 340 ff. (345). Eine schematische Übertragung von Prinzipien des weltlichen Rechts, ohne Berücksichtigung der sich aus der theologischen Natur des kanonischen Rechts ergebenden Besonderheiten, lehnte er damit ab.

199 Für Hollweck stand sowohl bei seinen Vorlesungen als auch bei seinen schriftlichen Ausarbeitungen zum kanonischen Recht die Herausstellung „scharfer und klarer" juristischer Begriffe und eine sorgfältige „rechtsdogmatische Bearbeitung" im Vordergrund, vgl. Bruggaier, AfkKR 107 (1927), 656 ff. (658 f.).

200 Besonders deutlich in diesem Sinne: Roßhirt, S. 786.

Ähnliche Hintergründe dürften auch bei Laemmer den Ausschlag für seine Forderung nach Geltung des Gesetzmäßigkeitsprinzips gegeben haben. Er war sehr stark an der weiteren Entwicklung des Kirchenrechts interessiert und setzte sich insbesondere mit der Frage der Notwendigkeit einer Kodifikation des kanonischen Rechts auseinander[201]. Laemmer stand Ende des 19. Jahrhunderts einer Kodifikation des kanonischen Rechts grundsätzlich positiv gegenüber. Bedenken äußerte er aber gegenüber einem derartigem Vorhaben zum damaligen Zeitpunkt, da das geltende Recht nicht genügend erschlossen sei[202]. Zwingende Folge einer umfassenden Regelung auch des Strafrechts konnte nur sein, dass die in dem Kodex zusammengefassten strafrechtlichen Regelungen abschließend sind.

Durchsetzen konnten sich diese Auffassungen aber bis zum Inkrafttreten des CIC/1917 nicht.

---

201 Rösler, AfkKR 98 (1918), 613 ff. (617).

202 Vgl. Laemmer, Codifikation, S. 214/215.

2. Teil Der Nullum-crimen-Satz im CIC/1917 sowie im CIC/1983

A. Verletzung eines Strafgesetzes als Voraussetzung für die Verhängung einer Strafe (nullum crimen nulla poena sine lege)

I. Rechtslage unter der Geltung des CIC/1917

1. Nullum crimen sine lege

Bis zum Inkrafttreten des CIC/1917 war keine allgemein-verbindliche Definition des Deliktsbegriffs entwickelt worden. Die erste derartige Festlegung enthielt c. 2195 § 1 CIC/1917:

> *„Nomine delicti, iure ecclesiastico, intelligitur externa et moraliter imputabilis legis violatio cui addita sit sanctio canonico saltem indeterminata."*

> „Unter dem Begriff des Deliktes wird im kirchlichen Recht eine äußere und moralisch zurechenbare Verletzung eines Gesetzes verstanden, dem eine, jedenfalls unbestimmte, kanonische Strafe beigefügt ist."

Eine Strafe konnte daher grundsätzlich nur verhängt werden, wenn ein Strafgesetz verletzt worden war. Ein wesentlicher Unterschied im Verständnis des Satzes „nullum crimen sine lege" im Vergleich zum weltlichen Recht war aber, dass auch derjenige bestraft werden konnte, der zwar kein Strafgesetz, wohl aber ein zuvor gegen ihn ergangenes Strafgebot, verletzt hatte[203]. Ein Strafgebot war (und ist) keine Maßnahme des Gesetzgebers, sondern ein Verwaltungsbefehl[204] an eine konkrete Person oder Personenmehrheit[205], eine Handlung vorzunehmen oder etwas zu unterlassen und dem eine Strafandrohung für den Fall des Verstoßes beigefügt war (cc. 2195 § 2, 2310 CIC/1917). Mit dieser Einschränkung ließ sich c. 2195 § 1 CIC/1917 ein dem weltlichen Recht entsprechender Grundsatz „nullum crimen sine lege" entnehmen[206]. Nicht jede Gesetzesverletzung war daher ein Delikt. Die bisher schwierige Abgrenzung von Sünde und Delikt war damit im Grundsatz entschieden: Jedes Delikt ist eine Sünde, aber nicht jede Sünde ein Delikt[207]. Die Verletzung der kirchlichen Ordnung war nur ein Delikt,

---

203 Deshalb wird der Nullum-crimen-Satz im kanonischen Recht auch „nullum crimen nulla poena sine *sanctione poenali praevia*" (Michiels, De delictis I, S. 84) bzw. „nulla poena sine lege poenali praevia *aut sine praecepto poenali praevio*" (Michiels, De delictis II, S. 156) formuliert.

204 Vgl. umfassend zum Strafgebot im CIC/1917: Bénétruy, AnnCan 5 (1957), 43 ff.

205 Vgl. Bénétruy, AnnCan 5 (1957), 43 ff. (44); Mörsdorf, Kirchenrecht I, S. 119; Mörsdorf, Rechtsprechung, S. 146 f.; Paillot, in: Naz, Dictionnaire VII, „Précepte pénal", Sp. 120 ff. (120): „(...) imposés à une ou plusieurs personnes déterminées individuellement ou de manière équivalente.".

206 Vgl. Eichmann, Kirchenrecht, S. 632; Falco, S. 241; Peperoni, S. 89.

207 Vgl. aber zu der Frage, ob es Strafgesetze gibt, deren Verletzung keine Sünde ist, weil bei ihrer Verletzung nicht gegen eine Gewissenspflicht verstoßen wird: Ledrus, NRT 59 (1932), 45 ff.; Mothon I, Art. 1148 (S. 439 f.).

wenn hierfür zuvor eine Strafe angedroht worden war[208]. Damit wurde im kirchlichen Strafrecht das Prinzip der Gesetzmäßigkeit verankert.

2. Nulla poena sine lege

Auch der Grundsatz „nulla poena sine lege" war im CIC/1917 prinzipiell anerkannt:

a) Beugestrafen

Die zulässigen Beugestrafen waren in c. 2255 § 1 CIC/1917 abschließend aufgezählt. Es handelte sich hierbei um die Exkommunikation, das Interdikt (Lokal- und Personalinterdikt) und die Suspension.

b) Sühnestrafen

Die in c. 2291 CIC/1917 enthaltene Aufzählung der allgemein – also sowohl gegen Kleriker als auch gegen Laien – zulässigen Sühnestrafen war nicht abschließend, da diese mit dem Wort „praesertim", also „besonders", eingeleitet wurde. Dennoch bestand insoweit kein Straffindungsrecht:

- Der Richter konnte gemäß c. 2220 § 1 Satz 2 CIC/1917 nur die im Gesetz festgelegten Strafen verhängen.
- Auf dem Verwaltungswege durften gemäß c. 1933 § 4 CIC/1917 nur Bußen, Strafsicherungsmittel sowie Exkommunikation, Suspension und Interdikt verhängt oder – bei „latae sententiae" eingetretenen Strafen – festgestellt werden. Umstritten war, ob auch nicht ausdrücklich genannte Sühnestrafen[209] auf dem Verwaltungswege verhängt oder festgestellt werden konnten[210]. Für die hier behandelte Frage ist der Meinungsstreit unerheblich. In jedem Fall musste die für die Tat zu verhängende Strafe vorher – in einem

---

[208] Jombart, in: Naz, Traité IV, Nr. 929 (S. 584). In welchem Verhältnis c. 2195 CIC/1917 und c. 2222 § 1 CIC/1917 zueinander standen war umstritten. Diese Frage wird im 4. Teil unter A. (S. 177-183) näher behandelt.

[209] Suspension und Interdikt konnten gemäß c. 2291, 1⁰, 2⁰ und 10⁰ CIC/1917 auch als Sühnestrafen verhängt werden. Wenn die Verhängung oder Feststellung von Suspension und Interdikt auf dem Verwaltungswege lediglich als Beugestrafe zulässig sein sollte, hätte dies im Wortlaut zum Ausdruck gebracht werden müssen, vgl. Paillot, in: Naz, Dictionnaire VII, „Précepte pénal", Sp. 120 ff. (152).

[210] Umfassend hierzu Paillot, in: Naz, Dictionnaire VII, „Précepte pénal", Sp. 120 ff. (146 ff.); Roberti, Apoll. 4 (1931), 294 ff.: Vertreten wurden vier Auffassungen: Nach einer Auffassung konnten nur die in c. 1933 § 4 CIC/1917 aufgeführten Strafen verhängt und festgestellt werden, nach einer weiteren die in einem Gesetz oder einem Strafgebot und nach einer dritten die in einem Gesetz oder in einem „ad instar legis" erlassenen Verwaltungsbefehl angedrohten Strafen. Die vierte Auffassung folgte im Prinzip der zuletzt genannten, stellte aber klar, dass die Verhängung der Strafen, für die der gerichtliche Wege erforderlich war, nicht auf dem Verwaltungswege erfolgen könne.

Gesetz oder einem Verwaltungsbefehl – angedroht worden sein; ein Straffindungsrecht bestand nicht[211].

Eine abschließende Aufzählung der nur gegen Kleriker zulässigen Sühnestrafen enthielt dagegen c. 2298 CIC/1917, so dass auch insoweit kein Straffindungsrecht bestand.

c) Strafsicherungsmittel

Die den Strafen verwandten Strafsicherungsmittel waren in c. 2306 CIC/1917 abschließend aufgeführt, nämlich Mahnung, Verweis, Strafgebot und Strafaufsicht.

d) Strafbußen

Die Strafbußen (c. 2312 CIC/1917) waren keine Strafen im eigentlichen Sinne, sondern Ersatz für eine an sich verwirkte Strafe. Sie wurden in c. 2313 CIC/1917 lediglich beispielhaft aufgezählt, nämlich Verrichtung von bestimmten Gebeten, Wallfahrten oder anderen Werken der Frömmigkeit, Fastenzeiten, Vermögensaufwendungen für fromme Zwecke sowie von mehrtägigen geistlichen Exerzitien in einem frommen (kirchlichen) Haus oder einem Kloster. Die Aufzählung enthielt damit auch Maßnahmen mit Strafcharakter, z. B. freiheitsbeschränkende Maßnahmen und Geldauflagen. Es war daher nicht ausgeschlossen, dass nicht ausdrücklich aufgeführte (aber zulässige) Strafbußen auch einen strafähnlichen Charakter haben konnten.

---

211 Michiels (Michiels, De delictis III, S. 384) verwies darauf, dass, da die Aufzählung nicht abschließend sei, grundsätzlich auch andere als die genannten Strafen in Frage kämen. Dabei dürfe aber nicht gegen das positive Recht oder das Gewohnheitsrecht verstoßen werden. Ausgeschlossen seien auch Strafen, die mit den herrschenden Sitten oder der Systematik des geltenden Rechts unvereinbar seien. Die Frage, welche Strafen danach zulässig waren, müsse an c. 6, 5⁰ sowie c. 2195 CIC/1917 (vgl. dazu unten B. I. 1. [S. 45 f.]) gemessen werden. Zulässig war z. B. die öffentliche Mahnung oder der öffentliche Verweis (c. 2306, 1⁰ und 2⁰ sowie c. 2309 CIC/1917) als Sühnestrafe, nicht allein als Strafsicherungsmittel (vgl. Conte a Coronata, Institutiones IV, Nr. 1824 [S. 251]; Eichmann, Strafrecht, S. 115). Bedenken hinsichtlich der Gesetzmäßigkeit der Strafe bestanden insoweit nicht, da eine gesetzliche Regelung der Folgen vorlag – auch eine Mahnung oder ein Verweis als Strafsicherungsmittel konnte öffentlich erfolgen (c. 2309 CIC/1917) – und die Voraussetzungen im Falle einer tatsächlich begangenen Strafat über die in cc. 2307, 2308 CIC/1917 genannten hinausgingen (argumentum a maiore ad minus).

II. Rechtslage unter der Geltung des CIC/1983

1. Nullum crimen sine lege

Der CIC/1983 enthält keine ausdrückliche Definition des Delikts. Hierauf wurde bewusst verzichtet, da Definitionen von der Wissenschaft und nicht vom Gesetzgeber entwickelt werden sollten[212]. Dennoch besteht kein Zweifel, dass der Deliktsbegriff des c. 2195 § 1 CIC/1917 auch dem geltenden Recht zugrunde liegt[213] und insbesondere aus c. 1321 § 1 CIC/1983 ableitbar ist[214]. Darüber hinaus ergibt sich der Grundsatz „nullum crimen sine lege" aus c. 221 § 3 CIC/1983. Danach dürfen Strafen nur „ad normam legis" verhängt werden[215]. Der Deliktstatbestand kann weiterhin entweder in einem Gesetz oder in einem Verwaltungsbefehl, also einem Strafgebot gemäß c. 1319 § 1 CIC/1983, enthalten sein. Der Grundsatz „nullum crimen sine lege" gilt daher mit dieser Modifikation auch im CIC/1983.

2. Nulla poena sine lege

Grundlage für das Gesetzmäßigkeitsprinzip ist auch insoweit der soeben erwähnte c. 221 § 3 CIC/1983. Es dürfen daher nur die gesetzlich vorgesehenen Strafen verhängt werden und nur, wenn sie für diesen Verstoß in einem Gesetz oder einem Strafgebot angedroht sind.

Beugestrafen sind gemäß cc. 1331 ff. CIC/1983 weiterhin die Exkommunikation, das Interdikt[216] sowie die Suspension. Die zwingenden oder möglichen Folgen, die diese Strafen haben bzw. die festgelegt werden können, sind dort ebenfalls gesetzlich abschließend bestimmt.

Die Sühnestrafen sind in c. 1336 CIC/1983 zwar nicht abschließend aufgeführt. Sonstige Sühnestrafen können aber, wie sich aus c. 1336 § 1 CIC/1983 („ [...] praeter alias, quas forte *lex* constituerit [...]") sowie c. 1312 § 2 CIC/1983 („*Lex* alias poenas expiatorias constituere potest [...]") ergibt, nur einer *gesetzlichen*[217]

---

[212] Adami, EIC 45 (1989), 137 ff. (168 f.).

[213] Vgl. Demel, Abtreibung, S. 310; Échappé, AnnCan 30 (1987), 115 ff. (116 f.); Marzoa, Los delitos, S. 735 ff. (757); de Paolis, PerRMCL 75 (1986), 221 ff. (226 f.); Sebott, c. 1321 Anm. 3 (S. 46). Dem steht nicht entgegen, dass z. B. in c. 1321 § 1 CIC/1983 nur auf die Verletzung eines Gesetzes (nicht: eines *Straf*gesetzes) oder eines Strafgebots abgestellt wird, vgl. Ruf, Recht, S. 341.

[214] Vgl. Borras, L'excommunication, S. 26 f.; Borras, Sanctions, S. 23; Miziński, Apoll. 74 (2001), 633 ff. (647); Valdrini/Durand/Échappé/Vernay, Rn. 601 (S. 380).

[215] Vgl. Hervada, in: Caparros/Thériault/Thorn, (zu c. 221) S. 170; Marzoa, Los delitos, S. 735 ff. (737 und 757); Werckmeister, RDC 39 (1989), 93 ff. (101).

[216] Anders als der CIC/1917 lässt der CIC/1983 kein Lokalinterdikt mehr zu.

[217] Diese Regelungen müssen aber nicht partikulares Recht sein. Zu eng daher wohl Paralieu, S. 386.

Bestimmung entnommen werden. Die Aufzählung in c. 1336 § 1 CIC/1983 kann also nicht außergesetzlich ergänzt werden[218].

Als Strafsicherungsmittel werden in c. 1339 CIC/1983 lediglich noch Mahnung und Verweis – abschließend – aufgezählt.

Bußen i. S. des c. 1340 CIC/1983 werden allgemein als irgendein Werk der Religion, der Frömmigkeit oder der Caritas beschrieben. Diese Aufzählung ist ebenfalls abschließend.

B. Nullum crimen nulla poena sine lege *scripta*

I. Rechtslage unter der Geltung des CIC/1917

1. Gewohnheitsrecht

a) Straftatbestände

Die Frage, in welchem Umfang vorkodikarisches Gewohnheitsrecht durch den CIC/1917 berührt wurde, war weitgehend in c. 5 CIC/1917 geregelt: Soweit allgemeine oder partikulare Gewohnheiten gegen Bestimmungen des CIC/1917 verstießen, verloren diese grundsätzlich ihre Wirkung. Hundertjährige oder unvordenkliche Gewohnheiten konnten jedoch geduldet werden, soweit sie nicht ausdrücklich im CIC/1917 verworfen wurden.

Anders sah es bei strafrechtlichen Gewohnheiten aus, die den CIC/1917 ergänzten: Bei diesen war nach einer Auffassung c. 6, 5^0 CIC/1917 einschlägig[219]. Danach waren alle Strafen („poenas") aufgehoben. Der Regelungsumfang dieser Vorschrift war umstritten. Teilweise wurde sie allein auf Strafen, nicht aber auf Strafbestimmungen angewandt[220]. Andere betonten, man müsse den Begriff „poenas" in einem umfassenden Sinne verstehen und wandten c. 6, 5^0 CIC/1917 auch auf (allgemeine) gesetzliche[221] und gewohnheitsrechtliche[222] Straftatbestände an. Das partikulare – dem CIC/1917 nicht widersprechende – strafrechtliche Gewohnheitsrecht sollte dagegen nach Maßgabe des c. 5

---

218 Als lediglich beispielhafte Aufzählung sieht Lüdicke die Regelung in c. 1336 § 1, 2^0 CIC/1983 an, vgl. MK-Lüdicke, c. 1336 Rn. 8.

219 Jone, Gesetzbuch I, (zu c. 5) S. 25; Mörsdorf, Kirchenrecht I, S. 76. Laut Casey wurde durch c. 6, 5^0 CIC/1917 die bis dahin existierende außerordentliche Strafkompetenz der Bischöfe aufgehoben, vgl. Casey, S. 23/24.

220 So wohl Conte a Coronata, Institutiones I, Nr. 1 (S. 12) und Institutiones IV, Nr. 1855 (S. 273); Conte a Coronata, Compendium I, Nr. 156 (S. 118); Stutz, S. 45.

221 So Hilling, Normen, S. 8; v. Hove, Commentarium Lovaniense I/2, Nr. 62 (S. 72 f.). Für eine umfassende Verdrängung des bisherigen allgemeinen Gesetzesrechts (ohne die hier behandelte Frage ausdrücklich anzusprechen) auch Cimetier, Sources, S. 193: „(...) toutes les lois qui ne s'y trouvent contenues ni explicitement, ni implicitement, doivent être considérées comme abrogées (...). ".

222 Mörsdorf, Kirchenrecht I, S. 76; Bride, AnnCan 2 (1953), 303 ff. (304): „Toutes les lois ou coutumes répressives qui ne figurent plus dans le nouveau recueil sont considérées comme abrogées (can. 6, 5^0).".

CIC/1917 fortbestehen[223]. Nach einer anderen Auffassung[224] war bei strafrechtlichen Gewohnheiten c. 6, 5^0 CIC/1917 nicht anwendbar, sondern c. 30 CIC/1917 einschlägig[225]. Nach zutreffender Auffassung verdrängte jedoch unabhängig von diesem Meinungsstreit c. 2195 CIC/1917 alle strafrechtlichen – auch die partikularen – Gewohnheiten, da dort nur Gesetze und Strafgebote als Quellen des Strafrechts genannt wurden[226].

Neues (Straf)Gewohnheitsrecht konnte sich aus dem gleichen Grunde nicht bilden.

b) Strafarten

Hinsichtlich der bis zum Inkrafttreten des CIC/1917 allein auf Grund Gewohnheitsrechts zulässigen Strafarten ergab sich aus der oben dargestellten Gesetzessystematik[227], dass diese nicht mehr verhängt werden durften und ebenso, dass nicht gesetzlich geregelte Straffolgen sowie Vorbehalte nicht mehr galten.

2. Nicht-schriftlich promulgierte Gesetze

Eine Einschränkung des Grundsatzes „nullum crimen sine lege *scripta*" konnte aber auch bestehen, obwohl ein Strafgesetz vorlag: Für die Wirksamkeit eines Gesetzes war gemäß c. 8 CIC/1917 dessen Promulgation, also die amtliche Veröffentlichung[228], erforderlich. Gemäß c. 9 CIC/1917 erfolgte die Promulgation allgemeiner Gesetze zwar regelmäßig durch eine Veröffentlichung in den AAS, so dass dem Schriftlichkeitsgebot Genüge getan war. Allerdings konnte im Einzelfall auch eine andere Art der Promulgation bestimmt werden. Für Gesetze partikularer Gesetzgeber galt, dass diese auf eine den Umständen angemessene Art erfolgen musste[229]. Die Promulgation konnte daher in beiden Fällen auch mündlich[230] geschehen. Hierbei handelte es sich allerdings um atypische Fälle;

---

223 Aymans, IusCan 15 (1975), 79 ff. (91).

224 Vgl. Michiels, Normae generales I, S. 118.

225 Gewohnheitsrecht verlor danach – unbeschadet der Regelung in c. 5 CIC/1917 – seine Geltung durch eine neue gegenteilige Gewohnheit und durch ein gegenteiliges Gesetz, bei einer hundertjährigen oder unvordenklichen Gewohnheit jedoch nur, wenn dies in dem Gesetz ausdrücklich bestimmt wurde. Nur kraft einer ausdrücklichen gesetzlichen Regelung wurde auch eine partikulare Gewohnheit durch ein allgemeines Gesetz aufgehoben.

226 Vgl. Roberti I/1, Nr. 55 (S. 78).

227 Vgl. oben A. I. 2. a) und b) (S. 42 f.) und Fn. 211 (S. 43).

228 Vgl. Bouscaren/Ellis/Korth, S. 24; Riedel-Spangenberger, Grundbegriffe, „Promulgation", S. 195. Sie darf daher nicht mit einer einfachen Veröffentlichung verwechselt werden, vgl. Werckmeister, Dictionnaire, „Promulgation (promulgatio)", S. 168. Die Promulgation von Gesetzen erfolgte z. B. bis in das 13. Jahrhundert durch deren Übersendung an Primaten und Erzbischöfe, dann durch Verkündung „urbi et orbi", hinsichtlich der Beschlüsse des Konzils von Trient durch Verkündung in den Pfarreien und erst seit 1870 durch Veröffentlichung in den ASS, später den AAS; vgl. dazu: Abbo/Hannan I, (zu c. 9) S. 19 und Lefebvre, in: Naz, Dictionnaire VI, „Loi ecclésiastiques", Sp. 635 ff. (643 f.).

229 Michiels, Normae generales I, S. 285.

230 So, wenn auch für das gegenwärtige Recht: MK-Socha, c. 8 Rn. 4.

dass tatsächlich Strafgesetze nicht-schriftlich erlassen wurden, ist nicht ersichtlich.

II. Rechtslage unter der Geltung des CIC/1983

1. Gewohnheitsrecht

Da alle strafrechtlichen Gewohnheiten mit dem CIC/1917 ihre Wirkung verloren hatten, existierten bei Inkrafttreten des CIC/1983 keine derartigen Gewohnheiten mehr und können sich wegen des strafrechtlichen Gesetzesvorbehalts in c. 221 § 3 CIC/1983 auch künftig nicht bilden.

2. Nicht-schriftlich promulgierte Gesetze

Aus cc. 7, 8 CIC/1983 ergibt sich, dass die Rechtslage insoweit gegenüber dem CIC/1917 unverändert geblieben ist.
Zweifelhaft ist aber, ob die „Normae", die der von der Kongregation für die Glaubenslehre am 18. Mai 2001 erlassenen „Epistula"[231] zu dem MP „Sacramentorum sanctitatis tutela" vom 30. April 2001[232] beigefügt wurden, wirksam promulgiert worden sind und dem Schriftlichkeitsgebot entsprechen. Die in diesen „Normae" genannten Delikte sind der Glaubenskongregation (zur Verfolgung) vorbehalten. Die „Normae" sind bisher nicht authentisch veröffentlicht[233], sondern in dem MP lediglich für promulgiert *erklärt* worden. Ihr Inhalt wurde in die „Epistula" nur schlagwortartig wiedergegeben, aber ohne die Strafandrohungen zu nennen. In den „Normae" werden überdies einige Delikte abweichend[234] vom CIC/1983 geregelt. So wird die Strafbarkeit von Verstößen gegen das Sechste Gebot durch Kleriker zum Nachteil eines Minderjährigen über c. 1395 § 2 CIC/1983 hinaus auf Taten gegen Minderjährige unter 18 Jahren[235] erweitert. Darüber hinaus wird für die Konsekration in sakrilegischer Absicht nur einer Materie ohne die andere bei der Feier der Eucharistie oder auch beider

231 AAS 93 (2001), 785 ff.

232 AAS 93 (2001), 737 ff.

233 Die „Normae" sind lediglich bestimmten Oberen, insbesondere Diözesanbischöfen, übersandt worden. Zwar kann eine Promulgation auf Grund besonderer Anordnung auch durch Übersendung des Textes an die von dem Gesetz Betroffenen erfolgen, vgl. Huels, in: Beal/Coriden/Green, (zu c. 8), S 60. Als Täter kommen jedoch auch andere Kleriker in Frage, so dass es *diesen* Personen gegenüber an der amtlichen Bekanntmachung fehlt. Eine nicht offizielle Veröffentlichung ist erfolgt in: AfkKR 171 (2002), 458 ff.; diese reicht für die Promulgation aber nicht aus.

234 Vgl. die Synopse bei: H. Schmitz, DPM 9 (2002), 293 ff. (307 ff.).

235 Von c. 1395 CIC/1983 wird – anders als von Art. 4 § 1 Normae – die *einmalige* Versündigung mit einer Person zwischen 16 und 18 Jahren nicht erfasst, soweit nicht die besonderen Voraussetzungen des § 2 vorliegen, sondern für die Strafbarkeit gemäß § 1 ein „Verharren" („permanens") in der Sünde vorausgesetzt bzw. das Vorliegen eines eheähnlichen Verhältnisses.

Gestalten außerhalb der Eucharistiefeier eine Strafe entsprechend der Schwere des Verbrechens angedroht, Entlassung oder Absetzung nicht ausgeschlossen[236].

C. Nullum crimen nulla poena sine lege *praevia*

I. Rechtslage unter der Geltung des CIC/1917

1. Strafgesetz

Ein ausdrückliches Verbot, Strafgesetze mit Rückwirkung zu erlassen, konnte man c. 2195 § 1 CIC/1917 nicht entnehmen. Zwar wurde gegen eine Rückwirkung eingewandt, man könne ein Verhalten kaum nachträglich mit Strafe bedrohen[237] und es widerspreche dem Grundsatz der Gerechtigkeit, dass derjenige, dessen Verhalten zum Zeitpunkt der Tat im Einklang mit den Gesetzen stand, verurteilt werden könne[238]. Die Zulässigkeit rückwirkender Strafgesetze war jedoch an c. 10 CIC/1917 zu messen. Danach regelten Gesetze zwar grundsätzlich nur Zukünftiges. Ausnahmsweise ließ c. 10 CIC/1917 aber zu, dass Gesetze Rückwirkung hatten; dies galt auch für den Erlass einer gesetzlichen Strafandrohung[239]. Da der Gesetzgeber für Strafgesetze keine ausdrückliche anderweitige Regelung getroffen hatte, galt dies auch für Strafgesetze[240]. Der Grundsatz „nullum crimen nulla poena sine lege *praevia*" war daher Ausnahmen zugänglich, auch soweit dies für den Betroffenen nachteilig war[241].

2. Strafgebot

Das Strafgebot war gemäß c. 2310 CIC/1917 ein Strafsicherungsmittel. Es handelte sich um einen qualifizierten (Verwaltungs)Befehl (c. 24 CIC/1917), in welchem dem Betroffenen unter Androhung einer Strafe für den Fall eines Verstoßes ein bestimmtes Verhalten aufgegeben wurde. Weder für Verwaltungsbefehle noch für Strafgebote existierte eine dem c. 10 CIC/1917 entsprechende Vor-

---

236 C. 1399 und c. 1384 CIC/1983 mögen in diesen Fällen grundsätzlich einschlägig sein, da der Priester gegen c. 927 CIC/1983 verstößt. Die angedrohten Strafen – jedenfalls die Entlassung – könnten aber nicht auf cc. 1384, 1399 CIC/1983 gestützt werden. In beiden Fällen wird eine gerechte Strafe angedroht. Gemäß c. 1349 CIC/1983 ist daher eine dauernde Strafe – wie die Entlassung aus dem Klerikerstand – unzulässig.

237 Vgl. Wernz/Vidal VII, S. 48 (Nr. 34).

238 Vgl. Peperoni, S. 88. Dieser Einwand erfasst aber nicht den Fall, dass ein bereits zum Zeitpunkt der Tat rechtswidriges Verhalten nachträglich mit Strafe bedroht wird.

239 Abbo/Hannan I, (zu c. 10) S. 21; Bouscaren/Ellis/Korth, S. 25; im Ergebnis auch Cortés, S. 62. Dabei war aber dem Grundsatz „nulla poena sine culpa" (vgl. 3. Teil B. VI. [S. 136]) Rechnung zu tragen. Daher musste das Verhalten bereits zum Zeitpunkt der Tat gegen ein Gesetz oder jedenfalls gegen eine moralische Norm verstoßen haben.

240 Im Zweifel gilt: „Ubi lex non distinguit, nec nos distinguere debemus", vgl. Paralieu, S. 43.

241 Zu Gunsten des Täters hatten Strafgesetze Rückwirkung, wenn die Voraussetzungen des c. 2226 §§ 2 bzw. 3 CIC/1917 vorlagen. Danach fand bei einer Änderung der Rechtslage gegenüber dem Zeitpunkt der Tat das mildere Gesetz Anwendung bzw. entfiel mit der Aufhebung des Strafgesetzes – außer bei Beugestrafen – die Strafe von selbst.

schrift, die eine Rückwirkung zuließ[242]. Gegen die Möglichkeit der Rückwirkung sprach auch, dass der Betroffene durch dieses Strafgebot eine letzte Möglichkeit erhalten sollte, zu ordnungsgemäßem Verhalten zurückzufinden[243]. Bei Strafgeboten galt damit der Grundsatz der Nicht-Rückwirkung uneingeschränkt.

II. Rechtslage unter der Geltung des CIC/1983

1. Strafgesetz

Auch gemäß c. 9 CIC/1983 betreffen Gesetze regelmäßig nur Zukünftiges. Allerdings kann Gesetzen weiterhin durch eine ausdrückliche Entscheidung des Gesetzgebers Rückwirkung gegeben werden. Zulässig ist dies auch im Bereich des Strafrechts[244], aber nur aus einem schwerwiegenden Grund, z. B. um einer notwendigen Rechtsreform die erforderliche Wirksamkeit zu verschaffen[245]. Den gegenteiligen Standpunkt vertreten Heimerl und Pree[246]. Diese sind der Auffassung, im Strafrecht sei „nach dem Grundsatz ‚nulla poena sine lege' *jede Rückwirkung ausgeschlossen*". Gegen diese Auffassung spricht, dass c. 9 CIC/1983 – wie bereits c. 10 CIC/1917 – die Rückwirkung von Gesetzen allgemein (also auch im Strafrecht) allein davon abhängig macht, dass diese ausdrücklich angeordnet wird.

Zu Gunsten des Täters haben Gesetze dagegen immer Rückwirkung (c. 1313 CIC/1983).

2. Strafgebot

Das in c. 1319 CIC/1983 geregelte Strafgebot ist ein Verwaltungsbefehl für Einzelfälle gemäß c. 49 CIC/1983[247]. Wirksam wird ein Verwaltungsbefehl gemäß c. 54 § 1 CIC/1983 (wenn seine Anwendung einem Vollzieher anvertraut ist) mit dem Beginn des Vollzugs und ansonsten mit der Mitteilung an den Betroffenen. Die Zulassung einer Rückwirkung ist auch nicht ausnahmsweise vor-

---

242 Eine analoge Anwendung des c. 10 CIC/1917 auf Strafgebote kam nicht in Betracht, obwohl sich c. 24 CIC/1917 in dem gleichen 1. Titel des I. Buches des CIC/1917 befand wie c. 10 CIC/1917. Es handelte sich bei c. 10 CIC/1917 um eine Ausnahmevorschrift, die einer Analogie nicht zugänglich war (c. 19 CIC/1917). Das Strafgebot trat damit – in Übereinstimmung mit den für Reskripte geltenden Prinzipien (vgl. dazu Strigl, in: Listl/Müller/Schmitz, Grundriß, S. 73) – erst mit dessen Mitteilung an den Betroffenen in Kraft.

243 Mörsdorf, Rechtsprechung, S. 158.

244 Vgl. Sériaux, Rn. 276 (S. 687); ähnlich Otaduy, in: Otaduy/Labandeira, S. 281 ff. (288): „La retroactividad de la *ley penal* es, en principio, un supuesto muy excepcional.".

245 Vgl. näher MK-Socha, c. 9 Rn. 7.

246 Heimerl/Pree, S. 36; im Ergebnis ebenso Örsy, in: Coriden/Green/Heintschel, (zu c. 9) S. 30 (Die Rückwirkung sei im Bereich des Strafrechts ungerecht). Nelles, S. 281, verweist hinsichtlich der Zulässigkeit einer rückwirkenden Strafandrohung oder -verschärfung auf can. 1313 § 1 CIC/1983. Der Höchste Gesetzgeber hat aber jedenfalls bei einem zur Tatzeit bereits rechtswidrigen Verhalten gemäß c. 9 CIC/1983 das Recht, hiervon durch eine ausdrückliche Regelung abzuweichen.

247 MK-Lüdicke, c. 1319 Rn. 2.

gesehen[248]. Der Erlass eines Strafgebots mit Rückwirkung kommt daher auch für den CIC/1983 nicht in Betracht.

D. Nullum crimen sine lege *stricta*

I. Rechtslage unter der Geltung des CIC/1917

Dieser Grundsatz beinhaltet das Analogieverbot. Unter Analogie versteht man die Schließung von Rechtslücken durch entsprechende Anwendung von Bestimmungen auf einen vom Gesetzgeber nicht vorhergesehenen und daher nicht geregelten Fall[249]. Im Strafrecht war die Analogie gemäß c. 2219 § 3 CIC/1917 verboten und damit eine Ausweitung der Strafandrohung über den Gesetzeswortlaut hinaus unzulässig. Dies galt ausdrücklich auch dann, wenn das Strafbedürfnis in dem gesetzlich nicht geregelten Fall noch dringender war, als in dem gesetzlich geregelten. Unmittelbar ließ sich das Analogieverbot auch c. 20 CIC/1917 entnehmen[250]. Die grundsätzlich mögliche Schließung von Rechtslücken insbesondere durch entsprechende Anwendung anderer Bestimmungen oder Berücksichtigung allgemeiner Rechtsprinzipien war danach in Strafsachen ausgeschlossen. Darüber hinaus sind in diesem Zusammenhang cc. 19, 2219 § 1 CIC/1917 relevant. Gemäß c. 2219 § 1 CIC/1917 war in Strafsachen immer die mildeste Gesetzesauslegung zu wählen[251]. C. 19 CIC/1917 verlangte bei Strafgesetzen eine strenge Auslegung[252]. Diese Grundsätze ließen sich aus reg. iur. 15 und 49[253] aus dem Liber Sextus des Corpus Iuris Canonici ableiten[254]. Obwohl der Wortlaut von c. 19 und c. 2219 § 1 CIC/1917 nicht identisch war, wurden beide Vorschriften häufig nebeneinander zitiert bzw. bei der Interpretation einer Vorschrift auf die jeweils andere verwiesen[255]. Es wurde daher auch c. 19

---

248 Vgl. aber auch Chanez, Norme, S. 9 Fn. 32: „Le précepte ne faisant que déterminer la peine peut avoir un effet rétroactif, tandis que le précepte définissant pénalement un comportement doit respecter le principe de la non-rétroactivité en tant que le bien juridiquement protégé ne l'était pas de manière évidente.".

249 Vgl. Naz, in: Naz, Traité I, Nr. 176 (S. 135 f.), sowie (wenn auch für den CIC/1983) Otaduy, in: Comentario exegético I, c. 19 Anm. 5 (S. 385). Wird eine rechtliche Bestimmung auf einen von ihrem Wortlaut nicht erfassten, aber ähnlich gelagerten Fall angewandt, spricht man von „Gesetzesanalogie" und wenn allgemeine Rechtsprinzipien herangezogen werden von „Rechtsanalogie", vgl. Werckmeister, Dictionnaire, „Analogie (‚analogia')", S. 31.

250 Vermeersch/Creusen III (7. Aufl.), Nr. 383 (S. 222).

251 „In poenis benignior est interpretatio facienda.". Ähnlich reg. iur. 30 in VI[0] (Friedberg II, Sp. 1122): „In obscuris minimum est sequendum.". In der Praxis war aber trotz dieser Grundsätze nicht selten eine Ausweitung des Gesetzeswortlautes festzustellen, vgl. Bride, AnnCan 2 (1953), 303 ff. (310).

252 „Leges quae poenam statuunt (...) strictae subsunt interpretationi.".

253 „Odia restringi, et favores convenit ampliari." bzw. „In poenis benignior est interpretatio facienda.", vgl. Friedberg II, Sp. 1122 und 1123.

254 So z. B. Cance, Code III, Nr. 218 (S. 330 Fn. 1) für c. 2219 § 1 CIC/1917 und reg. iur. 49.

255 Vgl. Jone, Commentarium III, (zu c. 2219 § 1) S. 420; Peperoni, S. 97; Mörsdorf, Kirchenrecht I, S. 110 und Kirchenrecht III, S. 347. Ähnlich Pellé, Nr. 42 (S. 40): „„Dans les

CIC/1917 und nicht nur c. 2219 § 1 CIC/1917 die Aussage entnommen, dass Strafvorschriften so eng auszulegen sind, wie es ihr Wortlaut zulässt[256] und nur die eindeutig vom Wortlaut erfassten Verhaltensweisen strafbar sind[257].

C. 2219 und c. 19 CIC/1917 waren auch Kritik ausgesetzt. So vertrat Klein[258] die Auffassung, eine zu strikte Interpretation könne dazu führen, dass eine Vorschrift zwecklos würde. Obwohl diese grundsätzliche Kritik die Ausnahme blieb, bestand Einigkeit, dass weder das Analogieverbot noch die Grundsätze der strikten Auslegung von Strafgesetzen und „in poenis benignior est interpretatio facienda“ dazu führen durften, dass dem Wortlaut des Gesetzes Gewalt angetan wurde. Ferner hatte die Auslegung den Sinn des Gesetzes zu berücksichtigen, so dass dieses ggf. auch weit auszulegen war, um diesem Rechnung zu tragen[259].

II. Rechtslage unter der Geltung des CIC/1983

Eser[260] merkt an, der CIC/1983 enthalte kein ausdrückliches Analogieverbot. Dem ist entgegenzuhalten, dass c. 19 CIC/1983 die ansonsten bestehende Möglichkeit, Rechtslücken durch Anwendung von gesetzlichen Regelungen, die für ähnliche Fälle erlassen worden sind oder von allgemeinen Rechtsprinzipien zu schließen – und damit eine Analogie – für den Bereich des Strafrechts ausdrücklich verbietet. Auch c. 18 CIC/1983, der in Strafsachen eine enge Auslegung fordert, ist zu entnehmen, dass Strafgesetze nicht erweiternd ausgelegt, also auch nicht analog auf andere als die ausdrücklich gesetzlich geregelten Fälle ausgedehnt werden dürfen[261]. Unverändert gilt aber, dass eine weite Auslegung, die zur Wahrung des geschützten Rechtsguts erforderlich ist bzw. dem offenkundigen Sinn des Gesetzes entspricht, zulässig und sogar geboten sein kann[262].

---

peines, on doit s'en tenir à l'interprétation la plus bénigne' (c. 2219, § 1). C'est la règle 49 du Droit. Le c. 19 posait déjà ce principe général (...)“. Auch Mothon I, Art. 41 (S. 11 f.), stellt zu c. 19 CIC/1917 fest, dass Strafgesetze „dans le sens le plus restreint“ auszulegen sind.

256 Jone, Gesetzbuch I, (zu c. 19) S. 44; O'Connor, StudCan 3 (1969), 209 ff. (214).

257 Abbo/Hannan I, (zu c. 19) S. 39.

258 Vgl. J. Klein, Skandalon, S. 200.

259 Vgl. dazu Abbo/Hannan I, (zu c. 19) S. 39; Bride, AnnCan 2 (1953), 303 ff. (313); Conte a Coronata, Institutiones IV, Nr. 1692 (S. 84); Mörsdorf, Kirchenrecht III, S. 348; ähnlich: Ruf, Strafzumessung, S. 101. Vgl. auch reg. iur. 88 in VI^0 (Friedberg II, Sp. 1124): „Certum est, quod is committit in legem, qui, legis verba complectens, contra legis nititur voluntatem.“.

260 Eser, S. 493 ff. (508).

261 Vgl. Coriden, Jurist 46 (1986), 652 ff. (654).

262 MK-Socha, c. 18 Rn. 5. Im Rahmen der authentischen Auslegung (c. 16 CIC/1983) ist aber auch in Strafsachen eine erweiternde Auslegung über den strengen Wortlaut der Vorschrift hinaus zulässig; c. 18 CIC/1983 greift insoweit nicht ein. Zwar verweist Drößler (Drößler, AfkKR 153 [1984], 3 ff. [6]) darauf, der authentische Interpret sei von der Anwendung der gesetzlichen Interpretationsmethoden nicht ausgeschlossen. Für die hier vertretene

Zweifelhaft[263] ist, ob bei kirchlichen Strafgesetzen weiterhin die mildeste Auslegung geboten ist. Dafür, dass dieser Grundsatz nicht mehr gilt, spricht, dass der CIC/1983 – anders als der CIC/1917 (c. 2219 § 1 CIC/1917) sowie der CCEO (c. 1404 § 1 CCEO) – keine Vorschrift enthält, die in Strafsachen ausdrücklich diese Auslegung fordert. Ob man diesen Grundsatz cc. 18, 19 CIC/1983 entnehmen kann, ist fraglich, da entsprechende Vorschriften auch im CIC/1917 (cc. 19, 20 CIC/1917) enthalten waren bzw. im CCEO (cc. 1500, 1501 CCEO) enthalten sind. Die cc. 18, 19 CIC/1983 bleiben daher möglicherweise inhaltlich hinter cc. 2219 § 1 CIC/1917, 1404 § 1 CCEO zurück[264]. Vorgebracht wird deshalb, eine strenge Auslegung i. S. des c. 18 CIC/1983 sei nicht gleichbedeutend mit der mildesten Auslegung; letztere setze ein „Höchstmaß von mit Klugheit gepaarter Mäßigung und Milde" voraus[265]. Gegen diese Auffassung spricht, dass der c. 18 CIC/1983 insoweit entsprechende c. 19 CIC/1917 teilweise als inhaltsgleich mit c. 2219 § 1 CIC/1917 angesehen wurde. Entnimmt man ferner das Analogieverbot dem c. 19 CIC/1983, kann die in Strafsachen gemäß c. 18 CIC/1983 geforderte enge Auslegung nicht allein bedeuten, dass eine vom Wortlaut nicht mehr gedeckte Auslegung unzulässig ist. Vielmehr hat c. 18 CIC/1983 nur dann einen gegenüber c. 19 CIC/1983 eigenständigen Sinn, wenn danach unter mehreren zulässigen Auslegungen die engere zu wählen ist. Daher wird c. 18 CIC/1983 mit Recht der Grundsatz entnommen, dass in Strafsachen der mildesten Auslegung zu folgen ist[266]. Darüber hinaus sind gemäß c. 19 CIC/1983 bei der Auslegung von Gesetzen allgemeine Rechtsprinzipien zu beachten. Zu diesen gehören die Rechtsregeln des Liber Sextus[267] und damit auch der mehrfach erwähnte Grundsatz, dass bei Strafgesetzen die mil-

---

Auffassung spricht aber, dass c. 16 CIC/1983 die erweiternde Auslegung ausdrücklich zulässt und keine Sonderregelung für Strafgesetze enthält – anders als cc. 18, 19 CIC/1983. Hinzu kommt, dass cc. 18, 19 CIC/1983 Ausdruck der Bindung von Verwaltung und Gerichten an die Gesetze sind. Im Rahmen des c. 16 CIC/1983 wird jedoch der Gesetzgeber – oder ein von ihm beauftragtes Organ – tätig. Der Gesetzesunterworfene wird dennoch vor einer nachträglichen belastenden Ausweitung des Gesetzes geschützt, da eine erweiternde Auslegung nur für künftige Fälle von Bedeutung ist (c. 16 § 2 CIC/1983).

263 So Primetshofer, Auswirkungen, S. 557 ff. (566 f.).

264 Vgl. Primetshofer, Auswirkungen, S. 557 ff. (566 f.). Im Ergebnis wohl auch Schmitz, DPM 9 (2002), 293 ff. (298).

265 Vgl. Primetshofer, Auswirkungen, S. 557 ff. (566 f.).

266 Aymans/Mörsdorf I, S. 184; Örsy, in: Coriden/Green/Heintschel, (zu c. 18) S. 36; MK-Socha, c. 18 Rn. 5; i. E. auch Lederhilger, AfkKR 172 (2003), 58 ff. (76 mit Fn. 89). Der Grundsatz der mildesten Auslegung in Strafsachen wird zu Recht als pastorale Notwendigkeit bezeichnet, vgl. Green, in: Beal/Coriden/Green, (zu c. 1313) S. 1535.

267 MK-Socha, c. 19 Rn. 9; Échappé, REDC 47 (1990), 423 ff. (440 f.). Die Gegenauffassung, die insoweit eine Einschränkung auf die in das geltende Recht übernommenen Rechtsprinzipien vertritt (vgl. näher: Lefebvre, in: Naz, Dictionnaire VII, „Principes généraux du droit", Sp. 215 ff. [217 f.]), führt zu keinem anderen Ergebnis, da reg. iur. 49 nur dazu herangezogen wird, um eine Vorschrift des CIC/1983 zu interpretieren, also kein dem CIC/1983 fremder Rechtsgrundsatz eingeführt wird.

deste Auslegung Anwendung findet. Der Ausschluss der Anwendbarkeit der allgemeinen Rechtsgrundsätze in Strafsachen gemäß c. 19 CIC/1983 steht der Berücksichtigung dieses Grundsatzes nicht entgegen, da dieser Ausschluss nur gilt, wenn der Täter durch dessen Anwendung belastet, nicht aber, wenn er – wie hier – dadurch begünstigt wird.

E. Nullum crimen nulla poena sine lege *certa*

I. Rechtslage unter der Geltung des CIC/1917

1. Nullum crimen sine lege *certa*

a) Gesetzliche Grundlagen für den Grundsatz „Nullum crimen sine lege *certa*

aa) Strafgesetz

Eine ausdrückliche Bestimmung, dass das strafbare Verhalten gesetzlich konkret umschrieben sein muss, enthielt der CIC/1917 nicht[268]. Ein Anhaltspunkt für die Geltung des Bestimmtheitsgebotes ließ sich aber c. 15 CIC/1917 entnehmen. Danach verpflichtete ein Gesetz nicht, wenn ein Zweifel über dessen Inhalt, insbesondere den Anwendungsbereich, bestand[269]. Im kirchlichen Strafrecht darf daher keine vollständige Freiheit des Richters bestehen, die Grenzen der Strafbarkeit festzulegen. Diese müssen vielmehr – falls nicht schwerwiegende Gründe entgegenstehen – in der Strafvorschrift genau umschrieben werden[270]. Andererseits kann man nicht ohne weiteres die im weltlichen Strafrecht anerkannten Grundsätze hinsichtlich des Grades der geforderten Bestimmtheit[271] auf das kirchliche Strafrecht übertragen, da der Nullum-crimen-Satz seine Grundlage auch in dem Prinzip der Gewaltenteilung hat, das in der katholischen Kirche nicht gilt[272]. Die Grenze zur Unbestimmtheit und damit zur Unanwendbarkeit eines Strafgesetzes wird aber überschritten, wenn es so unklar gefasst ist, dass sein Inhalt durch Auslegung nicht geklärt werden kann.

An dem Strafrecht des CIC/1917 wurde teilweise Kritik geübt, weil es so durchnormiert sei, dass es kaum noch greife[273]. Die häufig zu enge Tatbestandsbildung führe zu Ungereimtheiten. Es entstünden Strafbarkeitslücken, die den geschützten Rechtsgütern nicht Rechnung tragen[274]. Das Strafrecht müsse daher

---

268 Es überrascht daher nicht, dass Casey in seiner Darstellung zu c. 2222 § 1 CIC/1917 diesen Grundsatz nicht als Ausprägung des Nullum-crimen-Satzes erwähnt, vgl. Casey, S. 13.

269 Vgl. Jone, Commentarium I, (zu c. 15) S. 33; Michiels, Normae generales I, S. 417. Die Regelung geht damit noch über reg. iur. 57 in VI^0 „Contra eum, qui legem dicere potuit apertius, est interpretatio facienda." (vgl. Friedberg II, Sp. 1123) hinaus.

270 Vgl. dazu Schauf, S. 20 f. (Nr. 21 ff.).

271 Vgl. dazu: Roxin I, § 5 Rn. 71 ff. sowie zum französischen Recht Renoux/de Villiers, Rn. 137 (S. 69 f.) und Favoreu/Philip, 30 Rn. 4 (S. 436 f.).

272 Vgl. 3. Teil B. III. 3. (S. 133 f.).

273 Krämer, StdZ 199 (1981), 651 ff. (655).

274 Vgl. näher Scheuermann, AfkKR 131 (1962), 393 ff. (400 f.).

vereinfacht und der Anwendungsbereich des c. 2222 § 1 CIC/1917 erweitert werden[275]. Gefordert wurden daher gerade keine eindeutig gefassten, sondern möglichst umfassend anwendbare Strafgesetze. Diese Kritik betraf aber nicht die Auslegung des geltenden Rechts, sondern stellte Anforderungen an das künftige Gesetz. Das de lege lata bestehende Erfordernis einer lex *certa* im Strafrecht war daher grundsätzlich anerkannt.

bb) Strafgebot

Für das Strafgebot war in c. 2310 CIC/1917 bestimmt, dass dem Betroffenen „accurate“, also „sorgfältig“ bzw. „genau“, mitzuteilen sei, welches Verhalten in diesem Befehl mit Strafe bedroht wurde. Auch die angedrohte Strafe war möglichst genau anzugeben[276].

b) Beachtung des Grundsatzes „Nullum crimen sine lege *certa*“ in den cc. 2314-2414 CIC/1917

Im Folgenden wird geprüft, welche Bestimmungen der cc. 2314 ff. CIC/1917 konkret und welche eher generalklauselartig gefasst waren und deshalb in ihrer Struktur c. 2222 § 1 CIC/1917 ähnelten oder jedenfalls dem Strafverfolgungsorgan einen weiten Beurteilungsspielraum ließen.

aa) Delikte gegen den Glauben und die Einheit der Kirche (cc. 2314-2319 CIC/1917)

In c. 2314 § 1, 1^0 CIC/1917 wurden Apostasie, Häresie und Schisma mit der latae sententiae eintretenden Exkommunikation bedroht. Die Tathandlungen waren in c. 1325 § 2 CIC/1917 definiert. Apostasie war danach der vollständige Abfall vom christlichen Glauben[277], Häresie das hartnäckige Leugnen oder Bezweifeln einer Wahrheit, die mit der Verpflichtung vorgelegt worden war, daran zu glauben, und Schisma die Trennung von der Kirche durch Verweigerung der Unterordnung unter den Papst oder durch Ablehnung der Gemeinschaft mit den dem Papst untergebenen Gliedern der Kirche[278]. Während die Definitionen von Apostasie und Schisma hinreichend klar gefasst waren, ist dies im Falle der Hä-

---

275 Scheuermann, AfkKR 131 (1962), 393 ff. (408).

276 Hofmann, S. 461 ff. (480).

277 Ein Fall ist z. B. der Übertritt zu einer nicht-christlichen Religion, vgl. Conte a Coronata, Institutiones IV, Nr. 1856 (S. 274 f.); Martz, PJR 7 (1990), 159 ff. (161). Gefordert ist eine freie Willensentscheidung, so dass Apostasie nicht gegeben ist im Falle des Zwanges, aber auch nicht bei einer Simulation, vgl. Bouché, in: Naz, Dictionnaire I, „Apostasie“, Sp. 640 ff. (641).

278 Hierfür ist mehr erforderlich als der bloße Ungehorsam. Vielmehr muss es sich um eine systematische, grundsätzliche Verweigerung der Unterordnung handeln, vgl. Conte a Coronata, Institutiones IV, Nr. 1858 (S. 278); Naz, in: Naz, Dictionnaire VII, „Schisme et schismatique“, Sp. 886 f. (886).

resie fraglich[279]. Eine Konkretisierung der hiervon erfassten Lehren durch besondere Erklärungen aus aktuellem Anlass wäre möglich gewesen; auf die bis zum Inkrafttreten des CIC/1917 bestehende Praxis, einzelne Lehren ausdrücklich als häretisch zu bezeichnen und deren Gefolgschaft mit Strafe zu bedrohen, kann insoweit verwiesen werden[280]. Andererseits waren (und sind) im Falle der Häresie regelmäßig nur besonders wesentliche, weithin bekannte Lehren betroffen. Die Vorschrift ließ damit hinsichtlich der von ihr erfassten Lehren keinen zu weiten Spielraum. Da die Tat überdies nur vorsätzlich begangen werden konnte, war von der Strafe nur derjenige betroffen, der wusste[281], dass er eine wesentliche Glaubenslehre leugnete bzw. bezweifelte.

C. 2314 § 1, 3⁰ CIC/1917 betraf den formellen oder öffentlichen Übertritt zu einer nicht-katholischen Religionsgemeinschaft und war hinreichend normenklar.

C. 2315 CIC/1917 regelte den Häresieverdacht. Neben den im CIC/1917 genannten Fällen[282] konnten aber auch andere Verhaltensweisen diesen Verdacht begründen[283]. Insoweit hatte der zuständige Obere damit einen Beurteilungsspielraum, der nicht ohne weiteres abschätzbar war.

C. 2316 CIC/1917 enthielt einen gesetzlichen Fall des soeben behandelten Häresieverdachts. Die 1. Var. war die freiwillige und wissentliche Förderung der Häresie. Da sowohl das Merkmal der Häresie als auch das der Förderung[284] das strafbare Verhalten deutlich beschrieb, war c. 2316 CIC/1917 insoweit hinreichend bestimmt. Daneben wurde von c. 2316 CIC/1917 die in c. 1258 CIC/1917 verbotene Gottesdienstgemeinschaft, also die Teilnahme an nicht-katholischen Kulthandlungen, erfasst. Eine verbotene Teilnahme lag vor, wenn jemand eine

---

279 Erschwert wurde die Bestimmung des Anwendungsbereichs dieser Vorschrift dadurch, dass nicht jede Lehre, an der die katholische Kirche festhält, hiervon erfasst sein sollte, vgl. Jone, Gesetzbuch II, (zu c. 1325) S. 537/538.

280 Vgl. 1. Teil C. II. 4. a) (S. 22).

281 Im Falle eines Irrtums über die Frage, ob eine Glaubenswahrheit vorliegt, lag daher keine Häresie vor, vgl. Conte a Coronata, Institutiones IV, Nr. 1857 (S. 277).

282 Vgl. die Aufzählung bei Eichmann, Strafrecht, S. 129.

283 Jone, Gesetzbuch III, (zu c. 2315) S. 567; Mörsdorf, Kirchenrecht III, S. 429; a. M.: Chelodi/Ciprotti, S. 77 (Nr. 59); Flatten, S. 109; Jombart, in: Naz, Traité IV, Nr. 1147 (S. 706 f.); mittelbar Naz, in: Naz, Dictionnaire V, „Hérésie, hérétiques", Sp. 1105 ff. (1107). Die zuletzt genannte Auffassung entsprach nicht der Praxis. So entschied das Heilige Offizium (AfkKR 106 [1926], 191 ff. [192]), dass die Beiziehung eines nicht-katholischen Religionsdieners zur Beerdigung eines Katholiken den Häresieverdacht begründen könne, obwohl dieser Fall so nicht im CIC/1917 geregelt war. Im Gegensatz zum „rechtlichen" Häresieverdacht, wurde dieser als „tatsächlicher" Häresieverdacht bezeichnet („suspicionis facti"), vgl. Conte a Coronata, Institutiones IV, Nr. 1869 (S. 293 f.); Regatillo II, Nr. 968 (S. 577).

284 Das Merkmal „Fördern" bzw. „Förderung" wird sogar im – für die hier behandelte Frage allerdings nur bedingt als Maßstab zu berücksichtigenden – deutschen Strafrecht als ausreichend bestimmt angesehen, vgl. z. B. §§ 120, 180 a, 219 b StGB. Zu verstehen ist hierunter jede Hilfeleistung oder Unterstützung.

gottesdienstliche Handlung als Liturgie oder als Teil der Gemeinde mitvollzog. Die bloß passive Teilnahme (Anwesenheit) konnte aus triftigem Grund geduldet werden[285]. Auf Grund dieses Verweises war c. 2316 CIC/1917 auch insoweit hinreichend bestimmt. Gemäß c. 2317 CIC/1917 war das hartnäckige Lehren oder Verteidigen einer vom Apostolischen Stuhl oder einem allgemeinen Konzil verurteilten (aber nicht für häretisch erklärten) Lehre unter Strafe gestellt. Da eine vorherige ausdrückliche Verurteilung erforderlich war, konnte der Kreis der hiervon betroffenen Lehren von vornherein erkannt werden.

C. 2318 CIC/1917 betraf den Fall der Bücherzensur. Diese Strafvorschrift wird nicht näher behandelt, da der Index und das in c. 1399 CIC/1917 enthaltene Verbot der Herausgabe der Heiligen Schrift oder von Kommentaren hierzu ohne die erforderliche Erlaubnis (c. 1391 CIC/1917) im Jahre 1966 aufgehoben wurden[286] und c. 2318 CIC/1917 damit seinen Anwendungsbereich verlor.

C. 2319 § 1 CIC/1917 behandelte die nicht-katholische Trauung und die Verletzung der Pflicht zur religiösen (katholischen) Kindererziehung. Die in c. 2319 § 1, 1^0 bis 4^0 CIC/1917 näher spezifizierten Verstöße[287] waren abschließend und normenklar. Die Strafvorschrift wurde hinsichtlich der Nr. 1 durch die Instruktion der Glaubenskongregation vom 18. März 1966[288] und durch das MP „Matrimonia mixta“ vom 31. März 1970[289] insgesamt aufgehoben.

bb) Delikte gegen die Religion (cc. 2320-2329 CIC/1917)

Gemäß c. 2320 CIC/1917 war das Wegwerfen[290] der konsekrierten Spezies (Hostie und Wein[291]) sowie deren Beiseiteschaffen oder Zurückhalten „ad malum finem“, also zu einem schlechten Zweck, strafbar. Hierunter wurden gottlose, unsittliche oder abergläubische Zwecke verstanden[292]. Für eine ausrei-

---

285 Vgl. näher Naz, in: Naz, Dictionnaire II, „Communicatio in sacris“, Sp. 1091 ff.; Rees, Strafgewalt, S. 230/231.

286 Vgl. die Notifikation der Glaubenskongregation vom 14. Juni 1966 zur Aufhebung des Index (AAS 58 [1966], 445) und das Dekret derselben Kongregation vom 15. November 1966 (AAS 58 [1966], 1186), in dem klargestellt wurde, dass das Bücherverbot des c. 1399 CIC/1917 ebenfalls aufgehoben ist.

287 Eingehen der Ehe vor einem nicht-katholischen Religionsdiener, explizite oder implizite Vereinbarung der nicht-katholischen Erziehung aller oder einiger Kinder bei Eingehen der Ehe, Zulassung der Taufe durch einen nicht-katholischen Religionsdiener sowie der nicht-katholischen Erziehung oder Unterrichtung.

288 AAS 58 (1966), 235 ff. (238, unter VII).

289 AAS 62 (1970), 257 ff. (262, unter Ziffer 15.).

290 Auf die Tathandlung des Wegwerfens bezog sich das Merkmal „ad malum finem“ nicht, da diese in sich schlecht ist, vgl. Conte a Coronata, Institutiones IV, Nr. 1882 (S. 311 f.).

291 Jone, Commentarium III, (zu c. 2320) S. 505; Mörsdorf, Kirchenrecht III, S. 431/432. Eichmann, Strafrecht, S. 134, erwähnt zwar nur Hostien; dies dürfte jedoch damit zusammenhängen, dass hauptsächlich dieser Fall praxisrelevant war.

292 Mörsdorf, Kirchenrecht III, S. 432; noch weitergehender Conte a Coronata, Institutiones IV, Nr. 1882 (S. 312): Jeder Zweck, der nicht erwiesenermaßen gut ist.

chende Bestimmtheit dieses Merkmals spricht, dass die geschützten Objekte klar bestimmt waren und ersichtlich nur eine Verwendung außerhalb der Eucharistiefeier sowie der Sakramentenspendung erfasst werden sollte. Daher verstieß die Vorschrift nicht gegen den Grundsatz „nullum crimen sine lege *certa*".

In c. 2321 CIC/1917 wurden Verstöße gegen das Verbot des mehrmaligen Lesens der Heiligen Messe am gleichen Tage (c. 806 § 1 CIC/1917) sowie gegen das Gebot der eucharistischen Nüchternheit für Priester (c. 808 CIC/1917) mit Strafe bedroht. Auch diese Bestimmung ließ erkennen, welches Verhalten strafbar war.

C. 2322, 1^0 CIC/1917 enthielt eine Strafandrohung für zwei Fälle der Anmaßung des priesterlichen Dienstes durch einen Nicht-Priester, nämlich die Feier der Heiligen Messe und die Abnahme der sakramentalen Beichte. Insoweit war diese Vorschrift hinreichend bestimmt gefasst. In c. 2322, 2^0 CIC/1917 wurde jede andere Anmaßung des priesterlichen Dienstes unter Strafe gestellt. Hierzu gehörte die Spendung von Sakramenten[293] sowie die Spendung der meisten Sakramentalien, vgl. dazu c. 1147 § 4 CIC/1917. Auch diese weite Fassung war unproblematisch, da sich die priesterlichen Aufgaben den gesetzlichen Bestimmungen entnehmen ließen[294].

In c. 2323 CIC/1917 wurden zwei Delikte mit Strafe bedroht: Die Gotteslästerung (Blasphemie) und der außergerichtliche Meineid.

- Der CIC/1917 definierte den Begriff der Gotteslästerung nicht, sondern setzte ihn als bekannt voraus[295]. Eine so schlagwortartige Beschreibung genügt selbst im (hier aber nur als Indiz für die ausreichende Bestimmtheit heranzuziehenden) weltlichen Recht den Anforderungen, wenn der Begriff durch eine langjährige, im Wesentlichen einhellige Praxis geklärt ist[296]. Da dies der Fall war[297], war die Vorschrift hinreichend bestimmt.
- Bestraft werden konnte nach der zweiten Tatmodalität nicht nur der zum Zeitpunkt des Eides bestehende (geheime) Vorbehalt, das durch Eid bekräftigte Versprechen nicht einzuhalten und die falsche, unter Eid gegebene Bestätigung, dass eine Aussage der Wahrheit entspricht, sondern auch jede Verletzung der bei der Übernahme des Amtes geschworenen Treue[298]. Inso-

293 Mit Ausnahme der Nottaufe: c. 759 § 1 CIC/1917.

294 Vgl. auch im deutschen Strafrecht § 132 StGB.

295 Verstanden wurde hierunter jede Geringschätzung oder Beschimpfung Gottes. Vgl. näher Conte a Coronata, Institutiones IV, Nr. 1892 (S. 319 f.); Jone, Gesetzbuch III, (zu c. 2323) S. 577; Molien, in: Naz, Dictionnaire II, „Blasphème et blasphémateurs", Sp. 902 ff. (903).

296 Vgl. BVerfGE 93, 266 ff. (292).

297 Vgl hierzu Hinschius V, S. 699 ff.; Molien, in: Naz, Dictionnaire II, „Blasphème et blasphémateurs", Sp. 902 ff. (902 f.); Oblet, in: Vacant/Mangenot/Amann II/1, „Blasphème", Sp. 907 ff. (907 ff.).

298 Vgl. Chelodi/Ciprotti, S. 84 (Nr. 64); Rees, Strafgewalt, S. 238 und die bei Eichmann, Strafrecht, S. 137, genannten Fälle.

weit erinnert die Vorschrift an c. 2222 § 1 CIC/1917, da jeder Verstoß gegen die Treue strafbar sein konnte. Dennoch war sie nicht zu unbestimmt i. S. des c. 15 CIC/1917, da in diesen Fällen regelmäßig auch ein seit den frühen Anfängen des kirchlichen Strafrechts als strafbar angesehener Verstoß gegen die Gehorsamspflicht vorlag.

Verletzungen von Vorschriften, die die Verwendung von Messstipendien betrafen, wurden in c. 2324 CIC/1917 mit Strafe bedroht. Es handelte sich dabei um Verstöße gegen das Verbot des Handels mit Messstipendien (c. 827 CIC/1917), gegen die mit ihnen verbundenen Pflichten (c. 828 CIC/1917) sowie gegen das Verbot, bei ihrer Weitergabe Abzüge vorzunehmen (c. 840 § 1 CIC/1917). Da diese Vorschriften abschließend aufgezählt wurden, entsprach c. 2324 CIC/1917 dem Bestimmtheitsgebot.

Auch für die in c. 2325 CIC/1917 behandelten Delikte Aberglaube[299] („superstitio") und Sakrileg („sacrilegium") konnte auf eine bestehende Praxis[300] zurückgegriffen werden. Unter Aberglaube wurde verstanden, dass entweder Gott in verkehrter Weise geehrt oder einem Geschöpf göttliche Ehren erwiesen wurden[301]. Ein Sakrileg war jede unwürdige Behandlung von Gott geweihten Personen oder Sachen bzw. jede Verletzung derselben, unter Umständen auch ein Verhalten dieser Personen selbst. In Betracht kamen z. B. ein Angriff auf eine solche Person, ein keuschheitswidriges Verhalten eines Klerikers oder Ordensangehörigen, der Missbrauch von Sakramenten sowie der Gebrauch eines Heiligen Ortes zu weltlichen Zwecken oder zur Begehung schwerer Delikte[302]. Bei der Frage, wann ein Verhalten von oder gegenüber einer derartigen Person oder an einem Heiligen Ort nicht mehr bloß „ungehörig", sondern ein „Sakrileg" war, bestand für das Strafverfolgungsorgan ein gewisser Beurteilungsspielraum. Andererseits waren die geschützten Personen und Objekte eingegrenzt, so dass die Vorschrift noch hinreichend bestimmt war.

---

299 Vgl. zur historischen Entwicklung der Strafbarkeit Naz, in: Naz, Dictionnaire VII, „Superstition", Sp. 1114 ff. (1115).

300 Vgl. zum Aberglauben: Hinschius V, S. 694 ff.; Naz, in Naz, Dictionnaire VII, „Superstition", Sp. 1114 ff. (1115); Séjourné, in: Vacant/Mangenot/Amann IV/2, „Superstition", Sp. 2763 ff. (2765 ff.) und für das Sakrileg: Ludwig, AfkKR 69 (1893), 169 ff. (insbes. 213 ff.); Permaneder, in: Dictionnaire Encyclopédique XXI, „Sacrilége", S. 122 f. (122 f.); André VI, „Sacrilége" *(Schreibweise jeweils im Original)*, S. 87 f. (87). Der Begriff des Sakrilegs wurde aus den Schriften Thomas von Aquins abgeleitet, vgl. näher Ghesquières, in: Catholicisme XIII, „Sacrilège", Sp. 425 f. (425 f.).

301 Vgl. näher Jone, Gesetzbuch III, (zu c. 2325) S. 578; Naz, in: Naz, Dictionnaire VII, „Superstition", Sp. 1114 ff. (1115 f.). Verstanden wurde hierunter der „falsche Kult", Weissagung, Zauberei, Magie und „vaine observance" (Spiritismus usw.), vgl. Naz a. a. O. Sp. 1115 f.; Conte a Coronata, Institutiones IV, Nr. 1901 (S. 325 f.).

302 Vgl. dazu: Conte a Coronata, Institutiones IV, Nr. 1903 (S. 327 f.); Eichmann, Strafrecht, S. 141 f.; Girerd, in: Bricout VI, „Sacrilège", Sp. 128 f. (128 f.); Jone, Gesetzbuch III, (zu c. 2325) S. 578; Naz, in: Naz, Dictionnaire VII, „Sacrilège", Sp. 830 ff.; Mörsdorf, Kirchenrecht III, S. 435.

Die Regelung in c. 2326 CIC/1917 umschrieb das strafbare Verhalten (Anfertigen, wissentliches Verkaufen, Austeilen oder Aussetzen zur öffentlichen Verehrung einer falschen Reliquie) ausreichend.

Auch die Strafbarkeit des Handels mit Ablässen in c. 2327 CIC/1917[303] war hinreichend normenklar beschrieben.

Dies galt auch für c. 2328 CIC/1917, in dem die Schändung von Leichen und Gräbern unter Strafe gestellt wurde. Soweit dort auf die Absicht des Diebstahls abgestellt wurde, ist dies ohne weiteres klar. Aber auch die Strafandrohung für den Fall, dass der Täter in einer „anderen schlechten Absicht" gehandelt hatte, war angesichts des klar umschriebenen Schutzzweckes hinreichend deutlich gefasst[304]. Diese Vorschrift wurde ergänzt durch die Regelung zum Schutz von Kirchen und Friedhöfen, wenn diese durch ein in c. 1172 bzw. cc. 1207, 1172 CIC/1917 beschriebenes Verhalten entweiht wurden (c. 2329 CIC/1917). C. 1172 CIC/1917 war normenklar, soweit dort auf die Begehung eines Mordes, eines schweren Blutvergießens sowie auf die Beerdigung eines Ungläubigen oder eines Exkommunizierten, dessen Strafe verhängt oder festgestellt war, abgestellt wurde. Aber auch soweit c. 1172 CIC/1917 die Verwendung der Kirche oder des Friedhofes für einen gottlosen oder verwerflichen Zweck behandelte, war er aus dem soeben genannten Grund ausreichend bestimmt, so dass auch c. 2329 CIC/1917 dem Bestimmtheitsgebot genügte.

cc) Delikte bei der Papstwahl, gegen die Hoheit der Kirche sowie gegen kirchliche Personen und Sachen (cc. 2330-2349 CIC/1917)

C. 2330 CIC/1917 war keine Strafvorschrift, sondern verwies insoweit auf die Konstitution über die Papstwahl und bleibt hier außer Betracht[305].

---

303 Zu Ablässen s. cc. 911 ff. CIC/1917.

304 Auch das deutsche Strafrecht legt in §§ 167, 168 StGB ähnliche Kriterien an.

305 In c. 2330 CIC/1917 wurde auf die Konstitution Papst Pius X. (1903-1914) „Vacante Sede Apostolica" vom 25. Dezember 1904, Dokument Nr. 1 in Gasparri, Codex, S. 661 ff., verwiesen. Strafbar war die Nicht-Teilnahme an der Papstwahl nach der dritten Aufforderung (Nr. 37), die Verletzung des Konklaves (Nr. 48), das Einschleichen in das Konklave (Nr. 49), die Übersendung von Schriftstücken in das oder aus dem Konklave ohne vorherige Kontrolle durch die hierzu bestimmten Personen (Nr. 50), ein Verstoß gegen die Geheimhaltungspflicht (Nr. 51 und 52), die Verletzung der eidlich bekräftigten Pflicht über Wissen, das im Rahmen einer durch Krankheit erforderlichen Unterstützung eines Kardinals bei der Wahlhandlung bekannt geworden ist, Stillschweigen zu bewahren (Nr. 69), Simonie (Nr. 79), das Führen von Verhandlungen über die Papstwahl oder Zusagen bzgl. der Wahl vor dem Tod des Papstes (Nr. 80), die Übermittlung eines staatlichen „Vetos" gegen einen Kandidaten für das Papstamt durch einen Kardinal sowie allen, die an dem Konklave in irgendeiner Weise teilnehmen (Nr. 81), allgemein das Eingehen von Verpflichtungen oder Vereinbarungen bzgl. der Ausübung des Stimmrechts (Nr. 82) und die Ablehnung von Verfügungen, die der Papst nach seiner rechtsgültigen Wahl, aber vor seiner Krönung erlassen hat (Nr. 88). Zu diesen Strafvorschriften wird auf Eichmann, Kirchenrecht, S. 688 ff., verwiesen.

In c. 2331 § 1 CIC/1917 wurde der hartnäckige Ungehorsam gegen ein rechtmäßiges Gebot oder Verbot des Papstes oder des eigenen Ordinarius des Täters unter Strafe gestellt und in c. 2331 § 2 CIC/1917 die Verbündung zum Ungehorsam gegen den Papst, einen Legaten desselben oder den eigenen Ordinarius des Täters. Diese Vorschrift knüpfte an die bereits vor Inkrafttreten des CIC/1917 bestehende Praxis an, dass jeder Ungehorsam strafrechtliche Folgen haben konnte. Sie ließ damit das strafbare Verhalten hinreichend deutlich erkennen.

C. 2332 CIC/1917 drohte für die Appellation an ein allgemeines Konzil gegen ein Gesetz, ein Dekret oder einen Befehl des Papstes die latae sententiae eintretende Exkommunikation an. Er beschrieb damit das strafbare Verhalten ebenso eindeutig wie c. 2333 CIC/1917, der die Verhinderung der Durchführung von Anordnungen des Apostolischen Stuhls oder eines seiner Legaten durch Einschaltung der weltlichen Gewalt bzw. die Behinderung der Verkündung oder Ausführung dieser Schreiben oder Erlasse mit Strafe bedrohte.

Eine sehr weitgehende Strafvorschrift enthielt c. 2334 CIC/1917. Strafbar war gemäß c. 2334, 1⁰ CIC/1917 der Erlass von Gesetzen oder Anordnungen gegen die Freiheit und die Rechte der Kirche. Die Vorschrift enthielt keine Einschränkung, z. B. auf die für die Glaubensverkündigung wesentlichen Funktionen. Vielmehr konnte neben einer Beschränkung des freien Verkehrs der Bischöfe mit dem Apostolischen Stuhl oder den Gläubigen hierunter auch jede Einschränkung der Verkündigung des Wort Gottes und der Sakramentenverwaltung, aber auch des kirchlichen Schulwesens sowie des Vermögenserwerbs gefasst werden[306]. Gemäß c. 2334, 2⁰ CIC/1917 war es strafbar, eine weltliche Macht anzurufen, um die Jurisdiktionsgewalt der Kirche zu behindern. Auch hier konnte jede Verwaltungstätigkeit, selbst privatwirtschaftliches Handeln,

---

Am 8. Dezember 1945 regelte Papst Pius XII. in der Konstitution „Vacantis Apostolicae Sedis" (AAS 38 [1946], 65 ff.) die Materie im gleichen Sinne. Die erwähnten Strafvorschriften ergaben sich fortan – weitgehend wortgleich – aus Nr. 41 (bisher Nr. 37), Nr. 58 (bisher Nr. 48), Nr. 59 (bisher Nr. 49), Nr. 60 (bisher Nr. 50), Nr. 61, 62 (bisher Nr. 51, 52), Nr. 80 (bisher Nr. 69), Nr. 92 (bisher Nr. 79), Nr. 93 (bisher Nr. 80), Nr. 94 (bisher Nr. 81), Nr. 95 (bisher Nr. 82) und Nr. 101 (bisher Nr. 88). Zu diesen Bestimmungen vgl. die Ausführungen von Conte a Coronata, Institutiones IV, Nr. 1920 ff. (S. 338 ff.).
Diese Regelung wurde durch die Konstitution „Summi Pontificis Electio" vom 5. September 1962 (AAS 54 [1962], 632 ff.) von Papst Johannes XXIII. (1958-1963) in einigen Punkten überarbeitet. Im Wesentlichen wurden Nr. 60, 61 und 62 verstärkt bzw. konkretisiert; die Strafandrohung der Nr. 93 entfiel, vgl. XII-XIV und XVII dieser Konstitution.
Die letzte in diesem Zusammenhang interessierende Konstitution („Romano Pontifici Eligendo") über die Papstwahl erließ Papst Paul VI. (1963-1978) am 1. Oktober 1975 (AAS 67 [1975], 609 ff.). Die Straftatbestände wurden zwar verringert, entsprachen aber im Übrigen den bisherigen Regelungen zur Verletzung der Klausur des Konklave (Nr. 55, 56), der Geheimhaltungspflicht (Nr. 58, 59), der Simonie (Nr. 79), des Vetos (Nr. 81) und des Eingehens von Verpflichtungen (Nr. 82). Zu diesen Strafvorschriften wird auf die Darstellung von Mörsdorf, Kirchenrecht III, S. 437 f., verwiesen.

306 Vgl. Conte a Coronata, Institutiones IV, Nr. 1943 (S. 364); Mörsdorf, Kirchenrecht III, S. 440; Regatillo II, Nr. 989 (S. 588 f.).

erfasst sein[307], so dass c. 2334 CIC/1917 insgesamt generalklauselartig formuliert war.

Normenklar war dagegen c. 2335, 1. Alt. CIC/1917, der die Zugehörigkeit zu den Freimaurern unter Strafe stellte. Zwar weitgehend, aber noch hinreichend bestimmt, war c. 2335, 2. Alt. CIC/1917. Dieser stellte die Betätigung für „ähnliche Vereinigungen", die wie die Freimaurer gegen die kirchliche oder die staatliche rechtmäßige Gewalt agitieren, unter Strafe[308].

C. 2336 CIC/1917 enthielt für Kleriker, die sich gemäß cc. 2334, 2335 CIC/1917 strafbar machten, eine besondere Strafandrohung.

Die Aufwiegelung des Volkes durch den Pfarrer mit dem Ziel, die Ausübung der kirchlichen Jurisdiktionsgewalt zu behindern – z. B. gegen seine Absetzung durch den Diözesanbischof[309] – wurde in c. 2337 § 1 CIC/1917 und die Aufreizung des Volkes durch einen Priester gegen die Amtsübernahme des rechtmäßigen Pfarrers oder Pfarrverwesers in c. 2337 § 2 CIC/1917 mit Strafe bedroht. Beide Bestimmungen waren wegen des Merkmals „turbas ciere" weit gefasst. Andererseits waren das Schutzobjekt und der Kreis der verbotenen Verhaltensweisen eingegrenzt, so dass sie hinreichend bestimmt waren und dem Grundsatz „nullum crimen sine lege *certa*" genügten.

Auch c. 2338 CIC/1917 enthielt mehrere Delikte:

- § 1 betraf den Fall des Erlasses einer dem Apostolischen Stuhl „in besonderer" oder in „ganz besonderer" Weise zur Lossprechung vorbehaltenen[310] Exkommunikation durch einen hierzu nicht Bevollmächtigten. Diese Vorschrift war hinreichend bestimmt gefasst.
- § 2 drohte für jede Hilfe oder Begünstigung für einen vitandus[311] bei der Tat, für die er mit der Exkommunikation belegt worden war, Strafe an und ebenso Klerikern, die einen vitandus zu einer gottesdienstlichen Handlung zuließen bzw. an einem von diesem (mit)gefeierten Gottesdienst teilnahmen.

---

307 Vgl. Chelodi/Ciprotti, S. 93 (Nr. 70); Conte a Coronata, Institutiones IV, Nr. 1945 (S. 367 f.).

308 Vgl. dazu Jone, Gesetzbuch III, (zu c. 2335) S. 585 f.; für einen Verzicht auf eine allgemeine Regelung und eine Anwendung des c. 2222 CIC/1917 in schwerwiegenden Fällen: Nessel, Jurist 27 (1967), 310 ff. (322).

309 Mörsdorf, Kirchenrecht III, S. 442.

310 Vgl. dazu Rees, Strafgewalt, S. 200 ff. sowie Conte a Coronata, Institutiones IV, S. 649 ff., der eine Übersicht über die Vorbehalte gibt.

311 Vitandus war gemäß c. 2258 § 2 CIC/1917, wer vom Apostolischen Stuhl namentlich (also nicht nur als Teil einer Gruppe) exkommuniziert und in der veröffentlichten Entscheidung ausdrücklich so bezeichnet worden war. Beispiele für die Anwendung der Bestimmung nennt Michiels, De delictis III, S. 207. Kraft Gesetzes vitandus war, wer einen tätlichen Angriff auf den Papst begangen hatte (c. 2343 § 1, 1^0 CIC/1917).

Die allgemein gehaltene Formulierung „jede Hilfe oder Begünstigung“[312] war zwar sehr weitgehend, ließ aber die Grenzen der Strafbarkeit erkennen.

- § 3 behandelte den Fall, dass jemand einen Gottesdienst an einem mit dem Lokalinterdikt belegten Ort abhielt bzw. dort eine derartige gottesdienstliche Verrichtung zuließ. Diese Regelung war konkret gefasst. Dies gilt auch für die Strafandrohung gegen denjenigen, der einen Priester, dessen Exkommunikation, Interdikt oder Suspension verhängt oder festgestellt war, zu einer gottesdienstlichen Verrichtung zuließ.
- Gemäß § 4 traf eine Strafe denjenigen, der den Anlass für das Lokalinterdikt oder das Interdikt über eine Gemeinschaft gegeben hatte.

C. 2339 CIC/1917 stellte die Anordnung oder Erzwingung des kirchlichen Begräbnisses entgegen c. 1240 § 1 CIC/1917, also für einen Ungläubigen, Apostaten, Häretiker oder Schismatiker bzw. für einen Exkommunizierten oder Indizierten, dessen Strafe festgestellt oder verhängt war, unter Strafe. Die Vorschrift war hinsichtlich der Modalität der „Anordnung“ normenklar. Hinsichtlich der „Erzwingung“ war hinreichend erkennbar, dass der Zwang durch Gewalt oder eine Drohung mit einem Übel erfolgen musste. Strafbar war ferner die freiwillige Durchführung eines derartigen Begräbnisses. Das strafbare Verhalten war daher aus c. 2339 CIC/1917 erkennbar.

C. 2340 § 1 CIC/1917 war ein gesetzlicher Fall des Häresieverdachts. Er knüpfte an das hartnäckige Verharren[313] in der Exkommunikation für ein Jahr an und beschrieb das Verhalten damit hinreichend genau.

Ebenfalls bestimmt war c. 2341 CIC/1917 gefasst, der eine Missachtung des privilegium fori eines der dort genannten kirchlichen Amts- bzw. Würdenträgers mit der latae sententiae eintretenden Exkommunikation bedrohte[314].

Sehr eingehend und normenklar wurden in c. 2342 CIC/1917 die strafbaren Verletzungen der päpstlichen klösterlichen Klausur beschrieben. Gemäß c. 2342, 1° CIC/1917 war jede Verletzung der Klausur eines Nonnenklosters, in c. 2342, 2° CIC/1917 die Verletzung der Klausur eines (Männer) Klosters von Regularen – Mitgliedern von Orden – durch eine Frau und in c. 2342, 3°

---

312 Vgl. näher Eichmann, Strafrecht, S. 157; Jone, Gesetzbuch III, (zu c. 2338 § 2) S. 587.

313 Hierunter war das Verstreichenlassen der Frist zu verstehen, ohne dass sich der Betroffene darum bemühte, von der Exkommunikation losgesprochen zu werden, vgl. Conte a Coronata, Institutiones IV, Nr. 1970 (S. 398); Mörsdorf, Kirchenrecht III, S. 444. Kleriker, die sechs Monate in der Suspension verharrten und trotz einer Mahnung einen weiteren Monat hieran festhielten, verloren ihre Benefizien und Ämter (c. 2340 § 2 CIC/1917).

314 Auslegungsbedürftig (aber bestimmbar) war allenfalls der Begriff „Officialibus maioribus Romanae Curiae“, vgl. dazu Jone, Commentarium III, (zu c. 2341) S. 520; Jombart, in: Naz, Traité IV, Nr. 1201 (S. 734). Erforderlich war dabei nicht, dass der geschützte Personenkreis tatsächlich vor den Richter gezogen wurde, sondern es reichte bereits ein darauf gerichtetes Verhalten, z. B. die Klage, aus, vgl. Cance, Décisions, S. 152. Nicht erfasst war das Benennen einer geschützten Person als Zeuge, vgl. Bareille, Nr. 614 (S. 624).

CIC/1917 das Verlassen eines Nonnenklosters entgegen c. 601 CIC/1917 unter Strafe gestellt. Die Strafbarkeit traf jeweils sowohl die Person, die die Klausur verletzt, als auch die, die die unberechtigte Person eingeführt oder zugelassen hatte. Am 15. März 1969 erließ die Religiosenkongregation eine Instruktion, in der die Strafregelungen in c. 2342, 1⁰ und 3⁰ CIC/1917 aufgehoben wurden[315]. Am 4. Juni 1970 erging eine Erklärung derselben Kongregation[316], durch die die Möglichkeit geschaffen wurde, in Männerklöstern, ausgenommen in Klöstern von Mönchen, eine weniger strenge Klausur zu errichten, deren Verletzung nicht strafrechtlich geschützt war[317].

C. 2343 CIC/1917 betraf den tätlichen Angriff auf Kleriker. Hierunter waren Körperverletzungen, Beschädigungen der Kleider, Anspucken usw. zu verstehen[318]. Bei dem Strafmaß wurden Angriffe gegen den Papst, einen Kardinal, einen päpstlichen Gesandten, einen Bischof sowie einen Kleriker bzw. Religiosen unterschieden. Die Umschreibung war konkret gefasst. Dies gilt auch für c. 2344 CIC/1917, in dem Beleidigungen der dort genannten Personen mit Strafe bedroht wurden.

Die cc. 2345 bis 2347 CIC/1917 drohten in allgemeiner Form für Aneignung, Zurückbehalten, Nutzung und Veräußerung kirchlicher Güter Strafe an. Vergleichbar gefasste Vorschriften gibt es auch im weltlichen Recht[319], das eher strengere Anforderungen an die Bestimmtheit stellt als das kanonische Recht. Daher sind auch cc. 2345 bis 2347 CIC/1917 hinreichend konkret.

C. 2348 CIC/1917 schützte die Erfüllung der mit einer Schenkung oder einem Vermächtnis verbundenen Verpflichtung, Werte einem frommen Zweck zuzuführen. Da sich die Vorschrift auf bestimmte Verpflichtungen mit bestimmbarem Umfang bezog, war sie hinreichend klar gefasst.

C. 2349 CIC/1917 betraf die Weigerung, geschuldete Gebühren zu bezahlen. Aufgezählt wurden abschließend die Stolgebühren gemäß c. 463 CIC/1917 sowie die in c. 1507 CIC/1917 genannten Gebühren für Akte der iurisdictio voluntaria, für die Ausführung von Reskripten des Apostolischen Stuhles sowie für die Spendung von Sakramenten oder Sakramentalien. Da die Höhe der Gebühren durch das zuständige Organ festgelegt sein musste, war auch der Umfang der Verpflichtung hinreichend bestimmt, so dass c. 2349 CIC/1917 dem Bestimmtheitsgebot genügte.

---

315 AAS 61 (1969), 674 ff. (690 unter Ziffer 16).

316 AAS 62 (1970), 548/549.

317 Vgl. zu dieser Strafvorschrift näher Rees, Strafgewalt, S. 250/251.

318 Vgl. Jone, Gesetzbuch III, (zu c. 2343 § 1) S. 594/595.

319 Z. B. § 246 StGB.

dd) Delikte gegen das Leben, die Freiheit, das Eigentum, die Ehre und die guten Sitten (cc. 2350-2363 CIC/1917)

Die Strafvorschrift zur Abtreibung in c. 2350 § 1 CIC/1917 knüpfte an einen allgemein bekannten Begriff an[320] und genügte damit ebenso dem Bestimmtheitsgebot wie die Regelungen zur Strafbarkeit der Selbsttötung[321] bzw. deren Versuch in c. 2350 § 2 CIC/1917.

Auch die Regelungen zur Teilnahme an einem Duell in c. 2351 CIC/1917 waren hinreichend bestimmt. In c. 2351 CIC/1917 wurden Teilnehmer, Unterstützer[322], Zuschauer oder Personen, die das Duell nicht verhinderten, obwohl ihnen dies möglich gewesen wäre, genannt.

C. 2352 CIC/1917 drohte demjenigen, der einen anderen auf irgendeine Weise („quoquo modo“) zum Eintritt in den geistlichen oder klösterlichen Stand zwingt, die Exkommunikation an. Dabei konnte es sich um physischen oder moralischen Zwang[323] handeln. Die Vorschrift ließ die strafbare Handlung und das geschützte Rechtsgut erkennen, so dass sie hinreichend bestimmt gefasst war.

In c. 2353 CIC/1917 wurde der „Frauenraub“ unter Strafe gestellt. Ziel der Handlung musste sein, die Frau zu heiraten oder mit ihr „Unzucht“ („libido“) zu begehen. Eine besondere Regelung galt für minderjährige Opfer. Die Vorschrift enthielt klare Umschreibungen und genügte insgesamt dem Bestimmtheitsgebot.

Gemäß c. 2354 § 1 CIC/1917 war ein Laie, der wegen eines der aufgeführten Delikte[324] von einem weltlichen oder einem kirchlichen Richter[325] verurteilt worden war, von der Ausübung kirchlicher Ehrendienste ausgeschlossen. In c. 2354 § 2 CIC/1917 waren für Kleriker besondere Spruchstrafen vorgesehen. Bei derartigen Blankettgesetzen, die auf ein anderes Gesetz verweisen, kann die Frage, ob der Tatbestand hinreichend bestimmt ist, nur unter Berücksichtigung

---

320 Gemeint war die „eiectio immaturi foetus“, also die Austreibung der noch nicht außerhalb des Mutterleibes selbstständig lebensfähigen Leibesfrucht. Dabei wurde an die Konstitution „Effraenatam“ vom 29. Oktober 1588 – Fontes I, N. 165, S. 308 ff. (309) – Papst Sixtus V. (1585-1590) angeknüpft. Diese Konstitution wird in der annotierten Fassung als Quelle für c. 2350 CIC/1917 angegeben, vgl. Ochoa VII, Nr. 5165 Sp. 9263 ff. (9741). Zweifelhaft war daher, ob auch die Tötung des ungeborenen Kindes im Mutterleib hiervon erfasst war, vgl. Demel, Abtreibung, S. 234 ff.

321 Gemäß c. 1240 § 1, 3^0 CIC/1917 Entzug des kirchlichen Begräbnisses als Strafe.

322 Z. B. Sekundanten.

323 Jone, Gesetzbuch III, (zu c. 2352) S. 607.

324 Mord, Entführung von Kindern vor Eintritt des Reifealters, Verkauf eines Menschen in die Sklaverei oder zu einem anderen schlechten Zweck, Wucher, Raub, qualifizierter Diebstahl, einfacher Diebstahl einer bedeutenden Sache, Brandstiftung, böswillige und bedeutende Sachbeschädigung sowie schwere Verstümmelung, Körperverletzung oder Gewalttätigkeit.

325 Vgl. Jone, Gesetzbuch III, (zu c. 2354 § 1) S. 608; Jombart, in: Naz, Traité IV, Nr. 1233 (S. 758).

dieses Gesetzes beurteilt werden, das das strafbare Verhalten näher beschreibt[326].

In c. 2355 CIC/1917 wurde die Beleidigung sowie die Verletzung des guten Rufes eines anderen mit Strafe bedroht. Diese Bestimmung war hinreichend klar gefasst[327].

In c. 2356 CIC/1917 wurde die – im Gesetz definierte – Doppelehe mit Strafe bedroht. Da sich aus dieser Vorschrift der Umfang des strafbaren Verhaltens ergab, genügte sie dem Bestimmtheitsgebot.

C. 2357 CIC/1917 enthielt mehrere Tatbestände:

- Gemäß c. 2357 § 1 CIC/1917 zog sich ein Laie die infamia iuris zu und konnte mit weiteren Strafen belegt werden, wenn er – von einem staatlichen Gericht – wegen eines Sittlichkeitsvergehens mit einem Minderjährigen unter 16 Jahren, Notzucht, Sodomie[328], Blutschande oder Kuppelei verurteilt worden war. Welche Verhaltensweisen hierunter fielen, richtete sich nach dem staatlichen Recht; für die Frage der Bestimmtheit war der Wortlaut dieser Gesetze entscheidend.
- Gemäß c. 2357 § 2 CIC/1917 wurde der öffentliche Ehebruch und das öffentliche Konkubinat mit dem Ausschluss von kirchlichen Ehrendiensten bestraft. Diese Umschreibung ließ das strafbare Verhalten hinreichend deutlich erkennen. Die Strafe traf aber auch denjenigen, der „wegen eines anderen Verstoßes gegen das Sechste Gebot“ von einem (staatlichen) Gericht verurteilt worden war. Zwar verbietet das Sechste Gebot ausdrücklich nur den Ehebruch. Aus der Formulierung „*(...) vel ob alia delicta contra sextum decalogi (...)*“ ergab sich jedoch, dass auch andere Verhaltensweisen erfasst sein sollten, als der bereits ausdrücklich erwähnte Ehebruch[329]. Ferner kann der Begriff „delictum contra sextum decalogi“ nicht losgelöst von den moraltheologischen Auslegungen dieses Gebots interpretiert werden, sondern nur unter Würdigung des bisherigen, soweit nicht durch den CIC/1917 geänderten Rechts[330]. Erfasst sein sollte alles, was der menschenwürdigen Fortpflanzung des Menschengeschlechts entgegengesetzt ist, also jede äußere

326 Vgl. MüKo-Schmitz, § 1 Rn. 49; zu Blankettgesetzen siehe auch: Hill, in: Isensee/ Kirchhof, HbdStR, § 156 Rn. 65; LK-Gribbohm, § 1 Rn. 35.

327 Vgl. für das weltliche Recht zu einer ähnlich gefassten Vorschrift: BVerfGE 93, 266 ff. (292).

328 Vgl. dazu Naz, in: Naz, Dictionnaire VII, „Sodomie“, Sp. 1064 f. (1064); der Begriff bezeichnet die „widernatürliche Unzucht“, gemeint ist die Homosexualität.

329 Erfasst waren damit neben sexuellen Handlungen auch z. B. die Herstellung und die Verbreitung pornographischer Schriften, exhibitionistische Handlungen und Beleidigungen mit sexuellem Hintergrund, soweit diese Taten nach staatlichem Recht strafbar waren.

330 Vgl. c. 6, 2°- 4° CIC/1917; so auch für den CIC/1983 unter Berufung auf dessen c. 6 § 2, Rees, AfkKR 172 (2003), 392 ff. (402).

Sünde gegen die Keuschheit[331]. Unter Unkeuschheit wurde das ungeordnete Begehren oder der ungeordnete Genuss der geschlechtlichen Lust verstanden. Eine Unordnung lag vor, wenn die Befriedigung der geschlechtlichen Lust außerhalb der Ehe gesucht wurde. Ebenfalls eine Sünde gegen das Sechste Gebot war die Unschamhaftigkeit, die freiwillige Beschäftigung mit Dingen, die leicht geschlechtliche Lust erregen können[332]. In diesen Grundzügen war der Inhalt des Sechsten Gebots für jede in christlicher Moral unterrichtete Person erkennbar, nicht zuletzt durch die Unterweisung der Gläubigen im Rahmen der Katechese sowie der Predigt (cc. 1332, 1347 CIC/1917). Strafbar war allerdings nicht jedes in diesem Sinne sündhafte, sondern nur ein äußeres, also ein wahrnehmbares Verhalten. Damit war für den Gesetzesunterworfenen das strafbare Verhalten erkennbar, so dass die Vorschrift hinreichend bestimmt war. Da es zu diesen Definitionen eingehende und grundsätzlich anerkannte Auslegungen gab[333], hatte das Strafverfolgungsorgan auch kaum einen Entscheidungsspielraum, welche Verhaltensweisen als Verstoß gegen das Sechste Gebot anzusehen waren.

Kleriker mit niederen Weihen (c. 949 CIC/1917) konnten gemäß c. 2358 CIC/1917 für jedes gegen das Sechste Gebot verstoßendes äußeres Verhalten bestraft werden. Hierunter wurde z. B. eine „schwer sündhafte Berührung" von Personen, aber auch das Abfassen „unzüchtiger" Schriften[334] verstanden. Hintergrund war die für Kleriker bestehende Pflicht zur „vollendeten geschlechtlichen Enthaltsamkeit, sowohl im äußeren Tun wie im inneren Denken und Wollen"[335]. Der Inhalt der Pflicht war den hiervon betroffenen Klerikern bekannt, so dass für sie das von dieser Strafvorschrift erfasste Verhalten erkennbar war.

Die Strafbarkeit des Konkubinats war für Kleriker in Heiligen (= Höheren) Weihen (c. 949 CIC/1917) in c. 2359 § 1 CIC/1917 hinreichend genau umschrieben. Die Straffolgen konnten nach und nach verschärft werden und bis zur suspensio a divinis oder dem Verlust des Einkommens reichen.
C. 2359 § 2 CIC/1917 enthielt mehrere Tatmodalitäten. Strafbar war nach der 1. Var. eine Versündigung gegen das Sechste Gebot mit einem Minderjährigen unter 16 Jahren. Diese Regelung genügte aus den soeben genannten Gründen ebenso dem Bestimmtheitsgebot wie die Umschreibungen der anderen Tatmo-

---

331 Jone, Moraltheologie, Nr. 222 (S. 180); ähnlich: Durand, S. 409; Häring, Gesetz III, S. 296.

332 Jone, Moraltheologie, Nr. 222 (S. 181). Gefordert wurde eine vollständige sexuelle Enthaltsamkeit außerhalb der Ehe, vgl. Honoré, NRT 59 (1932), 524 ff. (525 f.); Jombart, in: Naz, Dictionnaire III, „Chasteté", Sp. 665 ff. (674), also über die Fälle des Ehebruchs im engeren Sinne hinaus.

333 Vgl. Häring, Gesetz III, S. 305 ff.; Jone, Moraltheologie, Nr. 224 ff. (S. 182 ff.).

334 Jone, Gesetzbuch III, (zu c. 2358) S. 610.

335 Mörsdorf, Kirchenrecht I, S. 263.

dalitäten[336], da sich der Kreis der hiervon erfassten Tathandlungen entweder aus dem Begriff selbst eindeutig ergab oder auf bei Inkrafttreten des CIC/1917 anerkannte Definitionen zurückgegriffen werden konnte. Die möglichen Folgen des Verstoßes gegen c. 2359 § 2 CIC/1917 reichten von der Infamie über den Amtsverlust bis ggf. zur Deposition.
Mit einer gerechten Strafe konnte gemäß c. 2359 § 3 CIC/1917 jeder (sonstige) Verstoß gegen das Sechste Gebot bestraft werden; auch diese Bestimmung war – wie soeben festgestellt – hinreichend normenklar.

ee) Fälschungsdelikte (cc. 2360-2363 CIC/1917)

C. 2360 CIC/1917 behandelte einen Sonderfall der Urkundenfälschung; er betraf nämlich ausschließlich Urkunden des Apostolischen Stuhles. Strafbar war das Herstellen falscher, das Verfälschen echter sowie das Gebrauchmachen von ge- oder verfälschten Urkunden. Auch diese Vorschrift ließ damit die strafbaren Verhaltensweisen hinreichend erkennen, ohne dem Strafverfolgungsorgan ein Ermessen bei der Auslegung zu belassen.

Gemäß c. 2361 CIC/1917 konnte bestraft werden, wer unrichtige Angaben in einer Eingabe an den Apostolischen Stuhl oder den Ortsordinarius zwecks Erreichung eines Reskriptes machte bzw. dabei die Wahrheit verschwieg. Auch dies genügte den Erfordernissen der Bestimmtheit.

Die Fälschung und Verfälschung anderer kirchlicher Urkunden als die in c. 2360 CIC/1917 genannten wurde in c. 2362 CIC/1917 behandelt. Die Umschreibung des Tatbestandes entsprach inhaltlich der in c. 2360 CIC/1917, so dass gegen diese Vorschrift hinsichtlich der Bestimmtheit keine Bedenken bestanden.

C. 2363 CIC/1917 betraf die falsche Anzeige wegen einer angeblichen Verführung anlässlich der Beichte. Das Merkmal der falschen Anschuldigung war hinreichend bestimmt. Da auch der Gegenstand der falschen Anschuldigung, die in c. 2368 § 1 CIC/1917 strafbewehrte Verführung anlässlich der Beichte, hinreichend bestimmt war[337], genügte auch diese Vorschrift dem Bestimmtheitsgebot.

ff) Delikte bei Spendung und Empfang von Weihen und anderen Sakramenten (cc. 2363-2375 CIC/1917)

Gemäß c. 2364 CIC/1917 sollte die durch göttliches[338] oder kirchliches Recht verbotene Spendung von Sakramenten mit der Suspension von der Sakramen-

---

336 Ehebruch, Notzucht, Bestialität (= Geschlechtsverkehr mit Tieren), homosexuelle Beziehungen, Kuppelei und Blutschande.

337 Vgl. unten ff) (S. 68).

338 Kraft göttlichen Rechts war nach damaligem Verständnis die Spendung von Sakramenten an Nichtkatholiken (ausgenommen die Taufe) verboten. Unzulässig ist auch die Eheschließung bei bestehendem Eheband, vgl. Mörsdorf, Kirchenrecht III, S. 461. Genannt wurde ferner die Spendung von Sakramenten an Häretiker und Schismatiker vor deren Wiederversöhnung mit der Kirche sowie die Weihe von Frauen, vgl. Conte a Coronata, Institutiones IV, Nr. 2073 (S. 496).

tenspendung bestraft werden. Eine Beschreibung der Fälle, in denen die Sakramentenspendung verboten war, musste in der Strafvorschrift selbst nicht erfolgen, da die Voraussetzungen hierfür im göttlichen Recht sowie insbesondere im 1. Teil des III. Buches des CIC/1917 näher bestimmt waren. C. 2364 CIC/1917 genügte daher ebenfalls dem Bestimmtheitsgebot.

Sehr normenklar war c. 2365 CIC/1917 gefasst, der jede Firmspendung durch einen Priester, der hierzu nicht befugt war oder die Grenzen seiner Befugnis überschritt, mit der Suspension bedrohte[339].

Ebenso genau bestimmte c. 2366 CIC/1917 die Strafbarkeit für den Priester, der ohne nach cc. 873 ff. CIC/1917 dazu befugt zu sein, die sakramentale Beichte abnahm oder der die Grenzen seiner Befugnis durch Absolvierung von sog. reservierten, also einem Anderen zur Lossprechung vorbehaltenen, Sünden[340] überschritt.

C. 2367 CIC/1917 betraf den Fall der (auch nur vorgetäuschten) Absolvierung eines Mitschuldigen bei einem Verstoß gegen das Sechste Gebot, hier bezeichnet als „peccatum turpe“[341]. Auch diese Bestimmung war aus den zu cc. 2357 § 2, 2358 CIC/1917 sowie gleich zu c. 2368 § 1 CIC/1917 genannten Gründen hinreichend bestimmt.

In c. 2368 § 1 CIC/1917 wurde – unter Bezug auf c. 904 CIC/1917 – die Verführung eines Poenitenten anlässlich der sakramentalen Beichte unter Strafe gestellt[342]. In c. 904 CIC/1917 wurde die Sollizitation genannt, die in c. 884 CIC/1917 näher definiert wurde. Auch dort wurde das Verhalten schlagwortartig als „peccatum turpe“ bezeichnet. Diese Regelung war aus den zu cc. 2357 § 2, 2358 CIC/1917 genannten Gründen hinreichend bestimmt. Hinzu kommt, dass in c. 884 CIC/1917 auf die Konstitution „Sacramentum Poenitentiae“ Papst Benedikt XIV. (1740-1758) vom 1. Juni 1741 verwiesen wurde. In dieser Konstitution wurde festgelegt, dass die schwere Sünde gegen die Keuschheit auch durch Worte, Zeichen, Winke, Berührungen oder Schreiben erfolgen könne[343]. Da der Inhalt dieser Konstitution durch den Verweis in den CIC/1917 aufgenommen wurde, ließ c. 2368 § 1 CIC/1917 deutlich erkennen, dass jedes Handeln des Beichtvaters mit sexuellem Bezug strafbar sein sollte.

---

339 Zur Firmvollmacht vgl. c. 782 CIC/1917, das Dekret der Sakramentenkongregation vom 14. September 1946 (AAS 38 [1946], 349 ff. [352, unter Ziffer 2.]) sowie das Dekret der Glaubenskongregation vom 18. Dezember 1947 (AAS 40 [1948], 41).

340 Zu den vorbehaltenen Sünden vgl. cc. 893 ff. CIC/1917. Danach durfte derjenige, der einem anderen die Beichtjurisdiktion übertragen konnte, diese auch beschränken (c. 893 CIC/1917). Ausdrücklich genannt wurde in c. 894 CIC/1917 die falsche Anzeige wegen einer angeblichen Verführung anlässlich der Beichte. Diese war dem Apostolischen Stuhl zur Lossprechung vorbehalten.

341 Vgl. näher Mörsdorf, Kirchenrecht III, S. 463/464.

342 Erfasst wurden „schwere Sünden gegen das Sechste Gebot (...) unkeusche Reden (...) und Erörterungen“, vgl. näher Jone, Gesetzbuch II, (zu c. 904) S. 151.

343 Vgl. Gasparri, Dokument V, S. 709 ff. (710).

In c. 2368 § 2 CIC/1917 wurde das Unterlassen der gemäß c. 904 CIC/1917 gebotenen Anzeige in den Fällen des c. 884 CIC/1917 mit Strafe bedroht. Auch dies war nach den im kirchlichen Strafrecht geltenden Maßstäben hinreichend konkret.

In c. 2369 CIC/1917 wurde die Verletzung des Beichtgeheimnisses (c. 889 CIC/1917) unter Strafe gestellt. Die Vorschrift traf dabei hinreichend bestimmte Regelungen für den Beichtvater und sonstige Personen, die von dem Inhalt der Beichte – z. B. als Dolmetscher oder zufällige Mithörer – Kenntnis erlangt hatten.

Auch c. 2370 CIC/1917 enthielt eine konkrete Umschreibung des strafbaren Verhaltens, nämlich die Erteilung der Bischofsweihe bzw. die Mitwirkung hieran ohne das erforderliche päpstliche Mandat (c. 953 CIC/1917).

C. 2371 CIC/1917 betraf den Fall der Simonie bei Weihespendung, Weiheempfang sowie Spendung oder Empfang eines anderen Sakramentes. Der Begriff der Simonie war in der Kanonistik zu diesem Zeitpunkt geklärt[344], so dass die Bestimmung ausreichend konkret gefasst war.

In c. 2372 CIC/1917 wurde der wissentliche Empfang der Weihe durch einen hierzu nicht berechtigten Weihespender unter Strafe gestellt. Da die Gründe für die Nichtberechtigung des Weihespenders[345] im Gesetz näher und abschließend beschrieben waren, genügte die Regelung dem Bestimmtheitsgebot.

C. 2373 CIC/1917 bedrohte die rechtswidrige Spendung der Weihe in bestimmten Fällen mit Strafe. Strafbar war die Weihe ohne die erforderlichen Weiheentlassschreiben (c. 955 CIC/1917), ohne die erforderlichen Zeugnisse, die für die Prüfung eines Weihehindernisses von Bedeutung sein können (cc. 993, 4^0; 994 CIC/1917) oder ohne den erforderlichen Nachweis eines standesgemäßen Unterhaltes des Weiheempfängers (c. 974 § 1, 7^0 CIC/1917) sowie die Weihe eines auswärtigen Religiosen unter Verstoß gegen c. 966 CIC/1917 nur mit dem Weiheentlassschreiben des Ordensoberen, aber ohne das des Ortsordinarius. Die Vorschrift enthielt damit ins Einzelne gehende Voraussetzungen, so dass sie hinreichend bestimmt war.

Wusste der Weiheempfänger, dass eine in c. 2374 CIC/1917 genannte Voraussetzung vorlag[346], war er latae sententiae von der empfangenen Weihe suspendiert. Da diese Aufzählung ohne weiteres ersichtliche Voraussetzungen betraf und abschließend war, genügte c. 2374 CIC/1917 dem Bestimmtheitsgebot.

---

344 Vgl. 1. Teil C. II. 3. a) cc) (S. 21).

345 Exkommunikation, Suspension oder Interdikt – soweit durch einen Richter ausgesprochen oder festgestellt – gegen den Weihespender. Der Weihespender war auch Nichtberechtigter i. S. dieser Vorschrift, wenn er ein notorischer Apostat, Häretiker oder Schismatiker war.

346 Fehlen der notwendigen Weiheentlassschreiben (cc. 958 ff. CIC/1917), des vorgeschriebenen Alters (c. 975 CIC/1917) bzw. des Empfangs der vorhergehenden Weihe (c. 977 CIC/1917).

In c. 2375 CIC/1917 wurde das Eingehen einer „Mischehe“[347] ohne die erforderliche kirchliche Dispens unter Strafe gestellt. Auch hier ergaben sich die Voraussetzungen der Strafbarkeit hinreichend genau aus der Strafvorschrift.

gg) Standesdelikte von Klerikern und Religiosen (cc. 2376-2389 CIC/1917)

Mit c. 2376 CIC/1917 begann die Normierung der Delikte, die sich mit Verstößen gegen besondere Pflichten von Klerikern und Religiosen befassten. Ein Priester, der sich nicht in den 3 Jahren nach Abschluss der Ausbildung den gemäß c. 130 CIC/1917 verlangten Prüfungen in den verschiedenen theologischen Wissenschaften unterzog, war hierzu durch Strafen anzuhalten. Da sich der Umfang der Pflicht aus c. 130 CIC/1917 ergab, genügte auch c. 2376 CIC/1917 dem Bestimmtheitsgebot.

Die beharrliche Nichtteilnahme an den in c. 131 § 1 CIC/1917 genannten Konferenzen über Moral und Liturgik sollte gemäß c. 2377 CIC/1917 bestraft werden. Auch hier ergab sich der Umfang dieser Pflicht hinreichend klar aus c. 131 § 1 CIC/1917, ggf. in Verbindung mit partikularen Ausführungsbestimmungen bzw. Einzelanweisungen des Oberen[348].

Die schwere Missachtung der für gottesdienstliche Verrichtungen vorgeschriebenen Riten durch Kleriker in Heiligen Weihen behandelte c. 2378 CIC/1917. Zweifel hinsichtlich der Bestimmtheit ergeben sich aus dem Merkmal „schwere“ Verletzung. Hierzu wurde ausgeführt, es komme auf die Wichtigkeit der liturgischen Vorschrift, das entstandene Ärgernis sowie die Häufigkeit, in der dieser Verstoß vorkam, an[349]. Gefordert war ferner, dass sich die Kleriker auch nach einer Mahnung „non emendaverint“, also nicht bessern. Diese Formulierung war bei der gebotenen, für den Täter günstigen Auslegung so zu verstehen, dass er gegen die gleiche Vorschrift nach der Mahnung erneut verstoßen haben musste[350]. Nach dieser Mahnung waren die von dieser Strafvorschrift erfassten Fälle hinreichend bestimmt.

C. 2379 CIC/1917 betraf Verstöße gegen die Bestimmungen über die Tonsur sowie das Tragen der klerikalen Kleidung. Unter Einbeziehung der hierzu gemäß c. 136 CIC/1917 ergangenen Bestimmungen, auch partikularrechtlicher Art, waren diese Pflichten ausreichend konkretisierbar. Ebenfalls strafbar machte sich ein Kleriker in Höheren Weihen, dessen Lebenswandel auch nach

---

[347] Die Eheschließung eines Katholiken mit einem Nicht-Katholiken. Heute ist insoweit in Deutschland die Bezeichnung konfessionsverschiedene (Eheschließung mit einem nicht-katholischen Christen) oder religionsverschiedene (Eheschließung mit einem Ungetauften) Ehe üblich.

[348] Da in der katholischen Kirche das Prinzip der Gewaltenteilung nicht gilt – vgl. 3. Teil B. III. 3. (S. 133 f.) – können Gesetze durch außergesetzliche Maßnahmen für den Einzelfall konkretisiert werden.

[349] Jone, Gesetzbuch III, (zu c. 2378) S. 625.

[350] Vgl. allgemein auf mehrere Verstöße („mehrfach oder gewohnheitsmäßig“) abstellend: Mörsdorf, Kirchenrecht III, S. 468.

Ablegen der klerikalen Kleidung bzw. der Tonsur mit seinem Stand nicht zu vereinbaren war und der sich selbst nach einer Mahnung nicht besserte. Da das strafbare Verhalten nach der Mahnung eindeutig bestimmbar war, war auch diese Bestimmung hinreichend konkret.

In c. 2380 CIC/1917 wurden Verstöße gegen das in c. 142 CIC/1917 enthaltene Verbot für Kleriker und Religiose[351], Handelsgeschäfte zu betreiben, mit Strafe bedroht. Mit Hilfe des c. 142 CIC/1917 ließ sich das strafbare Verhalten bestimmen, so dass diese Strafvorschrift hinreichend konkret gefasst war.

C. 2381 CIC/1917 bedrohte Verstöße gegen die Residenzpflicht mit Strafe. Obwohl diese Pflicht an dieser Stelle nicht näher konkretisiert wurde, genügte er dem Bestimmtheitsgebot, da sich der Kreis der Verpflichteten und der Umfang der Pflicht aus anderen Bestimmungen des CIC/1917 ergab[352].

Gemäß c. 2382 CIC/1917 konnten Pfarrer wegen einer schweren Vernachlässigung der Seelsorge mit dem besonderen Verfahren gemäß cc. 2182-2185 CIC/1917 überzogen werden. Die in Frage kommenden Seelsorgebereiche wurden im Einzelnen aufgezählt: Die Sakramentenspendung, der seelsorgerliche Beistand für Kranke, der religiöse Unterricht, die Predigt an Sonn- und Feiertagen sowie die Obsorge für die Pfarrkirche, die Heiligste Eucharistie und das Heilige Öl. Im Hinblick auf diese eingehende Aufzählung war c. 2382 CIC/1917 hinreichend bestimmt.

Eine Strafvorschrift speziell für Pfarrer enthielt c. 2383 CIC/1917, der zur sorgfältigen Führung und Aufbewahrung der Pfarrbücher anhalten sollte. Die hierbei zu beachtenden Pflichten ergaben sich sowohl aus c. 470 CIC/1917 als auch ggf. aus dem partikularen Recht. Da die hiervon erfasste Materie einen eingegrenzten Bereich betraf und die Pflichten durch die genannten Regelungen näher konkretisiert wurden, war c. 2383 CIC/1917 ausreichend konkret gefasst.

Pflichtverletzungen von Domtheologen sowie Bußkanonikern konnten ebenfalls strafrechtlich relevant sein (c. 2384 CIC/1917). Die Pflichten dieser Kleriker ergaben sich aus cc. 400 bzw. 401 CIC/1917. Im Hinblick auf den eingeschränkten und näher geregelten Pflichtenkreis war auch diese Bestimmung mit dem Bestimmtheitsgebot vereinbar.

C. 2385 CIC/1917 betraf den Abfall von der Ordensgemeinschaft (c. 644 CIC/1917). Diese Bestimmung war hinsichtlich des Täterkreises[353] und der Tathandlung[354] hinreichend genau gefasst. In c. 2386 CIC/1917 wurde die Klosterflucht, also das unberechtigte Verlassen desselben in der Absicht zurückzukehren, unter Strafe gestellt. Auch diese Vorschrift war hinreichend bestimmt.

---

351 Vgl. c. 592 CIC/1917, der auf c. 142 CIC/1917 verwies.

352 Vgl. näher Rees, Strafgewalt, S. 277 f. Fn. 360.

353 Religiose mit ewigen Gelübden.

354 Unrechtmäßiges Verlassen in der Absicht der Nichtrückkehr oder rechtmäßiges Verlassen, aber Unterlassen der Rückkehr in der Absicht, endgültig nicht mehr zurückzukehren.

Wer die Profess durch Täuschung erschlichen hatte, konnte, wenn diese deshalb gemäß c. 572 § 1, 4^0 CIC/1917 für nichtig erklärt worden war, gemäß c. 2387 CIC/1917 bestraft werden; diese Regelung war hinreichend bestimmt.

Der von einem Kleriker bzw. einem/einer Ordensangehörigen nach Ablegung des feierlichen Gelübdes der Keuschheit unternommene Versuch, eine Ehe zu schließen, führte für beide „Eheschließenden" zu der latae sententiae eintretenden Exkommunikation (c. 2388 § 1 CIC/1917). C. 2388 § 2 CIC/1917 drohte Ordensangehörigen mit einfachen Gelübden und deren Ehepartnern, die eine – auch nur zivile – Ehe schlossen, ebenfalls Strafen an[355]. C. 2388 CIC/1917 war daher hinsichtlich der Beschreibung des Kreises der tauglichen Täter sowie der Tathandlung insgesamt hinreichend konkret gefasst.

C. 2389 CIC/1917 bedrohte Verstöße gegen Bestimmungen der Konstitutionen des gemeinsamen Lebens „in re notabili" – also in einer bedeutenden Angelegenheit – mit Strafe. Dieses Merkmal ließ zwar einen Entscheidungsspielraum. Andererseits sind derartige unbestimmte Rechtsbegriffe selbst dem weltlichen Strafrecht, das durchweg strengere Voraussetzungen an die Bestimmtheit stellt als das kanonische Recht, nicht unbekannt[356]. Da die Verbandsverfassungen überdies partikulare Gesetze waren, waren die in Betracht kommenden Verstöße ausreichend gesetzlich geregelt.

hh) Delikte bei Verleihung, Übernahme und Niederlegung kirchlicher Würden, Ämter und Benefizien (cc. 2390-2403 CIC/1917)

Gemäß c. 2390 § 1 CIC/1917 wurde die Beeinträchtigung der Freiheit einer Wahl „quovis modo", also „in irgendeiner Weise", mit Strafe bedroht. Die Beeinträchtigung konnte z. B. durch Erregen schwerer Furcht, durch Gewalt oder List aber auch auf andere Weise erfolgen[357]. Bestraft werden konnte damit jede von dem Oberen als falsch angesehene Einflussnahme, ggf. sogar durch ein Gespräch. Insoweit ähnelte die Vorschrift c. 2222 § 1 CIC/1917; es musste anders als dort aber nicht einmal ein Verstoß gegen ein anderes Gesetz vorliegen. Die Vorschrift ließ damit einen weiten Entscheidungsspielraum, welches Verhalten strafbar war. Entsprechend galt dies auch für die weitere in § 1 genannte Handlungsmodalität, dass jemand nach vollzogener Wahl den Gewählten oder einen

---

355 Die Eheschließung war im Falle des § 1 unwirksam, da der Empfang der Höheren Weihen bzw. die Ablegung der feierlichen Profess ein trennendes Ehehindernis begründete (cc. 1072, 1073 CIC/1917). Im Falle des § 2 war die Eheschließung dagegen nicht wegen des einfachen Gelübdes nichtig, da dieses gemäß c. 1058 § 1 CIC/1917 lediglich ein aufschiebendes (verbietendes) Ehehindernis zur Folge hatte.

356 Vgl. z. B. das Merkmal „bedeutend" in §§ 125 a Satz 2 Nr. 4; 263 Abs. 3 Satz 2 Nr. 5; 305 a Abs. 1 Nr. 1; 306 f Abs. 2; 307 Abs. 1 und 2; 308 Abs. 1; 309 Abs. 6; 311 Abs. 1; 312 Abs. 1; 313 Abs. 1; 315 Abs. 1; 315 a Abs. 1; 315 b Abs. 1; 315 c Abs. 1; 324 a Abs. 1 Nr. 1; 325 Abs. 1, 2 und 4 Nr. 1; 325 a Abs. 2; 328 Abs. 3 StGB.

357 Vgl. Conte a Coronata, Institutiones IV, Nr. 2199 (S. 620); Jone, Gesetzbuch III, (zu c. 2390 § 1) S. 633. Chelodi/Ciprotti, S. 151 (Nr. 103) nennt: physische oder moralische Gewalt, Täuschung, Bestechung.

Wähler „quoquo modo" belästigte.
Strafbar machte sich gemäß c. 2390 § 2 CIC/1917 auch, wer darauf hingewirkt oder es geduldet hatte, dass sich Laien oder die weltliche Gewalt rechtswidrig in eine Wahl einmischten. Anders als c. 2390 § 1 CIC/1917 ließ diese Vorschrift keinen Interpretationsspielraum, da hinreichend deutlich war, dass im Grundsatz jede nicht durch das Recht zugelassene Einflussnahme der weltlichen Macht oder eines Laien verboten sein sollte.

In c. 2391 CIC/1917 wurden mehrere Delikte mit Strafe bedroht:

- Gemäß c. 2391 § 1 CIC/1917 war die wissentliche Wahl eines Unwürdigen strafbar. Unwürdig war nicht derjenige, der ungeeignet war, sondern – so die Konkretisierung in der Kanonistik – z. B. wer Apostat oder Häretiker war, ein Delikt begangen hatte, an Infamie litt, öffentlicher Sünder war oder das passive Wahlrecht strafweise verloren hatte[358]. Auch diese Vorschrift ließ einen generalklauselartigen Spielraum, insbesondere weil die Fallgruppen nicht gesetzlich geregelt waren und auch bei der Frage, welche Sünden derartig schwerwiegend waren, dass eine Wahl unzulässig war, ein großer Beurteilungsspielraum bestand.
- In c. 2391 § 2 CIC/1917 wurde die Verletzung wesentlicher Wahlvorschriften mit Strafe bedroht. Wesentlich waren die Wahlvorschriften, deren Verletzung zur Ungültigkeit der Wahl führte[359]. Diese Bestimmungen ließen sich dem CIC/1917 und ggf. den partikularen Gesetzen, insbesondere den Wahlordnungen, entnehmen. Daher war die Vorschrift ausreichend bestimmt.
- C. 2391 § 3 CIC/1917, der die Präsentation oder Nomination eines Unwürdigen unter Strafe stellte, ließ dagegen wie c. 2391 § 1 CIC/1917 einen weiten Interpretationsspielraum.

C. 2392 CIC/1917 enthielt eine allgemein gefasste Strafandrohung für jede simonistische[360] Verleihung, Übernahme oder Niederlegung kirchlicher Ämter, Benefizien oder Dignitäten. Da die Frage, welche Funktionen „Ämter, Benefizien und Dignitäten" in diesem Sinne waren, kanonisch geregelt war, war c. 2392 CIC/1917 hinreichend konkret gefasst.

Gemäß c. 2393 CIC/1917 hatte die Missachtung eines fremden Bestätigungs- bzw. Amtsbesetzungsrechts durch denjenigen, der lediglich ein Wahl-, Präsentations- oder Nominationsrecht hatte, ohne weiteres den Verlust dieses Rechts für dieses Mal zur Folge. Da der Umfang des Mitwirkungsrechts offensichtlich war, war hinreichend klar, wann die Grenze zur Strafbarkeit überschritten wurde. Hinreichend bestimmt war auch die Strafandrohung in c. 2394 CIC/1917

---

[358] Vgl. Jone, Gesetzbuch III, (zu c. 2391 § 1) S. 635; Jombart, in: Naz, Traité IV, Nr. 1290 (S. 794).

[359] Jone, Gesetzbuch III, (zu c. 2391 § 2) S. 635; vgl. näher Conte a Coronata, Institutiones IV, Nr. 2203 (S. 624).

[360] Zum Begriff der Simonie vgl. die Ausführungen unter ff) (S. 69) zu c. 2371 CIC/1917.

für die eigenmächtige Besitzergreifung eines kirchlichen Benefiziums, eines Amtes oder einer Dignität sowie die von c. 2395 CIC/1917 erfasste Annahme der Verleihung eines noch nicht erledigten kirchlichen Benefiziums, Amtes oder einer derartigen Dignität.

C. 2396 CIC/1917 enthielt eine Strafandrohung für die rechtswidrige Beibehaltung eines früheren Amtes entgegen den Bestimmungen der cc. 156, 1439 CIC/1917. Diese Vorschriften behandelten die Unvereinbarkeit von Ämtern. Gemäß c. 156 CIC/1917 waren Ämter unvereinbar, die nicht gleichzeitig von derselben Person wahrgenommen werden konnten. C. 1439 CIC/1917 hatte ergänzende Bedeutung, da er die Grundsätze des c. 156 CIC/1917 auf miteinander unvereinbare Benefizien erstreckte. Die Unvereinbarkeit konnte sich aus dem Gesetz ergeben, wegen der Regelungen zur Residenzpflicht bestehen, aber auch dann, wenn ein Amt die Kräfte des Inhabers so in Anspruch nahm, dass er das weitere nicht ausüben konnte[361]. Die ersten beiden Fallgruppen betrafen offensichtliche Voraussetzungen. Die letzte Fallgruppe war für den Regelfall wohl ebenfalls eindeutig; dennoch verblieb dem Strafverfolgungsorgan insoweit ein Beurteilungsspielraum, weil eine nähere gesetzliche Regelung fehlte.

Sehr spezielle – normenklar gefasste – Fälle enthielten c. 2397 CIC/1917 (Verweigerung des in c. 234 CIC/1917 vorgeschriebenen Eides durch einen Kardinal), c. 2398 CIC/1917 (Verweigerung des Empfangs der Bischofsweihe [c. 333 CIC/1917]) sowie c. 2402 CIC/1917 (Verweigerung des Empfangs der Weihe durch einen gefreiten Abt oder Prälaten nullius [c. 322 § 2 CIC/1917]).

Auch das von c. 2399 CIC/1917 mit Strafe bedrohte Verhalten (die Niederlegung des einem Kleriker von seinem Ordinarius übertragenen Amtes ohne dessen Erlaubnis) war hinreichend genau geregelt. Dies galt auch für die Strafbarkeit der Verzichtserklärung bzgl. eines Kirchenamtes gegenüber einem Laien (c. 2400 CIC/1917) sowie die eigenmächtige Beibehaltung eines Amtes, eines Benefiziums oder einer Dignität trotz rechtskräftiger Enthebung (c. 2401 CIC/1917).

Die Verweigerung des Glaubensbekenntnisses war in c. 2403 CIC/1917 mit Strafe bedroht. Da sich der Kreis der zu dessen Ablegung Verpflichteten aus c. 1406 CIC/1917 ergab, war auch diese Vorschrift hinreichend bestimmt.

---

361 Jone, Gesetzbuch I, (zu c. 156 § 2) S. 181; umfassend hierzu: Cleve, S. 68 ff.; für Benefizien war in c. 1439 § 2 CIC/1917 eine nähere Festlegung enthalten, in der darauf abgestellt wurde, dass der Inhaber entweder die mit den Benefizien verbundenen Pflichten nicht gleichzeitig erfüllen konnte oder jedes Benefizium für sich genommen zum Unterhalt ausreichte, vgl. näher Conte a Coronata, Institutiones II, Nr. 993 (S. 395 f.).

ii) Missbrauch kirchlicher Gewalt oder eines Kirchenamtes (cc. 2404-2414 CIC/1917)

In c. 2404 CIC/1917 war sehr weitgehend bestimmt, dass jeder Missbrauch der kirchlichen Gewalt mit Strafe geahndet werden sollte. Hierunter wurde jeder Gebrauch der Gewalt gegen die Bestimmungen des Naturrechts oder eines kirchlichen Gesetzes verstanden bzw. deren rechts- oder sittenwidrige Ausübung[362]. Die Vorschrift ähnelte wegen ihrer Anknüpfung an irgendeine Rechtsverletzung insoweit – wenn auch beschränkt auf einen bestimmten Kreis von Tätern und Tathandlungen – c. 2222 § 1 CIC/1917.

C. 2405 CIC/1917 erfasste die Entwendung, Vernichtung, Verheimlichung oder wesentliche Veränderung eines Dokumentes der bischöflichen Kurie durch den Kapitelsvikar oder andere[363]. Die Tathandlungen waren damit näher und abschließend beschrieben, so dass die Vorschrift hinreichend konkret gefasst war.

C. 2406 § 1 CIC/1917 war ein Amtsdelikt für in einer bischöflichen Kurie beschäftigte oder für Pfarrbücher verantwortliche Personen. Strafbar war die Herstellung falscher bzw. die Verfälschung, Vernichtung oder Unterdrückung echter Urkunden. Sie ließ die Grenzen der Strafbarkeit erkennen und war damit hinreichend konkret gefasst.
In c. 2406 § 2, 1. Alt. CIC/1917 war auch die (unberechtigte) Verweigerung der Herausgabe von Abschriften, der Übersendung von Akten und der Gewährung der Einsicht in Akten unter Strafe gestellt. Diese Regelungen waren sehr konkret. Anders sah es bei c. 2406 § 2, 2. Alt. CIC/1917 aus. Strafbar war danach jeder anderweitige Missbrauch des Amtes. Die Vorschrift betraf zwar allein einen Missbrauch im Zusammenhang mit der Führung dieser Unterlagen[364]. Sie verlangte insoweit aber nur ein rechtswidriges Verhalten und ähnelte insofern c. 2222 § 1 CIC/1917.

Die Bestechung näher genannter kirchlicher Amtsträger war in c. 2407 CIC/1917 hinreichend bestimmt mit Strafe bedroht[365].

Die Gebührenübererhebung war in c. 2408 CIC/1917 ebenfalls normenklar beschrieben. Hinsichtlich der zulässigen Höhe der Gebühren wurde auf c. 1507 CIC/1917 verwiesen. Danach waren diese durch ein Provinzialkonzil oder auf

---

362 Vgl. Chelodi/Ciprotti, S. 159 (Nr. 108); Conte a Coronata, Institutiones IV, Nr. 2222 (S. 636); Jone, Gesetzbuch III, (zu c. 2404) S. 640; Mörsdorf, Kirchenrecht III, S. 478. So auch Regatillo II, Nr. 1064 (S. 633): Zum eigenen Vorteil und rechtswidrigen Schaden seiner Untergebenen, unter Überschreitung der Grenzen seiner Macht, missbräuchlich oder rechtswidrig.

363 Nach richtiger Auffassung fand die Vorschrift wegen des Merkmals „Vicarius Capitularis" nur während der Sedisvakanz bzw. Behinderung des Bischofsstuhls Anwendung, da ansonsten eine Abgrenzung zum folgenden c. 2406 CIC/1917 kaum möglich gewesen wäre, vgl. Mörsdorf, Kirchenrecht III, S. 479.

364 Vgl. Mörsdorf, Kirchenrecht III, S. 480.

365 Die Bestimmung ähnelte in ihrer Tatbestandsstruktur sogar § 334 StGB.

einer Zusammenkunft der Bischöfe der Kirchenprovinz festzulegen. Für denjenigen, der Gebühren forderte, war daher die zulässige Höhe und damit die Grenze zur Strafbarkeit ohne weiteres ersichtlich.

In c. 2409 CIC/1917 wurde die rechtswidrige Zulassung zu einer Weihe durch den Kapitelsvikar unter Verstoß gegen c. 958 § 1, 3^0 CIC/1917 unter Strafe gestellt. Nach dieser Vorschrift war dem Kapitelsvikar die Ausstellung von Weiheentlassschreiben grundsätzlich nur nach einer Sedisvakanz von einem Jahr erlaubt. Ansonsten war deren Ausstellung nur zulässig, wenn die Weihe vorgenommen werden musste, weil der Weiheempfänger bereits ein Benefizium erhalten hatte bzw. erhalten sollte oder er wegen der (priesterlichen) Notlage in der Diözese unverzüglich benötigt wurde. Zwar ließ die letzte Variante Auslegungsspielräume zu. Sie war jedoch im Ergebnis hinreichend bestimmt. Die Ausstellung der Weiheentlassschreiben durch den Kapitelsvikar setzte nämlich gemäß c. 958 § 1, 3^0 CIC/1917 die Zustimmung des Kapitels voraus. Bejahte dieses eine priesterliche Notlage, konnte diese Einschätzung im Rahmen der Prüfung der Strafbarkeit – abgesehen wohl von Fällen offensichtlichen Missbrauchs – kaum außer Betracht bleiben. Damit hing die Strafbarkeit im Ergebnis allein von dem formalen und offensichtlichen Kriterium der vorherigen Zustimmung des Kapitels ab.

Verstießen Ordensobere beim Abfassen von Weiheentlassschreiben gegen cc. 965-967 CIC/1917, waren sie gemäß c. 2310 CIC/1917 für einen Monat vom Messelesen suspendiert. Da sich die Voraussetzungen für die Strafbarkeit unter Heranziehung dieser im Gesetz zitierten Vorschriften eindeutig bestimmen ließen, war auch c. 2310 CIC/1917 hinreichend konkret.

In bestimmten Fällen waren Verstöße bei der Aufnahme von Personen in ein Kloster gemäß c. 2411 CIC/1917 strafbar. Erste Handlungsmodalität war die Aufnahme eines ungeeigneten Novizen unter Verstoß gegen c. 542 CIC/1917, in dem Aufnahmehindernisse geregelt waren. Ebenso bestraft wurde, wer entgegen c. 544 CIC/1917 nicht die erforderlichen Zeugnisse beizog. Strafbar war es auch, unter Verstoß gegen c. 571 § 2 CIC/1917 einen Novizen aufzunehmen, der sich als ungeeignet erwiesen hatte. Gemeint sein kann hier nur der Fall, dass der zuständige Obere die Ungeeignetheit festgestellt hatte, der Novize aber dennoch aufgenommen wurde. Da die Voraussetzungen der Strafbarkeit an Hand dieser in c. 2411 CIC/1917 zitierten Vorschriften bestimmt werden konnten, war er hinreichend konkret gefasst.

In c. 2412 CIC/1917 waren weitere Delikte von Ordensoberen aufgezählt. Strafbar war es, die Mitgift entgegen c. 549 CIC/1917 zu verwenden oder den Ortsordinarius entgegen c. 552 CIC/1917 nicht über die anstehende Zulassung zum Noviziat bzw. die anstehende Profess zu unterrichten. Ebenso war es strafbar, die Visitation eines Frauenklosters oder eines Hauses eines Männerordens zu behindern, indem Schwestern oder Ordensmänner in ein anderes Kloster verbracht oder veranlasst wurden, gegenüber dem Visitor zu schweigen, die Wahrheit zu verheimlichen oder die Unwahrheit zu sagen bzw. sie wegen der Angaben gegenüber dem Visitor irgendwie zu belästigen (c. 2413 CIC/1917). Die Behinderung der freien Wahl des Beichtvaters in Frauenklöstern war ebenfalls strafbar (c. 2414 CIC/1917). Auch diese Tatbestände enthielten – gerade wegen ihres eingeschränkten Anwendungsbereichs – hinreichend genaue Definitionen des strafbaren Verhaltens.

c) Zusammenfassung der Ergebnisse

Viele Straftatbestände ließen damit dem Strafverfolgungsorgan kein Ermessen bei der Bestimmung ihrer Voraussetzungen. Andererseits enthielt der CIC/1917 insbesondere mit cc. 2315; 2334; 2390 § 1; 2391 § 1 und § 3; 2396; 2404 und 2406 § 2, 2. Alt. CIC/1917 umfassende Strafbestimmungen, die dem Strafverfolgungsorgan einen sehr weiten Spielraum bei der Festlegung der Grenzen der Strafbarkeit beließen.

2. Nulla poena sine lege *certa*

Im Folgenden wird geprüft, ob die Strafen hinsichtlich ihrer Folgen sowie ihrer Voraussetzungen bestimmt oder aber so weit gefasst waren, dass dem Strafverfolgungsorgan insoweit ein Beurteilungsspielraum blieb.

a) Bestimmtheit der Strafen und strafähnlichen Maßnahmen im Allgemeinen

aa) Beugestrafen

Die zulässigen Beugestrafen (Exkommunikation, Interdikt und Suspension) ergaben sich aus c. 2255 § 1 CIC/1917.

aaa) Exkommunikation

In cc. 2259 bis 2267 CIC/1917 wurden die mit der Exkommunikation verbundenen Folgen bestimmt:

Dem Exkommunizierten war die aktive[366] Teilnahme am Gottesdienst verboten. Die passive Teilnahme konnte geduldet werden; ein vitandus[367] war aber aus dem Gottesdienst zu entfernen und ggf. der Gottesdienst abzubrechen (c. 2259 CIC/1917). Der Exkommunizierte war ferner von der Spendung von Sakramenten und Sakramentalien sowie dem Empfang von Sakramenten ausgeschlossen[368] und wenn die Strafe verhängt oder festgestellt worden war, galt dies auch

---

366 Hierzu gehörte bereits das Singen im Kirchenchor, vgl. Michiels, De delictis III, S. 213; Mörsdorf, Kirchenrecht III, S. 394.

367 Vgl. zum vitandus: 1. b) cc) zu c. 2338 § 2 CIC/1917 (S. 61 Fn. 311).

368 Im Gesetzestext steht zwar „nec potest“; dennoch war der Empfang der Sakramente gültig (vgl. Michiels, De delictis III, S. 221; Mörsdorf, Kirchenrecht III, S. 395; Jombart, in: Naz, Dictionnaire V, „Excommunication“, Sp. 615 ff. [620]), so dass es sich lediglich um ein Verbot handelte.

für den Empfang von Sakramentalien sowie das kirchliche Begräbnis (cc. 2260, 2261 CIC/1917). Ausgeschlossen war der Exkommunizierte ferner von Ablässen und kirchlichen Fürbitten, kirchlichen Ehrendiensten sowie kirchlichen Ämtern und anderen Rechten und von dem Empfang einer Weihe (cc. 2262-2266 CIC/1917). Ein vitandus war darüber hinaus, sofern nicht ein gerechter Grund vorlag, im persönlichen Umgang zu meiden (c. 2267 CIC/1917)[369].

Die Regelungen zur Exkommunikation beschrieben damit den Umfang der Straffolgen hinreichend und ließen weder dem Strafverfolgungs- noch dem Strafvollstreckungsorgan ein Ermessen, die Straffolgen festzusetzen; sie waren damit hinreichend bestimmt.

bbb) Interdikt

Die Folgen des Interdikts waren in cc. 2270 bis 2277 CIC/1917 geregelt. Zu unterscheiden waren das persönliche Interdikt und das Lokalinterdikt.

- Wurde ein Lokalinterdikt verhängt, waren an dem betreffenden Ort grundsätzlich alle gottesdienstlichen Handlungen unzulässig. Sterbenden durften Sakramente und Sakramentalien gespendet werden. An bestimmten hohen Feiertagen war dieses Verbot suspendiert (c. 2270 CIC/1917). Weitere Ausnahmen gab es nach Maßgabe des c. 2271, 1^0 CIC/1917 für Messfeiern in allen Kirchen für nicht persönlich indizierte Kleriker sowie gemäß c. 2271, 2^0 CIC/1917 für Kathedralkirchen, Pfarrkirchen sowie die einzigen Kirchen des Ortes für das Kirchenvolk.

  Zum besonderen Lokalinterdikt, das nur einen bestimmten Altar, eine bestimmte Kapelle oder einen bestimmten Friedhof betraf, wird auf c. 2272 CIC/1917 verwiesen.

- Ein persönliches Interdikt hatte zur Folge, dass der Indizierte an einem Gottesdienst weder aktiv noch passiv teilnehmen durfte, ausgenommen an der Verkündigung des Wort Gottes. Die bloße Teilnahme konnte geduldet werden; von der aktiven Teilnahme war er abzuhalten, wenn das persönliche Interdikt verhängt oder festgestellt worden oder sonst notorisch war (c. 2275, 1^0 CIC/1917). Der persönlich Indizierte war gemäß c. 2275, 2^0 CIC/1917 von der Spendung und dem Empfang von Sakramenten und Sakramentalien nach Maßgabe der cc. 2360, 2361 CIC/1917 ausgeschlossen und unterlag den Einschränkungen des c. 2265 CIC/1917 (c. 2275, 3^0 CIC/1917). Ferner war ihm ein kirchliches Begräbnis im Falle der Verhängung oder Feststellung dieser Strafe versagt (c. 2275, 4^0 CIC/1917)[370].

---

[369] Vgl. näher zu den Folgen der Exkommunikation: Rees, Strafgewalt, S. 209 ff.; Conte a Coronata, Institutiones IV, Nr. 1771 ff. (S. 192 ff.).

[370] Vgl. allgemein zum Interdikt: Rees, Strafgewalt, S. 212 ff.; Jombart, in: Naz, Dictionnaire V, „Interdit", Sp. 1464 ff. (1467 ff.). Der wesentliche Unterschied zwischen Interdikt und Exkommunikation ist, dass die Exkommunikation eine Trennung von der Gemeinschaft,

Auch das Interdikt war damit hinsichtlich der möglichen Folgen eindeutig geregelt.

ccc) Suspension

Die Suspension[371] konnte eine umfassende sein und hatte dann zur Folge, dass der hiervon Betroffene keine Handlungen vornehmen durfte, zu denen Weihe- oder Leitungsgewalt erforderlich war; ausgenommen war nur die Verwaltung des eigenen Benefiziums (c. 2279 § 1 CIC/1917). Sie konnte aber gemäß c. 2279 § 2 CIC/1917 auch auf einzelne Bereiche beschränkt werden:

- Auf die Ausübung der Leitungsgewalt insgesamt (c. 2279 § 2, 1^0 CIC/1917),
- die Ausübung von Akten, zu denen Weihegewalt erforderlich ist (c. 2279 § 2, 2^0 CIC/1917),
- die Ausübung der mit der Erteilung der – also: aller erhaltenen – Weihen verbundenen Gewalt (c. 2279 § 2, 3^0 CIC/1917),
- die Ausübung der mit der Erteilung der Heiligen Weihen verbundenen Gewalt (c. 2279 § 2, 4^0 CIC/1917),
- die Ausübung der mit einer näher bestimmten Weihe verbundenen Gewalt unter gleichzeitiger Suspension von der Fähigkeit, einem anderen denselben Weihegrad zu spenden sowie einen höheren Weihegrad zu empfangen (c. 2279 § 2, 5^0 CIC/1917),
- die Spendung eines bestimmten Weihegrades an eine andere Person, wobei die Spendung eines niedrigeren oder eines höheren Weihegrades als des bestimmten nicht hiervon erfasst war (c. 2279 § 2, 6^0 CIC/1917),
- einen bestimmten Dienst oder ein bestimmtes Amt (c. 2279 § 2, 7^0 CIC/1917),
- alle Akte der bischöflichen Weihegewalt (c. 2279 § 2, 8^0 CIC/1917) sowie
- die Pontifikalien[372] (c. 2279 § 2, 9^0 CIC/1917).

---

das Interdikt dagegen nur eine Einschränkung des Empfangs geistlicher Güter beinhaltet, vgl. Lefebvre, Église, S. 189 ff. (287).

371 Die Verhängung der Suspension gegen eine Gemeinschaft (c. 2285 CIC/1917) soll hier außer Betracht bleiben.

372 Unter Pontifikalien war gemäß c. 337 § 2 CIC/1917 die Vornahme von gottesdienstlichen Funktionen zu verstehen, für die nach den liturgischen Vorschriften Bischofsstab und -mitra zu benutzen waren. Hierzu gehörten: Pontifikalamt, Pontifikalvesper, Pontifikalassistenz bei der Messe oder dem Chorgebet, Erteilung der Weihen, Konsekration eines Bischofs, Weihe eines Abtes, Weihe einer Jungfrau, Krönung eines Königs, Konsekration von Glocken, Kirchen oder heiligen Gefäßen, Weihe des Grundsteins oder eines Friedhofs, Rekonziliation einer Kirche oder eines Friedhofs und die feierliche Spendung der Firmung, vgl. Jone, Gesetzbuch I, (zu c. 337 § 2) S. 313; Jombart, in: Naz, Dictionnaire VII, „Suspense“, Sp. 1118 ff. (1120).

Wurde jemand von dem Benefizium suspendiert (c. 2280 § 1 CIC/1917), verlor er das Recht, Einkünfte hieraus zu ziehen.

Welche Folgen eine Suspension hatte, konnte sich aus dem Gesetz selbst ergeben[373] oder im Rahmen der Strafzumessung festgesetzt werden.

Die Bestimmungen zum Umfang der Suspension waren sehr ausdifferenziert. Die dort nicht definierten Rechtsbegriffe, z. B. die Suspension von der Weihegewalt, der Leitungsgewalt („suspensio a divinis", „suspensio a iurisdictione") usw., ließen sich anhand anderer rechtlicher Regelungen konkretisieren. Sie konnten im Strafrecht auch nicht näher definiert werden, da sich die hiervon betroffenen Funktionen usw. aus anderen Rechtsgebieten ergaben.

Daher waren auch die Bestimmungen zur Suspension bezüglich des Umfangs der Straffolgen hinreichend bestimmt.

bb) Sühnestrafen

Obwohl die Aufzählung der zulässigen Sühnestrafen in c. 2291 § 1 CIC/1917 nicht abschließend war, wird sich die Darstellung auf diese praxisrelevanten Fälle beschränken.

aaa) Interdikt und Verlegung des Pfarr- oder Bischofssitzes (c. 2291 § 1, 1⁰- 3⁰ CIC/1917)

Genannt wurde in c. 2291 § 1, 1⁰ CIC/1917 das Lokalinterdikt[374] bzw. das Interdikt über eine Gemeinschaft oder ein Kollegium[375]. Das Interdikt konnte für immer, eine bestimmte Zeit oder – hinsichtlich der Dauer – nach Belieben („ad beneplacitum") verhängt werden.

Die Folgen der Kirchensperre gemäß c. 2291 § 1, 2⁰ CIC/1917 ergaben sich aus c. 2277 CIC/1917. Der Sache nach handelte es sich um ein auf einen Altar oder eine Kapelle beschränktes persönliches Interdikt. Auch dieses konnte für immer, eine bestimmte Zeit oder „ad beneplacitum" erfolgen.
In beiden Fällen wäre die Festlegung einer Höchstdauer der befristeten sowie „ad beneplacitum" erfolgenden Maßnahmen wünschenswert gewesen. So ließen diese Bestimmungen dem Strafverfolgungsorgan einen sehr umfassenden Ermessensspielraum.

Gemäß c. 2291 § 1, 3⁰ CIC/1917 konnte ein Bischofs- oder Pfarrsitz strafweise verlegt oder aufgehoben werden. Diese Bestimmung ließ die Folgen deutlich erkennen.

---

[373] Vgl. c. 2410 CIC/1917, der für einen Verstoß eine Suspension für einen Monat vom Messelesen vorsah.

[374] Vgl. dazu aa) bbb) (S. 78).

[375] Folge des Interdikts war gemäß c. 2274 § 3 CIC/1917, dass sie bzw. es kein geistliches Recht, z. B. auch kein Wahl- oder Präsentationsrecht, wahrnehmen konnte, vgl. Jone, Gesetzbuch III, (zu c. 2274 § 3) S. 541.

bbb) Infamie (c. 2291 § 1, 4^0 CIC/1917)

Des weiteren nannte c. 2291 § 1, 4^0 CIC/1917 als mögliche Strafe die infamia iuris. Zur Infamie wurden in cc. 2293 ff. CIC/1917 nähere Regelungen getroffen. Sie konnte gemäß c. 2293 § 2 CIC/1917 eintreten kraft Gesetzes (infamia iuris)[376] oder wenn jemand wegen eines Deliktes oder seiner schlechten Sitten („ob pravos mores“) seinen guten Ruf verloren hatte (infamia facti) (c. 2293 § 3 CIC/1917).

Die Entscheidung über den Eintritt der infamia facti oblag dem Ordinarius[377]. Die Vorschrift enthielt keine objektiven Kriterien für diese Feststellung, sondern ließ einen sehr weiten Entscheidungsspielraum. Anders als in c. 2222 § 1 CIC/1917 wurde noch nicht einmal eine Gesetzesverletzung vorausgesetzt, sondern es reichte der Verstoß gegen eine Norm des Sittengesetzes.

Die Folgen der Infamie ergaben sich aus c. 2294 CIC/1917. Wer unter der infamia iuris litt, war gemäß c. 2294 § 1 CIC/1917 irregulär i. S. des c. 984, 5^0 CIC/1917 und konnte deshalb keine Weihen empfangen. Ferner war er unfähig, kirchliche Benefizien, Pensionen, Ämter oder Würden zu erlangen oder kirchliche Ehrendienste bzw. Dienste auszuüben sowie aktiv am Gottesdienst teilzunehmen. Die infamia facti hatte gemäß cc. 2294 § 2; 987, 7^0 CIC/1917 entsprechende Folgen[378]. Insoweit waren die Regelungen ausreichend bestimmt.

ccc) Weitere Sühnestrafen (c. 2291 § 1, 5^0-12^0 CIC/1917)

Weitere mögliche Sühnestrafen waren

- der Ausschluss vom kirchlichen Begräbnis (c. 2291 § 1, 5^0 CIC/1917),
- die Verweigerung von Sakramentalien (c. 2291 § 1, 6^0 CIC/1917),
- die endgültige oder zeitlich befristete Entziehung eines Versorgungsanspruchs, eines Rechts oder eines Privilegs (c. 2291 § 1, 7^0 CIC/1917),
- die Enthebung von Ehrendiensten (c. 2291 § 1, 8^0 CIC/1917),
- die Unfähigkeit zum Erwerb kirchlicher Gunsterweise und Ämter zu deren Ausübung der Klerikerstand nicht erforderlich war und akademischer Grade (c. 2291 § 1, 9^0 CIC/1917),
- die endgültige oder zeitweise Enthebung von kirchlichen Diensten, Ämtern, Vollmachten oder Gunsterweisen (c. 2291 § 1, 10^0 CIC/1917),

---

376 Aufgezählt sind diese Fälle bei: Michiels, De delictis III, S. 397 f.; Naz, in: Naz, Dictionnaire V, „Infamie“, Sp. 1358 ff. (1358 f.).

377 Die Entscheidung konnte nicht nur durch einen Akt der kirchlichen Verwaltung, sondern auch durch ein kirchliches Gesetz erfolgen, z. B. wenn in diesem an eine Maßnahme der weltlichen Macht, insbesondere eine Verurteilung wegen eines bestimmten Deliktes, angeknüpft wurde, vgl. Naz, in: Naz, Dictionnaire V, „Infamie“, Sp. 1358 ff. (1359).

378 Zur Infamie und deren Folgen vgl. auch Rees, Strafgewalt, S. 221/222.

- die Entziehung des Vorrangs, des aktiven oder passiven Wahlrechts, kirchlicher Ehrentitel, Ehrengewänder oder Auszeichnungen (c. 2291 § 1, 11^0 CIC/1917) sowie
- die Verhängung einer Geldstrafe (c. 2291 § 1, 12^0 CIC/1917).

Der Umfang dieser Strafen folgte bei den meisten genannten Strafen bereits aus ihrer Bezeichnung. Bedenken hinsichtlich der Bestimmtheit ergaben sich aber bei c. 2291 § 1, 7^0 sowie 10^0 und 12^0 CIC/1917. Für den Fall der zeitweiligen Amtsenthebung oder Entziehung der Versorgungsansprüche wäre es wünschenswert gewesen, wenn die zulässige Höchstdauer der Maßnahme gesetzlich geregelt worden wäre. Dies gilt auch für die Geldstrafe, bei der angesichts der weltweiten Geltung des CIC/1917 zwar nicht die Festlegung einer absoluten, wohl aber einer relativen Obergrenze, bezogen auf die Einnahmen, wünschenswert gewesen wäre. So ließen diese Bestimmungen hinsichtlich der Höhe der Strafe einen weiten Ermessensspielraum.

ddd) Sühnestrafen, die nur gegen Kleriker verhängt werden konnten (c. 2298 CIC/1917)

Besondere, nur gegen Kleriker zulässige, Sühnestrafen enthielt c. 2298 CIC/1917. Dabei handelte es sich

- um die Beschränkung des liturgischen Dienstes auf eine bestimmte Kirche (c. 2298, 1^0 CIC/1917),
- die für immer, eine bestimmte Zeit oder hinsichtlich der Dauer „ad beneplacitum" des Oberen ausgesprochene Suspension[379] (c. 2298, 2^0 CIC/1917),
- die Strafversetzung (c. 2298, 3^0 CIC/1917),
- die Entziehung eines Rechts, das verbunden ist mit einem Benefizium oder einem Amt (c. 2298, 4^0 CIC/1917),
- die Unfähigkeit zu Würden, Ämtern u. ä., die Klerikern vorbehalten sind (c. 2298, 5^0 CIC/1917),
- die Entziehung eines Benefiziums oder eines Amtes, mit oder ohne Versorgungsansprüche (c. 2298, 6^0 CIC/1917),
- ein Aufenthaltsverbot für einen bestimmten Ort (c. 2298, 7^0 CIC/1917),
- die Zuweisung eines Aufenthaltsortes (c. 2298, 8^0 CIC/1917),
- der zeitlich beschränkte Entzug des Rechts zum Tragen der geistlichen Tracht (c. 2298, 9^0 CIC/1917)[380],

---

[379] Vgl. zur Suspension aa) ccc) (S. 79 f.).

[380] Folge war gemäß c. 2300 CIC/1917, dass der Kleriker keine geistlichen Amtshandlungen vornehmen durfte und die klerikalen Vorrechte (cc. 118-122 CIC/1917) für die Dauer des Entzugs des Rechts zum Tragen der geistlichen Tracht verlor.

- die Absetzung (Deposition)[381] (c. 2298, 10^0 CIC/1917),
- die Aberkennung des Rechts zum Tragen der geistlichen Tracht auf Dauer (c. 2298, 11^0 CIC/1917) und
- die Ausstoßung aus dem geistlichen Stand (Degradation)[382] (c. 2298, 12^0 CIC/1917).

Auch bei diesen Strafen ergab sich in aller Regel schon aus ihrer Bezeichnung, welche Folgen mit ihnen verbunden waren, so dass die entsprechenden Regelungen im Wesentlichen hinreichend konkret waren. Auch hier wäre im Rahmen des c. 2298, 2^0 und 9^0 CIC/1917 eine gesetzliche Regelung der Höchstdauer der befristeten Maßnahme wünschenswert gewesen.

cc) Strafsicherungsmittel

Die Voraussetzungen der Strafsicherungsmittel Mahnung (c. 2307 CIC/1917), Verweis (c. 2308 CIC/1917) und Strafgebot (c. 2310 CIC/1917) waren wie folgt geregelt:

Eine Mahnung konnte erfolgen, wenn jemand in nächster Gelegenheit stand, ein Delikt zu begehen oder nach einer Untersuchung der schwere Verdacht blieb, dass er ein Delikt begangen hatte. Ein Verweis war möglich, wenn aus dem Verhalten ein Ärgernis oder eine ernste Störung der sittlichen Ordnung entstanden war und ein Strafgebot unter „vergleichbaren“[383] Voraussetzungen, wenn jemand entweder bereits vorher gemahnt worden war bzw. einen Verweis erhalten hatte oder keine Aussicht bestand, dass dies zu einer Besserung führen könnte. Diese Umschreibungen waren weit gefasst. Da aber auf den Begriff des Deliktes zurückzugreifen war bzw. das Vorliegen eines Ärgernisses bzw. einer schweren Störung der Ordnung verlangt wurde, waren die Voraussetzungen noch hinreichend bestimmt.

Einen sehr breiten Spielraum ließ dagegen die Regelung zur Strafaufsicht in c. 2311 CIC/1917. Die Voraussetzungen hierfür waren nur beispielhaft (Gefahr des Rückfalls) aufgeführt und zu Inhalt und Grenzen der zulässigen Maßnahmen wurden gar keine Regelungen getroffen. Diese konnten vielmehr im Einzelfall festgelegt werden[384]. Zwar wurde hierzu festgestellt, die Maßnahmen dürften jedenfalls nicht zu einer Beschränkung i. S. des c. 2298, 7^0 bzw. 8^0 CIC/1917 füh-

---

381 Zur Deposition, die sowohl die Suspension vom Amte als auch den Verlust aller weiterer Ämter, Würden, Benefizien, Pensionen und Anstellungen sowie die Fähigkeit, diese zu erwerben, nach sich zog (c. 2303 § 1 CIC/1917), s. Bouuaert, in: Naz, Dictionnaire IV, „Déposition“, Sp. 1153 ff.; eine Aufzählung der Fälle, in denen eine Deposition erfolgen konnte, enthält Michiels, De delictis III, S. 433/434.

382 Michiels, De delictis III, S. 439, zählt die Straftaten, bei denen eine Degradation zulässig war, auf.

383 So: Mörsdorf, Rechtsprechung, S. 157/158.

384 Vgl. Chelodi/Ciprotti, S. 73 (Nr. 55); Rees, Strafgewalt, S. 227.

ren[385]. Dem widersprechend vertraten aber andere, die Strafaufsicht bestehe in der Verpflichtung, sich an einem bestimmten Ort aufzuhalten bzw. einen bestimmten Ort zu meiden und sich in festgelegten Abständen dem Oberen oder einer von diesem bestimmten Person zu präsentieren[386] – einschließlich ggf. der Pflicht, über den Lebenswandel Rechenschaft abzulegen.

dd) Strafbußen

Als Strafbußen wurden in c. 2313 CIC/1917 aufgezählt: Die Verrichtung bestimmter Gebete, von Wallfahrten, anderen frommen Werken, besonderen Fastenzeiten sowie das Leisten von Almosen („eleemosynas") für fromme Zwecke und von mehrtägigen Übungen in einem frommen (kirchlichen) Haus oder einem Kloster. Einige der Begriffe sind unscharf. So wurden unter frommen Werken auch nicht unerhebliche Leistungen verstanden[387]. Bei den Almosen wäre angesichts des bestehenden Interpretationsspielraums hinsichtlich der Angemessenheit der Höhe der Summe die Festlegung einer Obergrenze wünschenswert gewesen. Auch die Dauer der „mehrtägigen" geistlichen Übungen wurde nicht näher festgelegt. Aus dem Begriff „mehrtägig" konnte man zwar folgern, dass sich diese nicht über einen langen Zeitraum erstrecken durften. Dennoch wäre angesichts der Schwere des Eingriffs auch hier die gesetzliche Festlegung einer Obergrenze angezeigt gewesen. Die Vorschrift ließ daher ebenfalls einen sehr weiten Ermessensspielraum.

ee) Strafschärfung

Im Regelfall konnte nur die im Gesetz oder im Strafgebot angedrohte Strafe verhängt werden. Nähere Regelungen hierzu enthielten – wenn auch ausdrücklich nur für den Richter – cc. 2220 § 1 Satz 2, 2223 CIC/1917. Für den hier behandelten Gegenstand ist c. 2223 § 1, 2. Halbsatz CIC/1917 von Interesse. Danach konnte eine härtere[388] Strafe als angedroht verhängt werden, wenn außerordentliche erschwerende Umstände („extraordinaria adiuncta aggravantia") vorlagen. Eine nähere Beschreibung der erschwerenden Umstände fehlte an dieser Stelle. Insoweit waren jedoch die Grundsätze des c. 2196 CIC/1917 zu beachten. Danach richtete sich die Schwere eines Deliktes nicht nur nach der Wichtigkeit des verletzten Gesetzes, sondern auch nach dem Maß der Zurechenbarkeit des Deliktes sowie dem angerichteten Schaden. Gemäß c. 2218 § 1 CIC/1917 waren ferner im Rahmen der Strafzumessung zu berücksichtigen: Die Zurechenbarkeit des Deliktes, das Ärgernis sowie der Schaden und damit Ge-

---

385 Mörsdorf, Kirchenrecht III, S. 421.

386 Jombart, in: Naz, Traité IV, Nr. 1132 (S. 697); Naz, in: Naz, Dictionnaire VII, „Vigilance", Sp. 1504; Michiels, De delictis III, S. 462.

387 Z. B. die Errichtung einer Sühnekapelle, eines Kreuzweges oder eines Kreuzes, vgl. Mörsdorf, Kirchenrecht III, S. 422.

388 Die Verhängung einer milderen Strafe als angedroht ist unter dem Gesichtspunkt „nulla poena sine lege" unproblematisch, da dieser Satz nur zugunsten des Täters Anwendung findet.

genstand und Bedeutung des verletzten Gesetzes, Alter, Wissen, Bildung, Geschlecht (!), Beruf und Geisteszustand des Täters, die Stellung des Opfers oder des Täters, dessen Absicht, Ort und Zeit der Tat, Leidenschaft oder schwere Furcht bei der Tatbegehung, Reue, das Bestreben, die Folgen des Deliktes zu verhindern und „aliaque simila“[389]. Diese Aufzählung war also nicht abschließend. Dies steht einer hinreichenden Bestimmtheit nicht entgegen; der als Indiz für die Bestimmtheit vergleichbare § 46 Abs. 2 StGB enthält insoweit auch eine offene Formulierung[390]. Damit waren die erschwerenden Umstände i. S. des c. 2223 § 1, 2. Halbsatz CIC/1917 hinreichend konkretisierbar.

b) Bestimmtheit der Strafandrohung bei den Straftaten

Die Strafandrohungen in den cc. 2314 ff. CIC/1917 waren unterschiedlich konkret:

Teilweise wurde eine bestimmte Tatstrafe[391], in anderen Fällen – z. T. als Strafverschärfung neben der Tatstrafe – eine konkrete Spruchstrafe angedroht[392] und teilweise wurde Art und Höhe der Strafe in das Ermessen gestellt[393]. In den zu-

---

389 Vgl. dazu näher Ruf, Strafzumessung, S. 116 ff.

390 Der französische Code pénal enthält zwar – hinsichtlich der Freiheits- (Zuchthaus, Festungshaft bzw. Gefängnis) sowie der Geldstrafen – in den Strafbestimmungen scheinbar fast ausschließlich „absolute“ Strafandrohungen. So wird z. B. in Art. 311-3 C. P. ausgeführt: „Le vol est puni de trois ans d'emprisonnement et de 45 000 Euros d'amende“. Einen Geldstrafenrahmen (bis [„jusqu'à“] zur Hälfte des Wertes des Hehlerei- bzw. Geldwäschegutes) enthalten z. B. Artt. 321.3 und 324-3 C. P.). Dennoch handelt es sich bei den Strafandrohungen nur um Obergrenzen (vgl. Artt. 132.18-132.20 C. P.). Das Gericht kann und wird regelmäßig unter diesen Strafandrohungen bleiben. Die Festsetzung der Strafen erfolgt gemäß Art. 132-24 C.P. „en fonction des circonstances de l'infraction et de la personnalité de son auteur“.

391 Vgl. z. B. cc. 2314 § 1, 1⁰ und 3⁰, 1. Var.; 2315 Satz 2; 2318; 2319; 2320 (außer Satz 3, 2. Halbsatz); 2322, 1⁰ Satz 1; 2326; 2327; 2328, 2. Var.; 2332; 2333; 2334; 2335; 2338; 2339; 2341 (außer Satz 3, 2. Var.); 2342 (außer 1⁰ und 2⁰ jeweils Satz 2); 2343 § 1, 1⁰ und 2⁰, § 2, 1⁰ und 2⁰ § 3 und § 4, 1. Var.; 2345 Satz 1; 2346 Satz 1 und 2; 2347, 3⁰; 2350 § 1 Satz 1; 2351; 2352; 2353 (außer letzter Halbsatz); 2354 § 1; 2356 Satz 1; 2357 § 1, 1. Var.; 2360 § 1; 2363; 2365 Satz 2; 2366; 2367; 2368 § 2; 2369 § 1; 2370; 2371; 2372; 2373; 2374 Satz 1; 2375; 2381, 1⁰; 2385 Satz 1 und Satz 2, 1. Alt.; 2386 Satz 1; 2387 Satz 2; 2388 § 1 Satz 1, § 2; 2390 § 2; 2391 §§ 1 und 3; 2392, 1⁰ und 2⁰; 2393; 2394, 1⁰, 1. Var. und 3⁰; 2395, 1. Var.; 2396; 2397; 2398; 2400; 2402; 2405 (außer letzte Var.); 2409; 2410.

392 Vgl. z. B. cc. 2314 § 1, 2⁰ und 3⁰, 2. Var.; 2315 Satz 1; 2317 (außer letzter Halbsatz); 2320 Satz 3, 2. Halbsatz; 2321; 2322, 1⁰ Satz 2, 1. Var. und Satz 3; 2328, 1. und 3. Var.; 2331 § 2 Satz 2 und 3; 2336 § 1; 2340 § 2; 2342, 1⁰ und 2⁰ jeweils Satz 2; 2343 § 1, 3⁰ und § 2, 3⁰; 2345 Satz 2; 2346 Satz 3; 2347, 2⁰ (außer Satz 3, 2. Alt.); 2350 § 1 Satz 2 und § 2; 2354 § 2 Satz 2; 2355, letzte Var.; 2356 Satz 2; 2357 § 2; 2359 §§ 1 und 2; 2360 § 2 Satz 2; 2364, 1. Var.; 2365 Satz 1; 2368 § 1; 2377 Satz 2; 2378; 2379; 2381, 2⁰; 2384; 2386 Satz 2, 1. Alt.; 2387 Satz 1; 2388 § 1 Satz 2; 2392, 3⁰; 2394, 2⁰; 2399; 2405, letzte Var.; 2406 (außer § 1 letzte Var.); 2408; 2413; 2414.

393 Vgl. z. B. c. 2317 letzter Halbsatz (andere Strafen); c. 2322 § 1, 1⁰ Satz 2, 2. Var. sowie 2⁰ (jeweils nach Schwere der Schuld); c. 2323 (nach klugem Ermessen); c. 2324 (nach Schwere der Schuld; ggf. auch Suspension bei Klerikern oder Exkommunikation bei Laien);

letzt genannten Fällen bestand eine weitgehende Freiheit bei der Strafzumessung. Die Verhängung von Beugestrafen war zwar in c. 2242 § 1 CIC/1917 beschränkt. Diese Strafen waren – abgesehen von weiteren Voraussetzungen – nur zulässig, wenn es sich um ein schwerwiegendes Delikt[394] handelte. Dieses Merkmal bezog sich auf objektive[395] und subjektive Umstände, die an Hand cc. 2196, 2218 § 1 CIC/1917[396] näher zu bestimmen waren. Letztlich konnte daher bei allen danach als schwerwiegend anzusehenden Taten auch eine Beugestrafe verhängt werden. Die Verhängung der schwerwiegendsten Sühnestrafen (Absetzung und Degradation) war dagegen nur zulässig, wenn sie im (allgemeinen) Recht (= Gesetz) angedroht waren; die Degradation auch dann, wenn der Kleriker nach Ausspruch der Deposition und Aberkennung des Rechts, die geistliche Tracht zu tragen, noch ein Jahr lang Anlass zu einem schweren Ärgernis gab (cc. 2303 § 3, 2503 § 2 CIC/1917).

---

c. 2325 (nach Schwere der Schuld); c. 2329 (nach Schwere der Tat Interdikt oder andere angemessene Strafen); c. 2331 § 1 (nach Schwere der Schuld, auch Zensuren), § 2 Satz 1 (Zensuren und andere Strafen); c. 2337 (nach Schwere der Schuld, ggf. auch Suspension); c. 2341 Satz 3, 2. Var. (nach Schwere der Schuld); c. 2343 § 4, 2. Var. (nach klugem Ermessen); c. 2344 (Zwang zur Genugtuung auch durch Zensuren sowie Auferlegung weiterer Strafen oder Bußen nach Schwere der Schuld); c. 2347 Satz 1 (Zwang zur Rückgabe zu Unrecht erworbenen Gutes auch durch Zensuren), c. 2347, 1° und 2° Satz 3, 2. Alt. (jeweils entsprechende Strafen); c. 2348 (Erfüllung auch durch Zensuren erzwingbar); c. 2349 (nach klugem Ermessen); c. 2353 letzter Halbsatz (nach Schwere der Schuld weitere Strafen neben dem Ausschluss von Ehrenrechten); c. 2354 § 2 Satz 1 (nach Schwere der Schuld Bußen, Zensuren, Enthebungen vom Amt, Benefizium sowie der Dignität oder Deposition); c. 2355 (außer letzte Var.) (entsprechende Strafen und Bußen); c. 2357 § 1, 2. Var. (nach Ermessen weitere Strafen); c. 2358 (nach Schwere der Schuld, ggf. auch Degradation); c. 2359 § 3 (nach Schwere der Tat); c. 2360 § 2 Satz 1 (auch andere Strafen als die in § 1 genannte Tatstrafe der Exkommunikation, einschließlich Entzug des Benefiziums, des Amtes, der Würde oder der Pension); c. 2361 (nach Schwere der Schuld); c. 2362 (nach Schwere der Tat); c. 2364, 2. Var. (nach Schwere der Schuld); c. 2369 § 2 (nach Schwere der Schuld); c. 2374 Satz 2 (nach den Umständen); c. 2376 (entsprechende Strafen); c. 2377 Satz 1 (nach klugem Ermessen); c. 2380 (nach Schwere der Schuld); c. 2383 (nach Schwere der Schuld); c. 2385 Satz 2, 2. Alt. (nach Schwere der Schuld); c. 2386 Satz 2, 2. Alt. (nach Schwere der Schuld); c. 2389 (Bestrafung, auch Verlust des Stimmrechts oder des Amtes); c. 2390 § 1 (nach Schwere der Schuld); c. 2391 § 2 (nach Schwere der Schuld); c. 2394, 1° 2. Var. (nach Schwere der Schuld); c. 2395, 2. Var. (nach Schwere der Schuld); c. 2401 (Zwang zur Aufgabe des Amtes durch suspensio a divinis, andere Strafen, notfalls durch Deposition); c. 2403 (Strafe, ggf. auch Entzug des Amtes, des Benefiziums, einer Dignität oder einer sonstigen Anstellung); c. 2404 (nach Schwere der Schuld); c. 2406 § 1, letzte Var. (nach Art der Schuld); c. 2407 (angemessene Strafe); c. 2411 (nach Schwere der Schuld, auch Enthebung vom Amt); c. 2412 (nach Schwere der Schuld).

[394] „Censura punitur tantummodo *delictum* externum, *grave*, consummatum, cum contumacia coniunctum; (...)".

[395] Die Beschränkung des Merkmals „grave" auf die subjektiven Umstände – so wohl Jombart, in: Naz, Traité IV, Nr. 994 (S. 628), der das Merkmal „grave" in c. 2242 § 1 CIC/1917 als überflüssig ansieht, da c. 2218 § 2 CIC/1917 ohnehin bestimme, einer Strafe unterliege nur, wer für die Tat schwer verantwortlich sei – überzeugt daher nicht.

[396] Vgl. Michiels, De delictis III, S. 19.

Gegen diese weiten Strafrahmen bestanden im Hinblick auf das Bestimmtheitsgebot keine Bedenken. Der Deliktsbegriff in c. 2195 § 1 CIC/1917 erforderte lediglich die Androhung einer *unbestimmten* Strafe. Die möglichen Strafen waren allein gesetzlichen Bestimmungen zu entnehmen und besonders schwerwiegende Strafen nur unter zusätzlichen gesetzlichen Voraussetzungen zulässig. Damit bestand kein zu weiter Ermessensspielraum hinsichtlich der zu verhängenden Strafe.

II. Rechtslage unter der Geltung des CIC/1983

1. Nullum crimen sine lege *certa*

a) Gesetzliche Grundlagen für den Grundsatz „Nullum crimen sine lege *certa*"

Auch im CIC/1983 ist bestimmt, dass Gesetze bei einem Rechtszweifel nicht verpflichten (c. 14 CIC/1983). Ein Gesetz, das Sinn und Reichweite nicht erkennen lässt, hat keine bindende Wirkung[397]. Dies gilt erst recht für Strafgesetze. In der Kanonistik wird darüber hinaus insbesondere die Gefahr weit und unbestimmt gefasster Strafgesetze erkannt. So wird darauf hingewiesen, die wirkliche Gefahr für den Nullum-crimen-Satz seien unbestimmt gefasste Strafgesetze. Das „Prinzip der Ausdrücklichkeit" der Strafandrohung sei im kanonischen Strafrecht eine „tragende Säule"[398]. Dieses verlange mehr als die bloße Möglichkeit, nach Ermessen Strafen zu verhängen[399]. Für schwerwiegende Strafen wird ausdrücklich gefordert: „the law must define precisely the meaning of the pertinent delict and consider carefully any such factors"[400]. Auch dem CIC/1983 lässt sich daher der Grundsatz „nullum crimen sine lege *certa*" entnehmen.

b) Beachtung des Grundsatzes „Nullum crimen sine lege *certa*" in den cc. 1364 ff. CIC/1983

Das Strafrecht nimmt im CIC/1983 gegenüber dem CIC/1917 deutlich weniger Raum ein. Viele Strafbestimmungen, die wenig praxisrelevante Delikte betrafen, sind entfallen. Die folgende Darstellung beschränkt sich auf die im 2. Teil des VI. Buches des CIC/1983 enthaltenen Tatbestände[401].

---

[397] Vgl. Huels, in: Beal/Coriden/Green, (zu c. 14) S. 67; Örsy, in: Coriden/Green/Heintschel, (zu c. 14) S. 34; MK-Socha, c. 14 Rn. 4.

[398] di Mattia, Equità, S. 89 ff. (S. 90).

[399] Diz Pintado, REDC 41 (1985), 401 ff. (407 f.).

[400] Green, Jurist 63 (2003), 366 ff. (384).

[401] Zu weiteren Straftatbeständen im CIC/1983 s. Paarhammer, S. 403 ff. (441 ff.). Strafbar ist ferner das Aufzeichnen einer Beichte mittels technischer Geräte bzw. das Verbreiten des im Rahmen der Beichte gesprochenen Wortes mittels sozialer Kommunikationsmittel, vgl. das Dekret der Glaubenskongregation vom 13. September 1988 (AAS 80 [1988], 1367).
In der Konstitution „Universi Dominici Gregis" Papst Johannes Paul II. (1978-2005) zur Papstwahl (AAS 88 [1996], 305 ff.) sind weitere Straftatbestände enthalten, so Verstöße gegen die Klausur des Konklaves (Nr. 55), Verletzungen der Geheimhaltungspflicht durch

aa) Delikte gegen die Religion und die Einheit der Kirche (cc. 1364-1369 CIC/1983)

Geblieben ist in c. 1364 § 1 CIC/1983 die latae sententiae eintretende Exkommunikation für Apostaten, Häretiker und Schismatiker[402]. Die Definitionen dieser Begriffe finden sich in c. 751 CIC/1983[403]. Sie entsprechen weitgehend denen in c. 1325 § 2 CIC/1917. Hinsichtlich der Bestimmtheit dieser Strafvorschrift wird auf die Ausführungen zu c. 2314 CIC/1917[404] verwiesen.

Strafbar gemäß c. 1365 CIC/1983 ist die verbotene Gottesdienstgemeinschaft. Ausdrücklich verboten ist katholischen Priestern gemäß c. 908 CIC/1983 weiterhin, zusammen mit Priestern oder Amtsträgern einer nicht mit der katholischen Kirche in voller Gemeinschaft stehenden Kirche oder kirchlichen Gemeinschaft die Eucharistie zu konzelebrieren. Erfasst von c. 1365 CIC/1983 sind aber über diesen ausdrücklich geregelten Fall hinaus auch die nach Maßgabe des c. 844 CIC/1983 unerlaubte Zulassung von Nichtkatholiken zu den Sakramenten bzw. der danach unerlaubte Empfang eines Sakramentes von einem nichtkatholischen Kirchendiener[405] sowie vom Kirchenrecht nicht zugelassene Formen der Teilhabe von Nicht-Katholiken am katholischen Gottesdienst sowie von Katholiken an einem nicht-katholischen Gottesdienst[406]. Die passive Teilnahme an einem nicht-katholischen Gottesdienst ist nicht strafbar. Auf Grund der vom Zweiten Vatikanischen Konzil anerkannten Bedeutung der Ökumene enthält der CIC/1983 zwar Vorschriften, die den Empfang von Sakramenten von oder deren Spendung an Nichtkatholiken regeln. Da die Entwicklung der Ökumene aber noch im Fluss und überdies in den verschiedenen Regionen der Weltkirche un-

---

Nichtwahlberechtigte, die sich gemäß Nr. 46 berechtigt im Konklave aufhalten (Nr. 58), Simonie (Nr. 78), Übermittlung eines staatlichen „Vetos“ (Nr. 80) und das Eingehen von Verpflichtungen oder Vereinbarungen bzgl. der Ausübung des Stimmrechts (Nr. 81).
Nicht berücksichtigt werden auch die Normen, die der von der Kongregation für die Glaubenslehre am 18. Mai 2001 erlassenen „Epistula“ (AAS 93 [2001], 785 ff.) zu dem MP „Sacramentorum sanctitatis tutela“ vom 30. April 2001 (AAS 93 [2001], 737 ff.) beigefügt sind; vgl. dazu B. II. 2. (S. 47 f.).

402 Zu weiteren Folgen s. auch die Aufzählung bei Borras, Sanctions, S. 164.

403 Güthoff, Erwägungen, S. 109 ff. (109), verweist zutreffend darauf, dass die Qualifizierung einer Auffassung als häretisch nie leichtfertig erfolgen darf, sondern nur, wenn alle Harmonisierungsversuche mit dem depositum fidei erfolglos geblieben sind.

404 Vgl. I. 1. b) aa) (S. 54 f.). Weiterhin ist Voraussetzung für eine Strafbarkeit, dass sich der Täter bewusst ist, von einer Glaubenswahrheit abzuweichen und dies auch will, so dass diese Vorschrift schwer anwendbar ist, vgl. MK-Lüdicke, c. 1364 Rn. 5.

405 Vgl. Marzoa, in: Comentario exegético IV/1, c. 1365 Anm. 1 (S. 480); Paralieu, S. 398; Rees, Strafgewalt, S. 432; Werckmeister, Dictionnaire, „Communicatio in sacris“, S. 59. Eine allgemeine Darstellung dieser Vorschrift enthält die Darstellung von Rhode, AfkKR 171 (2002), 420 ff. (425 ff.).

406 C. 1365 CIC/1983 soll einer recht verstandenen Ökumene nicht im Weg stehen, wohl aber einem unkontrollierten und eigenmächtigen Tätigwerden auf diesem Gebiet, vgl. Rees, ÖAKR 44 (1995-97), 243 ff. (258 f.); Rhode, AfkKR 171 (2002), 420 ff. (427); Sebott, c. 1365 Anm. 2 (S. 163).

terschiedlich stark ausgeprägt ist, konnten in den CIC/1983 insoweit nur generelle Leitlinien aufgenommen werden[407], so dass die Materie mit größtmöglicher Bestimmtheit geregelt ist.

Strafbar gemäß c. 1366 CIC/1983 ist die Veranlassung der nicht-katholischen Taufe oder Erziehung eines Kindes durch die Eltern oder Personen, die an deren Stelle stehen. Der weite Wortlaut steht in einem Spannungsverhältnis zur Problematik der Kindeserziehung in konfessions- oder religionsverschiedenen Ehen. Die Frage, wie dieses Problem zu lösen ist, muss hier offen bleiben[408]. Jedenfalls lässt der Wortlaut hinreichend deutlich erkennen, welches Verhalten von ihm erfasst werden soll, nämlich das bewusste Veranlassen einer nicht-katholischen Taufe oder Erziehung[409].

In c. 1367 CIC/1983 wird das Wegwerfen sowie das Entwenden oder Zurückbehalten der eucharistischen Spezies (Gestalten)[410] in sakrilegischer Absicht unter Strafe gestellt. Obwohl der Begriff des Sakrilegs sehr weit gefasst ist[411], bestehen angesichts des eindeutig beschriebenen Schutzobjekts und da ersichtlich nur eine Verwendung außerhalb der Eucharistiefeier sowie der Sakramentenspendung erfasst werden soll, hinsichtlich der Bestimmtheit des Tatbestandes i. S. des c. 14 CIC/1983 keine Bedenken.

C. 1368 CIC/1983 erfasst hinreichend bestimmt den gerichtlichen sowie den außergerichtlichen Meineid, also z. B. die unter Eid gegebene Bekräftigung, dass eine Aussage der Wahrheit entspricht (Nacheid) oder bezüglich eigener Absichten, z. B. Pflichten zu erfüllen (Voreid).

Eine sehr weitgehende Strafvorschrift ist c. 1369 CIC. Bei allen Tatmodalitäten muss die Tat „öffentlich“ auf einer Veranstaltung, in einer Schrift oder in einem anderen sozialen Kommunikationsmittel erfolgt sein:

- Erste Tatmodalität ist die Gotteslästerung. Der Begriff wird nicht näher definiert; dies ist aus den zu c. 2323 CIC/1917 ausgeführten Gründen unproblematisch[412].
- Die zweite Handlungsmodalität ist die schwere Schädigung der guten Sitten. Diese Umschreibung ist sehr unpräzise und lässt dem Strafverfolgungsorgan einen sehr weiten Entscheidungsspielraum, welches Verhalten strafbar ist. Die Vorschrift ist insofern noch weiter gefasst als c. 1399 CIC/1983, da noch

---

407 Vgl. Green, in: Beal/Coriden/Green, (zu c. 1365) S. 1577.

408 Vgl. näher MK-Lüdicke, c. 1366 Rn. 2 und 3; Paarhammer, S. 403 ff. (421 ff.).

409 Rees, Strafgewalt, S. 433.

410 Die konsekrierten Gaben Brot und Wein: Borras, L'excommunication, S. 50; Borras, in: Comentario exegético IV/1, c. 1367 Anm. 1 (S. 488). Fehlt die Konsekration, ist c. 1367 CIC/1983 nicht vollendet, vgl. Sériaux, Rn. 289 (S. 720 Fn. 7).

411 Vgl. die Ausführungen zu c. 2325 CIC/1917 unter I. 1. b) bb) (S. 58).

412 Vgl. oben I. 1. b) bb) (S. 57).

nicht einmal eine Gesetzesverletzung vorausgesetzt wird, so dass ihr Anwendungsbereich kaum bestimmbar ist[413].

- Der Begriff „Beleidigung" der Religion oder der Kirche in der dritten Handlungsmodalität ist dagegen eine ausreichende Kennzeichnung des strafbaren Verhaltens.
- Die vierte Handlungsmodalität verweist nur auf das Ergebnis, nämlich das Erregen von Hass oder Verachtung gegen die katholische Kirche oder Religion. Auch diese Merkmale sind sehr weitgehend, können aber durch Auslegung konkretisiert werden[414]. Für den Regelfall ist daher voraussehbar, wann die Voraussetzungen dieser Vorschrift vorliegen.

bb) Delikte gegen die kirchlichen Autoritäten und die Freiheit der Kirche (cc. 1370-1377 CIC/1983)

In c. 1370 CIC/1983 wird die Anwendung physischer Gewalt gegen den Papst (§ 1) bzw. einen Bischof (§ 2) mit Strafe bedroht. Diese Tatbestandsumschreibung ist hinreichend konkret. C. 1370 § 3 CIC/1983 stellt die Anwendung physischer Gewalt gegen einen Kleriker oder einen Ordensangehörigen, die in Missachtung des Glaubens, der Kirche, der kirchlichen Gewalt oder eines kirchlichen Amtes erfolgt, unter Strafe. Diese Vorschrift ist aus den Erwägungen zu c. 1369 CIC/1983, vierte Handlungsmodalität, ebenfalls hinreichend bestimmt.

C. 1371, 1^0 CIC/1983 ist – wie sich aus der Formulierung „praeter casum de quo in can. 1364, § 1" ergibt – gegenüber dieser Vorschrift subsidiär. Strafbar ist nach der 1. Var. das Lehren einer vom Papst oder vom Ökumenischen Konzil verworfenen Lehre. Auf Grund dieser Entscheidung ist der Kreis der von dieser Strafvorschrift erfassten Lehren eindeutig bestimmt. Nach der 2. Var. strafbar ist das Zurückweisen einer Lehre des Glaubens oder der Sitte, die vom Lehramt der Kirche als endgültig („definitive") vorgelegt worden ist bzw. einer sonstigen vom Papst oder dem Bischofskollegium im Rahmen des authentischen Lehramtes, wenn auch nicht als definitiv, vorgelegten Lehre in Glaubens- oder Sittenfragen. Verlangt wird in beiden Tatbestandsvarianten das *hartnäckige* Lehren bzw. Zurückweisen einer derartigen Lehre. Daher wird nur bestraft, wer hieran festhält, obwohl er vom Apostolischen Stuhl oder von seinem Ordinarius ermahnt worden ist. Damit ist – nach dieser Mahnung – für den Einzelnen der Umfang der von dieser Strafvorschrift erfassten Fälle absehbar, so dass die Vorschrift insgesamt hinreichend bestimmt ist.
Gemäß c. 1371, 2^0 CIC/1983 soll bestraft werden, wer einem rechtmäßigen Gebot oder Verbot des Apostolischen Stuhles, des Ordinarius oder eines Oberen nicht gehorcht und auch nach einer Mahnung im Ungehorsam verharrt. Auch

---

413 Vgl. MK-Lüdicke, c. 1369 Rn. 4.

414 Selbst im nur bedingt als Vergleichsmaßstab für die Bestimmtheit heranziehbaren weltlichen Strafrecht findet sich mit dem Merkmal „Aufstacheln" zum Hass in § 130 StGB ein ähnlich weitgefasstes Kriterium.

diese – c. 2331 § 1 CIC/1917 nachgebildete – Vorschrift entspricht dem Bestimmtheitsgebot, da sie an die kanonische Tradition anknüpft, dass jeder Ungehorsam bestraft werden kann.

Gemäß c. 1372 CIC/1983 ist die Anrufung eines Ökumenischen Konzils oder des Bischofskollegiums gegen eine Maßnahme des Papstes strafbar. Der Wortlaut gibt das strafbare Verhalten hinreichend deutlich an.

Strafbar macht sich gemäß c. 1373, 1. Alt. CIC/1983 ferner, wer öffentlich wegen einer Maßnahme der kirchlichen Gewalt oder eines kirchlichen Amtes Feindschaft („simultates") der Untergebenen oder Hass („odia") gegen den Apostolischen Stuhl oder den Ordinarius erregt. Die kirchliche Maßnahme kann jede amtliche Tätigkeit der Kirche betreffen. Dies ist zwar sehr weitgehend. Die Vorschrift wird aber eingeschränkt durch die genannten Voraussetzungen, dass Hass oder Feindschaft erregt werden müssen. Eine derartige Formulierung ist – wie bereits zu c. 1369, vierte Handlungsmodalität CIC/1983 ausgeführt – durch Auslegung hinreichend konkretisierbar, so dass diese Tatbestandsvariante dem Bestimmtheitsgebot genügt.
Gemäß c. 1373, 2. Alt. CIC/1983 macht sich ferner strafbar, wer einen anderen zum Ungehorsam gegenüber dem Apostolischen Stuhl oder dem Ordinarius des anderen auffordert. Wie bereits zu c. 1371, 2⁰ CIC/1983 festgestellt, ist ein Tatbestandsmerkmal, das an Ungehorsam gegen eine rechtmäßige Weisung anknüpft, hinreichend bestimmt.

Gemäß c. 1374 CIC/1983 soll derjenige, der einer Vereinigung beitritt, die gegen die Kirche Machenschaften betreibt, mit einer gerechten Strafe belegt werden[415]. Mit dem Interdikt bestraft werden soll, wer eine solche Vereinigung fördert oder leitet. Der Kodex enthält insoweit keine nähere Konkretisierung, also insbesondere keine Aufzählung dieser Vereinigungen. Dies kann in Gesetzen oder Allgemeindekreten geschehen[416]. Eine derartige Konkretisierung wäre wünschenswert, da hierdurch Rechtssicherheit geschaffen würde. Im Übrigen ist im Strafverfahren zu prüfen, ob die Vereinigung „Machenschaften" betreibt[417]. Das Merkmal des „Förderns" der Vereinigung ist nach allgemeinem Sprachgebrauch als jede Hilfeleistung oder Unterstützung zu verstehen. Die einfache Mitgliedschaft in der Vereinigung ist hierfür weder erforderlich noch für sich genommen ausreichend[418].

---

415 Vgl. zu dieser Vorschrift auch Rees, Strafgewalt, S. 446 ff.; der Beitritt muss nach dem Satzungsrecht der Vereinigung wirksam sein, vgl. Sériaux, Rn. 290 (S. 723).

416 MK-Lüdicke, c. 1374 Rn. 2.

417 MK-Lüdicke, c. 1374 Rn. 2.

418 Vgl. MK-Lüdicke, c. 1374 Rn. 2.

C. 1375 CIC/1983 ist eine unübersichtliche Vorschrift:

- Strafbar ist die Behinderung der Freiheit des kirchlichen Dienstes. Lüdicke kommt zu dem Ergebnis, dass jede im Auftrag der Kirche erfolgende Tätigkeit geschützt werden soll[419], also jede Tätigkeit, die einen Bezug zur Kirche aufweist, letztlich sogar eine wirtschaftliche. Voraussetzung ist lediglich ein rechtswidriges Verhalten; insoweit ähnelt die Vorschrift c. 1399 CIC/1983.

- Ebenfalls strafbar ist die Behinderung der Freiheit der Wahl. Da die Einschüchterung von Wählern oder eines Gewählten gesondert mit Strafe bedroht ist, können hier nur sonstige Behinderungen der Freiheit einer Wahl gemeint sein. Problematisch ist dabei, dass die Tathandlung nicht näher beschrieben wird. Auch hier kann letztlich jedes Verhalten, das die Wahl betrifft und nach Auffassung der zuständigen kirchlichen Autorität rechtswidrig ist, als strafbar angesehen werden. Die Vorschrift ähnelt daher ebenfalls hinsichtlich ihrer Weite c. 1399 CIC/1983.

- Auch die Behinderung der Kirchengewalt wird unter Strafe gestellt. Geschützt werden die gesetzgebende, die ausführende und die richterliche Gewalt sowie die mit der Weihegewalt oder mit dem Sakramenten- bzw. Verkündigungsrecht verbundenen Befugnisse und Fähigkeiten[420]. Auch hierunter lässt sich praktisch die gesamte Bandbreite der Tätigkeit der Kirche fassen. Selbst bei Randbereichen kirchlicher verwaltender Tätigkeit oder der Seelsorge kann deren wie auch immer geartete Einschränkung als tatbestandsmäßig angesehen werden. Daher lässt auch diese Variante einen sehr großen Entscheidungsspielraum.

- In der 4. Variante wird jede Beeinträchtigung der Freiheit des rechtmäßigen Gebrauchs Heiliger Güter mit Strafe bedroht. Heilige Güter sind Sachen, die (unmittelbar) dem sakralen Gebrauch dienen, also durch Weihung oder Segnung für den Gottesdienst bestimmt sind (c. 1171 CIC/1983). Damit ist der Kreis der hiervon erfassten Gegenstände eingegrenzt. Die Freiheit des Gebrauchs Heiliger Güter wird beeinträchtigt durch jeden – auch zeitweiligen – Entzug sowie deren Unbrauchbarmachen. Die Vorschrift lässt sich damit hinreichend konkretisieren.

- Strafbar ist auch jede Behinderung des rechtmäßigen Gebrauchs anderer kirchlicher Güter. Kirchliches Gut ist gemäß c. 1257 § 1 CIC/1983 jedes Vermögen, das der Gesamtkirche, dem Apostolischen Stuhl oder einer anderen öffentlichen juristischen Personen in der Kirche gehört. Anders als in cc. 2345 bis 2347 CIC/1917 werden die Tatmodalitäten nicht näher beschrieben. Auch hier kann man dieses Merkmal aber dahingehend konkretisieren, dass jeder auch nur zeitweise Entzug sowie das Unbrauchbarmachen

---

419 MK-Lüdicke, c. 1375 Rn. 3.

420 Vgl. MK-Lüdicke, c. 1375 Rn. 3.

strafbar sein sollen. Damit ist die Vorschrift hinreichend bestimmt.

- Gemeinsames Merkmal der 6.-9. Variante ist das der „Einschüchterung" und zwar eines Wählers oder eines Gewählten bei einer kanonischen Wahl sowie einer Person, die kirchliche Gewalt oder ein kirchliches Amt ausübt. Unter Einschüchterung ist die Einflussnahme durch rechtswidrige Drohungen zu verstehen[421]. Auch diese Tatmodalitäten sind hinreichend bestimmt.

In c. 1376 CIC/1983 wird demjenigen, der eine Heilige Sache profanisiert, eine gerechte Strafe angedroht. Zur Tathandlung des Profanisierens oder Entheiligens enthält der CIC/1983 keine näheren Bestimmungen. Nicht ausreichend ist der einmalige bzw. gelegentliche Gebrauch zu einem bestimmungswidrigen Zweck. Erforderlich ist vielmehr eine Änderung des Zwecks der Sache[422]. Da dem Begriff „profanat" durch Auslegung ein hinreichend deutlicher Sinn gegeben werden kann, genügt die Vorschrift dem Grundsatz „nullum crimen sine lege *certa*".

Die Veräußerung kirchlicher Güter ohne die erforderliche Erlaubnis wird in c. 1377 CIC/1983 mit einer gerechten Strafe bedroht. Die Erforderlichkeit der Erlaubnis ergibt sich aus gesetzlichen Bestimmungen (z. B. cc. 638 § 3, 1291, 1292 oder 1298 CIC/1983)[423]. Da das Merkmal „alienare" (= verkaufen) wörtlich zu verstehen ist[424], ist auch der Kreis der hiervon erfassten Handlungen hinreichend deutlich bestimmt.

cc) Amtsanmaßung und Amtspflichtverletzung (cc. 1378-1389 CIC/1983)

In c. 1378 CIC/1983 werden mehrere Handlungen, die die Feier eines Sakramentes betreffen, mit Tat- und ggf. weiteren Spruchstrafen bedroht:

- Gemäß c. 1378 § 1 CIC/1983 macht sich ein Beichtvater strafbar, der eine Person, mit der er eine Sünde gegen das Sechste Gebot begangen hat, von dieser Sünde losspricht. Lüdicke kritisiert, der Hinweis auf das Sechste Gebot sei eine untaugliche Formulierung, da dieses seinem Wortlaut nach nur den Ehebruch, also hier den Geschlechtsverkehr mit einer verheirateten Frau, betreffe, der Gesetzgeber aber auch sonstige Handlungen mit sexuellem Bezug, wie Gespräche etc. erfassen wollte[425]. Diese Verhaltensweisen könnten nicht bestraft werden, da im Strafrecht eine enge Auslegung geboten sei. Die Vorschrift genüge nicht dem Maß an Eindeutigkeit, das im Strafrecht zu fordern sei[426]. Dieser Kritik kann nicht gefolgt werden. Die Anwendung des

---

421 MK-Lüdicke, c. 1375 Rn. 4.

422 Vgl. MK-Lüdicke, c. 1376 Rn. 2. Ähnlich Borras, Sanctions, S. 178: Gefordert sei eine Profanisierung, nicht eine bloße Hinderung des Gebrauchs.

423 Vgl. Borras, Sanctions, S. 178, der allerdings irrtümlich auf c. *639* § 3 CIC/1983 verweist; MK-Lüdicke, c. 1377 Rn. 2.

424 Vgl. MK-Lüdicke, c. 1377 Rn. 2.

425 Vgl. MK-Lüdicke, c. 1378 Rn. 3 und MK-Lüdicke, c. 1395 Rn. 4. Für eine Beschränkung dieses Gebotes auf den Ehebruch im Ergebnis auch Maillot, S. 114.

426 Vgl. MK-Lüdicke, c. 1378 Rn. 3.

c. 18 CIC/1983 führt in diesem Fall nicht zu der nach Lüdicke gebotenen engen Auslegung, weil bei der Auslegung eines Gesetzes dessen Zweck nicht unberücksichtigt bleiben darf und dieser auch eine extensive Auslegung rechtfertigen kann[427]. Wie bereits festgestellt[428], kann der Begriff des Verstoßes gegen das Sechste Gebot nicht losgelöst von dem moraltheologischen Hintergrund ausgelegt werden[429]. Unverändert wird hierunter jeder „ungeregelte Genuss der geschlechtlichen Lust oder ein ungeordnetes Verlangen nach ihr" verstanden[430]. Amar[431] verweist daher zutreffend darauf, der Begriff des Ehebruchs sei von Jesus nicht restriktiv, sondern umfassend verstanden worden. Der an anderer Stelle von Lüdicke erhobene Einwand, der CIC/1983 benenne anders als der CIC/1917 keine Sexualdelikte ausdrücklich[432], lässt die aus der Moraltheologie abgeleitete Argumentation unberührt. Ferner stellt er selbst fest, dass die Formulierungen in c. 1395 § 1 CIC/1983 („in alio peccato externo contra sextum Decalogi praeceptum"), sowie in c. 1395 § 2 CIC/1983: („aliter contra sextum Decalogi praeceptum deliquerit") dafür sprechen, den Begriff umfassend zu verstehen[433]. Die Vorschrift ist daher hinreichend bestimmt.

- Gemäß c. 1378 § 2, 1° CIC/1983 zieht sich derjenige die Tatstrafe des Interdikts – bzw. bei Klerikern der Suspension – zu, der, obwohl er nicht die Priesterweihe erhalten hat, versucht, das eucharistische Opfer zu feiern. Der Kreis der tauglichen Täter sowie die Tathandlung sind aus dem Wortlaut deutlich erkennbar, so dass die Vorschrift ausreichend bestimmt gefasst ist.
- Die gleichen Folgen treffen gemäß c. 1378 § 2, 2° CIC/1983 denjenigen, der die sakramentale Beichte hört oder versucht, die Absolution zu erteilen, obwohl er die dazu erforderliche Vollmacht nicht hat. Spender des Beichtsakramentes ist allein der Priester (c. 965 CIC/1983). Hinzu kommen muss aber auch die Befugnis, die Absolution zu erteilen (c. 966 § 1 CIC/1983). Weitere Bestimmungen zur Beichtvollmacht sind in cc. 967 ff. CIC/1983 enthalten. Täter kann daher nicht nur ein Nicht-Priester sein, sondern auch jeder Priester, der nicht die entsprechende Beichtvollmacht hat. Da sowohl Tathandlung als auch Täterkreis umschrieben sind, genügt die Vorschrift dem Bestimmtheitsgebot.

---

427 MK-Socha, c. 18 Rn. 5.

428 Vgl. I. 1. b) dd) (S. 65 f.) zu c. 2357 § 2 CIC/1917.

429 So im Ergebnis auch Häring, Théologie, S. 148. Unerheblich ist es daher, dass der Katechismus nicht als Gesetz promulgiert worden ist, vgl. aber Werckmeister, RDC 51 (2001), 373 ff. (376).

430 Vgl. dazu Katechismus, S. 594 ff. (Nr. 2351 ff.).

431 Amar, S. 187. Siehe Mt 5, 27 f.: Ihr habt gehört, dass gesagt worden ist: Du sollst nicht die Ehe brechen. Ich aber sage euch: Wer eine Frau auch nur lüstern ansieht, hat in seinem Herzen schon Ehebruch mit ihr begangen.

432 Vgl. MK-Lüdicke, c. 1395 Rn. 4.

433 Vgl. MK-Lüdicke, c. 1395 Rn. 4 a.

In c. 1379 CIC/1983 wird allgemein die Simulation der Spendung eines Sakramentes mit Strafe bedroht. Erfasst wird die Spendung durch eine Person, die unter den gegebenen Umständen hierzu nicht befähigt ist sowie durch eine, die hierzu grundsätzlich in der Lage ist, aber bewusst auf einen für die Gültigkeit erforderlichen Bestandteil verzichtet[434]. Da die Voraussetzungen hierfür dem CIC/1983 entnommen werden können, genügt c. 1379 CIC/1983 dem Bestimmtheitsgebot.

In c. 1380 CIC/1983 wird die simonistische Spendung oder der simonistische Empfang eines Sakramentes mit Strafe bedroht. Lüdicke kritisiert, der Begriff der Simonie lasse sich nur wissenschaftlichen Stellungnahmen entnehmen, aber nicht dem Gesetz. „Aus dem Lehrbuch“ könne aber niemand bestraft werden[435]. Dieses Argument überzeugt nicht. Die Simonie ist fast vom Entstehen der katholischen Kirche an strafbar[436]. Trotz der schlagwortartigen Beschreibung ist klar, welches Verhalten strafbar ist[437]. Eine Definition der Simonie im CIC/1983 ist daher nicht erforderlich.

C. 1381 CIC/1983 bedroht jede Anmaßung eines kirchlichen Amtes, einschließlich des rechtswidrigen Verbleibens in demselben, mit Strafe. Eine derartig weite Formulierung ist in diesem Regelungsbereich nicht ungewöhnlich[438]. Da das strafbare Verhalten auch nicht näher konkretisiert werden kann, ist c. 1381 CIC/1983 hinreichend bestimmt.

Gemäß c. 1382 CIC/1983 zieht sich jeder Bischof, der einen anderen ohne päpstlichen Auftrag zum Bischof weiht und jeder, der so eine Weihe empfängt, die Exkommunikation zu. Täterkreis und Tathandlung betreffen offensichtliche, für jeden Beteiligten erkennbare Umstände, so dass diese Vorschrift hinreichend bestimmt gefasst ist.

Die Strafbarkeit des Bischofs, der einen anderen ohne rechtmäßiges Weiheentlassschreiben (zum Priester oder Diakon) weiht, ergibt sich ebenso aus c. 1383 CIC/1983 wie die Strafbarkeit desjenigen, der so eine Weihe empfängt. Zu den Weiheentlassschreiben s. auch cc. 1015 ff. CIC/1983. Auch hier sind der Kreis

---

[434] Vgl. MK-Lüdicke, c. 1379 Rn. 2; Marzoa, in: Comentario exegético IV/1, c. 1379 Anm. 1 (S. 535 f.). Ähnlich auch Borras, Sanctions, S. 180: Schutzzweck sei es, dass die Sakramente korrekt gespendet und nicht missbraucht werden.

[435] MK-Lüdicke, c. 1380 Rn. 2. Borras, Sanctions, S. 180 f., verweist insoweit jedoch darauf, dass cc. 848, 947 CIC/1983 im Umkehrschluss (jedenfalls für weite Teilbereiche) die Definition der Simonie entnommen werden kann. Simonie liegt danach vor, wenn ein Sakrament (oder ein anderes geistliches Gut) gegen ein zeitliches Gut (in Natur oder in Geld) verkauft oder gekauft wird, wobei die Höhe der Leistung von entscheidender Bedeutung ist. Die bloße Annahme einer (geringen) Belohnung stellt daher keine Simonie dar, vgl. Sériaux, Rn. 291 (S. 725, incl. Fn. 3).

[436] Vgl. dazu Hirsch, AfkKR 86 (1906), 3 ff.; Naz, in: Naz, Dictionnaire VII, „Simonie“, Sp. 1019 ff. (1019).

[437] Vgl. für das weltliche Recht (Beleidigung): BVerfGE 93, 266 ff. (292).

[438] Vgl. für das weltliche Recht z. B. § 132 StGB.

der möglichen Täter und die Tathandlung im Gesetz so konkret beschrieben, dass jeder bei Kenntnis der relevanten Umstände das strafbare Verhalten erkennen kann. Die Vorschrift ist damit hinreichend bestimmt.

C. 1384 CIC/1983 enthält eine Auffangbestimmung für alle nicht ausdrücklich geregelten Fälle der rechtswidrigen Ausübung von Aufgaben, die allein Priestern zustehen sowie für die unrechtmäßige Ausübung eines geistlichen Dienstes. Letztlich kann so jeder Verstoß gegen Vorschriften im Rahmen einer dem Handelnden erlaubten oder sogar obliegenden Tätigkeit bestraft werden, z. B. auch die Missachtung liturgischer Bestimmungen[439]. Die Vorschrift ist daher – wenn auch beschränkt im Anwendungsbereich – ähnlich weit gefasst wie c. 1399 CIC/1983[440].

Gemäß c. 1385 CIC/1983 soll derjenige bestraft werden, der aus einem Messstipendium unrechtmäßig Gewinn zieht. Regelungen zu den Messstipendien enthalten cc. 945 ff. CIC/1983[441]. Da sich die möglichen Verstöße dem CIC/1983 entnehmen lassen und einen abgegrenzten Regelungsbereich betreffen, ist die Vorschrift hinreichend bestimmt.

In c. 1386 CIC/1983 werden das Geben oder Versprechen einer Leistung, damit der Annehmende seine Aufgabe in der Kirche unrechtmäßig ausübt, sowie das Annehmen einer Leistung oder eines Versprechens in einer §§ 331, 334 StGB entsprechenden Weise mit Strafe bedroht. Diese Vorschrift lässt das strafbare Verhalten hinreichend deutlich erkennen.

Gemäß c. 1387 CIC/1983 macht sich ein Priester strafbar, der während oder unter dem Vorwand der Beichte den Poenitenten zu einem Verstoß gegen das Sechste Gebot zu verführen versucht. Lüdicke[442] kritisiert auch hier, dass der Gesetzgeber nicht das geschrieben habe, was er meinte, nämlich dass nicht nur der Ehebruch strafbar sein solle, sondern dass die Tat z. B. auch durch Worte, Zeichen, Berührungen oder Erörterungen begangen werden könne. Er weist ferner darauf hin, der Wortlaut der Vorschrift sei gegenüber der Konstitution Papst Benedikts XIV. „Sacramentum Poenitentium" vom 1. Juni 1741[443] enger, so dass die bisherige weite Auslegung nicht mehr in Frage komme. Hierzu ist erneut darauf zu verweisen, dass die Berücksichtigung der vom Lehramt vertretenen moraltheologisch fundierten Auslegung des Begriffs des Verstoßes gegen

---

439 Vgl. Rees, Strafgewalt, S. 460.

440 Borras, Sanctions, S. 184, nennt als Beispiele für c. 1384 CIC/1983 unerlaubte Weihen oder Weihungen durch Laien unter Verstoß gegen c. 1169 CIC/1983, die Erteilung der Absolution an mehrere Poenitenten gleichzeitig unter Verstoß gegen c. 961 CIC/1983 sowie die unerlaubte Predigt eines Laien, vgl. dazu c. 767 § 1 CIC/1983. Würden die Voraussetzungen des c. 1384 CIC/1983 in diesen Fällen nicht bejaht, bliebe – so Borras – der Weg über c. 1399 CIC/1983.

441 Vgl. die Beispiele strafbaren Verhaltens bei MK-Lüdicke, c. 1385 Rn. 2.

442 Vgl. MK-Lüdicke, c. 1387 Rn. 2.

443 Vgl. dazu I. 1. b) ff) (S. 68) zu c. 2368 § 1 CIC/1917.

das Sechste Gebot zu der Auslegung führt, dass letztlich alle Verhaltensweisen mit sexuellem Hintergrund erfasst sein sollen.

Hinreichend bestimmt ist auch c. 1388 CIC/1983 gefasst, der in § 1 für den Beichtvater und in § 2 für Übersetzer und andere Personen Strafe androht, wenn das Beichtgeheimnis (c. 983 CIC/1983) verletzt wird.

In c. 1389 § 1 CIC/1983 wird für jeden – nicht anderweitig mit Strafe bedrohten – Missbrauch kirchlicher Gewalt oder eines kirchlichen Dienstes Strafe angedroht. Hierunter wird teilweise verstanden, dass der Täter von der Gewalt der Kirche oder dem Auftrag rechtswidrig Gebrauch oder nicht Gebrauch macht[444], teilweise jedes Handeln, das den elementaren Absichten der Kirche widerspricht[445]. Obwohl diese Vorschrift hinsichtlich des Täterkreises und der Tathandlung Einschränkungen enthält, ist sie in Bezug auf die Weite des Tatbestandes mit c. 1399 CIC/1983 vergleichbar, da im Rahmen ihres Anwendungsbereichs jedes rechtswidrige Verhalten ausreicht. Dies gilt auch für c. 1389 § 2 CIC/1983, der jede schuldhafte Nachlässigkeit bei der Ausübung kirchlicher Gewalt, eines kirchlichen Dienstes oder einer kirchlichen Aufgabe zum Nachteil eines Dritten mit Strafe bedroht.

dd) Fälschungsdelikte (cc. 1390-1391 CIC/1983)

In c. 1390 CIC/1983 sind in § 1 und § 2 Strafbestimmungen enthalten, die den Ehrenschutz betreffen:

- C. 1390 § 1 CIC/1983 betrifft die falsche Beschuldigung wegen einer angeblichen Verführung anlässlich der sakramentalen Beichte (c. 1387 CIC/1983). Da insbesondere auch der Gegenstand der falschen Beschuldigung im Sinne des kanonischen Rechts ausreichend konkret gefasst ist, genügt c. 1390 § 1 CIC/1983 dem Bestimmtheitsgebot.
- In c. 1390 § 2 CIC/1983 wird jede andere verleumderische Anzeige wegen eines Deliktes sowie jede Schädigung des guten Rufes eines anderen mit Strafe bedroht. Die Vorschrift entspricht dem auch im weltlichen Recht üblichen Standard[446], so dass sie hinreichend bestimmt ist.

In c. 1391 CIC/1983 werden Regelungen zur Urkundenfälschung getroffen. Strafbar ist gemäß c. 1391, 1^0 CIC/1983 die Herstellung einer falschen öffentlichen[447] kirchlichen Urkunde, die Änderung (also Verfälschung), Zerstörung oder Verbergung einer echten öffentlichen kirchlichen Urkunde sowie das Gebrauchmachen von einer falschen oder verfälschten öffentlichen kirchlichen

---

444 Vgl. MK-Lüdicke, c. 1389 Rn. 3.

445 Green, in: Beal/Coriden/Green, (zu c. 1389) S. 1593.

446 Vgl. §§ 164, 185 ff. StGB.

447 Eine öffentliche kirchliche Urkunde muss von einem kirchlichen Amtsträger in Ausübung seines Amtes und ggf. unter Beachtung von Formvorschriften erstellt worden sein, vgl. MK-Lüdicke, c. 1540 Rn. 4.

Urkunde. In c. 1391, 2^0 CIC/1983 wird das Verwenden einer anderen falschen Urkunde[448] in einer kirchlichen Angelegenheit unter Strafe gestellt. Die Herstellung einer echten, aber inhaltlich unrichtigen, öffentlichen kirchlichen Urkunde wird in c. 1391, 3^0 CIC/1983 mit Strafe bedroht[449]. Diese Bestimmungen lassen das strafbare Verhalten hinreichend deutlich erkennen und genügen im Übrigen auch dem im weltlichen Strafrecht geforderten Standard[450].

ee) Delikte gegen besondere Verpflichtungen (cc. 1392-1396 CIC/1983)

In c. 1392 CIC/1983 wird ein Verstoß gegen das für Kleriker und Religiose bestehende Verbot, Handel oder Gewerbe zu betreiben[451], mit Strafe bedroht. Aus c. 286 CIC/1983 lässt sich der Umfang dieses Verbots ausreichend bestimmen, so dass c. 1392 CIC/1983 hinreichend konkret gefasst ist.

Gemäß c. 1393 CIC/1983 kann der Verstoß gegen Verpflichtungen, die als Strafe auferlegt worden sind, mit einer gerechten Strafe geahndet werden. Es muss sich hierbei um eine Spruch- oder eine festgestellte Tatstrafe handeln[452]. Da sich die zu beachtenden Pflichten aus der kirchlichen Entscheidung sowie den gesetzlichen Bestimmungen – insbes. cc. 1331-1333, 1336 CIC/1983 – ergeben, ist c. 1393 CIC/1983 hinreichend bestimmt gefasst.

In c. 1394 CIC/1983 wird der Versuch der Eheschließung durch einen Kleriker (§ 1) oder einen Ordensangehörigen mit ewigen Gelübden (§ 2) mit Strafe bedroht. Der Kreis der Täter und das strafbare Verhalten werden eindeutig umschrieben, so dass diese Vorschrift dem Bestimmtheitsgebot genügt.

C. 1395 CIC/1983 enthält weitere Vorschriften, in denen Verstöße gegen besondere Verpflichtungen von Klerikern mit Strafe bedroht werden:

- Gemäß c. 1395 § 1, 1. Alt. CIC/1983 soll ein Kleriker bestraft werden, der in einem eheähnlichen Verhältnis lebt. Dieses Merkmal ist als normatives Tatbestandsmerkmal zulässig, da im Wesentlichen erkennbar ist, wann seine Voraussetzungen erfüllt sind.

---

448 Diese muss weder eine öffentliche kirchliche (dann wäre 1^0 einschlägig) noch überhaupt eine kirchliche Urkunde sein; vgl. Rees, Strafgewalt, S. 470.

449 Diese Bestimmung betrifft lediglich den Fall der Falschbeurkundung durch einen Amtsträger und ist damit ein reines Amtsdelikt, vgl. Green, in: Beal/Coriden/Green, (zu c. 1391) S. 1596. Die „mittelbare Falschbeurkundung", also das Veranlassen des Erstellens einer inhaltlich unrichtigen Urkunde durch einen Dritten, der den Amtsträger als gutgläubiges Werkzeug einsetzt, ist dagegen nach dieser Vorschrift nicht strafbar; anders wohl Rees, Strafgewalt, S. 470. Auch Borras, Sanctions, S. 190, vertritt die Auffassung, dass die mittelbare Falschbeurkundung von c. 1391 CIC/1983 erfasst wird, da er c. 2361 CIC/1917 als Quelle für diese Bestimmung ansieht. Das überzeugt aber nicht, da im Falle des c. 2361 CIC/1917 eine Strafbarkeit auch bejaht werden konnte, wenn sich die Täuschung nur im Ergebnis – nicht aber im Wortlaut – der Urkunde ausdrücklich niedergeschlagen hatte.

450 Vgl. §§ 267, 274, 348 StGB.

451 Vgl. c. 286 CIC/1983 bzw. c. 672 i. V. m. c. 286 CIC/1983.

452 Vgl. MK-Lüdicke, c. 1393 Rn. 2.

- In c. 1395 § 1, 2. Alt. CIC/1983 wird das Verharren in einer anderen äußeren Sünde gegen das Sechste Gebot – sofern dadurch ein Ärgernis erregt wird – unter Strafe gestellt. Diese Bestimmung ist – entgegen der Kritik von Lüdicke[453] – hinreichend bestimmt[454].
- Auch die Qualifikationen in c. 1395 § 2 CIC/1983 sind hinreichend konkret, da die Tatbestandsmerkmale „mit Gewalt", „mit Drohungen", „öffentlich" bzw. „mit einem Minderjährigen unter 16 Jahren"[455] das zusätzliche Unrecht hinreichend umschreiben.

In c. 1396 CIC/1983 wird ein schwerwiegender Verstoß gegen die Residenzpflicht mit Strafe bedroht. Residenzpflichten sind z. B. in cc. 356; 395 § 1; 410; 533 § 1; 540 § 1; 543 § 2, 1^0 sowie 550 § 1 CIC/1983 enthalten. Aus diesen Bestimmungen ergibt sich der betroffene Personenkreis sowie der Umfang dieser Pflicht. Der Begriff „graviter" ist als normatives Tatbestandsmerkmal ebenfalls zulässig, da ihm durch Auslegung – z. B. unter Berücksichtigung des Anlasses und der Dauer der Abwesenheit[456] – hinreichend Konturen gegeben werden können.

ff) Delikte gegen das Leben und die Freiheit des Menschen (cc. 1397-1398 CIC/1983)

C. 1397 CIC/1983 stellt verschiedene Delikte gegen das Leben oder die Freiheit (Tötung sowie die mittels Gewalt oder Täuschung begangene Entführung oder Freiheitsberaubung sowie die Verstümmelung oder schwere Verletzung eines Menschen) unter Strafe. Die Vorschrift enthält damit eine eindeutige Umschreibung des strafbaren Verhaltens.

Die Tathandlung der Abtreibung wird in c. 1398 CIC/1983 nicht beschrieben, ist aber zwischenzeitlich durch eine Entscheidung des Päpstlichen Rates für die In-

---

453 Vgl. MK-Lüdicke, c. 1395 Rn. 4; vgl. hierzu auch die (nicht abschließende) Darstellung des Meinungsstandes der kanonistischen Literatur bei Schmitz, AfkKR 170 (2001), 441 ff. (457 f.): „homosexuelle Beziehungen, Herstellen und Verwenden pornographischer Produkte, regelmäßiger Bordellbesuch, Zuhälterei, Ehebruch, Notzucht, widernatürlicher Geschlechtsverkehr mit Tieren (Bestialität) oder mit Männern (Sodomie), Kuppelei, Blutschande (Inzest)". Ein US-Diözesangericht hat zwar die Kritik von Lüdicke unterstützt, soweit sich dieser gegen die schematische Übernahme moraltheologischer Grundsätze in das kirchliche Strafrecht wendet. Dennoch kommt das Gericht zu dem hier vertretenen Ergebnis. Gemäß c. 17 CIC/1983 sei bei der Auslegung der Zusammenhang, in dem eine Bestimmung steht, zu beachten. Daher sei die in c. 277 CIC/1983 enthaltene Pflicht des Klerikers zur vollständigen sexuellen Enthaltsamkeit im Rahmen der Interpretation des c. 1395 CIC/1983 zu berücksichtigen, vgl. Alesandro/Cuneo/Varvaro/Vondenberger, S. 449 ff. (460 ff.).

454 Vgl. oben cc) (S. 93 f.) zu c. 1378 § 1 CIC/1983.

455 In den „Normae" zu der von der Kongregation für die Glaubenslehre am 18. Mai 2001 erlassenen „Epistula" zu dem MP „Sacramentorum sanctitatis tutela" vom 30. April 2001 wird die Altersgrenze auf 18 Jahre heraufgesetzt; vgl. oben B. II. 2. (S. 47).

456 Vgl. Chiappetta, Codice II, Rn. 5033.

terpretation von Gesetzestexten geklärt worden[457].

gg) Zusammenfassung der Ergebnisse

Die meisten Straftatbestände des VI. Buches des CIC/1983 sind eindeutig und hinreichend bestimmt gefasst. Anderes gilt insbesondere für cc. 1369, 2. Var.; 1375, 1. - 3. Var.; 1384 und 1389 CIC.

2. Nulla poena sine lege *certa*

a) Bestimmtheit der Strafen und strafähnlichen Maßnahmen im Allgemeinen

Im Folgenden werden die zulässigen Beugestrafen, die im CIC/1983 genannten Sühnestrafen sowie die Strafsicherungsmittel und Bußen hinsichtlich der Bestimmtheit der mit ihnen verbundenen Folgen untersucht.

aa) Zensuren bzw. Beugestrafen

Beugestrafen sind weiterhin die Exkommunikation, das Interdikt sowie die allein Kleriker treffende Suspension.

aaa) Exkommunikation

Die Folgen der Exkommunikation sind in c. 1331 CIC/1983 aufgezählt. Jeden Exkommunizierten, also auch denjenigen, dessen latae sententiae eingetretene Exkommunikation nicht festgestellt worden ist, treffen die in c. 1331 § 1 CIC/1983 genannten Folgen. Dies sind das Verbot jeglichen Dienstes bei der eucharistischen oder bei irgendeiner anderen gottesdienstlichen Feier (c. 1331 § 1, 1^0 CIC/1983), der Spendung und des Empfangs von Sakramenten sowie der Spendung von Sakramentalien (c. 1331 § 1, 2^0 CIC/1983) und ferner der Ausübung kirchlicher Ämter, Dienste oder Aufgaben oder der Setzung von Akten der Leitungsgewalt (c. 1331 § 1, 3^0 CIC/1983). Ist die Strafe durch Urteil oder Dekret verhängt oder festgestellt worden, ist der Täter von jeglichem Dienst beim eucharistischen Opfer oder irgendeiner anderen gottesdienstlichen Feier abzuhalten (c. 1331 § 2, 1^0 CIC/1983), ist ein von ihm gesetzter Akt der Leitungsgewalt ungültig (c. 1331 § 2, 2^0 CIC/1983), ist es ihm verboten, von Privilegien Gebrauch zu machen (c. 1331 § 2, 3^0 CIC/1983), kann er keine Würde, kein Amt und keinen Dienst in der Kirche erwerben (c. 1331 § 2, 4^0 CIC/1983) und erwirbt er nicht die Erträge einer Würde, eines Amtes, eines Dienstes oder einer Pension (c. 1331 § 2, 5^0 CIC/1983). Weder das für die Strafverhängung noch das für die Strafvollstreckung zuständige kirchliche Organ hat einen Spielraum, die Strafe nach eigenem Ermessen im Hinblick auf das Ausmaß festzusetzen. Damit sind die Folgen der Exkommunikation hinreichend bestimmt.

---

[457] AAS 80 (1988), 1818. In dieser Entscheidung wird klargestellt, dass von c. 1398 CIC/1983 die Tötung des Fötus unabhängig auf welche Art und zu welchem Zeitpunkt diese vorgenommen wird, erfasst ist; vgl. zu den Streitfragen bei der Auslegung dieser Entscheidung MK-Lüdicke, c. 1398 Rn. 2.

bbb) Interdikt

Die Regelungen zum Interdikt sind deutlich verringert worden. Es gibt nur noch ein persönliches Interdikt. In c. 1332 CIC/1983 wird hinsichtlich des latae sententiae eingetretenen Interdikts auf c. 1331 § 1, 1^0 und 2^0 CIC/1983 und hinsichtlich des verhängten oder festgestellten Interdikts auf c. 1331 § 2, 1^0 CIC/1983 verwiesen. Da diese Bestimmungen hinreichend konkret gefasst sind, gilt dies auch für c. 1332 CIC/1983.

ccc) Suspension

Der mögliche Umfang der Suspension ergibt sich aus c. 1333 CIC/1983, insbesondere c. 1333 § 1 CIC/1983. Danach kann sich die Suspension erstrecken auf alle oder einige Akte der Weihegewalt (c. 1333 § 1, 1^0 CIC/1983), alle oder einige Akte der Leitungsgewalt (c. 1333 § 1, 2^0 CIC/1983) sowie die Ausübung aller oder einiger mit einem Amt verbundenen Rechte oder Aufgaben (c. 1333 § 1, 3^0 CIC/1983). Wie bereits zu c. 2279 CIC/1917 ausgeführt, müssen die unbestimmten Rechtsbegriffe wie „potestas ordinis“ (Weihegewalt) oder „potestas regiminis“ (Leitungsgewalt) an dieser Stelle nicht definiert werden, so dass auch eine nähere Beschreibung der von der Suspension insoweit betroffenen Gegenstände im Rahmen des Strafrechts entbehrlich ist. Anders als c. 2279 § 2 CIC/1917 enthält c. 1333 § 1, 1^0- 3^0 CIC/1983 zwar keine nähere Regelung, auf welche Teile der Weihe- oder Leitungsgewalt bzw. Rechte und Aufgaben die Suspension beschränkt werden kann. Wird statt der umfassend möglichen eine lediglich auf einzelne Gebiete beschränkte Suspension verhängt, handelt es sich aber um eine für den Täter günstige Einschränkung, die ihn nicht beschwert und daher keiner näheren Regelung bedarf. Da sich ferner aus c. 1333 §§ 3 und 4 CIC/1983 ergibt, dass c. 1333 § 1, 3^0 CIC/1983 auch die Einkünfte aus dem Amt betreffen kann, genügt c. 1333 CIC/1983 insgesamt dem Grundsatz „nulla poena sine lege *certa*“.

bb) Vindikativ- bzw. Sühnestrafen

In c. 1336 § 1 CIC/1983 werden folgende Sühnestrafen festgelegt: Das Verbot oder das Gebot, sich an einem bestimmten Ort aufzuhalten (c. 1336 § 1, 1^0 CIC/1983), der Entzug einer Vollmacht, eines Amtes, einer Aufgabe, eines Rechts, eines Privilegs, einer Befugnis, eines Gunsterweises, eines Titels sowie einer Auszeichnung, auch soweit nur ehrenhalber verliehen (c. 1336 § 1, 2^0 CIC/1983), das Verbot, von einem in c. 1336 § 1, 2^0 CIC/1983 genannten Gegenstand bzw. Recht Gebrauch zu machen, und sei es an einem bestimmten Ort oder außerhalb eines bestimmten Ortes (c. 1336 § 1, 3^0 CIC/1983), die Strafversetzung auf ein anderes Amt (c. 1336 § 1, 4^0 CIC/1983) sowie die Entlassung aus dem Klerikerstand (c. 1336 § 1, 5^0 CIC/1983).

Unter dem Gesichtspunkt der Bestimmtheit ist c. 1336 § 1, 2^{0} CIC/1983 teilweise problematisch:

- Soweit die Entziehung eines Privilegs oder eines Gunsterweises für zulässig erklärt wird, sind Vorzugsstellungen angesprochen, die einer Person über das allgemein geltende Recht hinaus gewährt werden[458]. Angesichts der vielfältigen Gestaltungsmöglichkeiten des kirchlichen Verwaltungsrechts sowie der Tatsache, dass die Gewährung von Rechten nicht dem Vorbehalt des Gesetzes unterliegt und sogar entgegen dem Wortlaut von Gesetzen erfolgen kann[459], können die hiervon erfassten Fälle nicht näher beschrieben werden, so dass die Regelung mit größtmöglicher Bestimmtheit abgefasst ist.
- Die umfassende Möglichkeit, Rechte zu entziehen, ohne näher zu konkretisieren, welche Bereiche betroffen sein können, lässt allerdings dem Strafverfolgungsorgan einen generalklauselartig gefassten Entscheidungsspielraum. Betroffen sein können vom Wortlaut her auch die in cc. 208 ff. CIC/1983 genannten Rechte (Aberkennung, nicht bloße Einschränkung !), mit dem Amt verbundene Rechte und damit Ansprüche auf finanzielle Leistungen und andere. Hier wäre eine nähere Regelung im Gesetz wünschenswert, z. B. dass die Einschränkungen mit der Tat in einem Zusammenhang stehen müssen.

cc) Strafsicherungsmittel

Eine Mahnung kann gemäß c. 1339 § 1 CIC/1983 ergehen, wenn sich jemand in nächster Gelegenheit befindet, ein Delikt zu begehen oder auf jemanden nach einer Untersuchung der schwerwiegende Verdacht fällt, ein Delikt begangen zu haben[460]. Voraussetzung für einen Verweis ist gemäß c. 1339 § 2 CIC/1983, dass durch den Lebenswandel ein Ärgernis oder eine Störung der Ordnung entsteht. Hinsichtlich der Bestimmtheit dieser Vorschrift wird auf die Ausführungen zu den inhaltsgleichen cc. 2307, 2308 CIC/1917 verwiesen[461].

dd) Bußen

Die Buße gemäß c. 1340 CIC/1983, die im äußeren Bereich auferlegt wird, ist der Vollzug irgendeines Werkes der Religion, der Frömmigkeit oder der Nächstenliebe. In Betracht kommen – so die Kanonistik – z. B. Gebete, besondere Fastenzeiten, Almosen, ein Rückzug in ein Kloster sowie ein Gemeinschaftsdienst[462]. Angesichts der damit teilweise verbundenen Einschränkungen

---

[458] Vgl. näher MK-Lüdicke, c. 1336 Rn. 8.

[459] Vgl. dazu näher Kalb, in: Listl/Schmitz, HbdkKR (1999), S. 125 ff.

[460] Vgl. näher MK-Lüdicke, c. 1339 Rn. 5.

[461] Vgl. I. 2. a) cc) (S. 83).

[462] Green, in: Beal/Coriden/Green, (zu c. 1340) S. 1557. Vgl. auch die Aufzählung in c. 1426 § 1 CCEO: Ein wichtiges Werk des Glaubens, der Frömmigkeit oder der Nächstenliebe, z. B. bestimmte Gebete, heilige Pilgerschaft, besonderes Fasten, Almosen, geistliche

der persönlichen Freiheit bzw. finanzieller Einbußen wäre eine nähere gesetzliche Regelung dieser Fallgruppen wünschenswert, um einen zu großen Entscheidungsspielraum des Strafverfolgungsorgans zu verhindern.

ee) Strafschärfung

Die Verhängung einer härteren als im Gesetz oder im Strafgebot angedrohten Strafe ist zulässig, wenn einer der in c. 1326 § 1 CIC/1983 aufgezählten Fälle vorliegt. Gemäß c. 1326 § 1, 1⁰ CIC/1983 ist eine schwerere Bestrafung zulässig, wenn der Täter auch nach Verhängung oder Feststellung einer Strafe in seinem strafwürdigen Verhalten verharrt[463]. Diese Regelung ist hinreichend bestimmt, ebenso wie c. 1326 § 1, 2⁰ CIC/1983, der eine härtere Bestrafung zulässt, wenn der Täter in einer Würde (höheren Stellung) eingesetzt ist oder seine Autorität bzw. sein Amt zur Begehung der Straftat ausgenutzt hat[464]. Ein weiterer Strafverschärfungsgrund ist gemäß c. 1326 § 1, 3⁰ CIC/1983, dass der Täter den Erfolg der Tat vorausgesehen und Maßnahmen zu dessen Vermeidung unterlassen hat, die jeder Sorgfältige unternommen hätte. Nicht überzeugend ist es, hierin einen Fall des „verstärkten Vorsatzes" zu sehen und diese Vorschrift auch bei Vorsatztaten anzuwenden[465]. Zum Vorsatz gehört, dass der Erfolg gewollt, jedenfalls aber vorausgesehen wurde, so dass der vorsätzlich handelnde Täter immer die Voraussetzungen des c. 1326 § 1, 3⁰ CIC/1983 erfüllt. Daher ist die Vorschrift nur im Fall der bewussten Fahrlässigkeit anwendbar[466]. Auch c. 1326 § 1, 3⁰ CIC/1983 ist hinreichend bestimmt.

Einkehrtage. Auf c. 2313 CIC/1917 greift Marzoa, Los delitos, S. 735 ff. (744), zur Interpretation von c. 1340 CIC/1983 zurück.

463 Unklar ist, ob es sich um einen wiederholten Verstoß gegen die gleiche Strafbestimmung handeln muss oder ob die zweite Tat auch irgendein anderes Delikt sein kann, vgl. Sebott, c. 1326 Anm. 2 a (S. 66 f.).

464 Lüdicke weist zu Recht darauf hin, dass bei den Delikten, die bereits im Tatbestand einen Amtsmissbrauch verlangen, eine Strafverschärfung nicht auf c. 1326 § 1, 2⁰ 2. Alt. CIC/1983 gestützt werden darf, vgl. MK-Lüdicke, c. 1326 Rn. 7. Nicht generell ausgeschlossen erscheint aber, dass ein Bischof oder ein Kardinal, der ein Amtsdelikt begeht, gemäß c. 1326 § 1, 2⁰ 1. Alt. CIC/1983 härter bestraft wird als im Gesetz vorgesehen, kritisch insoweit MK-Lüdicke, c. 1326 Rn. 10.

465 So aber wohl Rees, Strafgewalt, S. 383. Gerade sein Hinweis auf c. 2203 § 1 CIC/1917, in dem insoweit auf mangelnde Sorgfalt („ex omissione debitae diligentiae") abgestellt wurde, zeigt jedoch, dass Vorsatztaten nicht in Betracht kommen.

466 Das einzige Fahrlässigkeitsdelikt des CIC/1983 ist c. 1389 § 2 CIC/1983, so dass c. 1326 § 1, 3⁰ CIC/1983 im Wesentlichen bei einer Verletzung dieser Vorschrift in Betracht kommt.

b) Bestimmtheit der Strafandrohung bei den Straftaten

Im CIC/1983 gibt es weiterhin Tatstrafen, so dass bestimmte Strafen unmittelbar als Folge der Tat eintreten können[467] sowie Spruchstrafen, die im Hinblick auf die Strafhöhe bestimmt sind[468] und solche, die hinsichtlich der Strafhöhe einen großen Ermessensspielraum lassen[469]. Derartig unbestimmte Strafandrohungen sind im kanonischen Strafrecht zulässig[470]. In c. 1349 CIC/1983 wird überdies bestimmt, dass, wenn lediglich eine unbestimmte Strafe angedroht wird, der Richter[471] keine schwereren Strafen – vor allem keine Beugestrafen – verhängen darf, wenn nicht die Schwere des Falles dies unbedingt erfordert. Dauernde Strafen (Strafen für immer) darf er in diesen Fällen gar nicht verhängen. Strafen für immer sind einige Sühnestrafen, z. B. die Entlassung aus dem Klerikerstand, die Amtsenthebung oder die Versetzung, nicht aber Beugestrafen[472]. Diese Einschränkungen gelten nicht, wenn gesetzlich etwas anderes bestimmt ist, also

---

[467] Vgl. z. B. cc. 1364 § 1 Satz 1; 1367 Satz 1; 1370 § 1, 1. Halbsatz und § 2; 1378 §§ 1 und 2; 1382; 1383; 1388 § 1 Satz 1; 1390 § 1; 1394 § 1 Satz 1 und § 2; 1398.

[468] Vgl. z. B. cc. 1364 § 1 Satz 2; 1374 Satz 2; 1380; 1395 § 1, 1. Halbsatz.

[469] Vgl. z. B. c. 1364 § 2 (weitere Strafen, die Entlassung aus dem Klerikerstand nicht ausgeschlossen); c. 1365 (gerechte Strafe); c. 1366 (Beugestrafe oder eine andere gerechte Strafe); c. 1367 Satz 2 (für Kleriker neben der Exkommunikation eine weitere Strafe, die Entlassung aus dem Klerikerstand nicht ausgeschlossen); c. 1368 (gerechte Strafe); c. 1369 (gerechte Strafe); c. 1370 § 1, 2. Halbsatz (je nach Schwere des Deliktes weitere Strafen neben der Exkommunikation, die Entlassung aus dem Klerikerstand nicht ausgeschlossen), § 3 (gerechte Strafe); c. 1371 (gerechte Strafe); c. 1372 (Beugestrafe); c. 1373 (Interdikt oder andere gerechte Strafe); c. 1374 Satz 1 (gerechte Strafe); c. 1375 (gerechte Strafe); c. 1376 (gerechte Strafe); c. 1377 (gerechte Strafe); c. 1378 § 3 (Hinzufügung weiterer Strafen neben Interdikt oder Suspension, die Exkommunikation nicht ausgeschlossen); c. 1379 (gerechte Strafe); c. 1381 (gerechte Strafe); c. 1384 (gerechte Strafe); c. 1385 (Beugestrafe oder eine andere gerechte Strafe); c. 1386 (gerechte Strafe); c. 1387 (je nach Schwere des Deliktes Suspensionen, Verbote, Entzug von Rechten und in schweren Fällen Entlassung aus dem Klerikerstand); c. 1388 § 1 Satz 2 (nach Schwere des Deliktes), § 2 (gerechte Strafe, die Exkommunikation nicht ausgeschlossen); c. 1389 § 1 (nach Schwere der Tat, Amtsenthebung nicht ausgeschlossen), § 2 (gerechte Strafe); c. 1390 § 2 (gerechte Strafe, Beugestrafe nicht ausgeschlossen); c. 1391 (gerechte Strafe); c. 1392 (nach Schwere des Deliktes); c. 1393 (gerechte Strafe); c. 1394 § 1 Satz 2 (schrittweise Entzug von Rechten, Entlassung aus dem Klerikerstand nicht ausgeschlossen); c. 1395 § 1, 2. Halbsatz (stufenweise weitere Strafen neben Suspension bis zur Entlassung aus dem Klerikerstand), § 2 (gerechte Strafe, Entlassung aus dem Klerikerstand nicht ausgeschlossen); c. 1396 (gerechte Strafe, Amtsenthebung nicht ausgeschlossen); c. 1397 (nach Schwere der Tat mit den in c. 1336 CIC/1983 genannten Rechtsentzügen und Verboten); c. 1399 (gerechte Strafe).

[470] Vgl. I. 2. b) (S. 85-87).

[471] Die Vorschrift verpflichtet nach ihrem Wortlaut nur den Richter. Soweit die Strafe im Verwaltungsverfahren verhängt werden soll, ist sie hinsichtlich der schwereren Strafen, insbesondere Beugestrafen, entsprechend anzuwenden. Strafen für immer können auf dem Verwaltungswege nicht verhängt werden (c. 1342 § 2 CIC/1983).

[472] Vgl. MK-Lüdicke, c. 1349 Rn. 5; McDonough, S. 206 ff. (209). Jedenfalls die Amtsenthebung oder Versetzung von Pfarrern ist aber gemäß cc. 1740 ff. CIC/1983 unabhängig von einem Verstoß gegen ein Strafgesetz sowie von einem Strafverfahren möglich.

z. B. – wie in c. 1388 § 2 CIC/1983 – die Exkommunikation oder wie in c. 1394 § 1 Satz 2 CIC/1983 die Entlassung aus dem Klerikerstand ausdrücklich angedroht ist. Jedenfalls die schwerwiegendsten Sühnestrafen sind daher nur zulässig, wenn dies im Gesetz ausdrücklich vorgesehen ist. Daher besteht auch hinsichtlich der Strafrahmen kein zu weiter Entscheidungsspielraum des Strafverfolgungsorgans, sondern vielmehr die Möglichkeit, einzelfallbezogen dem Straftäter sowie der Tat, aber auch dem Bedürfnis nach Distanzierung der kirchlichen Gemeinschaft von der Tat, gerecht zu werden.

3. Teil Die für die Legitimation des Nullum-crimen-Satzes und seine Durchbrechung maßgeblichen Rechtsprinzipien

A. Geschichtliche Entwicklung und Begründung des Nullum-crimen-Satzes im weltlichen Recht

I. Geschichtliche Entwicklung

Der Nullum-crimen-Satz, der uns im weltlichen Recht heute selbstverständlich erscheint[473], ist erst in jüngerer Zeit anerkannt worden:

Im Römischen Recht gab es zwar erste Anfänge eines Gesetzmäßigkeitsprinzips im Strafrecht. So wurden bestimmte Delikte Geschworenengerichten zugewiesen, für die die entsprechenden gesetzlichen Regelungen verbindlich und abschließend waren[474]. Auch das Rückwirkungsverbot galt schon in beschränktem Umfang. Bei einem moralisch indifferenten Verhalten war eine rückwirkende Festlegung der Strafbarkeit grundsätzlich nicht möglich[475]. Andererseits konnte ein Verhalten, das bereits zur Zeit der Tat als Unrecht gewertet wurde, auch dann bestraft werden, wenn das Strafgesetz erst nach der Tat ergangen war[476]. Die weitgehenden Möglichkeiten des Magistrats, nach freiem Ermessen Strafen zu verhängen, um die Gesellschaft vor besonders verwerflichen Taten zu bewahren[477], und später des Kaisers, Strafgesetze mit Rückwirkung zu erlassen[478] bzw.

---

473 Die Beachtung dieses Prinzips ist charakteristisch für Demokratien. Unterschiede gibt es allenfalls im Grade der Ausprägung dieses Grundsatzes, vgl. Ancel, Rev. sc. crim. 1937, 670 ff. (673 f.); Desportes/Le Gunehec, Rn. 214 (S. 157). Er wird daher zu Recht als „tarte à la crème du libéralisme" bezeichnet, so: Charles, S. 31.

474 Vgl. Garraud I, Rn. 137 (S. 292 Fn. 1); Krey, Rn. 35.

475 Vgl. BK-Rüping, Art. 103 Abs. 2 Rn. 2. Die grundsätzliche Geltung des Rückwirkungsverbots für Gesetze wurde erstmals durch eine Konstitution (Cod. 1, 14, 7) des (oströmischen) Kaisers Theodosius II. (408-450) und des (weströmischen) Kaisers Valentinian III. (425-455) im Jahre 446 anerkannt, vgl., Landau, Einfluß, S. 39 ff. (S. 45 f.). Diese Vorschrift lautete: „Leges et constitutiones futuris certum est dare formam negotiis, non ad facta praeterita revocari, nisi nominatim etiam de praeterito tempore adhuc pendentibus negotiis cautum sit.", vgl. Corpus Iuris Civilis II, Codex Iustinianus, S. 68. Danach hatten Gesetze (auch und gerade belastende) nur Rückwirkung, wenn diese ausdrücklich angeordnet war; Ausnahmen von diesem Verbot ließ die Regelung damit aber zu.

476 Vgl. BK-Rüping, Art. 103 Abs. 2 Rn. 2; s. auch: Porteron, Nr. 123 (S. 17).

477 Vgl. Cassola, Apoll. 34 (1961), 332 ff. (335); Mommsen, S. 57. V. d. Keessel I, S. 328 ff., verweist auf Inst. 4.4.10 (Corpus Iuris Civilis I, Institutiones, S. 46: „In summa sciendum est de omni iniuria eum qui passus est posse vel criminaliter agere vel civiliter. et si quidem civiliter agatur, aestimatione facta secundum quod dictum est poena imponitur. sin autem criminaliter, officio iudicis extraordinaria poena reo irrogatur: ˃hoc videlicet observando, quod Zenoniana constitutio introduxit, ut viri illustres quique supra eos sunt et per procuratores possint actionem iniuriarum criminaliter vel persequi vel suscipere secundum eius tenorem, qui ex ipsa manifestius apparet˂."), Dig. 47.1.3 (Corpus Iuris Civilis I, Digesta, S. 814: „*IDEM* [= Ulpianus] *libro secundo de officio proconsulis* Si quis actionem, quae ex maleficiis oritur, velit exsequi: si quidem pecuniariter agere velit, ad ius ordinarium remittendus erit nec cogendus erit in crimen subscribere: enimvero si extra ordinem eius rei poenam

die Verhängung von Strafen „extra ordinem"[479] wurden hierdurch nicht eingeschränkt[480].

Auch in den folgenden Jahrhunderten waren Quellen des Strafrechts einerseits Strafrechtsbestimmungen mit teilweise konkreten Strafandrohungen, andererseits blieb aber auch die Befugnis bestehen, ohne entsprechende Regelung, letztlich nach Ermessen, Strafen zu verhängen. Auch der Magna Charta des Königs Johann „ohne Land" (1215) lässt sich das Gesetzmäßigkeitsprinzip nicht entnehmen. Deren Art. 39 lautet wie folgt:

> *„Nullus liber homo capiatur vel imprisonetur aut dissaisiatur aut utlagetur aut exuletur aut aliquo modo destruatur, nec super eum ibimus nec super eum mittemus, nisi per legale judicium parium suorum vel per legem terrae."*[481]

Der Anwendungsbereich war damit schon personell – auf „Freie" – eingeschränkt. Hinzu kommt, dass unter dem Begriff „lex terrae" auch das Gewohnheitsrecht zu verstehen ist[482], das den Richtern zum damaligen Zeitpunkt auch die Rechtsschöpfung auf dem Gebiet des Strafrechts zubilligte. Darüber hinaus ist diese Regelung weniger als materiell-strafrechtliche, sondern eher als prozessuale Bestimmung zu verstehen, die eine Gewähr eines gerichtlichen Verfahrens und dessen gesetzmäßige Durchführung sicherstellen sollte[483].

---

exerceri velit, tunc subscribere eum in crimen oportebit."), Dig. 47.2.93 (92) (Corpus Iuris Civilis I, Digesta, S. 824: „*ULPIANUS libro trigensimo octavo ad edictum* Meminisse oportebit nunc furti plerumque criminaliter agi et eum qui agit in crimen subscribere, non quasi publicum sit iudicium, sed quia visum est temeritatem agentium etiam extraordinaria animadversione coercendam. non ideo tamen minus, si qui velit, poterit civiliter agere.") und Dig. 47.10.45 (Corpus Iuris Civilis I, Digesta, S. 836: „*HERMOGENIANUS libro quinto epitomarum* De iniuria nunc extra ordinem ex causa et persona statui solet. et servi quidem flagellis caesi dominis restituuntur, liberi vero humilioris quidem loci fustibus subiciuntur, ceteri autem vel exilio temporali vel interdictione certae rei coercentur."). Weitere Beispiele nennt Fieffé-Lacroix II, „Peine", S. 248 ff. (254). Zu den Argumenten für und gegen die Geltung des Nullum-crimen-Satzes im Römischen Recht nimmt Sadowski, S. 14 ff., umfassend Stellung. Letztlich spricht jedoch bereits die außerordentliche Strafgewalt des Magistrats und des Kaisers gegen die Geltung dieses Prinzips im Römischen Recht.

478 v. Hippel II, S. 33; Schreiber, in: HRG III, „Nulla poena sine lege", Sp. 1104 ff. (1105).

479 Carbasse, Introduction, Rn. 13 (S. 28 f.) und Rn. 31 (S. 61); Garraud I, Nr. 57 (S. 123); Schnapper, TvR 1973, 237 ff. (269). Ein crimen extraordinarium war dementsprechend eines, bei dem die Strafbarkeit nicht gesetzlich geregelt war, vgl. Fieffé-Lacroix I, „Crimes", S. 102 ff. (102).

480 Daher kann der Auffassung von Jeandidier, Principe, Nr. 6 (S. 3), das Gesetzmäßigkeitsprinzip habe im römischen Recht für „crimen" gegolten, in dieser Allgemeinheit nicht gefolgt werden.

481 Vgl. Franz, S. 500.

482 Vgl. Delmas Saint-Hilaire, S. 149 ff. (153).

483 Vgl. Jescheck/Weigend, § 15 II; Krey, Rn. 41; Glaser, R.D.P.C. 1966, 899 ff. (933 Fn. 69); Gilissen, S. 389; Soler, Rev. sc. crim. 1952, 11 ff. (13).

Im 12./13. Jahrhundert wurden in mehreren Regionen Frankreichs Charten erlassen, in denen Straftatbestände formuliert[484] und die Möglichkeiten, Strafen zu verhängen, beschränkt wurden[485]. In anderen Regionen blieb dagegen die weite Entscheidungsgewalt unangetastet. So wurde in Toulouse im Jahre 1286 zwar das Gewohnheitsrecht schriftlich niedergelegt, aber auf eine Regelung des Strafrechts verzichtet und die Verhängung von Strafen dem Ermessen der Richter und Fürsten überlassen[486].

Auch im 14. Jahrhundert wurden Strafen hauptsächlich auf Grund Gewohnheitsrechts verhängt, das im Allgemeinen nicht schriftlich niedergelegt war, also letztlich auf Grund Richterrechts[487].

Generell kannte damit das mittelalterliche Strafrecht teilweise in gewissem Umfang das Rückwirkungsverbot und ein eingeschränktes Gesetzmäßigkeitsprinzip, doch waren Verurteilungen nach Ermessen allgemein anerkannt und üblich[488].

Die strafrechtlichen Gesetzeswerke ab dem 15. Jahrhundert enthielten den Nullum-crimen-Satz ebenfalls noch nicht. So ließ die Tiroler Malefizordnung von 1499 unter Hinweis darauf, dass in diesem Werk nicht alle „übeltaten" beschrieben sein könnten, die Bestrafung extra legem zu. Die Verurteilung setzte aber die Einholung eines Rates durch den Richter bei den Räten oder ein Urteil der Geschworenen voraus[489]. Ebenfalls nach vorheriger Einholung von Rechtsrat konnte ein Richter gemäß Art. 126 der Bambergischen Halsgerichtsordnung von 1507 in nicht ausdrücklich benannten Fällen eine Strafe verhängen[490]. Auch unter der Constitutio Criminalis Carolina (CCC) von 1532 galt der Nullum-crimen-Satz nur eingeschränkt. Grundsätzlich enthielt diese zwar bindende Vorschriften; Strafen auf der Grundlage von Gewohnheitsrecht sowie die Füllung von

484 Vgl. Pradel, Manuel, Rn. 128 (S. 124); Schnapper, TvR 1973, 237 ff. (240 ff.).

485 Carbasse, Histoire, Rn. 55 (S. 105 f.). Carbasse kommt insoweit zu dem Ergebnis, diese Charten „forment une sort de Code pénal embryonnaire", vgl. Carbasse, Histoire, Rn. 55 (S. 106).

486 Carbasse, Introduction, Rn. 109 (S. 199).

487 Garraud I, Rn. 67 (S. 138).

488 Vgl. Roxin I, § 5 Rn. 12.

489 Abgedruckt bei: Buschmann, S. 16: „Und nachdem hierynn nicht all übeltaten so beschehen möchtenn beschriben unnd aufgedrucket sein. so söllen doch nicht destmynnder die Richter mit Rat oder urtail der Rät oder Gesworn wievor steet samentlich oder durch den merer tayl. wa sy nicht all dabey sein möchten. Auch in denselben so also nicht hyerinn außgedruckt sein. zu urtaylen und zu straffen haben. nach irem pesten versteen. und gestalt ainer yeden übeltat (...).".

490 Abgedruckt bei: Buschmann, S. 53: „Jtem ferner ist zu mercken: in was peynlichen fellen oder verclagungen die peinlich straff in disen nachvolgeten artickeln nit gesatzt oder gnugsam erclert vnd verstendig were, Söllen Richter vnd vrteyler, so es zu schulden kumbt, bey vnsern Reten Rats pflegen, wie in sölchen zufelligen oder vnverstentlichen fellen den Keyserlichen rechten vnd diser vnser ordnung am gemessesten geurteylt vnd gehandelt werden möge, vnd alssdann jre erkentnuss darnach thun; wann nit alle zufellige erkentnuss vnd straff in diser vnser ordnung gnugsam mögen bedacht vnd beschriben werden.".

Rechtslücken waren aber möglich. Auch hier war gemäß Art. 105 CCC[491] in unbenannten Fällen nach Einholung von Rechtsrat eine Verurteilung zulässig. In Betracht kamen als Rechtsquelle auch Gewohnheits- und göttliches Recht[492].

Im 16. und 17. Jahrhundert gab es zwar ebenfalls einzelne Regelungen, die dieses Ermessen einschränkten[493], dennoch konnte sogar die Todesstrafe ohne ausdrückliche gesetzliche Regelung, jedenfalls im Wege der analogen Anwendung anderer Strafvorschriften, verhängt werden[494].

In seinem im 17. Jahrhundert erschienenen Werk „De iure naturae et gentium" führt Pufendorf aus:

> *„(...) ubi non sit lex, ibi nec poenam, nec delictum, nec delicti veniam inveniri. Et lex poenalis est, non solum ubi certum genus poenae expresse definitum est, sed & ubi poena qualitatem ac quantitatem definire in arbitrio iudicis relinquitur."*[495]

Auch diese Schrift enthält jedoch kein strafrechtliches Gesetzmäßigkeitsprinzip im heutigen Sinn. Pufendorf verstand unter dem Begriff „Gesetz" nicht wie Montesquieu eine Maßnahme der gesetzgebenden Gewalt[496]. Vielmehr war auch nach seiner Auffassung ein Rückgriff auf das Naturrecht, das ungeschriebene Recht, zulässig[497].

Grundsätzlich war danach bis zum 18. Jahrhundert die Strafrechtspflege nicht engen gesetzlichen Grenzen unterworfen, sondern konnte weitgehend nach freiem Ermessen ausgeübt werden[498]; sie war von Grausamkeit und Ungleichbehandlung geprägt[499]. Der Nullum-crimen-Satz war deshalb auch in dieser Epoche selbst in umfangreicheren Kodifikationen nicht anerkannt; er war dem Verbesserten Landrecht in Preußen (1721)[500] und dem Codex Criminalis von

---

491 Abgedruckt bei: Buschmann, S. 138: „Jtem ferrer ist zuuermercken, inn was peinlichen fellen oder verklagungen, die peinlichen straff inn disen nachuolgenden artickeln nit gesetzt oder gnugsam erklert oder verstendig wer, sollen Richter vnd vrtheyler (so es zu schulden kompt) radts pflegen, wie inn solchen zufelligen oder vnuerstendtlichen fellen, vnsern Keyserlichen rechten, vnd diser vnser ordnung am gemessigsten gehandelt vnnd geurtheylt werden soll vnd alßdann jre erkanntnuß darnach thun, Wann nit alle zufellige erkanntnuß vnd straff inn diser vnser ordnung gnugsam mögen bedacht und beschriben werden.".

492 Schmidt, S. 146.

493 Vgl. z. B. für Frankreich: Pradel, Manuel, Rn. 128 (S. 124).

494 Vgl. Schnapper, TvR 1974, 81 ff. (96); Jeandidier, Principe, Nr. 7 (S. 3).

495 Pufendorf, De iure naturae et gentium, Buch VIII, Kapitel III § 16 (Pufendorf II, S. 336).

496 Ancel, R.I.D.P. 1937, 240 ff. (241 Fn. 1).

497 Julliot de la Morandiere, S. 21; Delmas Saint-Hilaire, S. 149 ff. (S. 153).

498 Vgl. Desportes/Le Gunehec, Rn. 209 (S. 153); Jescheck/Weigend, § 15 II; Roxin I, § 5 Rn. 12; Ancel, Annales de l'Institut de Droit comparé de l'Université Paris 2 (1936), 245 ff. (247); Merle/Vitu I, Rn. 152 (S. 225); Rassat, Rn. 6 (S. 7 f.); Julliot de la Morandiere, S. 20.

499 Mascala, S. 22; im Ergebnis auch Soyer, Rn. 33 (S. 23 f.).

500 Vgl. Vorrede des „Verbesserten Land-Rechts" von 1721, letzter Absatz: „Es ist auch Unser Wille und Meinung / daß / da sich je einiger Fall / der in gegenwärtiger Unserer Ordnung und Land-Recht nicht begriffen / künfftiglich begeben und zutragen würde / derselbe /

Bayern (1751)[501] sowie der österreichischen Constitutio Theresiana aus dem Jahre 1769 unbekannt[502]; vielmehr erlaubten diese Gesetzeswerke den Fürsten und Richtern weitgehend nach Ermessen eine Festlegung der strafbaren Handlungen[503]. Dies galt aber nicht in den Fällen, in denen konkrete Strafbestimmungen vorlagen; diese waren für die Richter verbindlich[504]. Dass bis in diese Epoche das Gesetzmäßigkeitsprinzip nicht anerkannt war und die Richter einen

---

wann er in dem Känserlichen Recht ausdrücklich decidirt ist / nach demselben / sonst aber / zu anderwärtigen Decision und Dijudication ex aequo & bono, der Sachen Umbstände und Gelegenheit nach / gestellet / oder wann das Collegium es nöthig findet / der Casus mit Rationibus dubitandi & decidendi zu Unserer Decision eingeschickt werden solle (...) ", vgl. Verbessertes Land-Recht, S. 13/14. Hieraus leitet auch Bopp, S 44 f., eine Einschränkung des Nullum-crimen-Satzes ab.

501 In § 1 I 1 des Codex Iuris Bavarici Criminalis von 1751 wurde zwar festgestellt, dass nicht alle „Frevel" strafbar seien, Strafen auf der Grundlage von Gewohnheitsrecht wurden aber zugelassen: "Es seynd nicht alle Frevel und strafbahre Thaten für Criminal zu achten, sondern nur jene, welche entweder mit Leibs- oder Lebens-Straff angesehen, oder sonst so beschaffen seynd, daß sie von Rechts oder Gewohnheits wegen, ad Forum Criminale gehören.", abgedruckt bei: Buschmann, S. 181. Noch deutlicher ist dies in § 10 I 11. Das 11. „Capitul" trägt die Überschrift: „Von in- und ausländischen Bettlern, Vaganten, Müßiggängern und dergleichen verdächtigen Leuthen, wie auch Wuchern, Contrebandirern und anderen unbenannten Verbrechen". Der hier relevante § 10 lautet: „Sollte sich ein straffbarer Fall ereignen, welcher unter obigen malefizischen Verbrechen nahmentlich nicht begriffen, doch denenselben wegen der gespielten Gefährde, oder Grösse des Schadens an der Straffmäßigkeit gleich, oder vielleicht noch schwerer anzusehen wäre; so soll derselbe zu denen Churfürstlichen Dicasteriis einberichtet, und die Decision, wie derselbe zu bestraffen seyn mögte, von dort erwartet werden.", vgl. Buschmann, S. 220/221.

502 Art. 104 lautete: „In dieser allgemein-peinlichen Gerichtsordnung sind die mehreste Verbrechen, so sich gemeiniglich ereignen, theils durch hierortige Ausführung, und theils durch ausdrückliche Beruffung auf Unsere schon bestehend-anderweite Satz- und Ordnungen abgehandlet worden; wenn aber gleichwohlen eine böse That, welche ihrer Bosheit nach gar wohl mit halsgerichtlicher Ahnd- und Bestraffung angesehen zu werden verdienet, in dieser Gerichtsordnung aber entweder gar nicht, oder nicht klar genug ausgedrucket wäre, vorkommen sollte, so ordnen Wir hiermit, daß hieben alle Umstände der unterlossenen Gefährde, des bedächtlichen Fürsatzes, der entstanden-gemeinen Aergerniß, und des etwann andurch verursachten öffentlich- oder sonderheitlichen Schadens wohl erwogen, und den Befund eines unterwaltend-schweren Verbrechens ein solcher Malefizfall von jeder Blutgerichtsobrigkeit nach Aehnlichkeit deren in dieser Gerichtsordnung einkommenden Grundsätzen für selbigesmal zwar entschieden, jedoch eine solche Begebenheit als ein ausgenommener Malefizfall angesehen, somit das abgefaßte Urtheil vor dessen Kundmachung an das Obergericht zur höheren Erkanntnuß abgegeben, und jenen Falls, da etwann wegen besorgend-öfteren Wiederholung einer solchen Mißhandlung eine allgemeine Straffausmessung für all-Unsere Erblanden nöthig zu seyn erachtet würde, der Vorfall von dem Obergericht nach Hof angezeiget werden solle.", vgl. Constitutio, S. 281/282.

503 Schnapper, TvR 1974, 81 ff. (106).

504 Vgl. für Frankreich: Jeandidier, Principe, Nr. 6 (S. 3); Carbasse, Droits 8 (1988), 123 ff. (132). Bestanden hinsichtlich der Auslegung einer derartigen Bestimmung Zweifel, war diese Frage dem Gesetzgeber – dem König – vorzulegen, vgl. Carette, in: Lois, S. 50 Fn. 12. Diese Grundsätze galten grundsätzlich auch in Deutschland, vgl. S. 109-111 (insbes. auch Fn. 500-502).

weiten Ermessensspielraum hatten, lag nicht zuletzt daran, dass bis dahin eine umfassende Regelung, ein Strafrechtskodex, fehlte[505].

Eine wesentliche Änderung brachte das Zeitalter der Aufklärung. Die im 18. Jahrhundert entwickelte Lehre von der Teilung der Gewalten, insbesondere aber die Theorie, dass die Herrschaft der Fürsten nicht von Gott ableitbar ist, sondern sich die Menschen freiwillig in einem Staat zusammengefunden haben („Staatsvertragslehre"), standen der Annahme einer uneingeschränkten Strafgewalt entgegen[506]. Begründer der Lehre von der Gesetzmäßigkeit im Strafrecht ist Montesquieu[507], der eine Kompetenz der Richter, Recht zu schaffen, ablehnte:

> *„Mais les juges de la nation ne sont, comme nous avons dit, que la bouche qui prononce les paroles de la loi, des êtres inanimés qui n'en peuvent modérer ni la force ni la rigueur."*[508]

Inspiriert von Montesquieu, den er sehr bewunderte[509] sowie beeinflusst durch die Lehre Rousseaus vom „contrat social"[510] entwickelte Beccaria diese Gedanken weiter[511] und machte sie für das Strafrecht nutzbar. In seinem im Jahre 1764 erschienenen Werk „Dei delitti e delle pene" forderte er, dass eine Strafe nur auf Grund und nach Maßgabe eines Gesetzes verhängt werden dürfe[512].

Diese Theorie Beccarias spielte eine große Rolle[513] bei der Formulierung der Artt. 7 und 8 der „Déclaration des Droits de l'homme et du citoyen"[514] vom 26. August 1789, in denen dieses Prinzip ausdrücklich anerkannt wurde:

> *Art. VII*
> *„Nul homme ne peut être accusé, arrêté, ni détenu que dans les cas déterminés par la loi, et selon les formes, qu'elle a prescrites (...).*
>
> *Art. VIII*
> *La loi ne doit établir que des peines strictement et évidemment nécessaires, et nul ne peut être puni qu'en vertu d'une loi établie et promulguée antérieurement au délit, et légalement appliquée."*

Die Erklärung vom 26. August 1789 wurde an den Anfang der französischen Verfassung vom 3. September 1791[515] gestellt. Das Gesetzmäßigkeitsprinzip

---

505 Debove/Falletti, S. 15/16.

506 Vgl. Schreiber, in: HRG III, „Nulla poena sine lege", Sp. 1104 ff. (1106).

507 Pradel, Manuel, Rn. 128 (S. 125).

508 Montesquieu, Livre XI, Chapitre VI (S. 149).

509 Garraud I, Rn. 73 (S. 151 Fn. 3).

510 Vgl. Venturi, S. IX ff. (XIV); Casamayor, S. 5 ff. (13 f.).

511 Pradel, Manuel, Rn. 82 (S. 85); Pradel, Histoire, S. 26; Desportes/Le Gunehec, Rn. 210 (S. 153 f.).

512 Beccaria, Dei delitti e delle pene, § III (Beccaria, S. 13 ff.).

513 Pradel, Manuel, Rn. 90 (S. 90).

514 Text abgedruckt bei: Renoux/de Villiers, Rn. 104 (S. 47 f.). Zur Bedeutung dieser Erklärung für das moderne Strafrecht s. Carbasse, Droits 8 (1988), 123 ff.; zu Recht wird sie als Geburtsstunde des heutigen Strafrechts bezeichnet, vgl. Spielmann/Spielmann, S. 8.

515 Die Verfassung ist bei Duguit/Monnier/Bonnard/Berlia, S. 1 ff., abgedruckt.

wurde anschließend in Frankreich auch in dem (beschlossenen, aber nie in Kraft getretenen)[516] Acte constitutionnel vom 24. Juni 1793[517], sowie in der Verfassung vom 5. Fructidor an III (22. August 1795) verankert[518].

---

516 Godechot, S. 76.

517 Art. 10: „Nul ne doit être accusé, arrêté ni détenu, que dans les cas déterminés par la loi et selon les formes qu'elle a prescrites. (...)", Art. 12: „Ceux qui solliciteraient, expédieraient, signeraient, exécuteraient ou feraient exécuter des actes arbitraires, sont coupables, et doivent être punis." und Art. 14: „Nul ne doit être jugé et puni qu'après avoir été entendu ou légalement appelé, et qu'en vertu d'une loi promulguée antérieurement au délit. La loi qui punirait des délits commis avant qu'elle existât, serait une tyrannie; l'effet rétroactif donné à la loi serait un crime." der „Déclaration des droits de l'homme et du citoyen", abgedruckt bei: Duguit/Monnier/Bonnard/Berlia, S. 63.

518 Art. 8: „Nul ne peut être appelé en justice, accusé, arrêté ni détenu, que dans les cas déterminés par la loi, et selon les formes qu'elle a prescrites.", Art. 13: „Tout traitement qui aggrave la peine déterminée par la loi, est une crime." und Art. 14: „Aucune loi, ni criminelle, ni civile, ne peut avoir d'effet rétroactif."; abgedruckt bei: Duguit/Monnier/Bonnard/Berlia, S. 73/74. Danach wurde das Gesetzmäßigkeitsprinzip auch in weitere französische Verfassungen oder verfassungsrechtliche Dokumente aufgenommen, so in Art. 4 der Charte constitutionnelle vom 4. Juni 1814 („Leur liberté individuelle est également garantie, personne ne pouvant être poursuivi ni arrêté que dans les cas prévus par la loi, et dans la forme qu'elle prescrit."; vgl. Duguit/Monnier/Bonnard/Berlia, S. 169), der Acte additionnel aux constitutions de l'empire vom 22. April 1815 (Art: 61: „Nul ne peut être poursuivi, arrêté, détenu ni exilé, que dans les cas prévus par la loi et suivant les formes prescrites."; vgl. Duguit/Monnier/Bonnard/Berlia, S. 180), Art. 4 der Charte constitutionnelle vom 14. August 1830 („Leur liberté individuelle est également garantie, personne ne pouvant être poursuivi ni arrêté que dans les cas prévus par la loi et dans la forme qu'elle prescrit."; vgl. Duguit/Monnier/Bonnard/Berlia, S. 195), Art. 2 der Verfassung vom 4. November 1848 („Nul ne peut être arrêté ou détenu que suivant les prescriptions de la loi."; vgl. Duguit/Monnier/Bonnard/Berlia, S. 214). In der Präambel der Verfassung vom 27. Oktober 1946 wurde schließlich ebenso wie in der Präambel der Verfassung vom 4. Oktober 1958 ausdrücklich auf die Erklärung der Menschenrechte vom 26. August 1789 Bezug genommen. Daher hat das Prinzip der Gesetzmäßigkeit in Frankreich auch heute nicht nur einfachrechtlichen (Art. 111-3 C. P.), sondern Verfassungsrang, vgl. Pradel, Comparé, Rn. 42 (S. 56); Stefani/Levasseur/Bouloc, Rn. 101 (S. 102); Levasseur/Doucet, S. 37; Pelletier/Perfetti, Art. 111-3, Anm. 14; im Ergebnis auch: Cons. const., JCP 1981 II, 19701; Godechot, S. 33 Fn. 1; a. M.: Lamarque, RD. 1985, 285 ff. (288): der Gesetzgeber könne auch eine strafrechtliche Regelung mit Rückwirkung erlassen, ähnlich Beziz-Ayache, „Conflits de lois dans le temps (ou application de la loi pénale dans le temps)", S. 36 f. (37). In der Praxis sind rückwirkende Strafgesetze in Frankreich allerdings kaum vorgekommen. Genannt wird (vgl. Porteron, Nr. 129 [S. 18]; Garçon/Rousselet/Patin/Ancel I, Art. 4 Rn. 71) die „LOI tendant à assurer plus complètement la répression des crimes et délits contre la sûreté extérieure de l'Etat" vom 14. November 1918 (JO 1918, 9914). Nach deren Art. 4 war die Vermögenskonfiskation als Strafe für die in Art. 1 genannten Straftaten auch zulässig, wenn diese nach dem 2. August 1914, aber vor Verkündung des Gesetzes begangen worden waren. Für das Vichy-Regime wird insoweit ausgeführt, „ces lois rétroactives ont eu tendance à se multiplier" (Garçon/Rousselet/Patin/Ancel I, Art. 4 Rn. 71) bzw. „la plupart des textes du gouvernement français de Vichy" hätten Rückwirkung gehabt (Porteron, Nr. 129 [S. 18]). Beispiele nennt Donnedieu de Vabres, Nr. 1581 (S. 901 f., insbes. Fn. 2). Diese Beispiele belegen, dass rückwirkende Strafgesetze während des Vichy-Regimes nicht so häufig waren und die Rückwirkung auch eher versteckt

Das Prinzip der Gesetzmäßigkeit im Strafrecht lag in Frankreich dem Code Pénal vom 25. September - 6. Oktober 1791 (crimes)[519] und dem Gesetz vom 19. - 22. Juli 1791 (délits)[520] zu Grunde[521]. Es wurde schließlich in Artt. 2 und 3

---

erfolgte. Er nennt z. B. das Gesetz „relative à l'organisation, la compétence et la procédure de la Cour suprême de justice" vom 30. Juli 1940 (JO 1940, 4598). In Art. 1 dieses Gesetzes wurde das strafbare Verhalten beschrieben und in Art. 5 geregelt, dass für die Strafverfolgung eine Verjährungsfrist von 10 Jahren gelte, und zwar auch für Delikte, die vor Inkrafttreten des Gesetzes begangen worden waren. Gemäß Art. 12 konnte der Gerichtshof nur (aber auch alle) Strafen verhängen, die im 1. Buch des Code pénal 1810 vorgesehen waren. Damit konnten auch für vor Inkrafttreten des Gesetzes begangene Straftaten, die vor dem Gerichtshof angeklagt wurden, alle nach dem Code pénal 1810 zulässigen und nicht nur die bisher für die konkrete Tat angedrohten Strafen verhängt werden. Das Gesetz hatte damit echte Rückwirkung. Entsprechende Regelungen zur Verjährung sowie den zulässigen Strafen, die auch auf vor Inkrafttreten des Gesetzes begangene Taten anwendbar waren, enthielten Art. 10 bzw. Art. 8 der „Loi du 14. août 1941 réprimant l'activité communiste ou anarchiste (JO 1941, 3550 f.) und Art. 13 bzw. Art. 11 der „Loi du 7 septembre 1941 instituant un tribunal d'Etat" (JO 1941, 3850 f.). Gemäß Art. 5 der „Acte constitutionnel n°. 7" vom 27. Januar 1941 (JO 1941, 449 f.) wurden die näher bestimmten früheren höheren Staatsfunktionäre, die ihr Amt seit weniger als 10 Jahren ausgeübt hatten, von der strafrechtlichen Regelung betroffen. In diesen Fällen sollten die in Art. 3 genannten Strafen immer zulässig sein, also auch dann, wenn diese für das strafbare Verhalten bisher nicht angedroht waren. Darüber hinaus belegt Donnedieu de Vabres überzeugend, dass die scheinbar rein prozessuale Änderung des Art. 373 C. P. 1810 (verleumderische Anzeige) durch das Gesetz vom 8. Oktober 1943 (JO 1943, 2642) tatsächlich rückwirkend die Strafbarkeit begründete. Durch diese auch auf früher erfolgte falsche Anzeigen anwendbare Änderung konnte die verleumderische Anzeige bereits nach deren Zurückweisung strafrechtlich verfolgt werden, während die Rechtsprechung bis dahin ein entsprechendes Gerichtsurteil, also nicht bloß eine Entscheidung der Stelle, gegenüber der die Anzeige erfolgt war, verlangt hatte.

519 Lois, S. 163 ff.; dieses Gesetz enthielt zwar keine ausdrückliche Normierung des Gesetzmäßigkeitsprinzips. Im Ersten Teil wurden aber die zulässigen Strafen und im Zweiten Teil die Delikte und die hierfür angedrohten Strafen genau festgelegt. Diese Regelungen waren nach Sinn und Zweck abschließend.

520 Gemeint ist damit das Dekret zur „Police municipale et correctionnelle" (Lois, S. 129 ff.). In diesem Dekret wurden teilweise bereits im Ersten Teil über die „Police municipale", insbesondere aber im Zweiten Teil über die „Police correctionnelle" die Delikte und die zulässigen Strafen genau festgelegt. In Art. 71 wurde ausdrücklich bestimmt: "Les peines prononcées au présent décret ne seront applicables qu'aux délits commis postérieurement à sa publication.".

521 Vgl. Garraud I, Rn. 76 ff. (S. 157 ff.); Schnapper, TvR 1974, 81 ff. (107 f.). Bereits zuvor war in dem Dekret „Organisation judicairé" (Schreibweise im Original), Lois, S. 49 ff., vom 16.- 24. August 1790 in Art. 10 des 2. Titels „Des juges en général" festgelegt worden, dass „Les tribunaux ne pourront prendre directement ou indirectement aucune part à l'exercice du pouvoir législatif (...)"; Richtern war also die Erweiterung oder Formulierung strafrechtlicher Bestimmungen verboten. In Art. 21 des gleichen Abschnitts wird ebenfalls (mittelbar) auf das Gesetzmäßigkeitsprinzip Bezug genommen, indem dort bestimmt wurde, der Code pénal solle so reformiert werden, dass die Strafandrohungen dem Grundsatz der Déclaration des droits de l'homme (Art. VIII) entsprechen, dass das Gesetz (also *nur* ein Gesetz) Strafen nur festlegen dürfe, wenn diese „strictement et évidemment nécessaires" seien.
Im Jahre 1793 wurde das Gesetzmäßigkeitsprinzip während der Schreckensherrschaft jedoch

des Code des délits et des peines vom 3. Brumaire an IV = 25. Oktober 1795[522] und dann in Art. 4 des Code Pénal von 1810[523] verankert[524]. Dieses Gesetzbuch wurde von Belgien und Luxemburg übernommen und war ein Modell für die Staaten Europas[525]. Bereits 1847 stellte die Cour la Cassation fest, dass die analoge Anwendung von Strafvorschriften unzulässig ist[526].

---

beseitigt; z. B. wurde in Art. 3 des Titels II („Des peines“) des Dekrets vom 10.-12. März 1793 über die Gründung des außerordentlichen Revolutionstribunals (vgl. Lois, S. 221 f.) bestimmt: „Ceux qui seraient convaincus de crimes ou de délits qui n'auraient pas été prévus par le Code pénal et les lois postérieurs, ou dont la punition ne serait pas déterminée par les lois (...)“ mit der Deportation bestraft werden könnten, wenn ihr Aufenthalt auf französischem Gebiet ein Anlass für eine Störung der Ordnung („un sujet de trouble public et d'agitation“) sei. Diese Regelung wurde durch Dekret vom 7.-8. Juni 1793 (Lois, S. 233) dahingehend konkretisiert, dass die Deportation auf Dauer oder befristet erfolgen könne.

522 „Aucune acte, aucune omission, ne peut être réputé délit, s'il n'y a contravention à une loi promulguée antérieurement.“ und „Nul délit ne peut être puni de peines qui n'étaient pas prononcées par la loi avant qu'il fût commis. “, s. Lois, S. 362 ff. (363). Dieses Gesetzeswerk war allerdings in erster Linie eine Strafprozessordnung; Bestimmungen zum materiellen Strafrecht waren dort nur wenige enthalten.

523 „Nulle contravention, nul délit, nul crime, ne peuvent être punis de peines, qui n'étaient pas prononcées par la loi avant qu'ils fussent commis.“. Zu Recht wird aber kritisiert, dass diese Vorschrift allein das Rückwirkungsverbot, also nur eines der Prinzipien der Gesetzmäßigkeit normierte, vgl. Pradel, Nouveau Code, S. 24. Im Code pénal 1992 ist das Gesetzmäßigkeitsprinzip in Art. 111-2 („La loi détermine les crimes et délits et fixe les peines applicables à leurs auteurs. Le règlement détermine les contraventions et fixe, dans les limites et selon les distinctions établies par la loi, les peines applicables aux contrevenants.“) und in Art. 111-3 („Nul ne peut être puni pour un crime ou pour un délit dont les éléments ne sont pas définis par la loi, ou pour une contravention dont les éléments ne sont pas définis par le règlement. Nul ne peut être puni d'une peine qui n'est pas prévue par la loi, si l'infraction est un crime ou un délit, ou par le règlement, si l'infraction est une contravention.“) verankert. Zu den „contraventions“ s. auch unten Fn. 580 (S. 127).

524 Allerdings kannten auch diese Gesetzeswerke noch mit der Menschenwürde unvereinbare Strafen:
Zu nennen sind beim Code pénal vom 25. September - 6. Oktober 1791 insbesondere die Strafen des Prangers (vgl. Artt. 1er, 31 ff. des Ersten Titels), der Zwangsarbeit in Ketten (Art. 7 des Ersten Teils) und der Aberkennung des Status eines französischen Bürgers und damit des bürgerlichen Todes (vgl. Art. 31 des Ersten Titels).
In dem Code des délits et des peines vom 3. Brumaire an IV = 25. Oktober 1795 wurden in Artt. 602 f. insbesondere der Pranger und die Zwangsarbeit in Ketten als zulässige Strafen erwähnt.
Vgl. zu den Strafen in den beiden zuletzt genannten Gesetzen auch Gilissen, S. 416. Selbst im Code pénal 1810 waren derartige Strafen noch vorgesehen, so z. B. das Abschlagen der rechten Hand (vor der Hinrichtung) bei Mord an einem Elternteil (vgl. Artt. 299, 13 Abs. 2) sowie der Pranger (vgl. Artt. 8 Nr. 1, 22, 24).

525 Desportes/Le Gunehec, Rn. 58 (S. 29); Porteron, Nr. 6 (S. 4); Rassat, Rn. 12 (S. 13) nennt: Österreich, die Lombardei, Preußen, Russland, Gent und die päpstlichen Staaten. Zu den päpstlichen Staaten s. die Beiträge von Mollat und Dimier, in: Naz, Dictionnaire V, „États pontificaux“, Sp. 477 ff. (477 ff.).

526 Chamb. Crim. 1847, 436 f. (437).

Die Ideen Beccarias hatten – so die französische Strafrechtlerin Rassat plakativ – „l'effet d'une bombe“[527]. Dies gilt nicht nur für den hier behandelten Grundsatz der Gesetzmäßigkeit, sondern auch für ihre überzeugenden und zeitlos gültigen Argumente gegen die Zulässigkeit von Folter[528] und Todesstrafe[529]. Sie fanden Verbreitung nicht nur in Europa, sondern auch darüber hinaus[530]. Die meisten Staaten trugen im Laufe der Jahre den Thesen Beccarias durch Rechtsänderungen Rechnung[531].

Auch die US-Bundesverfassung von 1787 enthielt bereits das Rückwirkungsverbot für Strafgesetze[532]. Das allgemeine Gesetzmäßigkeitsprinzip im Strafrecht war aber sowohl der US-Bundesverfassung als auch den Verfassungen der Staaten der USA fremd[533]. In der „Bill of rights“ von Virginia (1776) heißt es unter Section 8 zwar

> „(...) *that no man be deprived of his liberty, except by the law of the land or the judgement of his peers.* “[534].

Diese Vorschrift ähnelt aber Art. 39 der Magna Charta und lässt Raum für das damals in den USA noch als Quelle des Strafrechts anerkannte common law, einschließlich des Rechts der Richter, Straftatbestände neu zu definieren[535]. Dies gilt im Ergebnis auch für den 5. Zusatzartikel (Amendment V)[536] vom Dezember 1791[537].

In einigen während des 18. bzw. 19. Jahrhunderts erlassenen deutschen Verfassungen[538] sowie Strafgesetzbüchern, z. B. dem Strafgesetzbuch des österreichi-

---

527 Rassat, Rn. 12 (S. 12).

528 Beccaria, Dei delitti e delle pene, § XVI (Beccaria, S. 38 ff.).

529 Beccaria, Dei delitti e delle pene, § XXVIII (Beccaria, S. 62 ff.).

530 Vgl. Garraud I, Rn. 73 (S. 154); Venturi, S. IX ff. (IX).

531 Rassat, Rn. 12 (S. 13).

532 Art. 1 Section 9 § 3: „No (...) ex post facto Law shall be passed“, vgl. Franz, S. 22. Diese Regelung wurde in Art. 1 Section 10 § 1 auch für die Staaten als verbindlich vorgegeben, vgl. Franz, S. 24. Das Rückwirkungsverbot war auch z. B. in den Verfassungen der Staaten Maryland, New Hampshire, North Carolina und Massachusetts verankert, vgl. Schreiber, S. 64/65.

533 A. M.: R. Bernardini, Rn. 184 (S. 165); Roxin I, § 5 Rn. 14.

534 Franz, S. 8.

535 Vgl. Krey, Rn. 40 f. sowie Schreiber, S. 64 ff., auch mit Hinweisen zu ähnlichen Formulierungen in anderen Verfassungen (Pennsylvania, Maryland, New Hampshire, North Carolina, Massachusetts) von Staaten der USA.

536 „No person shall (...) be deprived of life, liberty, or property, without due process of law (...).“, vgl. Franz, S. 38.

537 Vgl. Schreiber, S. 64 ff.; Krey, Rn. 40/41.

538 So enthielt die Verfassung des Königreichs Bayern vom 26. Mai 1818 in Titel IV § 8 Abs. 3 die Bestimmung, dass niemand verfolgt oder verhaftet werden dürfe, außer in den durch Gesetz bestimmten Fällen, vgl. E. R. Huber, Dokumente I, S. 161. Ähnliche Formulierungen enthielten § 15 Abs. 2 der Verfassung für das Großherzogtum Baden vom 22. August 1818 („Niemand darf anders als in gesetzlicher Form verhaftet [...] werden.“, vgl.

schen Kaisers Josef II. von 1787[539], war der Nullum-crimen-Satz schon enthalten. *Diese* Kodifikationen bzw. Gesetze enthielten aber kein Verbot rückwirkender Strafgesetze[540].

Anders im ALR: Gemäß § 9 II 20 ALR können

> *„Handlungen und Unterlassungen, welche nicht in den Gesetzen verboten sind (...) als eigentliche Verbrechen nicht angesehen werden, wenn gleich Einem oder dem Andern daraus ein wirklicher Nachtheil entstanden seyn sollte.“*[541].

Aus § 11 ergab sich, dass von dem Gesetz nur der getroffen wurde, der das *„Strafgesetz zu wissen schuldig“*[542] ist und aus § 45, dass die Strafe *„in der Regel*

E. R. Huber, Dokumente I, S. 173), § 26 der Verfassung des Königreichs Württemberg vom 25. September 1819 („Niemand darf [...] anders als in den durch Gesetz bestimmten Fällen und in den gesetzlichen Formen verhaftet und bestraft [...] werden.“, vgl. E. R. Huber, Dokumente I, S. 190), § 115 Abs. 1 der Verfassungsurkunde für das Kurfürstentum Hessen vom 5. Januar 1831 („Niemand darf anders, als in den durch die Gesetze bestimmten Fällen und Formen, zur gerichtlichen Untersuchung gezogen, zu gefänglicher Haft gebracht, darin zurückgehalten, oder gestraft werden.“, vgl. E. R. Huber, Dokumente I, S. 256), § 51 der Verfassung des Königreichs Sachsen vom 4. September 1831 („Niemand darf ohne gesetzlichen Grund verfolgt, verhaftet oder bestraft [...] werden.“, vgl. E. R. Huber, Dokumente I, S. 270), § 5 Abs. 3 des preußischen Gesetzes zum Schutze der persönlichen Freiheit vom 24. September 1848 („Keine Strafe kann angedroht oder verhängt werden, als in Gemäßheit des Gesetzes.“, vgl. E. R. Huber, Dokumente I, S. 465), Art. 7 Satz 2 der Verfassung für den Preußischen Staat vom 5. Dezember 1848 („Strafen können nur in Gemäßheit des Gesetzes angedroht oder verhängt werden.“, vgl. E. R. Huber, Dokumente I, S. 484) sowie Art. 8 des Staatsgrundgesetzes des Königreichs Preußen vom 31. Januar 1850 („Strafen können nur in Gemäßheit des Gesetzes angedroht oder verhängt werden.“, vgl. E. R. Huber, Dokumente I, S. 502).

539 Vgl. § 1 I 1: „Nicht jede gesetzwidrige Handlung ist ein Kriminalverbrechen, oder sogenanntes Halsverbrechen, und sind als Kriminalverbrechen nur diejenigen gesetzwidrigen Handlungen anzusehen, und zu behandeln, welche durch gegenwärtiges Strafgesetz als solche erkläret werden.“, abgedruckt bei: Buschmann, S. 226; vgl. dazu auch näher Schreiber, S. 76.

540 Vgl. dazu E. R. Huber, Verfassungsgeschichte III, S. 112; Krey, Rn. 55. In Österreich war das Gesetzmäßigkeitsprinzip auch in dem Strafgesetz über schwere Polizei-Uebertretungen vom 3. September 1803 enthalten. In der Einleitung dieses Gesetzes wurde unter VI. bestimmt: „Als ein Verbrechen jedoch, und eben so als eine schwere Polizeiübertretung kann nur dasjenige behandelt und bestraft werden, was in diesem Strafgesetze ausdrücklich für ein Verbrechen, oder für eine schwere Polizeiübertretung erklärt wird“, abgedruckt bei Blumentritt, S. 8. Hinzu kam in dem Kundmachungs-Patent das Rückwirkungsverbot, zwar wohl nicht generell (vgl. aber Schreiber, S. 82), wohl aber hinsichtlich dieser neuen Kodifikation des Strafrechts im Verhältnis zum bisherigen Recht: „Wie Wir auch dann auf bereits anhängige, oder nun erst zur Untersuchung kommende Fälle, ingleichen auf Verbrechen und schwere Polizeiübertretungen, die vor oben bestimmter Frist (*Anm.: 1. Januar 1804*) begangen worden, aber erst nach Verlauf derselben zur Untersuchung gezogen werden, die Wirkung dieses Gesetzes jedesmal erstrecken wollen, wenn nach demselben auf eine gelindere Behandlung als nach den vormaligen Gesetzen zu erkennen sein wird.“, abgedruckt bei Blumentritt, S. 3.

541 Abgedruckt bei: Hattenhauer, S. 672/673.

542 Abgedruckt bei: Hattenhauer, S. 673.

(...) nicht über das höchste Maaß der gesetzlichen Strafe verschärft" werden kann[543]. Das ALR kannte daher grundsätzlich das Gesetzmäßigkeitsprinzip im Strafrecht. Eine Einschränkung dieses Prinzips wird teilweise § 87 der Einleitung des ALR entnommen[544], nach dem Handlungen erlaubt sind, die „*weder durch natürliche, noch durch positive Gesetze verboten*" werden[545]. Diese Auffassung überzeugt nicht, da § 9 II 20 ALR insoweit für den Bereich des Strafrechts eine Sonderregelung traf. Eine andere Frage ist allerdings, ob das ALR den Eingriff des Monarchen in ein Strafverfahren ausgeschlossen hatte. Dies ist zweifelhaft, da sich der Plan, ein derartiges Recht gesetzlich auszuschließen, nicht durchsetzen konnte[546]. Für Strafgesetze galt aber das Rückwirkungsverbot. Aus § 14 der Einleitung des ALR ergab sich, dass Gesetze keine Rückwirkung hatten[547]. Eine begrenzte Ausnahme vom generellen Verbot rückwirkender belastender Strafgesetze wird teilweise § 15 der Einleitung des ALR entnommen[548], in dem bestimmt wurde, dass eine vom Gesetzgeber für „*nöthig befundene und gehörig publizierte Erklärung eines älteren Gesetzes" in allen noch zu entscheidenden Rechtsfällen den Ausschlag gibt*[549], also auch in denen, die einen vor der Publizierung liegenden Sachverhalt betreffen. Diese Vorschrift betraf nach ihrem Wortlaut aber nur „interpretierende" Gesetze; eine so publizierte Vorschrift konnte daher nicht eine Strafandrohung erstmalig begründen, sondern allenfalls Auslegungszweifel beseitigen. In dem Publikationspatent[550] sowie in § 20 der Einleitung des ALR[551] war ferner geregelt, dass bei nachträglichen Rechtsänderungen immer das für den Täter günstigere Recht anzuwenden ist; daraus ergibt sich, dass eine nachträgliche Strafverschärfung (und erst Recht eine nachträgliche Strafbegründung) ausgeschlossen war.

---

543 Abgedruckt bei: Hattenhauer, S. 674.

544 Schnapper, TvR 1974, 81 ff. (107). Schnapper weist in Fn. 397 in diesem Zusammenhang auf § 87 *I 20* ALR hin, gemeint ist aber die im Text zitierte Vorschrift.

545 Abgedruckt bei: Hattenhauer, S. 60.

546 Vgl. Schreiber, S. 93-95.

547 „Neue Gesetze können auf schon vorhin vorgefallene Handlungen und Begebenheiten nicht angewendet werden.", abgedruckt bei: Hattenhauer, S. 57.

548 Krey, Rn. 55.

549 Abgedruckt bei: Hattenhauer, S. 57.

550 Unter XVIII: „Was die Anwendung der in diesem Landrechte enthaltenen Strafgesetze auf die schon vor der Publication sich ereigneten Fälle betrift; so hat es desfalls nicht nur bey den Vorschriften §. 18 und 20 der Einleitung sein Bewenden, sondern es ist auch Unser Wille, dass bey allen nach der Publication, und selbst noch vor dem Ersten Junius 1794, als dem Zeitpunkte der anfangenden Gesetzeskraft, zur richterlichen Entscheidung gelangenden Fällen, die in dem neuen Landrechte verordneten Strafen, in so fern dieselben gelinder sind, als diejenigen, welche nach bisherigen Gesetzen auf das vorliegende Verbrechen statt gefunden hätten, angewendet werden sollen.", vgl. Hattenhauer, S. 55.

551 Abgedruckt bei: Hattenhauer, S. 57: „Ist es zweifelhaft: ob das Verbrechen vor oder nach der Publication des neuen Gesetzes vorgefallen sey, so muß, bey Bestimmung der Strafe, das mildere Gesetz zum Grunde der Entscheidung genommen werden.".

Der Satz „nulla poena sine lege“ selbst ist aber erst 1801 von Anselm von Feuerbach geprägt worden[552]. Dieser war auch der Erste, der die Ausformungen dieses Satzes (Ausschluss des Gewohnheitsrechts, Rückwirkungsverbot, Analogieverbot, Bestimmtheitsgebot) anerkannte[553]. In Art. 1 des Bayerischen StGB von 1813 war dieser Satz – wesentlich beeinflusst durch Feuerbach – einschließlich des Verbots des rückwirkenden Gesetzes schon enthalten[554], ebenso in § 2 des Preußischen StGB von 1851[555]. Allgemein in Deutschland eingeführt wurde der Nullum-crimen-Satz incl. des Rückwirkungsverbots im Jahre 1870 durch § 2 StGB des Norddeutschen Bundes (ab 1871 StGB des Deutschen Reiches)[556]. Nach dem ersten Weltkrieg wurde dieser Grundsatz sogar in Art. 116 WRV aufgenommen[557] und ist heute in Art. 103 Abs. 2 GG ebenfalls verfassungsrechtlich

---

552 Feuerbach, S. 20. Zutreffend wird darauf hingewiesen, besser sei es, diesen Grundsatz „nullum crimen, nulla poena, *nullum iudicium* sine lege“ zu nennen, da dieser nicht nur materiellrechtlicher, sondern auch prozessualer Natur sei, also bereits die Durchführung eines Strafprozesses unzulässig ist, wenn jemand ein nicht gesetzlich mit Strafe bedrohtes Verhalten begangen hat, vgl. Mascala, S. 23; Merle/Vitu I, Rn. 151 (S. 225).

553 Vgl. dazu näher Krey, Rn. 17.

554 „Wer eine unerlaubte Handlung oder Unterlassung verschuldet, für welche ein Gesetz ein gewisses Uebel gedrohet hat, ist diesem gesetzlichen Uebel als seiner Strafe unterworfen. (...).“, abgedruckt bei: Buschmann, S. 448. Der Nullum-crimen-Satz ergibt sich jedenfalls unter Berücksichtigung der Art. 2 des Patents über die Verkündung dieses Gesetzes, vgl. Krey, Rn. 58: „Verbrechen oder Vergehen, welche nach dem vorbestimmten Zeitpunkte in Untersuchung oder zur Entscheidung kommen, wenngleich dieselben noch vor dem Eintritte desselben begangen worden, sollen nach gegenwärtigem Gesetzbuche beurtheilet werden, ausgenommen, wenn sie von den zur Zeit ihrer Begehung gültigen Gesetzen mit einer bestimmten Strafe bedrohet waren, welche gelinder ist, als diejenige, die das gegenwärtige Gesetzbuch verordnet.“.

555 Abgedruckt bei: Buschmann, S. 539: „Kein Verbrechen, kein Vergehen und keine Uebertretung kann mit einer Strafe belegt werden, die nicht gesetzlich bestimmt war, bevor die Handlung begangen wurde.“.

556 E. R. Huber, Verfassungsgeschichte VI, S. 535; zum Wortlaut von § 2 StGB des Norddeutschen Bundes, vgl. E. R. Huber, Dokumente II, S. 312: „Eine Handlung kann nur dann mit einer Strafe belegt werden, wenn diese Strafe gesetzlich bestimmt war, bevor die Handlung begangen wurde.“. Obwohl eine Durchbrechung dieses Grundsatzes durch Reichsgesetz möglich gewesen wäre, erging in der Zeit zwischen 1870 und 1918 kein rückwirkendes Strafgesetz, vgl. E. R. Huber, Verfassungsgeschichte III, S. 983.

557 „Eine Handlung kann nur dann mit einer Strafe belegt werden, wenn die Strafbarkeit gesetzlich bestimmt war, bevor die Handlung begangen wurde.“, vgl. E. R. Huber, Dokumente IV, S. 168. Der hier normierte Nullum-crimen-Satz unterlag keinem Gesetzesvorbehalt, konnte also nur durch verfassungsänderndes Gesetz durchbrochen und auch nicht im Falle des Staatsnotstandes (Art. 48 Abs. 2 WRV) suspendiert werden, vgl. E. R. Huber, Verfassungsgeschichte VI, S. 716/717. Dementsprechend wurde er auch in der „Verordnung des Reichspräsidenten zum Schutz von Volk und Staat“ vom 28. Februar 1933 (RGBl. I, 83) nicht eingeschränkt. Umstritten war, ob Art. 116 WRV enger zu verstehen war als § 2 Abs. 1 StGB, da Art. 116 WRV auf die gesetzliche Bestimmung der *Strafbarkeit,* § 2 StGB jedoch auf die der *Strafe* vor der Tat abstellte; vgl. dazu v. Hippel II, S. 34 f. Fn. 1 und 2; v. Liszt/Schmidt, S. 108 f. Fn. 3. Rückwirkende strafverschärfende Gesetze gab es während der Weimarer Republik aber nicht. Jescheck, Verantwortlichkeit, S. 238, vertritt

zwar die Auffassung, die WRV habe eine rückwirkende Strafverschärfung zugelassen und verweist insoweit auf die Kommentierung von Schönke, § 2 a Anm. I. Die dort genannten Beispiele betreffen jedoch die Zeit des „Dritten Reiches“. Die rückwirkende Strafverschärfung wurde im Zusammenhang mit dem Kapp-Putsch im März 1920 zwar diskutiert (vgl. dazu E. R. Huber, Dokumente IV, S. 250 f.; zu Hintergründen und Ablauf des Kapp-Putsches vgl. E. R. Huber, Verfassungsgeschichte VII, S. 44 ff.). Hiervon wurde aber aus verfassungsrechtlichen Gründen Abstand genommen, vgl. E. R. Huber, Verfassungsgeschichte VII, S. 94 und S. 126. Vorgebracht wird ferner, in Art. XIV Abs. 4 der „Verordnung über Vermögensstrafen und Bußen“ vom 6. Februar 1924 (RGBl. I, 44 ff.) seien rückwirkend Strafgesetze verschärft worden, vgl. RG, Urteil vom 23. Dezember 1933, 15 J 86/33, XII M 42/33 (Reichstagsbrandprozess), zitiert nach LK-Gribbohm, § 1 Rn. 22. In der Verordnung werden aber nur die durch die Inflation sowie die Währungsreform zu Beginn der 1920er Jahre erforderlichen Anpassungen des geltenden Strafrechts vorgenommen, aber nicht Strafen rückwirkend erhöht. Auch Koch, S. 84, versucht zu belegen, dass es für eine rückwirkende Strafverschärfung während der Zeit der Weimarer Republik einen Präzedenzfall gegeben habe, nämlich das „Gesetz zum Schutz der Republik“ vom 21. Juli 1922 (RGBl. I, 585 ff.). In § 27 Satz 1 dieses Gesetzes wird bestimmt: „Dieses Gesetz tritt mit dem Tage der Verkündung in Kraft.“. Eine Rückwirkung läge jedoch nur dann vor, wenn alle ab dem Beginn des Tages der Verkündung (23. Juli 1922) begangenen Taten hiervon erfasst waren, auch soweit diese bereits vor der Verkündung erfolgten. Eine derartige Auslegung ist aber vor dem Hintergrund der Rechtsprechung des RG kaum haltbar. In einem rechtlich ähnlich gelagerten Fall wurde dem Angeklagten ein am 1. Februar 1922 begangener Verstoß gegen die am gleichen Tage verkündete „Verordnung des Reichspräsidenten, betreffend Verbot der Arbeitsniederlegung durch Beamte der Reichsbahn“ (RGBl. I, 187) vom 1. Februar 1922 vorgeworfen. § 4 dieser Verordnung lautete: „Diese Verordnung tritt am 1. Februar 1922 in Kraft.“. Die Auffassung des LG, eine Strafbarkeit sei nicht gegeben, da die Verordnung nicht vor Ablauf des 1. Februar 1922 in Kraft treten konnte, verwarf das RG. Unter Hinweis auf Art. 116 WRV lehnte es lediglich eine Anwendung der Strafvorschrift auf vor der Verkündung begangene Straftaten ab. Diese Verkündung liege vor, wenn das RGBl. beim Postzeitungsamt zum Zwecke der Beförderung und Verteilung ausgeliefert worden sei, vgl. RGSt 57, 49 ff. (51). Wenige Monate später hatte das RG erneut über eine ähnliche Rechtsfrage zu entscheiden. Diesmal wurde dem Angeklagten vorgeworfen, gegen die „Verordnung zum Schutz der Republik“ vom 26. Juni 1922 (RGBl. I, 521) verstoßen zu haben. In § 13 der Verordnung ist bestimmt: „Die Verordnung tritt mit der Verkündung in Kraft“. Auch hier stellte das RG auf den Zeitpunkt der Auslieferung des RGBl. an das Postzeitungsamt ab, vgl. RGSt 57, 404 ff. (405). Der Zeitpunkt der Auslieferung des RGBl. an das Postzeitungsamt war in derartigen Fällen mit genauer Uhrzeit festzustellen. Erfolgte der Verstoß wenige Minuten zuvor, lag nach der Rechtsprechung des RG keine Strafbarkeit vor. Stand fest, dass der Verstoß wenige Minuten später erfolgt war, wurde die Strafbarkeit selbst dann angenommen, wenn der Täter keine Möglichkeit hatte, von dem Gesetz tatsächlich Kenntnis zu nehmen, vgl. RGSt 57, 404 ff. (405, 407). Diese Grundsätze müssen auch gelten, wenn für das Inkrafttreten – wie beim „Gesetz zum Schutz der Republik“ – sachlich gleichlautend bestimmt wird, dass eine Bestimmung am Tage der Verkündung in Kraft tritt. Soweit für die Gegenposition bei LK-Gribbohm, § 2 Rn. 9, die Entscheidung des RG in einer Zivilsache (RGZ 91, 339 ff. [340]) genannt wird, in der die Auffassung vertreten wurde, die „Bekanntmachung über Öle und Fette“ vom 8. November 1915 (RGBl. I, 735 ff.) sei entsprechend § 17 mit dem Tage der Verkündung (9. November 1915) und damit *am Beginn* dieses Tages in Kraft getreten, überzeugt dies nicht. Es handelte sich hierbei nicht um eine Strafsache. Damit stellte sich die strafrechtliche Rückwirkungsproblematik nicht. Hinzu kommt, dass in § 17 ausdrücklich bestimmt wird, dass die abgesichert. Während der Zeit des Nationalsozialismus wurde dieser Satz in Deutschland aber vollständig aufgehoben[558] und nach dem 2. Weltkrieg bis 1989 in der DDR stark eingeschränkt[559].

Strafvorschrift (§ 16) erst am 10. November 1915, also am Tage nach der Verkündung, in Kraft tritt.

558 Vorab ist festzustellen, dass nach 1933 für neue Strafbestimmungen die *Gesetzes*form zunehmend an Bedeutung verlor und nach 1939 neue Strafbestimmungen praktisch ausschließlich auf dem Verordnungswege durch Hitler oder nachgeordnete Verwaltungsorgane erlassen wurden.

Von den vier Grundsätzen dieses Satzes wurde als erster das Rückwirkungsverbot im Rahmen des Strafverfahrens gegen Marinus van der Lubbe verletzt. Van der Lubbe wird der Brandanschlag auf den Reichstag am Abend des 27. Februar 1933 zugeschrieben. Nach zur Tatzeit geltendem Recht hätte er allenfalls zu einer lebenslangen Zuchthausstrafe verurteilt werden können. Das von der Reichsregierung beschlossene „Gesetz über Verhängung und Vollzug der Todesstrafe“ vom 29. März 1933 (RGBl. I, 151) ermöglichte es jedoch, die „Verordnung des Reichspräsidenten zum Schutz von Volk und Staat“ vom 28. Februar 1933, in der für derartige Taten die Todesstrafe angedroht wurde, rückwirkend anzuwenden. Das RG, Urteil vom 23. Dezember 1933, 15 J 86/33, XII M 42/33, zitiert nach LK-Gribbohm, § 1 Rn. 22, sprach zwar vier der fünf Angeklagten frei, verurteilte aber van der Lubbe zum Tode. In dem Urteil stellte sich das RG unter Aufgabe der bisherigen Rechtsprechung auf den Standpunkt, Art. 116 WRV stehe einer nachträglichen Strafverschärfung nicht entgegen. Dies ist bemerkenswert, da – wie das RG selbst feststellt – die Reichsregierung auf Grund der ihr in dem „Gesetz zur Behebung der Not von Volk und Reich“ („Ermächtigungsgesetz“) vom 24. März 1933 (RGBl. I, 141) gegebenen Befugnisse auch zum Erlass verfassungsändernder Gesetze befugt war und eine Entscheidung des entsprechenden Meinungsstreits daher nicht erforderlich gewesen wäre. Nach diesem Urteil wurde der Grundsatz „nullum crimen nulla poena sine lege *praevia*“ auch in anderen Bestimmungen nicht beachtet und entweder mit Rückwirkung die angedrohte Strafe verschärft oder sogar ein neuer Straftatbestand geschaffen, vgl. Naucke, Mißachtung, S. 225 ff. (227 ff.).

Ebenfalls sehr schnell wurde von der NS-Regierung das Analogieverbot aufgegeben. Mit dem „Gesetz zur Änderung des Strafgesetzbuches“ vom 28. Juni 1935 (RGBl. I, 839 ff.) erhielt § 2 StGB folgende Fassung:

> *„Bestraft wird, wer eine Tat begeht, die das Gesetz für strafbar erklärt oder die nach dem Grundgedanken eines Strafgesetzes und nach gesundem Volksempfinden Bestrafung verdient. Findet auf die Tat kein bestimmtes Strafgesetz unmittelbar Anwendung, so wird die Tat nach dem Gesetz bestraft, dessen Grundgedanke auf sie am besten zutrifft.“*

Beispiele für die Anwendung von § 2 StGB n. F. enthalten die Kommentierung von v. Olshausen-Niethammer, § 2 Anm. 9 sowie die Darstellung bei Hamburger, R.D.P.C. 1937, 182 ff. (189 ff.). Die diesbezügliche Rechtsprechung des RG wird von Schubert/Glöckner I, S. 20 ff., erschlossen. Diese Rechtsprechung wird unterschiedlich bewertet: Einige bescheinigen dem RG, es habe sich bemüht, die Praxis der Untergerichte in einigermaßen vernünftige Bahnen zu lenken, vgl. Schmidt, S. 434. Andere werten die Rechtsprechung als „zunächst zurückhaltend“ im späteren zeitlichen Verlauf aber „verstärkt“, alles in allem aber „nicht exzessiv“, vgl. Krey, Rn. 30 bzw. als zurückhaltend bei „vorrevolutionären“, aber extensiv bei „nachrevolutionären“ Strafgesetzen, vgl. BK-Rüping, Art. 103 Abs. 2 Rn. 10; ähnlich: LK-Gribbohm, § 1 „Entstehungsgeschichte“.

Ein Grundsatz „nullum crimen nulla poena sine lege *certa*“ existierte nicht. Während des Nationalsozialismus erlassene strafrechtliche Bestimmungen enthielten regelmäßig weite, nahezu unbegrenzt auslegungsfähige, Tatbestandsmerkmale. Berüchtigt ist die „Verordnung über das Sonderstrafrecht im Kriege und bei besonderem Einsatz (Kriegssonderstrafrechtsverordnung)“ (KSSVO) vom 17. August 1938 (RGBl. I, 1939 (!), 1455 ff.). Sehr weitgehend war § 5 KSSVO („Zersetzung der Wehrkraft“). Gestützt auf diese Vorschrift konnte jeder Zweifel am „Endsieg“ und jede Kritik an der Kriegsführung mit dem Tode bestraft werden, vgl. Werle, S. 210 ff.; Mechler, S. 261 ff., zur Praxis. Ferner ist die ebenfalls berüchtigte „Verordnung gegen Volksschädlinge“ vom 5. September 1939 (RGBl. I, 1679) zu erwähnen. § 4 dieser Verordnung ermöglichte es, jede Straftat, die unter besonderer Ausnutzung der Kriegsverhältnisse begangen wurde, mit dem Tode zu bestrafen. Insoweit wird auf die Darstellungen bei Mechler, S. 153 ff. sowie Werle, S. 234 ff. und S. 245 ff., hingewiesen. Abschließend ist die „Verordnung über die Strafrechtspflege gegen Polen und Juden in den eingegliederten Ostgebieten“ vom 4. Dezember 1941 (RGBl. I, 759 ff.) zu nennen. Dieses Sonderrecht für „Polen und Juden“ enthielt beliebig auslegbare Voraussetzungen und ermöglichte für jedes den Besatzungsbehörden abträgliche Verhalten die Todesstrafe (vgl. näher Werle, S. 371 ff.).

Der Grundsatz „nullum crimen sine lege *scripta*“ hatte während der NS-Diktatur ebenfalls keine Bedeutung. Bei der Rechtsanwendung sollte der Wille des „Führers“, auch wenn er z. B. lediglich in einer Rede geäußert worden war, das „politische Gesetz“, bzw. die nationalsozialistische Weltanschauung entscheidend sein. Gesetze waren immer im nationalsozialistischen Sinne auszulegen, vgl. dazu Hamburger, R.D.P.C. 1937, 182 ff. (183); Huber, Verfassungsrecht, S. 242; Schmitt, JW 1934, 713 ff. (717); Schmitt, DJZ 1934, Sp. 945 ff. (947 f.). Der „Wille des Führers“ hatte damit rechtsverbindliche Wirkung und wurde selbst zur Rechtsquelle. Deutlich wird dies in den Ausführungen des damaligen Reichjustizministers Thierack, der feststellt, das Gesetz müsse „der politisch völkischen Entwicklung entsprechend fortentwickelt“ werden. Das Recht könne so elastisch gehalten werden und ohne Änderung im Gesetzeswortlaut könne sich im Ergebnis „eine kleine Gesetzgebung vollziehen“, vgl. Boberach, S. 470.

[559] Das Analogieverbot war zwar in der DDR gemäß Art. 135 Abs. 1 der Verfassung von 1949, Art. 99 Abs. 2 der Verfassung von 1968/1974 grundsätzlich anerkannt. Das Prinzip sollte der Rechtssicherheit dienen und den Strafverfolgungsorganen eine Orientierung geben, welche Verhaltensweisen zu verfolgen sind und weiterhin gewährleisten, dass jeder (nur) nach dem Ausmaß seiner Schuld zur Verantwortung gezogen wird, vgl. Sektion Rechtswissenschaft, S. 142. Das Prinzip der Rechtssicherheit hatte in der DDR jedoch nicht den Schutz der Freiheitsrechte des Einzelnen, sondern die Sicherung des sozialistischen Rechts und der sozialistischen Gesetzlichkeit im Blick, vgl. Gruel, in: Akademie, S. 377 ff.; Mampel, Verfassung DDR, Art. 19 Rn. 63. Die sozialistische Gesetzlichkeit war strikt „parteilich“ zu verstehen, d. h. die Gerichte hatten bei ihren Entscheidungen anzustreben, dass diese mit den „Anschauungen der Arbeiterklasse“ – die von der „Partei der Arbeiterklasse“ festgelegt wurden – übereinstimmten und dem Aufbau des Sozialismus dienten, vgl. Benjamin, NJ 1958, 437 ff. (437); Leißner, S. 74 ff., 88. Unter dem sozialistischen Recht war daher nach einer Definition des an den Schauprozessen Stalins führend beteiligten sowjetischen Staatsanwaltes Wyschinski die Gesamtheit der Verhaltensregeln zu verstehen, die den Willen der herrschenden Klasse ausdrücken und auf gesetzgeberische Weise festgelegt sind, sowie die Gebräuche und Regeln des Gemeinschaftslebens, die von der Staatsgewalt sanktioniert sind, vgl. E. W. Böckenförde, S. 26. Daher waren neben Gesetzen auch die ungeschriebenen Grundsätze des Sozialismus von rechtlicher Relevanz. Das sozialistische Recht war also der Politik und dem Willen der jeweiligen Machthaber untergeordnet. Rechtsnormen waren Mittel der Politik und hatten keine die Staatsgewalt hemmende Funktion. Im Konfliktfall mit gesell-

schaftlichen Anforderungen trat das Freiheitsrecht des Einzelnen zurück, vgl. E. W. Böckenförde, S. 37/38. Damit war die Rechtssicherheit nur im Rahmen der von der politischen Führung zu beurteilenden Lage gewährleistet. Dies hatte Auswirkungen auf die Auslegung insbesondere des „politischen" Strafrechts. Dort verschwammen die Grenzen zwischen der Anwendung einer im Wortlaut weiten Strafvorschrift und der Überschreitung des Wortlauts im Wege der Analogie. Auf die im Folgenden skizzierte Rechtsprechung zum politischen Strafrecht, die stets von dem absoluten Vorrang des Staatsinteresses ausging, wird daher auch hinsichtlich des Prinzips „nullum crimen nulla poena sine lege *stricta*" verwiesen.
Der Grundsatz „nullum crimen nulla poena sine lege *certa*" spielte im Rahmen des politischen Strafrechts der DDR keine Rolle. Die entsprechenden Strafvorschriften enthielten in vielen Fällen unbestimmte und unbegrenzt auslegbare Tatbestandsmerkmale. So war gemäß § 106 StGB/DDR als „Staatsfeindliche Hetze" jede „Diskriminierung" der herrschenden politischen Verhältnisse strafbar. Verurteilt wurde daher z. B. ein Arzt, der in einem Brief an den damaligen Leiter der polnischen Gewerkschaft Solidarnosc, Lech Walesa, Kritik an Beschränkungen der Pressefreiheit in der DDR und Sympathien für die polnische unabhängige Gewerkschaft geäußert hatte, vgl. BGHR, § 336 StGB, DDR-Recht 12, Bl. 1. Laut § 214 StGB/DDR war u. a. jede Bekundung der Missachtung von Gesetzen, die in einer die öffentliche Ordnung gefährdenden Weise erfolgte, strafbar. Ausreichend war, dass jemand in demonstrativer Weise, kategorisch oder provokatorisch auch lediglich einzelne Gesetze der DDR herabwürdigte bzw. ankündigte, sie als ungültig zu betrachten, vgl. Ministerium der Justiz, § 214 Anm. 4. Auch diese Strafvorschrift wurde in erheblichem Maße zur Verfolgung Ausreisewilliger genutzt. So wurde das Tragen von Anstecknadeln mit einer Anspielung auf den Aufstand vom 17. Juni 1953 sowie das sichtbare Anbringen eines Neuseeland-Prospekts, auf dem das Wort „Freiheit" geschrieben war, unter § 214 StGB/DDR subsumiert, vgl. BGHR, § 336 StGB, DDR-Recht 21, Bl.1/2. Die bloße Vorlage des Ausweises an einer Grenzübergangsstelle zum Zwecke der Ausreise wurde selbst dann als Kritik am Grenzregime und damit als strafbar angesehen, wenn dieser Vorgang lediglich von den Grenzsoldaten wahrgenommen worden war, vgl. BGHSt 41, 247 ff. (274); BGHR, § 336 StGB, DDR-Recht 27 und 29. Aus dem gleichen Grunde war auch das Anbringen eines „A" bzw. eines weißen Bandes am Pkw als Zeichen des Willens zur Ausreise strafbar, vgl. BGHR, § 336 StGB, DDR-Recht 10, 18 und 28. Ebenso wurden Demonstrationen gegen Ausreisebeschränkungen mit Freiheitsstrafen geahndet, selbst wenn diese keine bzw. keine erhebliche Öffentlichkeitswirksamkeit hatten, vgl. BGHSt 40, 272 ff. (273); 41, 247 ff. (265 f.); BGHR, § 336 StGB DDR-Recht, 8 und 9. § 220 StGB/DDR schließlich stellte jede öffentliche Herabwürdigung der staatlichen Ordnung, staatlicher Organe, Einrichtungen, gesellschaftlicher Organisationen sowie deren Tätigkeit unter Strafe. Auch mit Hilfe dieser Vorschrift konnte jede Kritik strafrechtlich geahndet werden. So wurde eine Frau, die sich gegenüber einem ARD-Korrespondenten kritisch zu Einschränkungen beim Einkauf in Intershop-Läden geäußert hatte, verurteilt, vgl. BGHSt 41, 247 ff. (268 f.).
Der Grundsatz „nullum crimen nulla poena sine lege *scripta*" war zwar im Prinzip anerkannt. Allerdings boten die ausfüllungsbedürftigen Tatbestandsmerkmale, insbesondere des „politischen" Strafrechts, sowie der Grundsatz der „sozialistischen Gesetzlichkeit" eine Vielzahl von Möglichkeiten, auf aktuelle politische Entwicklungen auch ohne ausdrückliche Änderung des Strafrechts durch dessen verschärfte Anwendung zu reagieren.
Der Satz „nullum crimen nulla poena sine lege *praevia*" war prinzipiell anerkannt. In Art. 135 Abs. 3 der Verfassung von 1949 war aber eine Ausnahme vorgesehen für Bestimmungen zur „Überwindung des Nazismus, des Faschismus und des Militarismus" oder die zur Ahndung von Verbrechen gegen die Menschlichkeit notwendig sind. Entsprechend war die Materie in der Verfassung von 1968/1974 geregelt. Gemäß deren Art. 91 waren die allgemein anerkannten Normen des Völkerrechts über die Bestrafung von Verbrechen gegen den Frieden oder die

II. Begründung des Nullum-crimen-Satzes im weltlichen Recht

Der Grundsatz „nullum crimen nulla poena sine lege“ wird aus mehreren Rechtsprinzipien abgeleitet:

1. Rechtssicherheit[560]

Die Gewährleistung von Rechtssicherheit ist ein wesentlicher Grundsatz des Rechtsstaatsprinzips des GG. Hierdurch soll die Messbarkeit, Beständigkeit und Voraussehbarkeit staatlichen Handelns gesichert werden[561]. Der Einzelne kann grundsätzlich darauf vertrauen, dass die Rechtslage nicht rückwirkend zu seinen Ungunsten verändert wird. Unterschieden werden die echte und die unechte Rückwirkung von Gesetzen. Eine echte Rückwirkung liegt vor, wenn durch ein Gesetz ein in der Vergangenheit liegender abgeschlossener Tatbestand geregelt wird, und unechte Rückwirkung, wenn ein Sachverhalt zwar in der Vergangenheit begründet wurde, aber in der Gegenwart fortdauert. Zulässig ist die echte Rückwirkung, wenn der Betroffene mit einer Neuregelung rechnen musste, eine unklare bzw. verworrene Rechtslage beseitigt oder eine nichtige Norm ersetzt werden soll, die Rückwirkung lediglich einen unbedeutenden Schaden für den Betroffenen verursacht oder sie durch überwiegende Gründe des Gemeinwohls gefordert wird. Dagegen ist die unechte Rückwirkung prinzipiell zulässig, es sei denn, auf Seiten des Betroffenen besteht ein überwiegendes schutzwürdiges Interesse am Fortbestand des Rechtszustandes[562]. Übertragen auf das Gebiet des

---

Menschlichkeit und von Kriegsverbrechen unmittelbar geltendes Recht und gemäß § 1 Abs. 6 EGStGB/StPO waren Verbrechen gegen den Frieden oder die Menschlichkeit und Kriegsverbrechen, die vor Inkrafttreten des StGB/DDR begangen worden waren, weiterhin auf der Grundlage der völkerrechtlichen Vorschriften zu verfolgen. Gegen die in Art. 135 Abs. 3 DDR-Verfassung von 1949 vorgesehene Möglichkeit, weiterhin auf der Grundlage des KRG 10 sowie völkerrechtlicher Straftatbestände Strafen zu verhängen, wendet Mampel ein, diese Bestimmung sei überflüssig, es sei denn, man wolle in Wahrheit nicht Verbrecher bestrafen, sondern jeden anders Gesinnten unschädlich machen (Mampel, Besatzungszone, Art. 135 Anm. 2). Insbesondere im Rahmen der „Waldheimer Prozesse“ (1950) ist in der Tat ein deutlicher Missbrauch der Möglichkeiten, die diese Vorschriften boten, festzustellen. Es wurden keine Beweisaufnahmen durchgeführt. Die Verfahren dauerten fast durchweg eher Minuten als Stunden. Eine Feststellung von Individualschuld erfolgte nicht. Vielmehr wurde der Grundsatz der Kollektivschuld sehr stark praktiziert. Lediglich ein kleiner Teil der Verurteilten hatte selbst unter Zugrundelegung der Bestimmungen des IMT-Statuts sowie des KRG 10 tatsächlich Verbrechen begangen. Ziel der Verfahren war es daher auch nicht, Personen wegen begangener Verbrechen zu bestrafen, sondern potentielle oder tatsächliche politische Gegner der DDR oder der Sowjetunion auszuschalten; insoweit wird auf Fricke, Politik, S. 205 ff., verwiesen. Allerdings hat sich ein ähnlicher Missbrauch des KRG 10 in den Westzonen nicht gezeigt, so dass diese Strafverfolgungsermächtigung zwar den Missbrauch ermöglichte, aber nicht von vornherein darauf angelegt war.

560 Krey, Rn. 123, 126, 130 und 133; Desportes/Le Gunehec, Rn. 212 (S. 155); Glaser, R.D.P.C. 1966, 899 ff. (937); Koering-Joulin, S. 247 ff. (252).

561 Vgl. Stern I, S. 831; Zacharias II, S. 36.

562 Vgl. dazu umfassend Stern I, S. 833 ff.; Zacharias II, S. 38 f., jeweils m. w. N. der Rechtsprechung des BVerfG.

Strafrechts bedeutet dies, dass der Einzelne sich darauf verlassen können muss, dass ein Verhalten, das zum Zeitpunkt der Tat nicht mit Strafe bedroht war, nicht – auch nicht auf Grund eines rückwirkenden Gesetzes[563] – strafrechtlich geahndet wird[564].

2. Vorbehalt des Gesetzes[565]

Seinen geschichtlichen Wurzeln entsprechend hat der Nullum-crimen-Satz auch das Ziel, vor richterlicher Willkür zu schützen[566]. Angesprochen ist damit das Prinzip der Gesetzesbindung von Verwaltung und Gerichten. Der Grundsatz der Gesetzesbindung ergibt sich aus Art. 20 Abs. 3 GG. Abgeleitet werden hieraus zwei hier relevante Gesichtspunkte, nämlich der des Vorrangs des Gesetzes und der des Vorbehalts des Gesetzes:

- Aus dem Grundsatz des Vorrangs des Gesetzes ergibt sich, dass Verwaltung und Gerichte an die Gesetze gebunden sind. Es darf weder hinsichtlich der Frage des „ob" noch des „wie" eines staatlichen Vorgehens hiervon abgewichen werden[567].
- Der Grundsatz des Vorbehalts des Gesetzes besagt, dass Eingriffe des Staates in Freiheit, Eigentum und sonstige Rechtspositionen nur auf der Grundlage eines Gesetzes erfolgen dürfen[568].

Der strafrechtliche Tatbestand muss danach zum Zeitpunkt der Tat gesetzlich geregelt sein; der Richter kann die Voraussetzungen der Strafbarkeit nicht selbst festlegen[569].

Auch im französischen Recht sind rückwirkende Gesetze nicht generell unzulässig. Bei der Prüfung der Verfassungsmäßigkeit der Rückwirkung ist zu berücksichtigen, ob und inwieweit ein schutzwürdiges Vertrauen in den Fortbestand der gegenwärtigen Rechtslage besteht. Unzulässig sind rückwirkende Gesetze soweit sie Strafen, belastende Verwaltungsmaßnahmen oder Steuern bzw. Abgaben betreffen. Zulässig ist die Rückwirkung im Bereich des Verfahrensrechts, der Gültigmachung von Rechtsakten, bei Gesetzen, durch die bestehende Regelungen interpretiert werden, ohne sie zu ändern und wenn die neue Rechtslage weniger belastend ist als die bisherige, vgl. näher Renoux/de Villiers, Rn. 183 ff. (S. 94 ff.).

563 Damit soll vor willkürlichen Entscheidungen des Gesetzgebers geschützt werden, der – möglicherweise allein unter dem Eindruck eines Einzelfalles – ein Strafgesetz mit Rückwirkung erlässt, vgl. Grünwald, ZStW 76 (1964), 1 ff. (18). Das Prinzip der Nichtrückwirkung von Strafgesetzen ist eine grundlegende Gemeinsamkeit aller demokratischen Staaten, vgl. Sudre, S. 381 ff. (396).

564 Roxin I, § 5 Rn. 19; Krey, Rn. 123, 126, 130 und 133; Koering-Joulin, S. 247 ff. (252).

565 Vgl. Roxin I, § 5 Rn. 19, der auch darauf hinweist, dass diejenigen, die den Sinn des Gesetzmäßigkeitsprinzips in der Wahrung der persönlichen Freiheit sehen (Vitu, R.I.C.P.T. 1967, 94 ff. [94]; Rassat, Rn. 88 [S. 98]; Desportes/Le Gunehec, Rn. 212 [S. 155]), letztlich auch die Bindung der Staatsgewalt an die Gesetze propagieren.

566 Krey, Rn. 14; Pradel, Histoire, S. 26.

567 Vgl. näher Stern I, S. 802 ff.; Zacharias II, S. 33/34.

568 Vgl. näher Stern I, S. 805 ff.; Zacharias II, S. 34 ff.; Duguit, Traité III, S. 732.

569 Roxin I, § 5 Rn. 20.

3. Gewaltenteilung[570]

Im weltlichen Recht ist die Beachtung der Gewaltenteilung ein wesentliches Kriterium, damit ein Staat als Rechtsstaat angesehen wird[571]. Für Diktaturen ist es umgekehrt kennzeichnend, dass sie eine Gewaltenteilung nicht kennen. Als Begründer der Lehre von der Gewaltenteilung wird allgemein Charles de Montesquieu angesehen[572]. In seinem Werk „De l'esprit de lois" führt er aus:

> *"Il y a dans chaque Etat trois sortes de pouvoirs: la puissance législative, la puissance exécutrice des choses qui dépendant du droit des gens, et la puissance exécutrice de celles qui dépendent du droit civil.(...) On appellera cette dernière la puissance de juger; et l'autre, simplement la puissance exécutrice de l'Etat."*[573]

Nur die Inhaber der legislativen Gewalt sind für den Erlass von Rechtssätzen in Gestalt von Gesetzen zuständig[574]. Der Verwaltung obliegt die Ausführung von Gesetzen. Daher spricht man von der vollziehenden Gewalt[575]. Unter Rechtsprechung versteht man die Durchführung von Verfahren, die Gerichten zugewiesen sind[576]. Diese Teile der Staatsgewalt müssen jeweils unterschiedlichen Trägern zugeordnet werden („organisatorische Gewaltenteilung")[577]. Hierdurch soll die Macht der einzelnen Funktionsträger beschränkt, ein Übergewicht einer Gewalt verhindert, eine transparente und rationale Staatsorganisation erreicht, die Staatsherrschaft gemäßigt und verhindert werden, dass ein Funktionsträger seine Macht missbraucht[578].

Strafgerichte haben Gesetze nur anzuwenden. Die Schaffung von Straftatbeständen steht ihnen nicht zu.

---

570 Ancel, R.I.D.P. 1937, 240 ff. (246 f.); Krey, Rn. 99, 123, 126, 130 und 134; Merle/Vitu I, Rn. 153 (S. 227 f.); Levasseur/Doucet I, S. 36 und S. 57; Schmidt-Aßmann, in: Maunz/Dürig/Herzog/Scholz, Art. 103 Abs. 2 Rn. 166; Renoux, S. 149 ff. (156); Roxin I, § 5 Rn. 20.

571 In der französischen Staatsrechtslehre wird – unter Rückgriff auf Art. 16 der „Déclaration des Droits de l'homme et du citoyen" vom 26. August 1789 („Toute société dans laquelle la garantie des droits n'est pas assurée, ni la séparation des pouvoirs déterminée, n'a point de constitution.", abgedruckt: Duguit/Monnier/Bonnard/Berlia, S. 3) – die Auffassung vertreten, ohne diese Aufteilung der Gewalten habe ein Staat keine Verfassung, vgl. Renoux/de Villiers, Rn. 359 (S. 179). Zur Gesetzgebungsgeschichte dieser Regelung vgl. Duguit, Revue d'économie politique 7 (1893), 99 ff. (115 ff.).

572 Diese Unterscheidung findet sich aber schon bei Aristoteles, vgl. Aristoteles, Politik Band IV, Kap. 14 (zitiert nach: Aristoteles IX, S. 36/37).

573 Montesquieu, Livre XI, Chapitre VI (S. 142 f.).

574 Vgl. Badura, Rn. F 5.

575 Vgl. Badura, Rn. G 2.

576 Bei der Definition dieser Aufgaben hat der Gesetzgeber allerdings keinen unbeschränkten Spielraum, vgl. Badura, Rn. H 2.

577 Herzog, in: Maunz/Dürig/Herzog/Scholz, Art. 20 Abschnitt V Rn. 15; Troper, S. 118.

578 Vgl. BVerfGE 3, 225 ff. (247); Stern II, S. 530.

4. Demokratieprinzip[579]

Von Interesse sind in dem hier behandelten Zusammenhang die Organe der Gesetzgebung. Wie soeben ausgeführt, dürfen Eingriffe, insbesondere durch das Strafrecht, nur auf einer gesetzlichen Grundlage erfolgen. Aus dem Demokratieprinzip ergibt sich, dass für den Erlass derartiger Gesetze die vom Volk gewählten Abgeordneten der Parlamente zuständig sind[580].

---

579 Vgl. Roxin I, § 5 Rn. 20; Krey, Rn. 124, 131 und 135; im Ergebnis auch Merle/Vitu I, Rn. 153 (S. 227); ähnlich auch Jeandidier, Principe, Nr. 10 (S. 4), der das Gesetzmäßigkeitsprinzip aus dem „contrat social“ ableitet.

580 Vgl. Roxin I, § 5 Rn. 20. Strafandrohungen in einer von einem Minister oder der Bundes- bzw. einer Landesregierung erlassenen Rechtsverordnung sind damit nicht von vornherein unzulässig. Allerdings müssen das strafbare Verhalten sowie die Strafandrohung bereits gesetzlich hinreichend deutlich festgelegt sein, vgl. Hill, in: Isensee/Kirchhof, HbdStR VI, § 156 Rn. 59.
Die französische Verfassung von 1958 lässt es zu, dass Strafbestimmungen auch in *Verwaltungsbestimmungen* enthalten sind. Dabei handelt es sich gegenüber dem bis dahin geltenden Recht um eine Neuerung. Zu weit geht es jedoch, diese als „révolution juridique“ zu bezeichnen (so aber: Stefani, Domaine, S. 531 ff. [532]). Vor 1958 waren in Frankreich wiederholt Verwaltungsorgane ermächtigt worden, Verordnungen mit Gesetzeskraft („décrets-lois“) zu erlassen, die auch Strafbestimmungen enthalten konnten. Von dieser Kompetenz haben sie auch Gebrauch gemacht, vgl. dazu R. Bernardini, Rn. 206 (S. 186); Soyer, Rn. 99 (S. 60). Kraft Verfassungsrechts ausgeschlossen ist es, für diese Übertretungen („contraventions“) freiheitsbeschränkende Maßnahmen anzudrohen, vgl. Danti-Juan, S. 15 ff. (20 f.). Dieser – am 28. November 1973 vom Conseil constitutionnel getroffenen Feststellung (RDJ 1974, 269 ff.) – hat der Gesetzgeber erst durch Gesetz vom 19. Juli 1993 (JO, 1993, 10199) Rechnung getragen, vgl. Renout, S. 32. Einfachgesetzlich sind diese Übertretungen in Art. 111-2 Absatz 2 C. P zugelassen. Danach können Sanktionen für Übertretungen durch Verwaltungsbestimmungen („règlement“) festgelegt werden; die zulässigen Strafen sind jedoch gesetzlich bestimmt. Zulässig sind gemäß Art. 131-13 C. P. je nach Art der Zuwiderhandlung Geldbußen bis zu 1.500 €, in bestimmten Fällen des Rückfalls 3.000 € *oder* (so Art. 131-15 C. P.) gemäß Art. 131-16 C. P.: Einschränkungen der Fahrerlaubnis (Nr. 1), des Rechts, Waffen zu tragen (Nr. 2), der Entzug von Waffen (Nr. 3) oder der Jagderlaubnis (Nr. 4), die Einziehung von Gegenständen, die zur Tat genutzt oder durch diese erlangt wurden (Nr. 5), ein Fahrverbot (Nr. 6) sowie die Verpflichtung zu einer straßenverkehrsrechtlichen Nachschulung (Nr. 7) bzw. zur Teilnahme an einem Kurs in Staatsbürgerkunde (Nr. 8). Die Festlegung der contraventions durch Verwaltungsorgane wird teilweise – trotz des beschränkten Sanktionsrahmens – kritisch gesehen, da hierdurch das Legalitätsprinzip eingeschränkt werde, vgl. Merle/Vitu I, Rn. 161 (S. 238); Mascala, S. 29/30. Die Gegenauffassung verweist darauf, dass es sich hierbei um bloße Bagatellverstöße handele und diese von den Delikten gut getrennt seien; vgl. Stefani, Domaine, S. 531 ff. (544).

5. Generalprävention[581]

Der Nullum-crimen-Satz wird auch aus dem generalpräventiven Zweck der Strafe abgeleitet. Ihr Ziel, von der Begehung der Straftat abzuhalten[582], kann die Strafandrohung nur erreichen, wenn das Strafgesetz bereits zur Zeit der Begehung der Tat bestand und so bestimmt war, dass der Einzelne diesem Gesetz das strafbare Verhalten entnehmen konnte[583].

6. Schuldprinzip[584]

Genannt wird als Grund für die Geltung des Nullum-crimen-Satzes auch die Unantastbarkeit der Menschenwürde. Ein Eingriff mit Mitteln des Strafrechts sei mit dieser nur vereinbar, wenn eine bewusste oder jedenfalls vorwerfbare Fehlentscheidung zur Verwirklichung straftatbestandsspezifischen Unrechts vorliege[585]. Angesprochen ist damit das Schuldprinzip[586]. Diese Ableitung des Nullum-crimen-Satzes wird in der Literatur teilweise abgelehnt, da es bei dem strafrechtlichen Schuldvorwurf nur darauf ankomme, dass der Betreffende erkennen konnte, ob das Verhalten *Unrecht* sei. Die *Strafbarkeit* müsse dagegen nicht erkannt werden. In diesem Zusammenhang wird auf § 17 StGB verwiesen[587]. Dieser Kritik wird entgegengehalten, der Täter könne die Rechtswidrigkeit angesichts spezifisch abgefasster Strafvorschriften häufig nur erkennen, wenn ihm das Strafgesetz selbst bekannt sei[588]. Dieser Meinungsstreit soll hier offen bleiben.

---

581 Hennau/Verhaegen/Spielmann/Bruyndonckx, Rn. 422 (S. 366); Krey, Rn. 122, 125, 127 und 136; Merle/Vitu I, Rn. 153 (S. 227); Rassat, Rn. 88 (S. 98); Roxin I, § 5 Rn. 22/23.

582 Vgl. Feuerbach, S. 72 f.; Roxin I, § 3 Rn. 21 f.; Jescheck/Weigend, § 8 II 3 a. Die Frage, welchen Zweck eine Strafe hat, war lange umstritten. Nach der „Vergeltungstheorie" wird der Täter bestraft, weil er Schuld auf sich geladen hat; ein weitergehender Zweck, z. B. die Besserung des Täters, wird mit der Strafe nicht verbunden, vgl. Roxin I, § 3 Rn. 2; Jescheck/Weigend, § 8 III; Desportes/Le Gunehec, Rn. 63 (S. 32) weist zusätzlich darauf hin, dass die Gesellschaft vor weiteren Taten geschützt werden solle, ähnlich: Beziz-Ayache, „Peines: Définition, caractères, classifications", S. 134 f. (134). Wer den Zweck der Strafe in der Spezialprävention sieht, will durch die Strafe den Täter künftig von Straftaten abhalten, ihn resozialisieren, vgl. Roxin I, § 3 Rn. 11; Beziz-Ayache, „Peines: Définition, caractères, classifications", S. 134 f. (134); Desportes/Le Gunehec, Rn. 63 (S. 32). Auch die im Text genannte Generalprävention wird als Strafzweck genannt. Die dargestellten Theorien zeigen Schwächen, wenn man sie isoliert betrachtet. Deshalb folgen Rechtsprechung und Wissenschaft nicht einer bestimmten Theorie, sondern kombinieren die Ansätze miteinander, vgl. Roxin I, § 3 Rn. 33 ff.; Jescheck/Weigend, § 8 V; Desportes/Le Gunehec, Rn. 63 (S. 32).

583 Roxin I, § 5 Rn. 22.

584 Sax, in: Bettermann/Nipperdey/Scheuner, S. 909 ff. (998 f.).

585 Sax, in: Bettermann/Nipperdey/Scheuner, S. 909 ff. (998 f.).

586 Vgl. BVerfGE 25, 269 ff. (285).

587 Z. B. Grünwald, ZStW 76 (1964), 1 ff. (11 f.); Rosenau, S. 232; Krey, Rn. 128.

588 Vgl. Eser, in: Schönke/Schröder, § 1 Rn. 1a; Roxin I, § 5 Rn. 25.

B. Tragweite der im weltlichen Recht für den Nullum-crimen-Satz genannten Argumente im kanonischen Recht

I. Rechtssicherheit

Gesetze sollen eine Leitlinie für das Verhalten der Menschen sein und die Rechtssicherheit gewährleisten[589]. Daher ist in c. 9 CIC/1983 als Grundsatz die Nichtrückwirkung von Gesetzen enthalten. Ebenso wie im weltlichen Recht wird zwischen echter und unechter Rückwirkung unterschieden[590]. Neue Gesetze haben auf zum Zeitpunkt ihres Inkrafttretens bereits abgeschlossene Vorgänge regelmäßig keinen Einfluss. Daher richtet sich z. B. die Gültigkeit einer Ehe, die unter der Geltung des CIC/1917 geschlossen wurde, nach dem damaligen Recht; positiv-rechtliche Ehenichtigkeitsgründe des CIC/1983 bleiben außer Betracht[591]. Bei rechtserheblichen Vorgängen, die zum Zeitpunkt des Inkrafttretens des Gesetzes noch nicht abgeschlossen sind, richten sich die Folgen erst ab Inkrafttreten des Gesetzes nach dem neuen Recht[592]. Zulässig ist die (echte) Rückwirkung gemäß c. 9 CIC/1983, wenn sie vom Gesetzgeber ausdrücklich angeordnet wird[593]. Rückwirkende Gesetze sollten aber nur ergehen, wenn eine „vertiefte Glaubenserkenntnis oder Einsicht in die Struktur der kirchlichen Communio" dies erfordert oder „um einer notwendigen gesetzlichen Anordnung oder Rechtsreform Wirksamkeit zu verschaffen"[594]. Diesen Grundsätzen entspricht es, dass gemäß c. 4 CIC/1983 wohlerworbene Rechte durch den CIC/1983 nicht berührt werden.

Dem Gedanken der Rechtssicherheit entspringt auch c. 221 § 3 CIC/1983, da Strafen danach nur „ad normam legis" verhängt werden dürfen, sowie das Analogieverbot des c. 19 CIC/1983. Beiden Regelungen liegt der Gedanke

---

589 Vgl. Naz, in: Naz, Traité I, Nr. 97 (S. 85); Jone, Gesetzbuch I, (zu c. 10) S. 33. Dieser – aus dem Streben nach Rechtssicherheit abgeleitete – Grundsatz wurde bereits im Jahre 599 von Papst Gregor I. in einem Dekretale anerkannt und später in den Liber Extra des Corpus Iuris Canonici übernommen, vgl. 1. Teil C. II. 3. a) aa) (S. 19). Das Prinzip der Rechtssicherheit wurde im kanonischen Recht spätestens seit dem 12./13. Jahrhundert und damit zeitlich deutlich früher als im weltlichen Recht anerkannt, vgl. Landau, Einfluß, S. 39 ff. (43).

590 van Hove, ETL 12 (1935), 551 ff. (554); Otaduy in: Comentario exegético I, c. 9 Anm. 3 (S. 313).

591 Vgl. MK-Socha, c. 4 Rn. 6. An diesen Grundsatz knüpft die bekannte Streitfrage an, inwieweit der im CIC/1983 erstmals normierte Ehenichtigkeitsgrund des c. 1098 CIC/1983 (arglistige Täuschung) auch auf eine vor dessen Inkrafttreten geschlossene Ehe Anwendung findet. Dies kommt nur in Betracht, wenn es sich bei dieser Vorschrift um eine positive Normierung einer naturrechtlichen Bestimmung handelt, vgl. dazu Primetshofer, in: Listl/Schmitz, HbdkKR (1999), S. 934.

592 Vgl. MK-Socha, c. 9 Rn. 5.

593 Rechtslogisch ausgeschlossen ist die Rückwirkung, soweit dadurch Geschehenes ungeschehen gemacht werden soll, eine nach altem Recht erlaubt abgeschlossene Rechtshandlung für rechtwidrig oder unwirksam erklärt wird oder Verpflichtungen begründet werden, die schon vor Inkrafttreten des Gesetzes erfüllt werden sollten; vgl. MK-Socha, c. 9 Rn. 6.

594 MK-Socha, c. 9 Rn. 7.

zugrunde, dass sich der Betroffene auf den Wortlaut des Gesetzes, das zum Zeitpunkt seines Verhaltens galt, insbesondere auch auf dessen Schweigen, verlassen können muss.

Das Prinzip der Rechtssicherheit liegt daher auch dem CIC/1983 zugrunde. Damit ist auch im kanonischen Recht das Gebot der Rechtssicherheit ein Grund für die Anerkennung des Nullum-crimen-Satzes.

II. Gesetzesbindung

Auch nach dem kanonischen Recht ist die Verwaltung an die Gesetze gebunden. Die Rechtsanwender haben – gerade im Bereich des Strafrechts – den Willen des Gesetzgebers zu beachten; dieser zeigt sich ausschließlich im Wortlaut des Gesetzes[595]. Kirchliches Verwaltungshandeln setzt aber nicht immer eine gesetzliche Grundlage voraus; Handeln praeter legem ist in weitem Umfang zulässig[596]. Daher wird – soweit ersichtlich einmütig – festgestellt, dass im kanonischen Recht der Grundsatz des Vorrangs des Gesetzes gilt, nicht aber der des Vorbehalts des Gesetzes. Die Verwaltung muss *im Rahmen* der Gesetze vorgehen. Sie benötigt für ein Tätigwerden aber nicht zwingend ein Gesetz, kann also nicht nur *auf Grund* eines Gesetzes handeln[597].

Im Strafrecht hat die Verwaltung aber keine Möglichkeit, über die gesetzlich zugelassenen Fälle hinaus Strafen zu verhängen (cc. 221 § 3, 1321 § 1 CIC/1983), so dass insoweit für sie der Grundsatz des Vorbehalts des Gesetzes gilt. Dies gilt erst recht für den kirchlichen Richter, der in weit stärkerem Maße als die ausführende Gewalt an die Gesetze gebunden ist. Der Nullum-crimen-Satz kann daher auch im kanonischen Recht dem Grundsatz des Vorbehalts des Gesetzes entnommen werden.

III. Gewaltenteilung

1. Aufteilung der Gewalten im CIC/1917

Unter der Geltung des CIC/1917 war umstritten, welche Funktionen im Rahmen der Jurisdiktionsgewalt unterschieden werden mussten:

Nach einer Auffassung war c. 335 § 1 CIC/1917 heranzuziehen[598]. In dieser Vorschrift wurden die gesetzgebende, die rechtsanwendende und die Strafgewalt unterschieden. Keine Abweichung vom weltlichen Bereich gab es bei der Beschreibung der gesetzgebenden Gewalt. Hierunter wurde die Möglichkeit verstanden, allgemein-verbindliche Vorschriften für einen bestimmten Kreis von

595 Vgl. Felici, Apoll. 11 (1938), 404 ff. (452); Heimerl/Pree, S. 46.

596 Vgl. Aymans/Mörsdorf I, S. 226 f.; Amann, S. 17; Heimerl/Pree, S. 54; Kalb, in: Listl/Schmitz, HbdkKR (1999), S. 123. Ein Verwaltungsakt, der gegen ein Gesetz verstößt, kann aber gemäß c. 38 CIC/1983 rechtmäßig sein, wenn ihm eine Abänderungsklausel beigefügt ist.

597 Vgl. MK-Socha, c. 33 Rn. 7; Meier, S. 287 ff. (291).

598 Z. B. Lesage, Nature, S. 184.

Gläubigen zu erlassen[599]. Die rechtsanwendende Gewalt befähigte deren Inhaber dazu, „im Einzelfall hoheitlich über den wahren Sinn der Gesetze sowie über das Übereinstimmen der Handlungen der Untertanen mit dem Gesetz zu entscheiden“[600]. Sie umfasste damit – nach weltlichem Verständnis – sowohl Teile der richterlichen als auch der vollziehenden Gewalt[601]. Unter der Strafgewalt wurde teilweise die Fähigkeit verstanden, Strafen bzw. Zwangsmittel zu verhängen[602]. Dies konnte durch Gerichte aber auch durch die Verwaltung erfolgen. Andere zählten zu dieser Gewalt auch den Erlass von Strafgesetzen[603].

Nach einer anderen Auffassung war für die Abgrenzung der verschiedenen Teilbereiche der potestas iurisdictionis c. 201 §§ 2, 3 CIC/1917 einschlägig. Zu unterscheiden waren damit die richterliche Gewalt, die ein Richter in einem Prozess ausübt, und die nicht-richterliche Gewalt, unter der das Verwaltungshandeln und die Gesetzgebung zusammengefasst wurden[604].

Bereits 1925 unterschied jedoch Papst Pius XI. (1922-1939) in Abweichung von dieser Systematik des CIC/1917 die gesetzgebende, die richterliche und die vollziehende Gewalt[605]. Dieser Aufteilung der Leitungsgewalt folgten Eichmann[606], Castellano[607], Johnson[608], Mörsdorf[609], Lefebvre[610], de Naurois[611] und Ottaviani[612].

---

599 Vgl. Mörsdorf, Rechtsprechung, S. 20; zu den verschiedenen Formen der Gesetze vgl. Lefebvre, in: Naz, Dictionnaire VI, „Lois ecclesiastiques“, Sp. 635 ff. (642 f.).

600 Vgl. Mörsdorf, Rechtsprechung, S. 20.

601 Vgl. Mörsdorf, Regierungsaufgaben, S. 257 ff. (258 f.).

602 Jone, Gesetzbuch I, (zu c. 196) S. 222.

603 Vgl. Lesage, Nature, S. 186; Mörsdorf, Kirchenrecht I, S. 415 Fn. 1.

604 Vgl. Andrieu-Guitrancourt, S. 455; Hilling, AfkKR 105 (1925), 449 ff. (472).

605 AAS 17 (1925), 593 ff. (599).

606 Eichmann, Kirchenrecht, S. 166/167.

607 Castellano, MonEccl. 77 (1952), 76 ff. (77).

608 Johnson, Apoll. 9 (1936), 258 ff. (259).

609 Vgl. Mörsdorf, Regierungsaufgaben, S. 257 ff. (260 ff.). Mörsdorf verweist a. a. O. auf Diskussionen über diese Dreiteilung der Gewalt, die u. a. durch den Kanonisten Lega, Praelectiones I, Nr. 41 (S. 59) und Nr. 43 (S. 61), Ende des 19./Anfang des 20. Jahrhunderts angestoßen wurden.

610 Lefebvre, in: Naz, Dictionnaire VII, „Pouvoirs de l'église“, Sp. 71 ff. (79); ähnlich Lefebvre, Église, S. 189 ff. (189), dort nennt er aber zusätzlich die Strafgewalt.

611 de Naurois, NRT 97 (1975), 501 ff. (522).

612 Ottaviani I, Nr. 122 (S. 191).

2. Aufteilung der Gewalten im CIC/1983

Heute ist diese Unterscheidung in c. 135 § 1 CIC/1983 normiert:

- Die gesetzgebende Gewalt ermächtigt zum Erlass allgemeiner Normen, von Gesetzen[613]. Nähere Bestimmungen hierzu enthalten cc. 7 f., 29 f. CIC/1983. Die Gesetzgebungsgewalt steht in erster Linie[614] dem Papst (c. 331 CIC/1983) sowie dem Diözesanbischof in der ihm anvertrauten Diözese (c. 391 § 1 CIC/1983) zu. Sie kann auf der Ebene unterhalb der Höchsten Gewalt[615] nur persönlich ausgeübt werden. Eine gemäß c. 135 § 2 CIC/1983 zulässige Ausnahmeregelung existiert nicht.
- Unter der ausführenden Gewalt wird die Rechtsanwendung verstanden, die nicht durch richterliche Organe erfolgt[616] bzw. der Erlass aller Arten von Ausführungsdekreten, Verwaltungsakten für Einzelfälle, Reskripten und Dispensen; ausgenommen sind Privilegien sofern nicht eine besondere Ermächtigung vorliegt (c. 76 CIC/1983)[617]. Ordentliche Inhaber der ausführenden Gewalt sind in erster Linie[618] der Papst (c. 331 CIC/1983) sowie der Diözesanbischof (c. 391 § 1 CIC/1983). Der Diözesanbischof muss einen Generalvikar ernennen. Dieser ist mit ordentlicher Gewalt ausgestattet (c. 475 § 1 CIC/1983) und hat – mit Ausnahme der Gerichtsverwaltung – in der gesamten Diözese die ausführende Gewalt, es sei denn, der Diözesanbischof hat sich eine Angelegenheit vorbehalten oder der Generalvikar benötigt wegen c. 134 § 3 CIC/1983 ein Spezialmandat[619].
- Die rechtsprechende Gewalt ist Richtern anvertraut, die durch Dekret oder Urteil entscheiden[620]. Sie beinhaltet ebenso wie die ausführende Gewalt die Anwendung von Gesetzen. Ein Richter wird jedoch – anders als die Verwaltung – nur auf Antrag tätig und ist in diesem Falle auch zum Handeln

---

613 Vgl. Sériaux, Rn. 29 (S. 80 Fn. 1); Schwendenwein, Kirchenrecht, S. 104. Im CIC/1983 gibt es keine einheitliche Bezeichnung für Gesetze. Diese werden vielmehr z. B. auch als Allgemeine Dekrete bzw. Statuten bezeichnet (vgl. zu den unterschiedlichen Bezeichnungen: Wächter, S. 13 ff.).

614 Zu weiteren Trägern gesetzgebender Gewalt s. MK-Socha, c. 135 Rn. 4; Otaduy, in: Otaduy/Labandeira, S. 281 ff. (289 ff.).

615 Vgl. Art. 18 Abs. 2 PB bzgl. der Dikasterien der Päpstlichen Kurie.

616 Schwendenwein, Kirchenrecht, S. 104. Diese Definition bedarf jedoch einer Präzisierung, da die Abgrenzung von ausführender und richterlicher Gewalt nicht allein danach beurteilt werden darf, welches Organ tätig wird. Maßnahmen eines Richters auf dem Gebiet der Gerichtsverwaltung sind der ausführenden – nicht der richterlichen – Gewalt zuzurechnen, vgl. Aymans/Mörsdorf I, S. 424.

617 Sériaux, Rn. 29 (S. 80 Fn. 2).

618 Zu weiteren Inhabern ordentlicher ausführender Gewalt s. MK-Socha, c. 135 Rn. 17.

619 Eine Aufzählung der Fälle, in denen ein Spezialmandat erforderlich ist, findet sich z. B. bei H. Müller, AfkKR 153 (1984), 399 ff. (409 ff.).

620 Sériaux, Rn. 29 (S. 80 Fn. 3).

verpflichtet[621]. Der Richter ist ferner wesentlich enger an die Gesetze und das sonstige Recht gebunden als die Verwaltung; Raum für Richterrecht bleibt kaum[622]. Die höchste richterliche Gewalt liegt beim Papst (cc. 331, 1442 CIC/1983). In seiner Diözese ist der Diözesanbischof kraft Amtes für die Verfahren der 1. Instanz Inhaber richterlicher Gewalt (c. 391 § 1 CIC/1983)[623]. Er ist gehalten, einen Gerichtsvikar (Offizial) zu ernennen.

3. Bedeutung der Abgrenzung der Funktionen

Bei der Abgrenzung der Funktionen im weltlichen Recht einerseits und im kanonischen Recht andererseits gibt es einen deutlichen Unterschied: Im weltlichen Recht sind Überschneidungen der Gewalten Ausnahmen, die nur zulässig sind, sofern nicht in den Kernbereich einer anderen Gewalt eingegriffen wird[624]; insbesondere ist dort auch eine personelle Trennung der Funktionen erforderlich. Im kanonischen Recht sind dagegen alle drei Gewalten insbesondere auf der Ebene des Papstes sowie der der Diözesanbischöfe vereinigt. Ziel der Aufteilung der Funktionen ist nicht die Beschränkung der Macht dieser Amtsinhaber. Vielmehr soll eine sachgerechte und geordnete Stellvertretung ermöglicht werden[625]. Sogar die Trennung der Ämter des Generalvikars und des Offizials ist lediglich als Regel vorgesehen; hiervon kann abgewichen werden, wenn dies wegen der geringen Größe der Diözese bzw. der geringen Zahl an Gerichtssachen sinnvoll erscheint (c. 1420 § 1 CIC/1983)[626]. In der katholischen Kirche wird deshalb nicht von Gewalten*teilung*, sondern von Gewalten*unterscheidung* gesprochen[627]. Da zu Recht darauf hingewiesen wird, der Grundsatz „nullum crimen nulla

---

621 Vgl. Aymans/Mörsdorf I, S. 422; Mörsdorf, Regierungsaufgaben, S. 257 ff. (263 f.).

622 Walf, S. 49; ähnlich Drößler, AfkKR 153 (1984), 3 ff. (7 f.). Mörsdorf, Regierungsaufgaben, S. 257 ff. (263 und 270), stellt klar, dass auch der Bischof, wenn er in richterlicher Funktion tätig wird, an seine eigenen Gesetze gebunden ist. Lefebvre, in: Naz, Dictionnaire VII, „Pouvoirs de l'église", Sp. 71 ff. (93), weist darauf hin, dass ein Richter strikt auf die Funktion der gerichtlichen Tätigkeit beschränkt ist; er kann keine Maßnahmen mit gesetzgebendem Charakter wahrnehmen: „Le fonction des tribunaux est strictement limitée au domaine judiciaire; ils ne sauraient prendre de mesures du caractère législatif.". Zurückhaltender Toxé (Toxé, AnnCan 44 [2002], 113 ff. [126]), da er feststellt, die Frage der gerichtlichen Entscheidungen ohne normative Grundlage sei eine heikle Angelegenheit: „La jurisprudence comme source normative est une question délicate tant en théorie générale du droit étatique qu'en droit canonique.". In der Praxis darf man aber die im Ergebnis normative Bedeutung der Entscheidungen der Apostolischen Gerichte nicht übersehen, vgl. Toxé, AnnCan 44 (2002), 113 ff. (127).

623 Vgl. MK-Lüdicke, c. 1419 Rn. 5; s. zu weiteren Organen mit richterlicher Gewalt MK-Socha, c. 135 Rn. 11.

624 Vgl. Stern I, S. 795.

625 Vgl. Jombart, RDC 5 (1955), 330 ff. (331); MK-Socha, c. 135 Rn. 2; Toxé, AnnCan 44 (2002), 113 ff. (122).

626 Derzeit ist dies z. B. in dem Erzbistum Vaduz (Liechtenstein) der Fall.

627 Vgl. z. B. Schwendenwein, Kirchenrecht, S. 541 Fn. 87; Toxé, AnnCan 44 (2002), 113 ff. (113). Zur Gewaltenunterscheidung im Staat Vatikanstadt: Hardegen, KuR 2003, 1 ff. (4 ff.) = **130**, 81 ff. (84 ff.).

poena sine lege" entspreche einem System, das der Gewaltenteilung Rechnung trage, besteht im *kirchlichen* Rechtskreis kein Zusammenhang zwischen der Aufteilung der kirchlichen Gewalt und dem Nullum-crimen-Satz[628].

IV. Demokratieprinzip

Die Verfassungsstruktur der katholischen Kirche entspricht nicht der eines demokratischen Verfassungsstaates. Vielmehr liegt ihr das System einer hierarchischen Ordnung[629] zugrunde. Dieses System wird seit dem Zweiten Vatikanischen Konzil im Schrifttum teilweise kritisiert[630]. Diese Positionen sind aber lediglich rechtspolitischer Natur. Die Gläubigen wirken nach geltendem Recht an der Entscheidungsfindung regelmäßig nur beratend mit[631]. Für die hier behan-

---

628 Vgl. z. B. Cassola, Apoll. 34 (1961), 332 ff. (334); Conte a Coronata, Institutiones IV, Nr. 1638 (S. 10); Cortés, S. 45; Fedele, RIDP 1937, 489 ff. (508); Huizing, Conc. 3 (1967), 657 ff. (659); Rees, Bestrafung, S. 373 ff. (389); Rees, Strafgewalt, S. 76; Zeiger, StdZ 132 (1937), 297 ff. (302); im Ergebnis auch Chiappetta, Prontuario, „Legalità della pena", S. 695 f. (695). Ähnlich: Ghesquières, in: Catholicisme X, „Peines ecclésiastiques", Sp. 1073 ff. (1084), der im Zusammenhang mit c. 1399 CIC/1983 und dem Nullum-crimen-Satz darauf hinweist, die Gewaltenteilung sei in der Kirche „weniger rigoros" („moins rigoureux").

629 Vgl. dazu Aymans/Mörsdorf II, S. 13 ff. und Vernay, S. 57 ff.; die früher übliche Charakterisierung der Kirche als „monarchisch" (vgl. Phillips I, S. 245 ff. und Ottaviani I, Nr. 211 [S. 355]) ist mit dem Schwinden der Monarchien im weltlichen Bereich auch in der Kirche in den Hintergrund getreten. Die Kirche ist vielmehr – so der Bischof von Erfurt, Joachim Wanke – „keine Demokratie, denn wir stehen alle unter dem einen Herrn. Die Kirche ist aber auch keine Monarchie, denn wir alle sind Schwestern und Brüder.", zitiert nach Heinemann, S. 270 ff. (283); ähnlich Gerosa, in: Listl/Schmitz, HbdkKR (1999), S. 329/330. Als eine Art monarchistisches System sieht aber nach wie vor Échappé, AnnCan 38 (1996), 127 ff. (135), die kirchliche Struktur an.

630 Vorgebracht wird, Demokratie und Christentum seien von ihren zentralen Werten und Inhalten her auf das engste miteinander verbunden, vgl. Neuberth, S. 370; ähnlich Pagé, StudCan 6 (1972), 227 ff. (230). Bevor etwas Wichtiges unternommen werde, solle man daher zu einem Konsens gelangen, vgl. Zizola, Conc. 7 (1971), 204 ff. (209). Eine Alleinentscheidung des Oberen sei dagegen eine Missachtung des Glaubenssinnes der Kirche, also aller Gläubigen, vgl. Greinacher, Conc. 7 (1971), 181 ff. (187). Auch Fiter, PJR 7 (1990), 49 ff. (52), weist darauf hin, „Une hiérarchie ploutocratique, symbolisée par la tiare pontificale, la mitre, la crosse et l'anneau épiscopaux, n'était certes pas ce que Jésus souhaitait pour nous (...)". Ausgehend von diesen Positionen wäre auch das Demokratieprinzip ein Argument, den Grundsatz „nullum crimen nulla poena sine lege" in der katholischen Kirche anzuerkennen. Eine Strafbarkeit käme dann nur in Betracht, wenn eine (einheitliche) Auffassung besteht, dass ein Verhalten gemeinschädlich und strafwürdig ist. In diesem Sinne könnte Fuchs, S. 178 ff. (202), verstanden werden, der – wenn auch ohne ausdrücklichen Bezug auf c. 1399 CIC/1983 – die Auffassung vertritt, die Öffentlichkeit und damit die Gemeinschaft der Gläubigen als Subjekt des Ärgernisses sei dazu berufen, den Inhalt dieses Begriffes mitzudefinieren.

631 Vgl. z. B. Fuchs, S. 178 ff. (182 ff.); Huysmans, PJR 8 (1991), 84 ff. (91); Lehmann, Conc. 7 (1971), 171 ff. (174); Pagé, StudCan 6 (1972), 227 ff. (267). Gefordert wird aber, dass Entscheidungen möglichst im Dialog erfolgen, vgl. Beyer, S. 79 ff. (90); Fuchs, S. 178 ff. (187); Pagé, StudCan 6 (1972), 227 ff. (267). In diesem Zusammenhang sind auch

delte Frage ist allein von Interesse, dass die Gesetzgebungsgewalt in erster Linie dem Papst sowie dem Diözesanbischof zusteht. Ein Mit*bestimmungs*- oder sogar Mit*entscheidungs*recht eines Gremiums im Rahmen der (Straf)Gesetzgebung gibt es nicht.

V. Generalprävention

In den frühen Christengemeinden war wesentliches Strafziel, die Ordnung der Gemeinde vor Störungen zu schützen[632]. Die Täter sollten durch Exkommunikation von der Gemeinschaft getrennt, der Skandal und der Schaden beseitigt[633] und der Sünder gebessert werden[634]. Diese Maßnahmen dienten damit auch dem Ziel, ähnliche Verstöße zu verhindern, also der Generalprävention.

In der Epoche des Corpus Iuris Canonici[635] und des CIC/1917[636] war ebenfalls anerkannt, dass Androhung und Verhängung einer Strafe auch dazu dienten, andere von der Begehung entsprechender Taten abzuhalten.

Gegen eine Definition des Zwecks der Strafe im geltenden Kodex wurde eingewandt, die Entwicklung einer Lehre von den Strafzwecken solle der kanonistischen Wissenschaft überlassen bleiben[637]. Obwohl der Strafzweck der Prävention im CIC/1983 keine ausdrückliche gesetzliche Bestätigung gefunden hat, ist er als solcher anzuerkennen[638]. Ziel aller Gesetze ist es nämlich, auf das Verhalten der Gläubigen einzuwirken[639]. Wenn Gesetzen für den Fall eines Verstoßes eine Strafandrohung beigefügt ist, haben sie erst recht das Ziel, Verstöße zu verhindern, also die Generalprävention. Ausdrücklich stellt daher Cassola[640] fest, ein der Tat vorhergehendes Strafgesetz sei erforderlich, um einen gegen die Begehung eines Deliktes gerichteten psychologischen Zwang auszuüben. Selbst

---

die Beispruchsrechte zu nennen, vgl. dazu Güthoff, Consensus, S. 145 ff., sowie die Beteiligung von Klerikern und Laien insbesondere auf der Ebene der Diözese und der Pfarreien in Räten, z. B. Pastoralrat (in Deutschland – mit weitergehenden Zuständigkeiten – der Pfarrgemeinderat), Priesterrat, Konsultorenkollegium, Diözesanvermögensverwaltungsrat, Diözesanpastoralrat und Diözesansynode.

632 Vgl. Löbmann, S. 707 ff. (711).

633 Pellegrini I, S. 15.

634 Vgl. Plöchl I, S. 252/253.

635 Vgl. dazu Kéry, SavZ Kan. 122 (2005), 128 ff. (147); Rees, Strafgewalt, S. 65; Pahud de Mortanges, SavZ Kan. 78 (1992), 121 ff. (135).

636 Vgl. Hierold, S. 331 ff. (335); Szentirmai, ÖAKR 10 (1959), 262 ff. (271). Kritik wurde allerdings an dem Strafzweck der Vergeltung geübt, vgl. Arias, IusCan 10 (1970), 185 ff. (199 ff.).

637 Vgl. Rees, Strafgewalt, S. 67.

638 Vgl. Rees, Strafgewalt, S. 68.

639 Vgl. Heimerl/Pree, S. 7; MK-Socha, Einführung vor c. 7 Rn. 12.

640 Cassola, Apoll. 34 (1961), 332 ff. (335); s. auch Jombart, in: Naz, Dictionnaire IV, „Délit“, Sp. 1084 ff. (1085), zum Nullum-crimen-Satz: „Cette prévision des peines par le législateur a de grands avantages: elle détourne de certains crimes par la crainte du châtiment (...).“.

wenn man den Vergeltungscharakter kirchlicher Strafen aus theologischer Sicht für bedenklich hält[641], behält der Strafzweck der Prävention seine Berechtigung.

VI. Schuldprinzip

Der Grundsatz „nullum crimen nulla poena sine *culpa*" ist ein Satz des Naturrechts, der auch im kanonischen Strafrecht zu beachten ist[642]. Auf dieses Prinzip nimmt mittelbar auch Lüdicke bei seiner Kritik an c. 1399 CIC/1983 Bezug. Er kritisiert, c. 1399 CIC/1983 stehe in einem Widerspruch zu c. 1324 § 1, 9^0 CIC/1983. Der in dieser Vorschrift enthaltene Grundsatz, dass die Strafe zwingend zu mildern sei, wenn der Täter schuldlos nicht die Strafbarkeit kannte, stehe einem Straftatbestand entgegen, nach dem jede Gesetzesverletzung bestraft werden könne[643]. Dieses Argument überzeugt nicht. C. 1324 § 1, 9^0 CIC/1983 sieht gerade nicht die Straflosigkeit als Folge vor. Der Schuldvorwurf wird daher im Falle des c. 1324 § 1, 9^0 CIC/1983 lediglich gemildert. Er entfällt nur, wenn der Täter schuldlos nicht gewusst (erkannt) hat, dass er gegen irgendein Gesetz verstößt (c. 1323, 2^0 CIC/1983). C. 1399 CIC/1983 setzt einen Verstoß gegen ein göttliches oder kirchliches Gesetz voraus. Der Schuldvorwurf entfällt daher nur, wenn dem Täter das verletzte Gesetz unbekannt war, ohne dass ihn insoweit ein Verschulden trifft.

C. Nichtigkeit des c. 1399 CIC/1983 wegen Verstoßes gegen die Menschenwürde ?

Der Nullum-crimen-Satz könnte sich gegen c. 1399 CIC/1983 durchsetzen, wenn er kraft göttlichen Rechts oder Naturrechts gilt. In der Kanonistik besteht Einigkeit darüber, dass die grundlegenden Rechte des Einzelnen in der Kirche ihre Basis in der Menschenwürde, die jedem kraft göttlichen Rechts zukommt, haben[644]. Daher sind diese Rechte auch von der Kirche zu beachten. Ein solches Recht könnte das in c. 221 § 3 CIC/1983 enthaltene Prinzip der Gesetzmäßigkeit im Strafrecht sein[645]. Im Folgenden wird geprüft, ob im weltlichen Recht Ausnahmen von diesem Prinzip anerkannt sind. Ist dies der Fall, kann eine naturrechtliche – also eine auch im kanonischen Rechtskreis geltende – Bindung des Straforgans nicht angenommen werden. Eine Analogie bezogen auf das weltli-

---

641 Ablehnend z. B.: MK-Lüdicke, Einleitung vor c. 1311 Rn. 15/16.

642 Vgl. d'Auria, S. 49 ff. (52); Corecco, Katalog, S. 179 ff. (180); Sebott, c. 1399 Anm. 5 (S. 235). Auch Rees, Strafen, S. 939 ff. (957), verweist darauf, dass das kanonische Recht sich „grundsätzlich und generell" diesem Prinzip verpflichtet. Allerdings war dieses im vorkodikarischen Recht nur als Regel vorgesehen, vgl. reg. iur. 23 in VI^0 (Friedberg II, Sp. 1122): „Sine culpa, nisi subsit causa, non est aliquis puniendus.". S. dazu auch S. R. R. vom 17. April 1913 coram Mori, Decisiones V, Nr. XXII, 249 ff. (253 f.); S. R. R. vom 17. Juli 1917 coram Massimi, Decisiones IX, Nr. XVII, 155 ff. (159).

643 Vgl. MK-Lüdicke, c. 1399 Rn. 2.

644 Vgl. Fidas, S. 669 ff. (670); Puza, RDC 47 (1997), 127 ff. (128 f.).

645 Vgl. dazu Bettiol, RIDPP 1972, 1083 ff. (1088); Cassola, Apoll. 34 (1961), 332 ff. (337); Gómez, Protección, S. 461 ff. (467 f.).

che Recht wird deshalb auch von kanonistischen Autoren gezogen, soweit sie auf die „Nürnberger Prinzipien" verweisen[646].

I. Ausnahmen vom Nullum-crimen-Satz im weltlichen Recht

1. Dänemark

In Dänemark ist die Analogie zu Lasten des Täters in beschränktem Maße zulässig. Gemäß § 1 StGB/Dänemark gilt:

> *„Eine Strafe kann nur verhängt werden für eine Tat, deren Strafbarkeit gesetzlich bestimmt ist oder die einer solchen völlig gleichzustellen ist. (...).“*[647]

§ 1 StGB/Dänemark hat ein historisches Vorbild in dem StGB von 1866. Damals hatte man eine im Wesentlichen gleichlautende Ermächtigung zur analogen Anwendung von Strafgesetzen damit gerechtfertigt, dass man sich nicht sicher sei, alle bisher strafbaren, in einer Vielzahl von Gesetzen enthaltenen, Strafvorschriften in das neue StGB aufgenommen zu haben[648]. Dieses Argument konnte bei der Reform im Jahre 1930 nicht mehr vorgebracht werden. Stattdessen verwies man darauf, dass die Tatbestände nicht kasuistisch und weitschweifig gestaltet werden sollten[649]. In der Praxis spielt diese Analogieermächtigung allerdings nur eine geringe Rolle[650].

2. Common law

In den Ländern, in denen Quelle des Strafrechts auch common law ist, gilt der Grundsatz ebenfalls nur eingeschränkt. Common law ist der Teil des Rechts, dessen Quelle die Rechtspraxis des Volkes ist, die durch Entscheidungen der Richter entwickelt wurde[651]. Teilweise wird die Auffassung vertreten, der Nullum-crimen-Satz sei dem common law unbekannt[652]. Dieser setze eine Strafrechtskodifikation voraus; wo es daran fehle, könne die Strafbarkeit nur Folge der Einzelfallentscheidungen der Gerichte sein[653]. Allerdings haben z. B. die englischen Gerichte bereits seit Jahrzehnten von dieser Rechtsschöpfungsbefugnis keinen Gebrauch mehr gemacht. Spätestens seit im Jahre 1972 das House of Lords einstimmig ein Recht der Gerichte, neue Straftatbestände zu schaffen,

---

646 Schauf, S. 21 (Nr. 22); vgl. dazu sogleich I. 3. (S. 138-146).

647 Vgl. Cornils/Greve, S. 13.

648 Marcus, S. 67 ff. (76).

649 Marcus, S. 67 ff. (85).

650 Vgl. dazu Cornils/Greve, S. 5; Gomard, ZStW 83 (1971), 332 ff. (341 ff.).

651 Card/Cross/Jones, Rn. 1.19 (S. 10). Als Quelle des Rechts konnte sich common law durchsetzen, weil in diesem Rechtskreis eine Entscheidung eines Gerichts nicht allein für den Einzelfall Bedeutung hat, sondern nachgeordnete Gerichte an die in der Entscheidung eines Obergerichts getroffene rechtliche Aussage in gleichgelagerten Fällen gebunden sind, vgl. Card/Cross/Jones, Rn. 1.24 f. (S. 12 ff.) und Lesage, Droits, S. 843 ff. (846 f.).

652 Léauté, S. 81 ff. (86 Fn. 1).

653 Radbruch, SJZ 1947, Sp. 131 ff. (134); ebenso Graveson, MDR 1947, 278 ff. (278).

verneinte, steht ihnen diese Kompetenz auch nicht mehr zu[654]. Hinzu kommt, dass die common-law-Delikte inzwischen durch die verbindlichen Präzedenzentscheidungen so genau definiert worden sind, dass die Bindung häufig ähnlich streng ist wie in den Staaten, die das strenge Gesetzmäßigkeitsprinzip kennen[655]. Daher gilt inzwischen auch im common law der Nullum-crimen-Satz[656] und Art. 7 Abs. 1 EMRK muss beachtet werden[657]. Eine Weiterentwicklung dieser Straftatbestände durch die Rechtsprechung ist aber zulässig und verstößt nicht gegen Art. 7 Abs. 1 EMRK, wenn diese voraussehbar war[658].

3. Bestrafung von Systemunrecht

Insbesondere im Zusammenhang mit der Aufarbeitung von Systemunrecht bzw. „staatsverstärkter Kriminalität"[659] sind in der Praxis staatlicher, überstaatlicher und internationaler Gerichtshöfe sowie in völkerrechtlichen Verträgen Durchbrechungen dieses Prinzips anerkannt.

a) ITM-Statut und KRG 10

Grundlage der strafrechtlichen Verfolgung von NS-Verbrechen durch alliierte Gerichte[660] waren das IMT-Statut vom 8. August 1945[661] sowie das KRG 10[662].

---

654 Vgl. Card/Cross/Jones, Rn. 1.30 f. (S. 17 ff.).

655 Ancel, R.I.D.P. 1937, 240 ff. (251); Merle/Vitu I, Rn. 152 (S. 227).

656 Vgl. Coste-Floret, R.D.P.C. 1937, 4 ff. (5); Ancel, Annales de l'Institut de Droit comparé de l'Université Paris 2 (1936), 245 ff. (253); Merle/Vitu I, Rn. 152 (S. 227).

657 Frowein, in: Frowein/Peukert, Art. 7 Rn. 4, verweist insoweit auf Rechtsprechung des EGMR, dass auch im Geltungsbereich des common law Tatbestand und Strafrahmen durch die Rechtsprechung hinreichend konkretisiert sein müssen; vgl. dazu auch Jescheck/Weigend, § 15 I (S. 128 Fn. 1). Siehe auch: Charrier, Rn. 409: Die konstitutiven Elemente dürfen präzisiert, aber nicht zum Nachteil des Angeklagten geändert werden. Daher wird zu Recht darauf verwiesen: „Aujourd'hui les deux systèmes ont en commun que le juge n'est plus libre à créer des incriminations. Néanmoins les juges du système de common law ont plus de liberté quant à l'interprétation des incriminations ", vgl. Pradel/Corstens, Rn. 296 (S. 337). Allgemein zum Schutz der Angeklagten unter dem common law durch die Grundsätze der „rule of law" und des Präzedenzfalles: Grande, RIDC 2004, 119 ff. (123).

658 Mit dieser Begründung wurde die Erweiterung der Strafbarkeit der Vergewaltigung auf Taten innerhalb der Ehe durch englische Gerichte als mit Art. 7 EMRK vereinbar anerkannt, vgl. Frowein, in: Frowein/Peukert, Art. 7 Rn. 4.

659 Begriff nach Naucke, Privilegierung, insbes. S. 19 ff.; das Werk enthält den Begriff bereits im Titel („Die strafjuristische Privilegierung staatsverstärkter Kriminalität").

660 Deutsche Gerichte waren in der Zeit nach dem 2. Weltkrieg zunächst für die Verfolgung von NS-Verbrechen nur eingeschränkt zuständig. In Art. III 1 d Satz 2 KRG 10 war vorgesehen, dass die Besatzungsbehörden deutsche Gerichte für die Strafverfolgung für zuständig erklären konnten, wenn die Taten von deutschen Staatsbürgern bzw. -angehörigen begangen worden waren und die Opfer ebenfalls deutsche Staatsbürger bzw. -angehörige oder Staatenlose waren.

- Die entsprechende generelle Ermächtigung wurde für den Bereich der britischen Zone durch die Verordnung Nr. 47 vom 30. August 1946 erteilt (MGG, 306). Mit Erlass vom 10. September 1946 wurde diese Zuständigkeit zunächst auf die Verfolgung von Verbrechen von Gefängniswärtern, Gestapo-, SS- oder Polizeiangehörigen gegenüber Inhaftierten von Gefängnissen, KZ's oder Zwangsarbeitslagern beschränkt. Mit Erlassen vom 21. November 1946 und 20. Dezember 1946 wurde deutschen Behörden die Strafverfolgung von Denunziationen bzw. von Sterilisationen und anderen ungesetzlichen operativen Eingriffen aus rassischen oder politischen Gründen sowie von sonstigen Delikten aus rassischen Gründen (Ausnahme Judenverfolgung) und durch Erlass vom 5. Juli 1947 die von Delikten gegen Juden übertragen (JMBl NW 1947, 50-52).

- In der französischen Zone wurde die allgemeine Ermächtigung durch Art. 2 Nr. 5 der Verordnung Nr. 173 vom 23. September 1948 (JOC, 1684 ff. [1684]) erteilt und beschränkt auf den Bereich der Militärregierung Baden am 2. Mai 1946 (Justiz und NS-Verbrechen, Register zu den Bänden I – XXII, S. 186). Das OLG Koblenz, Urteil vom 5. Februar 1948, Ss 89/47 (Justiz und NS-Verbrechen I, S. 422 ff. [425]) verweist zwar auf die Landesregierung von Rheinland-Pfalz (Justiz-Blatt Rheinland-Pfalz 1947, 17 f.). Diese geht aber zu Unrecht von einer weitgehenden Zuständigkeit deutscher Gerichte bereits auf Grund des KRG 10 aus. Nicht zutreffend ist es auch, auf die Verordnung Nr. 79 vom 18. Februar 1947 (JOC, 571 ff.) abzustellen (so aber v. Schmoller/Maier/Tobler, § 26, S. 42 Fn. 231), da diese in erster Linie zur Durchführung der Direktive 38 (ABlKRD 1946, 184 ff.) erlassen wurde. Zwar stellte diese Direktive auch auf derartige Verbrechen ab. Ihr Schwerpunkt war aber eine Bewertung des politischen Verhaltens, z. B. die Bestrafung der Unterstützung des NS-Regimes durch bestimmte Funktionärsgruppen. Die Vorschriften, die die Verfolgung von Verbrechen gegen die Menschlichkeit und Kriegsverbrechen betrafen, sollten – wie dort ausdrücklich bestimmt – von der Verordnung Nr. 79 nicht berührt werden. Daher wird sie auch in der Verordnung Nr. 173 nicht als Bezugsdokument erwähnt. Auf die Verfügung Nr. 154 vom 1. Juni 1950 (ABlAHK 1950, 443 ff., hier zitiert nach SaBl. 1950, 617 ff.), stellen v. Schmoller/Maier/Tobler, § 26, S. 42 Fn. 231 und Zimmermann, JuS 1996, 865 ff. (867 Fn. 44) ab; diese enthält aber eine Zusammenfassung der Zuständigkeiten deutscher Gerichte und ist hinsichtlich der Verfolgung von Straftaten nach dem KRG 10 nicht konstitutiv.
- In der sowjetischen Besatzungszone wurde die Ermächtigung zur Anwendung des KRG 10 den ostdeutschen Behörden nach einer Auffassung mit dem Befehl Nr. 201 der SMAD vom 16. August 1947 (ZVO 1947, 185 ff.) bzw. der Direktive 38 erteilt, vgl. Jung, S. 154 Fn. 771 sowie die Dokumente bei Eisert, S. 89, 94 und 99. Diese Auffassung ist jedoch abzulehnen, da das KRG 10 insoweit teilweise weitergehendere Regelungen traf. Eine allgemeine Ermächtigung an die deutschen Gerichte zur Strafverfolgung gab es nur in Brandenburg bzgl. der Denunziationsfälle, vgl. Wentker, KJ 2002, 60 ff. (64).
- In der amerikanischen Besatzungszone erfolgte die Übertragung nur im Einzelfall.

661 IMT I, 10 ff.; der hier relevante Art. 6 Abs. 2 des IMT-Statuts bedrohte mit Strafe:

„(a) VERBRECHEN GEGEN DEN FRIEDEN: Nämlich: Planen, Vorbereitung, Einleitung oder Durchführung eines Angriffskrieges oder eines Krieges unter Verletzung internationaler Verträge, Abkommen oder Zusicherungen oder Beteiligung an einem gemeinsamen Plan oder an einer Verschwörung zur Ausführung einer der vorgenannten Handlungen;

(b) KRIEGSVERBRECHEN: Nämlich: Verletzungen der Kriegsgesetze oder -gebräuche. Solche Verletzungen umfassen, ohne jedoch darauf beschränkt zu sein, Mord, Misshandlungen oder Deportation zur Sklavenarbeit oder für irgendeinen anderen Zweck, von Angehörigen der Zivilbevölkerung von oder in besetzten Gebieten, Mord oder Misshandlungen von Kriegsgefangenen oder Personen auf hoher See, Töten von Geiseln, Plünderung öffentlichen oder pri-

Beide Bestimmungen wurden nach Ende des 2. Weltkriegs und damit nach Vollendung der Straftaten, die den Angeklagten zur Last gelegt wurden, erlassen. Das Problem der Rückwirkung behandelte der Internationale Nürnberger Gerichtshof im Zusammenhang mit dem Vorwurf des Verbrechens gegen den Frieden u. a. wie folgt: Der Grundsatz „nullum crimen nulla poena sine lege" stelle keine Beschränkung der Souveränität dar, sondern sei eine Frage der Gerechtigkeit. Eine Bestrafung der Angeklagten sei aber gerecht, da diese die Verträge, in denen Krieg als Mittel zur Beilegung internationaler Streitigkeiten für ungesetzlich erklärt worden war, kannten bzw. hiervon Kenntnis haben mussten. Da sie allem Völkerrecht zum Trotz gehandelt hätten, könne der Nullum-crimen-Satz keine Anwendung finden[663]. Dem Einwand, diese Verträge stuften Verstöße nicht ausdrücklich als Verbrechen ein, setzte der Gerichtshof entgegen, auch die Verletzung der in der Haager Konvention von 1907 bestimmten Kriegsregeln werde strafrechtlich verfolgt. Dies müsse auch für einen Angriffskrieg gelten. Das Recht sei nicht „starr", sondern folge „durch ständige Angleichung den Notwendigkeiten einer sich wandelnden Welt"[664].

Ähnlich argumentierten die amerikanischen Gerichtshöfe in den Folgeverfahren[665]: Das KRG 10 sowie das Statut des IMT erläuterten lediglich das geltende

---

vaten Eigentums, die mutwillige Zerstörung von Städten, Märkten oder Dörfern oder jede durch militärische Notwendigkeit nicht gerechtfertigte Verwüstung;

(c) VERBRECHEN GEGEN DIE MENSCHLICHKEIT: Nämlich: Mord, Ausrottung, Versklavung, Deportation oder andere unmenschliche Handlungen, begangen an irgendeiner Zivilbevölkerung vor oder während des Krieges, Verfolgung aus politischen, rassischen oder religiösen Gründen, begangen in Ausführung eines Verbrechens oder in Verbindung mit einem Verbrechen, für das der Gerichtshof zuständig ist, und zwar unabhängig davon, ob die Handlung gegen das Recht des Landes verstieß, in dem sie begangen wurde, oder nicht.".

662 ABlKRD 1946, 50 ff.; der hier relevante Art. II des KRG 10 enthielt unter 1. a-c) im Wesentlichen dem IMT entsprechende Regelungen zu den Verbrechen gegen den Frieden, Kriegsverbrechen sowie Verbrechen gegen die Menschlichkeit. Gemäß d) war ferner strafbar, die „Zugehörigkeit zu gewissen Kategorien von Verbrechervereinigungen oder Organisationen, deren verbrecherischer Charakter vom Internationalen Militärgerichtshof festgestellt worden ist.".

663 IMT XXII, S. 524/525.

664 IMT XXII, S. 526/527.

665 Die bekannten Nachfolgeverfahren vor amerikanischen Gerichtshöfen, die auch als „Nürnberger Prozesse" bezeichnet werden, waren:

Fall I: „Ärzteprozess"
Fall II: „Erhard-Milch-Prozess"
Fall III: „Juristenprozess"
Fall IV: „Pohl-Prozess" (Angehörige des Wirtschafts- und Verwaltungshauptamtes der SS)
Fall V: „Flick-Prozess"
Fall VI: „IG-Farben-Prozess"
Fall VII: „Geiselprozess" (gegen „Südostgenerale")

Völkerrecht; eine Rückwirkung sei daher nicht gegeben[666]. In der Wissenschaft[667] wurde teilweise ebenfalls die Rückwirkung bestritten. So führt Bästlein hinsichtlich der Verbrechen gegen die Menschlichkeit[668] aus, ein Verstoß gegen das Rückwirkungsverbot könne nur in einem *formalen* (also nicht: in einem *materiellen*) Sinne angenommen werden[669]. Diese Argumentation überzeugt nicht. Sie trifft von vornherein allenfalls für einige der vom KRG 10 sowie dem IMT-Statut erfassten Straftaten zu, die z. B. als Mord, Totschlag, Freiheitsberaubung etc. auch nach dem StGB strafbar waren. Selbst insoweit wurde teilweise die Strafandrohung rückwirkend verschärft. Da die Bestimmungen des IMT-Statuts sowie des KRG 10 generalklauselartig gefasst waren, konnten aber auch Taten verfolgt werden, die nach dem StGB nicht strafbar waren. Daher wird zutreffend darauf hingewiesen, das zur Tatzeit geltende deutsche Strafrecht sei nicht ausreichend, da die konkrete Tatfeststellung kaum möglich sei, das Gesamtbild durch die Aufspaltung in Einzeltaten verfälscht und vom deutschen Strafrecht nur ein Teil der Delikte erfasst werde, besonders wenn die Taten formal „rechtens“ gewesen seien, z. B. Denunziationen[670]. Die strafrechtlichen Bestimmungen des IMT-Statuts und des KRG 10 zu den Humanitätsverbrechen waren daher neue Straftatbestände[671], so dass es sich bei der Anwendung dieser Vorschriften um eine Durchbrechung des Nullum-crimen-Satzes handelte.

Fall VIII: gegen Angehörige des SS-Rasse- und Siedlungshauptamtes, der Volksdeutschen Mittelstelle, des Vereins „Lebensborn“ und anderer SS-Organisationen
Fall IX: „Einsatzgruppen-Prozess“
Fall X: „Krupp-Prozess“
Fall XI: „Wilhelmstraßenprozess“ (Ernst v. Weizsäcker u. a.)
Fall XII: „OKW-Prozess“
(Heinze/Schilling/Maschke, S. 286; s. auch Ahlbrecht, S. 98 ff., auch zu Verfahren anderer Besatzungsmächte).

666 Urteil im Fall VI, 106 f., zitiert nach Heinze/Schilling/Maschke, Rn. 26 (S. 7); ähnlich Fall XII, 9828 f., zitiert nach Heinze/Schilling/Maschke, Rn. 189 (S. 38 f.).

667 Umfassend hierzu: Jung, S. 153 ff.

668 Vgl. aus dem neueren Schrifttum hierzu: Delmas-Marty, Rev. sc. crim. 1994, 477 ff.

669 Bästlein, in: Peschel-Gutzeit, S. 9 ff. (12); ähnlich: Ostendorf/ter Veen, S. 48/49. Güde, DRZ 1947, 111 ff. (114), vertritt insoweit eine engere Auffassung: Eine Rückwirkung liege (nur) beim Verbrechen der „Verfolgung aus politischen, religiösen oder rassischen Gründen“ vor.

670 Wimmer, SJZ 1947, Sp. 123 ff. (129 f.). Ein Beispiel für die Denunziationsfälle ist das Verfahren LG und KG Berlin, Justiz und NS-Verbrechen I, S. 709 ff. (Fall Schwärzel). Kritisch zu den Denunziationsfällen: Güde, DRZ 1947, 111 ff. (116).

671 Radbruch, SJZ 1947, Sp. 131 ff. (133).

b) Aufarbeitung des DDR-Unrechts

Im Zusammenhang mit der Aufarbeitung des DDR-Unrechts stellte das BVerfG fest, dass das Vertrauen, dass eine staatlich veranlasste und offensichtlich menschenrechtswidrige Praxis nach Ende des Regimes straffrei bleibt, nicht geschützt wird[672]. Zwar steht das Rückwirkungsverbot einer für den Täter nachteiligen Änderung der Voraussetzungen der Strafbarkeit nach Tatbegehung grundsätzlich entgegen[673]. Diese Vertrauensgrundlage entfällt aber, wenn ein Staat die Strafbarkeit für Teilbereiche schwersten kriminellen Unrechts durch Rechtfertigungsgründe ausgeschlossen hatte, indem er „über die geschriebenen Normen hinaus zu solchem Unrecht aufforderte, es begünstigte und so die in der Völkerrechtsgemeinschaft allgemein anerkannten Menschenrechte in schwerwiegender Weise mißachtete". Dann fordert der Grundsatz der materiellen Gerechtigkeit, dass eine Rechtfertigung nicht anerkannt wird. Ansonsten würde sich die Strafrechtspflege der Bundesrepublik Deutschland zu ihren rechtsstaatlichen Prämissen in Widerspruch setzen[674]. Die Frage der Zulässigkeit der strafgerichtlichen Aufarbeitung des DDR-Systemunrechts wird in der Literatur kontrovers beantwortet[675]. Im Ergebnis wird von den Autoren, die diese bejahen, auf den Schutz der Menschenrechte abgestellt[676]. Entgegen einer teilweise erhobenen Behauptung handelt es sich bei der strafrechtlichen Aufarbeitung des Systemunrechts in

---

672 Man kann daher wohl sagen, dass durch die Rechtsprechung des BVerfG zur Verfolgung des DDR-Unrechts – ohne dass damit eine Gleichsetzung der beiden deutschen Diktaturen verbunden ist – die vom IGM aufgestellten Prinzipien bestätigt worden sind, vgl. Pechstein, S. 93 ff. (103).

673 BVerfGE 95, 96 ff. (131 f.).

674 BVerfGE 95, 96 ff. (133); ähnlich zum NS-Unrecht: OGHSt 1, 1 ff. (5): Die Sicherung des Unrechts sei nicht Aufgabe der Rechtssicherheit. OGHSt 2, 231 ff. (233): Schon zum Zeitpunkt der Tatbegehung sei die Verfolgung rechtsstaatliche Pflicht gewesen; die nachträgliche Heilung einer derartigen Pflichtversäumnis entspreche einem Gebot der Gerechtigkeit und der Rechtssicherheit. Zutreffend auch BGH, NJW 2004, 2316 ff. (2317 f.), dass eine zur Tatzeit völkerrechtlich als zulässig angesehene, aber nach heutiger Rechtsauffassung mit dem Recht auf Leben nicht vereinbare Tötung von Zivilpersonen als „Sühnemaßnahme" für Anschläge strafbar ist.

675 Vgl. dazu z. B. die Darstellungen von Biermann, Buchner, Ebner v. Eschenbach, Lüderssen, Naucke (Privilegierung), Roggemann und Rosenau.

676 Buchner, S. 268 ff., berücksichtigt über Art. 25 GG völkerrechtlich verbindliche Grundsätze des Menschenrechtsschutzes und kommt so zu einer einschränkenden Auslegung des Art. 103 Abs. 2 GG. Rosenau, S. 232 ff. und S. 238 ff., argumentiert mit der Schutzpflicht des Staates zugunsten des Lebens (vgl. dazu BVerfGE 39, 1 ff. [41 f.]; 46, 160 ff. [164]; 53, 30 ff. [57]; ähnlich auch EGMR, NJW 2002, 2851 ff. [2851 f. m. w. N., 2854 f.]). Diese Pflicht gebiete es, Angriffen gegen dieses Rechtsgut ggf. mit strafrechtlichen Mitteln zu begegnen. Naucke, Privilegierung, S. 55, verweist im Ergebnis auf den Gedanken des Rechtsmissbrauchs: Die Täter hätten entweder Zugriff auf den Gesetzgebungsapparat oder profitierten jedenfalls von ihrem Einfluss auf diesen sowie die Justiz.

Deutschland nicht um einen „Sonderweg". Auch in anderen Staaten gab und gibt es nach Ablösung eines Unrechtssystems Vergleichbares[677].

c) Internationale Gerichtshöfe außer den Nürnberger Gerichtshöfen

Daneben gab und gibt es andere Verfahren internationaler Strafgerichtshöfe, die teilweise auf Grund rückwirkender Vorschriften urteilten/urteilen:

Fast zeitgleich mit dem Nürnberger Prozess gegen die deutschen Hauptkriegsverbrecher fand in Tokio ein weiterer Prozess eines internationalen Strafgerichtshofs statt. Die in Art. 5 des Statuts[678] enthaltenen Strafvorschriften der Verbrechen gegen den Frieden, Kriegsverbrechen und Verbrechen gegen die Menschlichkeit entsprachen weitgehend den entsprechenden Regelungen in Art. 6 IMT-Statut[679] und hatten daher Rückwirkung.

Die Auseinandersetzungen zwischen den Volksgruppen des ehemaligen Jugoslawien und die in diesem Zusammenhang begangenen schweren Verstöße gegen humanitäre Grundsätze führten am 25. Mai 1993 zur Resolution 827 (1993) des Sicherheitsrates der Vereinten Nationen[680]. In dieser Resolution wurde die Einrichtung eines Internationalen Strafgerichtshofs beschlossen. Dieser ist laut Art. 1 des Statuts zuständig für die strafrechtliche Verfolgung aller seit 1991 im Hoheitsgebiet des ehemaligen Jugoslawien begangenen Verstöße gegen das humanitäre Völkerrecht. Zum Zeitpunkt der Resolution bestand keine allgemeingültige völkerrechtliche Grundlage für die Verfolgung derartigen Unrechts, die eine konkrete Strafandrohung enthielt[681]. Resolution und Statut hatten damit Rückwirkung, so dass der Grundsatz „nullum crimen nulla poena sine lege *praevia*" betroffen ist.

Mit der Resolution 955 (1994)[682] vom 8. November 1994 wurde ein weiterer Internationaler Strafgerichtshof eingesetzt. Gemäß Art. 1 des Statuts ist dieser zuständig für die strafrechtliche Verfolgung schwerer Verstöße gegen das humanitäre Völkerrecht, die in der Zeit vom 1. Januar 1994 und dem 31. Dezember 1994[683] entweder in Ruanda selbst oder in Nachbarstaaten von ruandischen Staatsangehörigen begangen wurden. Resolution und Statut hatten daher jeden-

---

677 Insoweit wird auf die Länderberichte insbesondere zu Argentinien, Griechenland und Südafrika in dem Sammelband von Eser/Arnold verwiesen.

678 Das Statut ist bei Ahlbrecht, S. 407 ff., abgedruckt.

679 Unterschiede sind bei Ahlbrecht, S. 107 f., dargestellt.

680 Vgl. Grützner/Pötz, III 27.

681 Auf das Statut des Nürnberger IMT konnte dabei nicht zurückgegriffen werden, da diese Bestimmungen allein auf die NS-Verbrechen anwendbar waren. Eine allgemein-gültige Strafandrohung für derartige Verbrechen enthält erstmals das später wirksam gewordene „Römische Statut" des „Internationalen Strafgerichtshofs" (BGBl. II 2000, 1394 ff.). Vgl. dazu auch Jescheck, JICJ 2 (2004), 38 ff.

682 Vgl. Grützner/Pötz, III 27a.

683 Zum Hintergrund dieser Frist vgl. Ahlbrecht, S. 308.

falls teilweise Rückwirkung, so dass ebenfalls der Grundsatz „nullum crimen nulla poena sine lege *praevia*" betroffen ist.

d) Völkerrechtliche Verträge und sonstige internationale Erklärungen

In völkerrechtlichen Verträgen und sonstigen internationalen Erklärungen, die sich mit Fragen des Strafrechts und mit dem Satz „nullum crimen nulla poena sine lege" befassen, werden regelmäßig Ausnahmen zur Verfolgung schwerer völkerrechtlicher Verbrechen zugelassen:

- So enthält die am 10. Dezember 1948 von den Vereinten Nationen beschlossene „Allgemeine Erklärung der Menschenrechte" in Art. 11 Nr. 2 Satz 1 den Grundsatz, dass niemand bestraft werden darf, wenn das Verhalten nicht zu dem Zeitpunkt, in dem es erfolgte, nach nationalem oder internationalem Recht strafbar war. Auf Grund des Verweises auf das internationale Recht ist eine Bestrafung nach den Nürnberger Prinzipien oder wegen anderer zum Tatzeitpunkt nach dem Völkerrecht strafbarer Handlungen oder Unterlassungen zulässig. Von dieser Formulierung wird bei völkerrechtlichen Straftatbeständen weder das Erfordernis einer lex *scripta* noch das Analogieverbot erfasst[684].
- Art. 7 Abs. 1 EMRK entspricht Art. 11 Nr. 2 der „Allgemeinen Erklärung der Menschenrechte" vom 10. Dezember 1948. In Art. 7 Abs. 2 EMRK wird ferner bestimmt, eine Bestrafung wegen einer Tat, die nach den von den zivilisierten Völkern anerkannten allgemeinen Rechtsgrundsätzen strafbar ist, solle durch diese Vorschrift nicht ausgeschlossen werden. Hierdurch sollte in erster Linie verhindert werden, dass die von den Alliierten nach dem 2. Weltkrieg durchgeführten Prozesse, aber auch Bestimmungen in einigen Signaturstaaten, durch die rückwirkend eine Strafbarkeit von NS-Verbrechen begründet wurde, unter Hinweis auf Art. 7 EMRK in Frage gestellt werden[685]. Auch aus Art. 7 Abs. 1 EMRK ergibt sich damit für nach Völkerrecht

---

[684] Vgl. Niehoff, S. 7/8.

[685] Vgl. Frowein, in: Frowein/Peukert, Art. 7 Rn. 8. Als Beispiel wird u. a. das französische Gesetz vom 28. August 1944 genannt, vgl. Glaser, R.D.P.C. 1966, 899 ff. (913).
Gemeint ist die „Ordonnance du 28 août 1944 relative à la répression des crimes de guerre" (JO 1944, 780 f.), geändert durch das Gesetz 48-1416 vom 15. September 1948 (JO 1948, 9138). In dieser Ordonnance werden „Par interprétation des dispositions du code pénal et du code de justice militaire" bestimmte Verhaltensweisen als von Bestimmungen der zitierten Kodizes erfasst definiert. Die Ordonnance wird daher in Anschluss an diese Regelung teilweise als „interpretierendes Gesetz" (vgl. dazu 1. Teil B., Fn. 48 [S. 9]) bezeichnet (Garçon/Rousselet/Patin/Ancel I, Art. 4 Rn. 97); andere widersprechen dem und bejahen eine Rückwirkung (Porteron, Nr. 129 [S. 18]). Die Annahme einer Rückwirkung ist jedoch nicht in allen in dieser Ordonnance genannten Fällen zutreffend. Die in Nr. 3 beschriebene Verbringung von Menschen in Gaskammern, die Vergiftung von Lebensmitteln und Wasser sowie die Anwendung giftiger Substanzen wird ohne weiteres vom Wortlaut des zitierten Art. 301 C. P. 1810 (Anwendung giftiger Substanzen, die den Tod herbeiführen können) erfasst. Eine nach Artt. 341-343 C. P. 1810 strafbare Festnahme von Personen liegt ebenfalls vor, wenn eine De-

strafbare Taten weder das Erfordernis einer lex *scripta* noch das Analogieverbot und im Rahmen des Art. 7 Abs. 2 EMRK hinsichtlich der Strafandrohung auch nicht das einer lex *praevia*[686]. Der EGMR hat darüber hinaus entschieden, dass Art. 7 Abs. 1 EMRK die strafrechtliche Verfolgung einer Staatspraxis, die offensichtlich die Menschenrechte verletzt, nicht hindern soll[687].

- Art. 15 IPBürgR entspricht weitgehend Art. 7 EMRK. Daher kann auf die Ausführungen zu dieser Vorschrift verwiesen werden[688].

---

portation oder die Verhängung von Zwangsarbeit „sans qu'une condamnation régulière au regard des lois et coutumes de la guerre" erfolgte, vgl. Nr. 5. Eine Rückwirkung kommt aber für Nr. 1 (illegales Aufstellen bewaffneter Einheiten entgegen Art. 92 C. P. 1810) in Betracht, da angesichts der faktischen Machtverhältnisse in Frankreich während der deutschen Besetzung bzw. des Vichy-Regimes jedenfalls diskutiert werden kann, ob diese Aufstellung „sans ordre de pouvoir légitime" geschah und ferner kommt eine Rückwirkung in Betracht, soweit hierunter in Nr. 1 jedes Eintreten in den Dienst der Besatzer verstanden wurde. Die Frage, ob dieser Ordonnance Rückwirkung zukommt oder ob sie bestehendes Recht interpretiert, muss daher für jede Regelung gesondert entschieden werden.
Diskutiert wird auch, ob die „Ordonnance du 26 août 1944 instituant l'indignité nationale" (JO 1944, 767 f., geändert am 30. September 1944 [JO 1944, 852] und am 17. Oktober 1944 [JO 1944, 988]; eine weitgehend inhaltsgleiche Neufassung erfolgte am 26. Dezember 1944 [JO 1944, 2076 ff.] mit Berichtigung in JO 1945, 2) dem Rückwirkungsverbot widerspricht. Diese Ordonnance enthielt für Personen, die bestimmte Funktionen wahrgenommen hatten (vgl. Art. 1 der Ordonnance vom 26. August 1944 und Art. 2 der Ordonnance vom 26. Dezember 1944) Regelungen zum Entzug von Rechten, zu Aufenthaltsverboten (Artt. 9 und 10 der Ordonnance vom 26. August 1944 sowie Art. 21 der Ordonnance vom 26. Dezember 1944), zur Vermögenskonfiskation (vgl. Art. 21 letzter Absatz der Ordonnance vom 26. Dezember 1944) sowie zur Veröffentlichung der Verurteilung (Art. 12 der Ordonnance vom 26. August 1944 und Art. 25 der Ordonnance vom 26. Dezember 1944). Obwohl die Wahrnehmung der in Art. 1 der Ordonnance vom 26. August 1944 bzw. in Art. 2 der Ordonnance vom 26. Dezember 1944 genannten Funktionen vorher nicht ausdrücklich mit Strafe bedroht war und die angedrohten Maßnahmen Strafen i. S. d. Code pénal 1810 waren, wird die Rückwirkung teilweise damit gerechtfertigt, dass das Verhalten von den im Code pénal 1810 enthaltenen Tatbeständen zum Schutz der äußeren Sicherheit erfasst werde und die Ordonnance deshalb als milderes Gesetz gegenüber diesen Delikten anzusehen sei, so dass das Rückwirkungsverbot nicht eingreife (Garçon/Rousselet/Patin/Ancel I, Art. 4 Rn. 73). Auch diese Frage kann hier angesichts der Themenstellung der Arbeit nur erwähnt werden.
Rückwirkung hat aber die Ordonnance vom 26. Juni 1944 „relative à la répression des faits de collaboration" (JO 1944, 535 f., geändert am 14. September 1944 [JO 1944, 825], am 13. Oktober 1944 [JO 1944, 937], neugefasst am 28. November 1944 [JO 1944, 1540 ff.]), in der in Art. 35 der Ordonnance vom 26. Juni 1944 Straferhöhungen (Vermögenskonfiskation, Aufenthaltsverbote sowie eine Erhöhung der zulässigen Geldstrafe auf das 500-fache des bisher gesetzlich bestimmten und in Art. 79 der Ordonnance vom 28. November 1944 die Vermögenskonfiskation) angedroht wurden.

686 Vgl. Niehoff, S. 9.

687 Vgl. EGMR, NJW 2001, 3035 ff. (3040); i. E. auch: Cohen-Jonathan, S. 447.

688 Der Menschenrechtsausschuss der Vereinten Nationen hat ebenfalls zur Frage der Tötungen an der früheren innerdeutschen Grenze entschieden, dass die dabei angewandte Gewalt unverhältnismäßig und bereits zum Zeitpunkt dieses Tötungsdeliktes nach den von der Völ-

- Art. II-109 Abs. 1 des Verfassungsentwurfs der EU (= Art. 49 Abs. 1 der EU-Grundrechtecharta) enthält eine Art. 11 Nr. 2 Satz 1 der „Allgemeinen Erklärung der Menschenrechte" entsprechende Regelung zur Gesetzmäßigkeit im Strafrecht. Es wird in Art. II-109 Abs. 2 jedoch ebenfalls klargestellt, dass eine Bestrafung wegen einer Handlung oder Unterlassung, die zur Zeit der Begehung „nach den allgemeinen, von der Gesamtheit der Nationen anerkannten Grundsätzen" strafbar war, nicht ausgeschlossen sein soll.

II. Generelle Zulässigkeit von Einschränkungen des Nullum-crimen-Satzes im kanonischen Recht

Auf Grund dieser anerkannten Einschränkungen des Nullum-crimen-Satzes im Rahmen des weltlichen Rechts kann man diesen nicht als Satz des Naturrechts ansehen, der keiner Ausnahme zugänglich ist. Daher wird ein Verstoß des c. 1399 CIC/1983 bzw. früher des c. 2222 § 1 CIC/1917 gegen die Menschenwürde bzw. gegen Naturrecht zu Recht überwiegend verneint[689].

Erwähnenswert ist in diesem Zusammenhang auch eine Ansprache, die Papst Pius XII. (1939-1958) vor italienischen katholischen Juristen am 5. Dezember 1954 halten wollte. Hieran wurde er durch eine Krankheit gehindert; der Text wurde dennoch amtlich veröffentlicht und wird in der annotierten Fassung des CIC/1983 als Quelle für c. 1399 CIC/1983 genannt[690]: Pius XII. verlangte zwar für die Verhängung einer Strafe im Regelfall ein vorheriges Strafgesetz. Er führte aber auch aus, im weltlichen Recht werde eine gewisse Lockerung der Gesetzesbindung, zwar nicht im Sinne einer Ermessensfreiheit, aber der freieren Würdigung der Tatbestände gefordert, also eine beschränkte Zulässigkeit der Analogie. Diesen Auffassungen sprach der Papst eine „gewisse Berechtigung" zu. Die Ziele, die dahinter stünden, nämlich eine „Vereinfachung der Gesetzesnormen", die Berücksichtigung der Billigkeit sowie „des spontanen gesunden Urteils" und die „größere Anpassung des Strafrechts an das Empfinden des Vol-

---

kerrechtsgemeinschaft anerkannten allgemeinen Rechtsgrundsätzen strafbar war, vgl. NJW 2004, 2005 f. (2005).

689 Vgl. Hervada, in: Caparros/Thériault/Thorn, (zu c. 221 § 3) S. 170 f.; Chiappetta, Codice II, Rn. 5049 Fn. 1; Nelles, S. 277; de Paolis, PerRMCL 63 (1974), 37 ff. (41); de Paolis, Sanctionibus, S. 122 f.; de Paolis, in: Salvador/de Paolis/Ghirlanda, „Nulla poena sine lege", S. 719 f. (720); Mosconi, in: Redazione di Quaderni, (zu c. 1399) S. 1102 f.; Rees, Bestrafung, S. 373 ff. (389); Waider, ZStW 78 (1966), 524 ff. (533 f.). Auch Roberti (Roberti I/1, Nr. 48 [S. 70]) verweist darauf, dass das Naturrecht für die Annahme eines Deliktes nur Vorsatz und Schaden verlange; ähnlich Casey, S. 13, der kraft Naturrechts für das Delikt allein das Vorliegen einer zurechenbaren schlechten Handlung fordert. Ruf, Strafzumessung, S. 57, erwähnt zwar die naturrechtliche Wurzel des Prinzips der Gesetzmäßigkeit im Strafrecht, weist aber auch auf die Begrenztheit des positiven Rechts hin und lässt ebenfalls eine Einschränkung des Prinzips zu. Schauf, Nr. 21 (S. 19), führt aus, der Satz beruhe auf Naturrecht, es sei aber kein *positives* Strafgesetz erforderlich; a. M. im Hinblick auf c. 2222 § 1 CIC/1917 ist z. B. Baldanza, EIC 19 (1963), 93 ff. (99 f.).

690 Ochoa VII, Nr. 5171, Sp. 10087 ff. (10323).

kes“, seien nicht zu beanstanden. Ansätze hierfür seien im kanonischen Recht enthalten; in diesem Zusammenhang verwies er unter anderem auch auf c. 2222 CIC/1917[691]. Dieser dient damit – ebenso wie die soeben behandelten Strafmöglichkeiten bei schweren Menschenrechtsverletzungen im weltlichen Recht – der Verwirklichung der Strafgerechtigkeit im Einzelfall.

D. Diskussion einer strafrechtlichen Generalklausel im kanonischen Recht

I. Rechtfertigung des c. 1399 CIC/1983

1. Nichtvorhersehbarkeit des Regelungsbedarfs

Die Notwendigkeit des c. 1399 CIC/1983 bzw. früher des c. 2222 § 1 CIC/1917 wird teilweise damit begründet, eine Aufzählung aller strafwürdigen Gesetzesverstöße sei nicht möglich bzw. der Gesetzgeber könne diese nicht alle vorhersehen und regeln[692]. Ähnlich argumentieren diejenigen, die darauf hinweisen, hierdurch werde ein Verfahren für ungewöhnliche Fälle geboten[693].

a) Beispiele in der kanonistischen Literatur

Ob dieses Argument überzeugt, soll an Hand der in der kanonistischen Literatur genannten Beispiele für eine Anwendung von c. 2222 § 1 CIC/1917 bzw. c. 1399 CIC/1983 überprüft werden.

In der Literatur werden folgende – z. T. kaum der Lebenswirklichkeit Rechnung tragenden – Beispiele für c. 2222 § 1 CIC/1917 genannt:

- Begründung einer eheähnlichen Gemeinschaft[694] sowie Unzucht eines Klerikers[695] unter Verstoß gegen c. 132 § 1 CIC/1917 (Zölibatspflicht),
- der Besuch von Gaststätten ohne gerechten Grund[696] bzw. die öffentlich wahrnehmbare Trunkenheit eines Klerikers[697] (Verstoß gegen c. 139 § 1 CIC/1917, alles zu vermeiden, was sich mit dem klerikalen Stande nicht vereinbaren lässt),

---

691 AAS 47 (1955), 60 ff. (66).

692 Vgl. Adami, EIC 45 (1989), 137 ff. (166 Fn. 358); Strigl, in: Listl/Müller/Schmitz, HbdkKR (1983), S. 948; Rees, AfkKR 161 (1992), 649 ff. (651); Regatillo II, Nr. 842 (S. 512); Strigl, Funktionsverhältnis, S. 205; ähnlich Ruf, Strafzumessung, S. 57, der auf die Begrenztheit eines allein auf das positive Gesetz gründenden Strafrechts hinweist.

693 Vgl. Abbo/Hannan II, (zu c. 2222) S. 805; Jombart, RDC 5 (1955), 330 ff. (334).

694 Vgl. Caron, Jurist 22 (1962), 319 ff. (328).

695 Eichmann, Strafrecht, S. 29. Diese Fälle dürften aber durch cc. 2358, 2359 § 3 CIC/1917 bereits erfasst sein, so dass ein Rückgriff auf c. 2222 § 1 CIC/1917 entbehrlich war, s. Barberena, in: Cabreros de Anta/Alonso Lobo/Alonso Moran IV, Nr. 221.

696 Casey, S. 64.

697 Prümmer/Münch, Q. 564 (S. 648) („[...] si parochus fuit publice ebrius, episcopus potest illum punire propter scandalum datum, quamvis poena non fuerit comminata neque a lege neque ab homine.“).

- Beleidigungen Gottes, die weder als Blasphemie noch als Sakrileg strafbar sind[698],
- die Ausübung der für Kleriker verbotenen Treibjagd unter Verstoß gegen c. 138 CIC/1917[699],
- die fahrlässige Verletzung eines Gesetzes, die ausdrücklich nur im Falle des Vorsatzes strafbar ist, z. B. fahrlässige Verletzung des Beichtgeheimnisses[700],
- eine nicht bereits von c. 2369 CIC/1917 erfasste Nutzung des aus der Beichte erworbenen Wissens[701],
- der Rat von einem Kleriker oder Ordensangehörigen an einen Katholiken eines orientalisch-katholischen Ritus, zur römisch-katholischen Kirche zu wechseln bzw. die Hilfe dazu[702],
- die Annahme von Geschenken durch Richter im Zusammenhang mit der Vornahme von Amtshandlungen unter Verstoß gegen c. 1624 CIC/1917, bürgerlicher Verkehr mit einem vitandus entgegen c. 2267 CIC/1917, die öffentliche Verletzung der Kirchengebote[703],
- ein Verstoß gegen cc. 859 § 1, 906 CIC/1917 (Verpflichtung zum Empfang der Sakramente der Buße und der Heiligen Kommunion mindestens einmal jährlich, zur Osterzeit)[704],
- das unberechtigte Verlassen eines Klosters durch eine Person, die lediglich zeitliche Gelübde abgelegt hatte und deren Verhalten damit nicht nach cc. 2385, 2386 CIC/1917 strafbar war sowie die Simulation der Eheschließung[705],
- das Nutzen bzw. Einsetzen von „Wünschelruten“ / „Wünschelrutengehern“[706],
- der Besuch nichtkatholischer Schulen unter Verstoß gegen c. 1374 CIC/1917[707] sowie

---

698 Vgl. Chelodi/Ciprotti, S. 83 (Nr. 63).

699 Conte a Coronata, Institutiones IV, Nr. 1695 (S. 90); Michiels, De delictis II, S. 160.

700 Eichmann, Strafrecht, S. 29.

701 Vgl. Conte a Coronata, Institutiones IV, Nr. 2144 (S. 581); Conte a Coronata, Compendium II, Nr. 2494 (S. 498).

702 Petrani, Apoll. 10 (1937), 28 ff. (39); vgl. nunmehr c. 1465 CCEO.

703 Eichmann, Strafrecht, S. 28/29.

704 Michiels, De delictis II, S. 160; Casey, S. 64.

705 Vgl. Casey, S. 65.

706 Vgl. Bride, AnnCan 2 (1953), 303 ff. (308). Dieser Fall dürfte aber auch unter c. 2325 CIC/1917 zu subsumieren sein.

707 Michiels, De delictis II, S. 160. Dieses Verhalten dürfte aber weitgehend von c. 2319 § 1, 4^0 CIC/1917 abgedeckt worden sein.

- Verstöße gegen cc. 1395 ff. CIC/1917, also die „Bücherzensur", über den Anwendungsbereich von c. 2318 CIC/1917 hinaus[708].

Teilweise abweichend hiervon wurde die Anwendbarkeit von c. 2222 § 1 CIC/1917 ausdrücklich abgelehnt oder in Frage gestellt wegen

- der Nichtteilnahme eines Klerikers an einer Prozession (c. 1294 § 2 CIC/1917) sowie
- der Beteiligung eines Mitglieds einer Laienbruderschaft an deren Aufgaben, ohne Ordenskleid oder Insignien zu tragen (c. 709 § 1 CIC/1917)[709] bzw.
- des Lesens verbotener Bücher,
- eines Verstoßes gegen die „Osterpflicht",
- der Ausübung der Jagd durch Kleriker,
- des Besuchs von Gaststätten durch Kleriker sowie
- der Ausübung der Heilkunst durch Kleriker[710],

da in diesen Fällen kaum der erforderliche Schweregrad vorliege.

Als Beispiele für c. 1399 CIC/1983 werden u. a. genannt:

- Ehescheidung mit anschließender Wiederverheiratung ohne kirchlich gültige Eheschließung[711],
- die parlamentarische Unterstützung eines Gesetzes, das die Durchführung von Schwangerschaftsabbrüchen erlaubt[712],
- antisemitische Propaganda (Leugnung des Holocaust)[713],
- das öffentliche Konkubinat eines Religiosen, der durch ewige Gelübde gebunden ist[714] und
- die unerlaubte Besetzung einer Kirche[715].

Fast alle genannten Beispiele betreffen Verhaltensweisen, die in der Gesellschaft verbreitet oder jedenfalls nicht ungewöhnlich sind. In keiner der genannten Fallgestaltungen kann daher von einem vom Gesetzgeber – ggf. auch dem partikularen – nicht vorhersehbaren Fehlverhalten die Rede sein. Der zuständige kirchliche Gesetzgeber hätte der verletzten Vorschrift, wenn er sie für so wesentlich

---

708 Casey, S. 64; Conte a Coronata, Institutiones IV, Nr. 1695 (S. 90); Eichmann, Strafrecht, S. 28.

709 Vgl. dazu: Barberena, in: Cabreros de Anta/Alonso Lobo/Alonso Moran IV, Nr. 220.

710 Vgl. dazu: Barberena, in: Cabreros de Anta/Alonso Lobo/Alonso Moran IV, Nr. 221.

711 Vgl. Astrath, S. 363 ff. (385).

712 Haas, AfkKR 164 (1995), 439 ff. (446).

713 Woestmann, S. 155/156.

714 Sériaux, Rn. 295 (S. 732); für einen Kleriker ergibt sich in diesem Fall die Strafbarkeit bereits aus c. 1395 CIC/1983.

715 Sériaux, Rn. 295 (S. 732).

hält, dass der Verstoß bestraft werden soll, zum Zeitpunkt ihres Erlasses, spätestens aber, nachdem er von vermehrten Verstößen Kenntnis erhalten hat, eine Strafandrohung beifügen können. Der Gesetzgeber hat vielmehr das kirchliche Strafrecht bewusst nicht umfassend behandelt, sondern nur einige besonders schwerwiegende und verbreitete Verstöße ausdrücklich mit Strafe bedroht. In erster Linie oder sogar ausschließlich nur regional vorkommende Verhaltensweisen werden dort nicht geregelt[716]. Deshalb wird darauf hingewiesen, eine umfassende Regelung des Strafrechts sei im kanonischen Recht nicht möglich und weder gewollt noch wünschenswert[717]. C. 1399 CIC/1983 (und früher c. 2222 § 1 CIC/1917) ist daher auch eine Folge der Tatsache, dass der CIC/1983 in der lateinischen Kirche weltweit Anwendung findet und nur lokal auftretende Verhaltensweisen im Strafrecht nicht berücksichtigt werden können und sollen. Im Mittelpunkt der Frage, ob eine Generalklausel im kanonischen Strafrecht gerechtfertigt ist, steht damit nicht, ob ein Regelungsbedarf voraussehbar ist. Entscheidend ist vielmehr, ob in der Kirche, in deren Strafrecht sowohl Analogie- als auch Rückwirkungsverbot grundsätzlich anerkannt sind, ggf. schwerwiegende Folgen für das Wohl der Gemeinschaft solange hinzunehmen sind, bis eine entsprechende Strafvorschrift erlassen worden ist[718].

b) Bewusster Verzicht auf Erlass von Strafgesetzen durch die Römische Kurie

Dieser Ansatz wird teilweise sogar offen von der Römischen Kurie vertreten:

- So heißt es in der Instruktion „Sacrosanctum matrimonii" der Kongregation für die Sakramentenordnung vom 29. Juni 1941 unter Ziffer 12[719], dass Pfarrer, die deren Bestimmungen[720] nicht sorgfältig beachten, gemäß c. 2222 § 1 CIC/1917 bestraft werden sollen.
- Nach einem Schreiben der Kongregation für den Gottesdienst und die Sakramentenordnung soll ein laisierter Priester, der entgegen den Bestimmungen über das Ausscheiden aus dem priesterlichen Stand Akte ausübt, für die das Priesteramt Voraussetzung ist, ggf. nach einer Warnung (c. 1347 CIC/1983), gemäß c. 1384 bzw. c. 1399 CIC/1983 mit einer Zensur oder einem Strafsicherungsmittel belegt werden[721].

---

716 Laun, ThPQ 135 (1987), 52 ff. (57). Konkret behandelt er den Fall der Mensur.

717 Vgl. Huizing, Conc. 3 (1967), 657 ff. (659); Strigl, in: Listl/Müller/Schmitz, HbdkKR (1983), S. 949; Scheuermann, AfkKR 143 (1974), 3 ff. (9); ähnlich Rees, Bestrafung, S. 373 ff. (390 f.).

718 Vgl. unten 4. (S. 153-159).

719 AAS 33 (1941), 297 ff. (306 f.).

720 Behandelt wurde die Verpflichtung des Pfarrers, vor der Eheschließung sorgfältig zu prüfen, ob dieser Hindernisse entgegenstehen. Hierzu wurden die gesetzlichen Bestimmungen, insbesondere mögliche Ehehindernisse, erläutert.

721 Roman Replies 2000, S. 15 f. (15).

Obwohl die Notwendigkeit gesehen wird, gegen Verstöße strafrechtlich vorzugehen, wird in diesen Fällen auf den Erlass eines entsprechenden Strafgesetzes verzichtet, und stattdessen c. 2222 § 1 CIC/1917 bzw. c. 1399 CIC/1983 als Möglichkeit genannt, auch ohne spezifische Strafvorschrift eine Strafe zu verhängen. Die ausdrücklichen Strafbestimmungen verlieren bei einer derartigen Praxis den Charakter abschließender Regelungen. Damit stellt sich die Frage, welchen Grund die kirchliche Autorität hat, Strafvorschriften zu erlassen, wenn auf jeden Fall der Weg über c. 1399 CIC/1983 offen steht[722].

Sogar in gesetzlichen Regelungen wurde bzw. wird z. T. ausdrücklich auf c. 1399 CIC/1983 bzw. c. 2222 § 1 CIC/1917 Bezug genommen:

- In c. 1554 CIC/1917 wurde für den Fall, dass jemand eine Angelegenheit vor ein weltliches Gericht bringt, die bereits vor einem kirchlichen Gericht anhängig ist, ausdrücklich auf die Möglichkeit verwiesen, gemäß c. 2222 CIC/1917 vorzugehen.
- In Nr. 48 der Konstitution „Universi Dominici Gregis" Papst Johannes Paul II. zur Papstwahl wird der von den gemäß Nr. 46 zur Unterstützung der Kardinäle anwesenden Personen zu leistende Eid geregelt. Diese leisten den Eid danach in dem Bewusstsein, dass eine Übertretung der Geheimhaltungspflicht zu den geistlichen und kanonischen Strafen führen wird, die der zukünftige Papst anzuwenden gedenkt. Dabei wird ausdrücklich auf c. 1399 CIC/1983 Bezug genommen[723].

2. Die kirchliche Ordnung als konkrete Rechtsordnung

Herrmann[724] weist zur Vorgängernorm des c. 1399 CIC/1983 – c. 2222 § 1 CIC/1917 – auf Diskussionen hin, dem Recht der katholischen Kirche liege ein konkretes Denken zugrunde. Diesem sei jede allgemeine Definition von Rechtsbegriffen fremd, es sei denn, diese seien ausschließlich formaler Art oder gehörten dem göttlichen Recht an. Er beruft sich hierfür auf Joseph Klein, der sich – ausdrücklich für das kanonische Recht – zur Stützung seiner These auf die von Carl Schmitt propagierte Theorie des „Denkens in konkreten Ordnungen" bezieht[725]. Diese Theorie geht davon aus, dass eine Ordnung nicht in erster Linie Regel oder eine Summe von Regeln ist, sondern umgekehrt die Regel (das Ge-

---

722 Sanchis, S. 289 ff. (293); ähnlich Cassola, Apoll. 34 (1961), 332 ff. (337): Das Strafrecht verliere seine Zielgerichtetheit und Wirksamkeit, wenn letztlich jede Gesetzesverletzung bestraft werden könne.

723 AAS 88 (1996), 305 ff. (326). Der Verweis auf c. 1399 CIC/1983 ist an sich entbehrlich, da in Nr. 58 für derartige Verstöße die Exkommunikation angedroht wird. In Nr. 45 der Konstitution Papst Pius XII. „Vacantis Apostolicae Sedis" (AAS 38 [1946], 65 ff. [79]) sowie Nr. 46 der Konstitution „Romano Pontifici Eligendo" Papst Paul VI. (AAS 67 [1975], 609 ff. [626]) sind zwar ähnliche Eidesformeln enthalten, aber kein Verweis auf c. 2222 § 1 CIC/1917.

724 Vgl. Herrmann, ÖAKR 20 (1969), 3 ff. (7 f.).

725 J. Klein, Skandalon, S. 196; zu dieser Theorie, Rüthers, S. 63 ff.

setz) nur ein Bestandteil und ein Mittel der Ordnung. Die Norm schaffe nicht die Ordnung, sondern habe „nur auf dem Boden und im Rahmen einer gegebenen Ordnung eine gewisse regulierende Funktion mit einem relativ kleinen Maß in sich selbständigen, von der Lage der Sache unabhängigen Geltens“[726]. Dieser Ansatz überzeugt nicht. Zwar liegen vielen Gesellschaften, insbesondere der kirchlichen Ordnung, unverfügbare Werte zugrunde, die nicht geändert werden können[727]. Scheinbar ist dieser Ansatz auch dem vergleichbar, der auf die Besonderheiten des kirchlichen Verkündigungsauftrags abstellt[728]. Problematisch an dieser Theorie ist jedoch, dass sie das geschriebene Recht insgesamt relativiert. Der Inhalt dieser Ordnung wird – zwar nicht in der Theorie, wohl aber in der Praxis – vom Rechtsanwender festgestellt. Damit wird das auch im kanonischen Recht zu beachtende Prinzip der Rechtssicherheit aufgegeben.

3. Dienststrafrecht

Einige Autoren versuchen, die Notwendigkeit der generalklauselartigen Strafvorschriften im kirchlichen Strafrecht vor dem Hintergrund eines Dienststrafrechts zu erklären bzw. weisen darauf hin, dass diese so besser verstanden werden könnten[729]. Hintergrund hierfür ist, dass im Dienststrafrecht bzw. im Disziplinarrecht zwar auch die Prinzipien der Gesetzmäßigkeit sowie des Rückwirkungsverbots gelten, aber die Anforderungen an die Bestimmtheit der Vorschriften, die das disziplinarrechtlich zu würdigende Verhalten beschreiben, geringer sind als im Strafrecht. Insoweit genügt eine generalklauselartige Fassung des relevanten Verhaltens[730]. Teilweise[731] wurde dieser Ansatz umfassend auf alle Gläubigen bezogen. Diejenigen, die in jüngerer Zeit diesen Begründungsansatz gewählt haben, fordern aber regelmäßig auch, dass zwischen einem Dienststrafrecht (in dem eine Generalklausel zulässig ist) für Kleriker und ggf. auch für kirchliche Bedienstete sowie einem engen, hinsichtlich der Bestimmtheit dem weltlichen Recht angenäherten Strafrecht für die übrigen Gläubigen unterschieden werden solle[732]. Dieser Begründungsansatz ist daher nicht geeignet,

---

726 Schmitt, Arten, S. 13.

727 Der Umfang des Unabänderlichen ist sogar im kirchlichen Bereich ungleich größer als im staatlichen, vgl. Lehmann, Conc. 7 (1971), 171 ff. (175 f.).

728 Vgl. unten 4. (S. 153-159).

729 Haring, Grundzüge I, S. 916 (der, wie sich aus dem Hinweis auf das „decorum clericale“ ergibt, c. 2222 § 1 CIC/1917 anscheinend – ausschließlich ? – bei Klerikern als praxisrelevant ansah); Marzoa, Los delitos, S. 735 ff. (752); Paarhammer, S. 403 ff. (408); Schmitz, Rechtsschutz, S. 745 ff. (761); Strigl, Funktionsverhältnis, S. 212.

730 Vgl. Hill, in: Isensee/Kirchhof, HbdStR VI, § 156 Rn. 58 und 66; Levasseur/Chavanne/Montreuil/Bouloc/Matsopoulou, Rn. 104 (S. 44).

731 Hinschius V, S. 906/907.

732 Vgl. Paarhammer, S. 403 ff. (408 f.); Strigl, Funktionsverhältnis, S. 214 f. (wobei er allerdings a. a. O., S. 210 konzediert, dass Straf- und Disziplinarrecht in der Kirche „ineinander laufen“).

eine umfassende – auch Laien betreffende – Anwendbarkeit des c. 1399 CIC/1983 zu erklären.

4. Rechtfertigung auf Grund des Verkündigungsauftrags der Kirche

a) Schutz der salus animarum

Während der Beratungen des CIC/1917 sowie des CIC/1983 war das Anliegen, der salus animarum[733] und der aequitas canonica[734] Rechnung zu tragen, ein entscheidendes Motiv für die Einführung von c. 2222 § 1 CIC/1917[735] bzw. c. 1399 CIC/1983[736]. Von vielen Autoren wird dieser Gesichtspunkt ebenfalls in den Vordergrund gestellt[737]. Zwar wird anerkannt, dass die Durchbrechung des Gesetzmäßigkeitsprinzips in c. 1399 CIC/1983 „viele gedankliche Komplikationen" zur Folge habe und dass das strenge Legalitätsprinzip die Säule aller Strafrechtssysteme, auch des kirchlichen, sei[738]. Dieses Prinzip gelte aber in der Kirche nicht uneingeschränkt. Es sei der Grundsatz der Billigkeit, der Elastizität des Rechts, zu berücksichtigen. Der strenge Gesetzmäßigkeitsgrundsatz werde zum Schutz der communio bzw. aus pastoralen Gründen gemildert, da ansonsten das

---

733 Angesprochen ist mit der salus animarum damit der Sendungsauftrag der Kirche, vgl. Aymans/Mörsdorf I, S. 149. Die Sünde steht der Verwirklichung dieses Ziels entgegen, vgl. Michel, in: Loth/Michel III, „Salut", Sp. 3980 ff. (3980).

734 Die aequitas canonica hat den Zweck, der Gerechtigkeit und den sittlichen Werten der Kirche in den Fällen zum Durchbruch zu verhelfen, die in dem Gesetzeswortlaut nicht ausreichend Niederschlag gefunden haben. Dies kann geschehen im Rahmen der Auslegung dieser Bestimmungen, ggf. aber auch durch deren Ergänzung oder Berichtigung, vgl. Aymans/Mörsdorf I, S. 188 f.; Riedel-Spangenberger, Grundbegriffe, „aequitas canonica", S. 25 f. (25). Ähnlich Lefebvre, in: Naz, Dictionnaire V, „Équité", Sp. 394 ff. (408), der darauf hinweist, dass durch die aequitas canonica der Gerechtigkeit in den Fällen zum Durchbruch verholfen werden soll, in denen ein Gesetz der Gerechtigkeit nicht oder kaum entspricht oder auch durch eine milde Auslegung dem Willen des Gesetzgebers nicht Rechnung getragen werden kann: „(..) l'équité forme une partie de la justice légale et porte à observer la loi suivant l'esprit plutôt que suivant le lettre. En conséquence, quand une règle légale est contraire au juste légale, ou qu'elle lui est peu conforme, ou encore qu'une interprétation bénigne de la volonté du législateur s'impose, elle intervient en vue d'assurer l'accord entre ce juste naturel et le juste légal.". Vgl. umfassend zur Entwicklung dieses Instituts bei Gratian: Hering, Aequitas, S. 84 ff.; gekürzte Fassung in: Hering, StudGrat 2 (1954), 95 ff. (98 ff.). Zur Geltung und Praxis dieses Grundsatzes im CIC/1917: Hering, Billigkeit, S. 68 ff. (68 ff.).

735 Vgl. Tambasco, IDE 113 (2002), 245 ff. (253 f., 257, 268, 276).

736 Vgl. Comm. 6 (1974), 35. Schwendenwein, DPM 6 (1999), 117 ff. (137), kommt daher zu dem Ergebnis, man habe c. 1399 CIC/1983 als Nachfolgenorm zu c. 2222 § 1 CIC/1917 trotz bestehender Bedenken beibehalten aus pastoraler Sorge um den Schutz der Gemeinschaft vor schlechten Beispielen und um der Autorität die Möglichkeit zu geben, Fehlverhalten auch als solches erkennbar zu machen.

737 Vgl. Borras, Sanctions, S. 24; Calabrese, S. 365; Cortés, S. 63; Erdö, Funzione, S. 49 ff. (59); Erdö, AfkKR 172 (2003), 84 ff. (95); Fedele, Discorsi, S. 43; Nigro, Sanzioni, S. 423 ff. (436); Pompedda, S. 8; Rees, Bestrafung, S. 373 ff. (392); Valdrini/Durand/Échappé/Vernay, Rn. 600 (S. 379 f.); Vermeersch/Creusen III (4. Aufl.), Nr. 383 (S. 184).

738 di Mattia, Equità, S. 89 ff. (90).

„Fundament der Kirche" gefährdet würde[739]. Das auf naturrechtlicher Grundlage beruhende Kirchenrecht tue daher gut daran, den Nullum-crimen-Satz, der im weltlichen Recht „liberalistischem"[740] Rechtsdenken entsprungen sei, nur als Regel zu übernehmen, aber auch sicherzustellen, dass er nicht zu einer „unerträglichen Bindung der Strafgerechtigkeit" führe[741]. Schließlich stelle sich auch derjenige, der eine außerstrafrechtliche Norm verletze, außerhalb der Rechtsordnung, so dass eine Strafe gerechtfertigt sei[742]. Der Einzelne könne zwar erwarten, gerecht beurteilt zu werden. Ihm stehe aber nicht die Sicherheit zu, nur wegen Verfehlungen bestraft zu werden, bei denen die Strafe bereits vorher festgelegt sei[743]. Die aequitas canonica kann deshalb in Einzelfällen auch zu einer Verschärfung der Gesetze führen[744]. Für diese Autoren stellt sich die Frage der Rechtfertigung des c. 1399 CIC/1983 (bzw. früher des c. 2222 § 1 CIC/1917) nicht in erster Linie als juristisches Problem, sondern als theologische Frage[745]. Die Gesichtspunkte der aequitas canonica sowie des Schutzes der salus animarum werden damit nebeneinander und ohne klare Abgrenzung als Gründe für c. 1399 CIC/1983 aufgeführt. Einen Gegensatz wird man in diesen unterschiedlichen Ansätzen kaum sehen können, allenfalls der Blickwinkel ist ein anderer[746]. Falsch wäre es jedoch, die Wahrung des Seelenheils allein individualistisch zu betrachten und zu vernachlässigen, dass sich letztlich die „theologische (...) Wahrheit" und die communio, nicht vermeintliche Individualinteressen durchsetzen müssen[747]. Die durch das Gesetzmäßigkeitsprinzip im Strafrecht vermittelte Rechtssicherheit und die Wahrung der salus animarum bzw. der aequitas canonica sind daher keine Gegensätze und stehen zueinander auch nicht

---

739 Vgl. de Paolis, PerRMCL 63 (1974), 37 ff. (41); di Mattia, Potere, S. 91 ff. (105 f.); di Mattia, MonEccl. 114 (1989), 35 ff. (61 f.).

740 Mörsdorf, Rechtssprache, S. 362 Fn. 6.

741 Mörsdorf, Kirchenrecht III, S. 309 Fn. 1.

742 de Paolis, Potestà, S. 25 ff. (44).

743 Vgl. Huizing, Conc. 8 (1972), 201 ff. (204).

744 May, AfkKR 130 (1961), 1 ff. (22.).

745 Vgl. Nigro, in: Pinto, (zu c. 1399) S. 831; ähnlich: Die Ausnahme gründe sich auf theologische und pastorale Gründe, vgl. Nigro, Sanzioni, S. 423 ff. (436), sowie Ruf: Die Vorschrift sei im Zusammenhang mit dem geistlichen Charakter des Kirchenrechts zu sehen, vgl. Ruf, Recht, S. 357.

746 Paralieu, S. 446, weist daher zu Recht darauf hin, dass ohne die aequitas canonica das Seelenheil verloren geht:„ ‚(...) **l'Équité Canonique**' qui doit inspirer toute justice dans l'Église, **sans perdre de vue le salut des âmes** (...)". (Hervorhebung im Original).

747 Corecco, Handlung, S. 36 ff. (45). Erdö, AfkKR 172 (2003), 84 ff. (93), weist daher zutreffend darauf hin, dass mit dem Begriff des Seelenheils weniger das geistliche Wohl des einzelnen Gläubigen als die grundlegende Sendung der Kirche gemeint sei. Daher kann den Bedenken von Schüller, S. 404 f., besonders S. 405 Fn. 852, gegen eine „aequitas severitatis" nicht gefolgt werden.

im Verhältnis von Regel und Ausnahme. Vielmehr ergänzen sich das Prinzip der Gesetzmäßigkeit und c. 1399 CIC/1983 gegenseitig[748].

b) Kritik an dieser Auffassung

Hiergegen wird eingewandt, der Hinweis auf das Seelenheil überzeuge aus streng juristischer Sicht möglicherweise nicht vollständig[749]. Der Grundsatz „nullum crimen nulla poena sine lege" sei im Recht gerade aus Gründen des Seelenheils enthalten[750]. In Frage gestellt wird damit, ob das Seelenheil diesen seinem Schutz dienenden Grundsatz gleichzeitig einschränken kann. Gesehen wird insbesondere die Gefahr, ungerechte Strafen könnten das Seelenheil mehr gefährden als der Verzicht auf die Strafverfolgung[751]. Es sei nämlich ein Tatbestand geschaffen worden, der weder Grenzen noch nachprüfbare Kriterien enthalte[752]. Letztlich könne die kleinste Verfehlung zu einer strafrechtlichen Verfolgung führen, jede Gesetzesübertretung sei eine Straftat, es gebe keine Abstufung nach der Schwere der Verstöße[753]. C. 1399 CIC/1983 bringe daher das gesamte kirchliche Strafrecht ins Wanken und sei mit dem übrigen Strafrecht unvereinbar[754]. Bereits zu c. 2222 § 1 CIC/1917 wurde festgestellt, angesichts des „vervollständigten" Strafrechts bestehe für diese Vorschrift auch kein Bedürfnis[755]. Der Durchbrechung lägen ferner zwei Irrtümer zugrunde: Die Sünde werde mit einem Delikt gleichgesetzt und die Bedeutung des Strafrechts überbewertet[756].

c) Abwägung

aa) Geringerer Stellenwert des Wortlauts von Gesetzen im kanonischen Recht gegenüber dem weltlichen Recht

Diese Kritik berücksichtigt nicht ausreichend, dass die kirchliche Rechtsordnung nicht formal-juristisch verstanden werden kann. Die Billigkeit ist im kirchlichen Recht in weit stärkerem Maße zu berücksichtigen als im weltlichen Recht. Ausgangspunkt ist hierbei der Begriff des Gesetzes und dessen Aufgabe in der kirchlichen Rechtsordnung. Das kanonische Gesetz ist

---

748 Vgl. Lipiński, S. 97 und S. 103.

749 C. Bernardini, MonEccl. 114 (1989), 143 ff. (144).

750 Casey, S. 36.

751 Gottero, QDE 10 (1997), 343 ff. (350 f.).

752 MK-Lüdicke, c. 1399 Rn. 2; ähnlich Wolfe, S. 230 ff. (234).

753 Werckmeister, RDC 39 (1989), 93 ff. (104); ähnlich: Bride, AnnCan 2 (1953), 303 ff. (303 f.).

754 Werckmeister, RDC 39 (1989), 93 ff. (103).

755 Vgl. Cassola, Apoll. 34 (1961), 332 ff. (336): „Da tempo infatti la Chiesa ha un elenco di delitti e di pene completo e più che sufficiente per la tutela dell'ordine pubblico ecclesiastico e della disciplina (...)".

756 Gottero, QDE 10 (1997), 343 ff. (352 f.).

„eine mit den Mitteln der Vernunft gestaltete allgemeine rechtsverbindliche Glaubensweisung zur Förderung des Lebens der Communio“[757]

bzw. das kanonische Recht

„l'ensemble des lois proposées, élaborées ou approuvées par l'autorité compétente dans l'Église, en vue d'assurer le bon ordre de la société ecclésiastique et de diriger l'activité des fidèles vers la double fin que l'Église poursuit: le bien de la communauté catholique et le bonheur éternel.“[758].

Während es aber im weltlichen Bereich Ziel von Gesetzen ist, eine *vernünftige Ordnung* zu sichern, steht im kirchlichen Bereich *der Glaube* im Vordergrund[759]. Alle Vorschriften müssen daher aus theologischer Sicht – und nicht nur von ihrem Wortlaut her – interpretiert werden[760]. Unzulässig ist insbesondere eine Gesetzesauslegung losgelöst vom kirchlichen Lehramt[761]. Ein Ansatz, der den Wortlaut von Gesetzen in den Vordergrund stellt, aber die soeben genannten Gesichtspunkte vernachlässigt, kann nicht zu einer korrekten Lösung kanonistischer Fragen führen[762]. Pahud de Mortanges[763] kommt deshalb im Hinblick auf c. 1399 CIC/1983 zutreffend zu dem Ergebnis, dass gegen vage Strafandrohungen im Kirchenrecht keine Bedenken bestehen, da auf Grund theologischer Vorgaben eine „weitestgehende“ Anpassung an die Situation der Täter gefordert sei. Die mit c. 1399 CIC/1983 (bzw. früher c. 2222 § 1 CIC/1917) verbundenen Einschränkungen des auch im kanonischen Strafrecht zu beachtenden Prinzips der Rechtssicherheit sind damit hinzunehmen. Dies gilt aber nur, wenn der Gefahr des Missbrauchs kirchlicher Gewalt möglichst weitgehend durch verfahrensrechtliche Vorkehrungen begegnet wird[764].

---

757 Aymans/Mörsdorf I, S. 152; ähnlich: Cimetier, Code, Nr. 1 (S. 5): „On désigne sous le nom de *droit canonique* l'ensemble des lois que l'autorité ecclésiastique a faites pour le bon gouvernement de la société spirituelle.“.

758 Naz, in: Naz, Dictionnaire IV, „Droit canonique“, Sp. 1446 ff. (1446). Ähnlich Lesage, Nature, S. 83: „(...) le droit est une ordonnance de raison imposée aux fidèles par un prélat autorisé, en vue du bien commun.“ und Le Tourneau, Droit, S. 10: „Au sens matériel la loi est une précepte rationnel à caractère stable et obligatoire, promulgué en vue du bien commun par celui qui est à la tête d'une communauté.“.

759 Vgl. dazu Corecco, Ordinatio, S. 17 ff. (32 und 35). Für das Kirchenrecht ist deshalb die „objektive und theologische Wahrheit“ wichtiger als die Rechtssicherheit und die Klarheit der Normen, vgl. Gerosa, Bußsakrament, S. 53 ff. (65). Daher gilt: „La finalité ultime du droit canonique n'est (...) pas tant de maintenir un ordre moral, politique ou social, mais bien de réaliser et assurer la communion vraie et réelle qui est elle-même la vraie justice ecclésiale.“, Chanez, Applicabilité, S. 25.

760 Vgl. Papst Johannes Paul II., AfkKR 172 (2003), 119 ff. (120).

761 Papst Johannes Paul II., AfkKR 172 (2003), 119 ff. (121).

762 Vgl. Fedele, RIDP 1937, 489 ff. (490 und 492). An Hand dieser Diskussion zeigt sich, dass der Streit, ob die Kanonistik eine theologische oder eine juristische Disziplin ist (vgl. dazu Aymans/Mörsdorf I, S. 62 ff.; Waymel, PJR 1 [1984], 47 ff.) kein akademischer ist.

763 Vgl. Pahud de Mortanges, Vergebung, S. 183.

764 Vgl. dazu unten II. 3. (S. 167-174).

bb) Gleichsetzung von Sünde und Delikt ?

Gegen den Einwand, es würden Sünde und Delikt gleichgesetzt, spricht, dass die Tat gemäß c. 1399 CIC/1983 ein Delikt begründet[765], und nicht allein eine Sünde. Auch die Kritik, wegen c. 1399 CIC/1983 sei jede Gesetzesübertretung ein Delikt, trifft nicht zu, da die Anwendung des c. 1399 CIC/1983 neben dem Gesetzesverstoß zusätzliche Voraussetzungen erfordert.

cc) Gefährdung der salus animarum durch Verzicht auf Strafrecht

Die Notwendigkeit, strafrechtliche Mittel einzusetzen, kann sich ergeben, wenn die Kirche einem ethisch vorwerfbaren Verhalten nicht tatenlos zusehen kann, weil ansonsten ein schlechtes Beispiel gegeben würde und die Glaubwürdigkeit ihres Zeugnisses beeinträchtigt werden könnte[766]. Die Verhängung einer Strafe enthält dann die offizielle Feststellung, dass ein Verhalten mit der Sendung der Kirche nicht im Einklang steht[767]. Geschützt werden soll sowohl die communio bzw. die Identität und Authentizität des katholischen Glaubens als auch das geistliche Wohl des Täters[768].

dd) Erforderlichkeit strafrechtlicher Mittel

Fraglich ist, ob in diesen Fällen der Einsatz des Strafrechts erforderlich ist, bzw. ob andere Mittel ausreichen.

aaa) Entbehrlichkeit der Generalklausel ?

Die Tatsache, dass im CCEO eine entsprechende Regelung fehlt, spricht nicht dafür, dass c. 1399 CIC/1983 zur Gewährleistung des Seelenheils entbehrlich ist. Dieser Verzicht dürfte im CCEO auch deswegen nicht schwer gefallen sein, weil der Anwendungsbereich des c. 1399 CIC/1983 sehr gering ist. Nach wie vor gilt das von Mathis[769] zum CIC/1917 gefundene Ergebnis, dass einzelne Strafgesetze so umfassend sind, dass in den meisten schwerwiegenden Fällen Strafen verhängt werden können. Dennoch bleibt es dem Gesetzgeber überlassen, ob er auch für wenige Fälle durch eine derartig weit gefasste Vorschrift vor-

---

765 Vgl. 4. Teil A. I. 1. (S. 177).

766 Vgl. Green, Jurist 50 (1990), 221 ff. (227); Rees, Bestrafung, S. 373 ff. (387 ff.); Sériaux, Rn. 296 (S. 734). Ähnlich: Chanez, Norme, S. 11: „Ce canon comble une lacune potentielle qui serait fort dommageable à tous, l'Eglise et le fidèle, s'il n'était pas inscrit dans la loi de l'Eglise, et dans la loi commune". Haring, Strafprozeß, S. 70, verweist darauf, c. 2222 § 1 CIC/1917 greife ein, wenn das Delikt eine rasche Bestrafung verlange.

767 Herrmann, Überlegungen, S. 275 ff. (282); ähnlich Esswein, S. 118.

768 Vgl. dazu: Condé, RDC 50 (2000), 243 ff. (258 f.); Green, Jurist 35 (1975), 212 ff. (217); Rees, ÖAKR 44 (1995-1997), 243 ff. (244); s. auch Papst Johannes Paul II., Oss.Rom. (dt.) Nr. 6/2003 v. 7. Februar 2003, S. 11 (unter 4.): Strafen dienen dem pastoralen Dienst zum Wohle der einzelnen Personen und Gemeinschaften, aus denen sich die Kirche zusammensetzt.

769 Mathis, S. 581 Fn. 3.

sorgen will. In diese Richtung geht auch die Forderung von Ciprotti[770], trotz der „Vervollkommnung der Gesetzgebung" solle der Kirche dieses Mittel nicht vorenthalten bleiben.

bbb) Erforderlichkeit der vorherigen Mahnung bei Beugestrafen als Argument gegen c. 1399 CIC/1983 ?

Gegen die Notwendigkeit des c. 1399 CIC/1983 wird vorgebracht, dass jedenfalls Beugestrafen nur verhängt werden könnten, wenn vorher eine Mahnung gemäß c. 1347 CIC/1983 erfolgt sei. Habe man Zeit zu einer Mahnung könne man aber auch vorher ein Strafgebot erlassen[771]. Diese Kritik betrifft aber nur eine der möglichen Strafarten; auch nach dieser Auffassung ist in diesen Fällen die Verhängung von Sühnestrafen grundsätzlich möglich[772]. Aus Sicht des Schutzes des Seelenheils spricht gegen einen Verzicht auf c. 1399 CIC/1983, dass dann nur eine *nach* Erlass des Strafgebots begangene, nicht aber die „erste" Tat, die Anlass für das Strafgebot war, bestraft werden kann. Tötet z. B. ein Arzt einen in vitro gezeugten, noch nicht eingepflanzten Embryo, ist dies weder nach c. 1398 CIC/1983 noch nach einer anderen Vorschrift ausdrücklich strafbar[773]. Gleichwohl liegt ein schwerwiegender Verstoß gegen das Tötungsverbot des Dekalogs vor. C. 1399 CIC/1983 ist ein Kompromiss, der den Einzelnen zwar vor Willkür schützen, aber auch der kirchlichen Autorität die Möglichkeit geben soll, gegen diejenigen, die das geistliche Wohl schwer beeinträchtigen, mit Mitteln des Strafrechts vorzugehen[774]. Zu weitgehend ist daher auch die Auffassung von Piñero Carrion[775], der das Gesetzmäßigkeitsprinzip als absolut ansieht und

---

770 Ciprotti, EIC 26 (1970), 91 ff. (104).

771 MK-Lüdicke, c. 1399 Rn. 4 (vgl. zur Zulässigkeit von Beugestrafen im Rahmen des c. 1399 CIC/1983 allgemein: 4. Teil D. III. 2. [S. 198-200]).

772 Sühnestrafen betreffen allerdings ihrem Inhalt nach, vgl. 2. Teil E. II. 2. a) bb) (S. 101), nahezu ausschließlich Kleriker.

773 Die Formulierung „Qui abortum procurat (...)" in c. 1398 CIC/1983 spricht dafür, dass nur der *Schwangerschaftsabbruch* (die Abtreibung) erfasst werden soll, nicht aber die Tötung eines noch nicht eingepflanzten, „in vitro" gezeugten Embryos. Durch die Entscheidung des Rates für die Interpretation von Gesetzestexten vom 23. Mai 1988 zu c. 1398 CIC/1983 (AAS 80 [1988], 1818) wird geklärt, dass es für die Strafbarkeit unerheblich ist, ob der Foetus im Mutterleib getötet wird oder als Folge der Abtreibungshandlung außerhalb des Mutterleibes verstirbt, so auch MK-Lüdicke, c. 1398 Rn. 2; a. M: Demel, Abtreibung, S. 274, die auch den im Text genannten Fall unter c. 1398 CIC/1983 subsumiert. Eine Strafbarkeit gemäß c. 1397 CIC/1983 kommt ebenfalls nicht in Betracht, da die Tötung eines nicht eingepflanzten, noch nicht entwickelten Embryos von dem Begriff „homicidium" nicht erfasst wird.

774 So für c. 2222 § 1 CIC/1917: Plöchl V, S. 58; im Ergebnis auch Jombart, in: Naz, Traité IV, Nr. 967 (S. 608). Der Kompromisscharakter wird besonders deutlich, wenn man die Diskussionen während der Beratungen des CIC/1917 berücksichtigt. In der Kommission waren Befürworter der bis dahin bestehenden weiten Strafkompetenz und des strengen Legalitätsprinzips vertreten, vgl. dazu Tambasco, IDE 113 (2002), 245 ff. (insbes. 253 f., 256 f.).

775 Piñero Carrion II, S. 427.

daher in den Fällen des c. 1399 CIC/1983 grundsätzlich eine vorherige Strafandrohung – auch bei der Verhängung von Sühnestrafen – fordert. Piñero Carrion lässt c. 1399 CIC/1983 vollständig hinter c. 221 § 3 CIC/1983 zurücktreten, obwohl c. 1399 CIC/1983 nach seinem Wortlaut eine Bestrafung auch ohne vorheriges Gesetz und Strafgebot erlaubt.

ccc) Strafsicherungsmittel und Bußen als ausreichende Sanktionsmöglichkeiten ?

Der Hinweis, „in der Regel" seien Strafsicherungsmittel ausreichend, um das Unrecht deutlich zu machen[776], trifft zwar zu. Dennoch ergibt sich bereits aus dieser Einschränkung, dass bei schwerwiegenden Verstößen – wie im Beispielsfall – auch eine Strafe erforderlich sein kann, um den Standpunkt der Kirche zu einem Verhalten deutlich zu machen.

ee) Androhung von Strafen nur Angelegenheit des Gesetz- oder Strafgebotgebers ?

Eingewandt wird, die Androhung einer Strafe sei Sache des Gesetzgebers bzw. des Inhabers der Leitungsgewalt, der Verwaltungsgebote erlassen könne; der Richter sei zur Verhängung einer Strafe ohne eine derartige Grundlage nicht berechtigt[777]. Eine derartige gesetzliche Bestimmung enthält aber, ungeachtet dessen dogmatischer Einordnung[778], c. 1399 CIC/1983.

ff) Zusammenfassung der Ergebnisse

Damit ist das Argument, c. 1399 CIC/1983 lasse sich aus dem Auftrag der Kirche ableiten, der salus animarum zu dienen bzw. die aequitas canonica zu achten, geeignet, diese Vorschrift zu rechtfertigen[779]. Die Frage, wie dem Anliegen, dass der Einzelne vor ungerechten Strafen, insbesondere vor Willkür, geschützt wird, Rechnung getragen werden kann, wird noch näher behandelt[780].

---

776 Cassola, Apoll. 34 (1961), 332 ff. (336 f.).

777 Vgl. MK-Lüdicke, c. 1399 Rn. 2.

778 Vgl. dazu 4. Teil A. (S. 177-183).

779 Letztlich auf ähnlichen Prinzipien beruht die Möglichkeit im Recht des Staates Vatikanstadt, auf der Grundlage von Art. 23 des Rechtsquellengesetzes vom 7. Juni 1929, Strafen zu verhängen. Danach findet im Staat Vatikanstadt zwar in erster Linie das staatliche italienische Strafrecht Anwendung; es gilt aber: „Wenn die ergänzend herangezogenen strafrechtlichen Bestimmungen der Gesetzgebung Italiens aus irgendeinem Grunde unanwendbar erscheinen, keine andere spezielle Strafvorschrift besteht und das Delikt die Prinzipien der Religion oder Moral, die öffentliche Ordnung oder die Sicherheit von Personen oder Sachen verletzt hat, darf der Richter, stets unbeschadet der Vorschriften und geistlichen Strafen des kanonischen Rechts, gegen den Täter auf eine Geldstrafe bis *9.000 Lire* oder eine Gefängnisstrafe bis zu 6 Monaten erkennen.", Übersetzung nach Hardegen, Vatikanstaat, S. 17. Die Zahl der Strafverfahren des Staates Vatikanstadt belief sich im Jahre 2005 auf 472, war also durchaus nicht unerheblich, vgl. Oss.Rom. (dt.) Nr. 3/2006 v. 20. Januar 2006, S. 4.

780 Vgl. unten II. 3. (S. 167-174).

II. Kritik an c. 1399 CIC/1983

1. Verstoß gegen (Grund)Rechte der Christen ?

Fraglich ist, wie c. 1399 CIC/1983 mit c. 221 § 3 CIC/1983 in Einklang zu bringen ist. Danach haben Gläubige das Recht, dass Strafen gegen sie nur „ad normam legis" verhängt werden.

a) Bedeutung der Grundrechte im staatlichen und im kirchlichen Bereich

Ehe auf diese Frage eingegangen wird, soll, da c. 221 § 3 CIC/1983 in dem mit „Rechte und Pflichten aller Gläubigen" überschriebenen 1. Titel des 1. Teils des II. Buches des CIC/1983 enthalten ist, die Bedeutung der dort zusammengefassten Regelungen kurz erörtert werden.

aa) Grundrechte im staatlichen Bereich

Im weltlichen Bereich führten viele unterschiedliche „juristische, philosophische und religiöse"[781] Konzepte dazu, dass sich nach den Revolutionen des 18./19. Jahrhunderts in Opposition zu den absolutistischen Staaten und vor dem Hintergrund der Aufklärung Verfassungsstaaten entwickelten, in denen Grundrechte anerkannt wurden. Einen wesentlichen Einfluss hatte neben der Entwicklung in Amerika[782] die Déclaration des Droits de l'homme et du citoyen vom 26. August 1789[783]. Historisch betrachtet sind Grundrechte in erster Linie Abwehrrechte gegen den Staat – auch wenn sie heute zunehmend zusätzlich als Gleichheits- und Teilhaberechte angesehen werden. Sie sichern dem Einzelnen einen vom Staat unabhängigen Bereich, in den dieser nur auf Grund eines Gesetzes eingreifen darf.

bb) Grundrechte in der Kirche

Zu einer breiten Diskussion über die Rechte der Gläubigen in der Kirche kam es dagegen erst in Folge des Zweiten Vatikanischen Konzils im Rahmen des letztlich gescheiterten Projekts eines „Grundgesetzes" für alle mit dem Apostolischen Stuhl verbundenen katholischen Rituskirchen[784], einer „Lex Ecclesiae

---

[781] Pettiti, S. 797 ff. (797). Insoweit kann man Grundrechte mit einiger Berechtigung auch als „Säkularisation christlichen Gedankengutes" bezeichnen, vgl. Schambeck, in: Merten/Papier, HbdGR I, § 8 Rn. 4 und umfassend dazu Rn. 11 ff.

[782] 1776: (Virginia) Bill of Rights, Unabhängigkeitserklärung, Verfassung von Pennsylvania; 1791: Aufnahme eines Grundrechtskatalogs in die Unionsverfassung.

[783] Vgl. ausführlich Stern III/1, S. 57 ff. (insbes. 75 ff., 79 ff., 93 ff.); s. auch Gaudemet, S. 645 ff. (645-647); de Miguel, S. 1151 ff. (1151 ff.); Lesage, Droits, S. 843 ff. (855 ff.).

[784] Vgl. die Aufzählung der 21 orientalischen katholischen Rituskirchen bei: Demel, Kirche, S. 243 ff. (256 f. Fn. 36). Hinzu kommt als 22. katholische Rituskirche die römisch-katholische (lateinische).

Fundamentalis“ (LEF)[785]. Die Bedeutung der weitgehend aus dem Entwurf der LEF in den CIC/1983 übernommenen Rechte[786] weicht aber stark von der der Grundrechte im weltlichen Bereich ab:

Der Ausgangspunkt der Grundrechte im staatlichen Bereich und der Rechte in der Kirche weist zwar Gemeinsamkeiten auf, da dem Einzelnen auch in der Kirche eine „eigene Autonomie“ zusteht[787] und es einen unverfügbaren Gehalt christlicher Freiheit gibt[788]; dies gilt insbesondere für die Freiheit der Glaubensentscheidung (c. 748 § 2 CIC/1983). Andererseits sind die Rechte der Christen in der Kirche – anders als die Grundrechte gegenüber dem Staat – der Kirche nicht vorgegeben, sondern werden der Person von der Kirche durch die Sakramente – insbes. durch die Taufe – verliehen[789]. Sie dienen damit – anders als die Grundrechte im staatlichen Bereich – nicht dem Schutz von Individualinteressen, sondern der Gemeinschaft, der communio, und können nur in diesem Rahmen wahrgenommen werden[790]. Sie gewähren daher auch keinen Anspruch des Gläubigen gegen die Kirche auf einen „kirchenfreien Raum“[791] und kein Recht auf Freiheit *von* der Kirche, sondern nur eine Freiheit *in* der Kirche[792]. Anders als der Staat ist die Kirche nämlich nicht weltanschaulich neutral. Der Christ ist in der Kirche vielmehr Glied der Glaubensgemeinschaft, die auf einer absoluten, verbindlichen Grundlage existiert. Damit ist ein höheres Maß an Identifikation gefordert und eine höhere Intensität der Bindung[793] – also ein geringeres Maß an

---

785 Vgl. zum Projekt und zur Diskussion einer LEF: Aymans, in: Listl/Müller/Schmitz, Grundriß, S. 39 ff.; Aymans/Heinemann/Mörsdorf/Strigl, AfkKR 140 (1971), 407 ff.; Bernhard, Droits, S. 367 ff.; letztlich handelt es sich bei der Anerkennung der Rechte um eine Rückbesinnung auf die Urkirche, vgl. Bressolette, AnnCan 25 (1981), 267 ff. (269). Zu zeitlich früheren Diskussionen über Rechte der Gläubigen in der Kirche wird z. B. auf die – wenn auch örtlich und zeitlich sehr eingeschränkte – Darstellung von Pawluk, S. 787 ff., verwiesen. Zeitweise standen kirchliche Gerichte sogar in dem Ruf, der Humanität und der Gerechtigkeit besser Rechnung zu tragen als die weltlichen Gerichte der Fürsten und überdies auch mit fachkundigerem Personal besetzt zu sein, vgl. dazu Hamon, Saint Yves, S. 120 ff. (124); Poisson, S. 54 und zur Abgrenzung der Gerichtsbarkeiten Hamon, L'organisation, S. 26 ff. (27).

786 Vgl. Žužek, AnnCan 40 (1998), 19 ff., auch zur Umsetzung dieser Vorschläge im CCEO.

787 Vgl. Corecco, AfkKR 150 (1981), 421 ff. (439); Corecco, Katalog, S. 179 ff. (195); Luf, ÖAKR 35 (1985), 107 ff. (115 f.).

788 Luf, ÖAKR 35 (1985), 107 ff. (116).

789 Vgl. Corecco, AfkKR 150 (1981), 421 ff. (438 f.); Corecco, Katalog, S. 179 ff. (195); Krämer, Menschenrechte, S. 169 ff. (172); ähnlich: Breitsching, S. 191 ff. (221); Le Tourneau, StudCan 28 (1994), 59 ff. (62).

790 Vgl. Aymans, AfkKR 149 (1980), 389 ff. (400 f.); Sodano, AfkKR 172 (2003), 123 ff. (126); Le Tourneau, StudCan 28 (1994), 59 ff. (72 f.); ähnlich: Herrmann, ÖAKR 20 (1969), 3 ff. (8); Żurowski, Fondements, S. 175 ff. (179 f.); Żurowski, Autorité, S. 375 ff. (381).

791 Vgl. Aymans, AfkKR 149 (1980), 389 ff. (401).

792 Aymans, AfkKR 149 (1980), 389 ff. (405).

793 Luf, ÖAKR 35 (1985), 107 ff. (111 f.).

Selbstbestimmung. Die staatliche Grundrechtskonzeption kann daher nicht ohne weiteres auf den kirchlichen Bereich übertragen werden[794]. Da Rechte des Einzelnen nur im Rahmen und im Interesse der communio existieren, besteht zwischen diesen beiden Positionen nur ein scheinbarer Gegensatz[795]. Allerdings sind diese Rechte zwar von *der Kirche*, nicht aber von der handelnden *kirchlichen Autorität* verliehen worden[796]. Deshalb schützt c. 221 § 3 CIC/1983 die Gläubigen vor willkürlicher Bestrafung durch kirchliche Amtsträger. *Insoweit* ist c. 221 § 3 CIC/1983 also durchaus mit einem Grundrecht i. S. der staatlichen Verfassungen vergleichbar.

b) Verhältnis von c. 221 § 3 CIC/1983 und c. 1399 CIC/1983

Fraglich ist, ob c. 1399 CIC/1983 eine gesetzliche Bestimmung i. S. des c. 221 § 3 CIC/1983 ist[797] oder ob c. 1399 CIC/1983 und c. 221 § 3 CIC/1983 nicht oder kaum miteinander in Einklang zu bringen sind[798]. Die Vertreter der erstgenannten Auffassung verweisen darauf, dass c. 221 § 3 CIC/1983 die gesamte Rechtsordnung einbeziehe und c. 1399 CIC/1983 ein Teil derselben sei[799]. Dieses Argument ist aber – so die Kritik – sehr formal[800]. Der von c. 221 § 3 CIC/1983 gewährte Schutz werde durch c. 1399 CIC/1983 unterlaufen[801]. Diese vieldiskutierte Frage hätte jedoch nur dann praktische Auswirkungen, wenn diese Rechte den übrigen Bestimmungen des CIC/1983 im Rang vorgingen[802]. Hierfür kann nicht vorgebracht werden, dass die Bestimmungen aus dem Entwurf der LEF übernommen worden sind[803], da dieses „Grundgesetz" gerade nicht in Kraft getreten ist. Auch die Tatsache, dass die Bedeutung dieser Rechte in den „Principia" zur Kodexreform unter Nr. 6 hervorgehoben wurde[804], recht-

---

794 Vgl. Corecco, AfkKR 150 (1981), 421 ff. (439); Corecco, Katalog, S. 179 ff. (195); Luf, ÖAKR 35 (1985), 107 ff. (111); ähnlich: Le Tourneau, StudCan 28 (1994), 59 ff. (65 f.); Passicos, AnnCan 25 (1981), 263 ff. (264).

795 S. auch Sanchis, S. 289 ff. (294): Nach seiner Auffassung können die Güter und Werte des Volkes Gottes und die Rechte der einzelnen Gläubigen sich nicht widersprechen.

796 Vgl. Krämer, Menschenrechte, S. 169 ff. (172). Zu weitgehend daher Grande, RIDC 2004, 119 ff. (120), die letztlich die Auffassung vertritt, im Kirchenrecht könne bzw. müsse das Prinzip der Gesetzmäßigkeit nicht gelten: „Dans le cas du droit religieux (....) le juge, en effet, ne représente pas un pouvoir public et terrestre, qu'il faut limiter et il n'est pas regardé en tant qu'homme avec ses défauts humains, dont il faut de méfier; tout au contraire, c'est un religieux, un savant qui représente la surnaturel, il est la voix du transcendant, de ‚dieu', qui ne peut pas se tromper et qui par définition ne peut pas commettre d'injustices.".

797 So: Adami, EIC 45 (1989), 137 ff. (170 f.); di Mattia, Equità, S. 89 ff. (99 f.).

798 Vgl. MK-Lüdicke, c. 1399 Rn. 2; Luf, ÖAKR 35 (1985), 107 ff. (118 mit Fn. 22).

799 Vgl. Adami, EIC 45 (1989), 137 ff. (170 f.); di Mattia, Equità, S. 89 ff. (99 f.).

800 Sériaux, Rn. 296 (S. 733).

801 MK-Lüdicke, c. 1399 Rn. 2.

802 Für einen derartigen Vorrang: Coriden, Jurist 62 (2002), 76 ff. (79); Coriden, Jurist 45 (1985), 1 ff. (3 f.); gegen einen Vorrang: Breitsching, S. 191 ff. (199).

803 So aber: Coriden, Jurist 45 (1985), 1 ff. (4 ff.).

804 Comm. 1 (1969), 77 ff. (82 f.).

fertigt keine andere Bewertung[805], da ein derartiger Vorrang im Wortlaut des CIC/1983 keinen Niederschlag gefunden hat. Aus dem gleichen Grund spricht auch die Tatsache, dass Papst Johannes Paul II. die Bedeutung dieser Rechte wiederholt betont hat bzw. sie an herausgehobener Stellung innerhalb des CIC/1983 aufgenommen wurden, nicht für einen derartigen Vorrang[806]. Vielmehr haben die Bestimmungen innerhalb eines Gesetzes im Zweifel den gleichen Rang. Selbst wenn c. 1399 CIC/1983 nicht mit c. 221 § 3 CIC/1983 in Einklang zu bringen wäre, bliebe daher die Gültigkeit des c. 1399 CIC/1983 hiervon unberührt.

Dies heißt aber nicht, dass c. 221 § 3 CIC/1983 vollständig hinter c. 1399 CIC/1983 zurücktritt. Die Kritik, eine zu allgemein gefasste Strafnorm sei keine *gesetzliche* Beschreibung des Strafbaren, ist im Kern zutreffend, denn der Grundsatz der Gesetzmäßigkeit im Strafrecht verlangt mehr als die bloße Möglichkeit, nach Ermessen Strafen zu verhängen[807]. Da sich hier zwei Vorschriften gegenüberstehen, sind beide so weit wie möglich in Einklang miteinander zu bringen; im deutschen Verfassungsrecht wird dies als praktische Konkordanz bezeichnet[808]. Ein derartiges Verfahren kann auch auf die Auslegung konkurrierender kanonisch-rechtlicher Normen angewandt werden, da der hinter diesem Prinzip stehende Gedanke der Einheit der Rechtsordnung auch im kanonischen Recht zu beachten ist. Diesem Gedanken entspricht es, dem Anliegen des c. 221 § 3 CIC/1983, vor einer willkürlichen Verhängung von Strafen zu schützen, im Falle des c. 1399 CIC/1983 durch die Ausgestaltung des Verfahrens Rechnung zu tragen[809]. Insbesondere bei einer Strafverhängung auf der Grundlage des c. 1399 CIC/1983 ist ein effektiver Rechtsschutz nur gegeben, wenn von der angerufenen Instanz alle Voraussetzungen der Strafbarkeit überprüft werden können und dem Strafverfolgungsorgan insoweit kein nicht nachprüfbarer Spielraum verbleibt.

Überwiegend wird allerdings die Auffassung vertreten, c. 1399 CIC/1983 (bzw. früher c. 2222 § 1 CIC/1917) gewähre dem Strafverfolgungsorgan einen Ermessensspielraum, ob die gesetzlich bestimmten Voraussetzungen dieser Bestimmung vorliegen[810]. Für diese Auffassung spricht, dass in der annotierten Fassung

---

805 So aber: Coriden, Jurist 45 (1985), 1 ff. (4 und 6 f.).

806 So aber: Coriden, Jurist 45 (1985), 1 ff. (4 und 7 f.).

807 Diz Pintado, REDC 41 (1985), 401 ff. (408).

808 Vgl. dazu Hesse, Rn. 72 (S. 28). Aus diesem Prinzip folgt, dass, wenn sich zwei verfassungsrechtliche Güter gegenüberstehen, jedes so weit wie möglich seine Wirksamkeit behalten muss, damit beide so zu optimaler Wirksamkeit gelangen können, vgl. Hesse, Rn. 72. Auch im französischen Recht gilt, dass Grundrechte zwar regelmäßig einem Gesetzesvorbehalt unterliegen, die gesetzliche Einschränkung aber die Substanz, den Kern des Grundrechts, zu wahren hat, vgl. Schlichting/Oellers-Frahm, S. 141.

809 Vgl. auch sogleich unter 3. (S. 167-174).

810 Dordett, Erwägungen, S. 307 ff. (324); Gómez, Protección, S. 461 ff. (461); Michiels, De delictis II, S. 161; Vidal, IusPont 2 (1922), 99 ff. (101). Ähnlich auch Haring, Grundzüge I, S. 927 f. Fn. 6: Da über die Tatsache des Ärgernisses und die Schwere der Übertretung

des CIC/1917 als Quellen für c. 2222 § 1 CIC/1917 mehrere Beschlüsse und Entscheidungen genannt werden, die dem Oberen die Möglichkeit gaben, Suspensionen nach Ermessen auszusprechen[811]. Auch Laien konnten vor Inkrafttreten des CIC/1917 letztlich nach Ermessen des Bischofs bestraft werden, wenn sie kirchliche oder göttliche Gesetze bzw. das Sittengesetz verletzten[812]. Andererseits hat bereits der CIC/1917 grundsätzlich das Gesetzmäßigkeitsprinzip im Strafrecht eingeführt. Im CIC/1983 wurde darüber hinaus darauf verzichtet, die im Konzil von Trient ausdrücklich anerkannte und noch im CIC/1917 enthaltene Suspension nach freiem Ermessen[813] zuzulassen. Es wurde vielmehr ausdrücklich ein Recht normiert, nur nach Maßgabe des Gesetzes bestraft zu werden. C. 1399 CIC/1983 ist ferner als strafrechtliches Gesetz eng auszulegen (c. 18 CIC/1983). Deshalb sind sämtliche Merkmale des c. 1399 CIC/1983 als *rechtliche* Voraussetzungen anzusehen und mit den anerkannten Interpretationsmethoden[814] auszulegen[815]. Ein nicht überprüfbarer Ermessens- bzw. ein Beurteilungsspielraum[816] bei der Auslegung existiert nicht. Daher können diese Maßnahmen im vollen Umfang überprüft werden. Jedenfalls soweit ein in der Hierarchie über dem Bestrafenden stehender Oberer über eine Beschwerde zu entscheiden hat, ergibt sich dieses Ergebnis auch aus der hierarchischen Ordnung.

Meinungsverschiedenheiten vorhanden sein könnten, werde das Strafrecht ohne vorherige Mahnung „unsicher". Bereits während der Beratungen des CIC/1917 wurde kritisiert, die Merkmale dieser Bestimmung seien zu allgemein gefasst, vgl. Tambasco, IDE 113 (2002), 245 ff. (282 f.).

811 Vgl. 1. Teil C. II. 6. h) (S. 32 f.).

812 Vgl. 1. Teil C. II. 4. b) aa) (S. 23-26).

813 Zur Suspensio ex informata conscientia (cc. 2186 ff. CIC/1917) vgl. Noubel, RDC 5 (1955), 307 ff.

814 Vgl. dazu c. 17 CIC/1983: Gesetze sind danach zu verstehen gemäß der im Text und im Kontext wohl erwogenen eigenen Wortbedeutung und wenn insoweit ein Zweifel verbleibt, ist auf Parallelstellen, auf den Zweck und die Umstände des Gesetzes und auf die Absicht des Gesetzgebers zurückzugreifen.

815 Vgl. Peperoni, S. 91; Sheehy/Brown/Kelly/McGrath, Rn. 2829; im Ergebnis auch Borras, NRT 113 (1991), 205 ff. (213), da er die beiden Bedingungen der Strafbarkeit in c. 1399 CIC/1983 als „förmlich" bzw. „ausdrücklich" („formellement") erforderlich bezeichnet und Chiappetta, Prontuario, „Legalità della pena", S. 695 f. (696), der die Zulässigkeit einer Strafe kraft Ermessens ablehnt und auf die gesetzlich bestimmten Voraussetzungen hinweist.

816 „Ermessen" kann es nach der im deutschen Verwaltungsverfahrensrecht üblichen Terminologie bei der Frage geben, ob eingegriffen und gegen welche von mehreren Personen unter Einsatz welcher Mittel vorgegangen werden soll. Ein Entscheidungsspielraum bei der Auslegung von Tatbestandsmerkmalen wird als Beurteilungsspielraum bezeichnet, vgl. dazu Wolff/Bachof/Stober I, § 31.

2. Glaubwürdigkeitsverlust für die Kirche

Teilweise wird c. 1399 CIC/1983 mit der Begründung angegriffen,

- es schade der Glaubwürdigkeit der Kirche in ihrem Kampf für Menschenrechte[817], wenn sie den Nullum-crimen-Satz, der im staatlichen Bereich fast allgemein anerkannt sei, nicht beachte[818],
- diese Regelung sei „weit entfernt von unserem heutigen Rechtsbewußtsein"[819], sie werde als Willkür angesehen. Daher müsse man mit „psychisch bedingten Abwehrmaßnahmen" rechnen, da man sich nicht ungestraft einer allgemeinen Auffassung entgegenstellen könne[820]. Sie stelle ferner die Natur des kanonischen Rechts und seine Beziehungen zu den Rechtsordnungen weltlicher Gesellschaften in Frage[821] bzw. füge ein Instrument der Disharmonie in das Recht der Kirche ein[822].
- Die Kirche setze sich dem Vorwurf aus, der Grundsatz der Gesetzmäßigkeit werde „vollständig ausgehöhlt" oder sei „eine Mogelpackung" bzw. eine „leere Hülse"[823] und
- um zu verhindern, dass säkulares Denken und die „kirchliche Theorie" in wichtigen Bereichen der Lebenswelt „auseinanderdrifteten"[824], solle die Kirche derartige Werte, die in den jeweiligen Staaten in Geltung seien, beachten. Was gut sei für die interpersonalen Beziehungen der Gesellschaft, müsse auch gut sein für die Kirche[825].

Die damit angesprochene Frage ist eine rechtspolitische, keine rechtssystematische. Die Einwände sind nicht geeignet, die Geltung der Vorschrift in Frage zu stellen, sondern allenfalls ein Appell an den Gesetzgeber, de lege ferenda das Erfordernis und die Grenzen einer derartigen Bestimmung zu hinterfragen.

---

817 Vgl. dazu z. B. Bernhard, Droits, S. 367 ff. (371 ff.); Schambeck, in: Merten/Papier, HbdGR I, § 8 Rn. 16 ff.

818 Vgl. Primetshofer, Geist, S. 405 ff. (416); Waider, ZStW 98 (1986), 145 ff. (168); Waider, ZStW 101 (1989), 627 ff. (630).

819 W. Böckenförde, NJW 1983, 2532 ff. (2537); ähnlich Werckmeister, RDC 39 (1989), 93 ff. (106).

820 Waider, ZStW 78 (1966), 524 ff. (533 f.).

821 Ombres, Apoll. 61 (1988), 717 ff. (727).

822 Sanchis, S. 289 ff. (294).

823 So: Eser, S. 493 ff. (508); Gottero, QDE 10 (1997), 343 ff. (347); Schwendenwein, Kirchenrecht, S. 134; Schwendenwein, Kirche, S. 43; Waider, ZStW 98 (1986), 145 ff. (169); Waider, ZStW 101 (1989), 627 ff. (629).

824 Vgl. Beinert, StdZ 207 (1989), 219 ff. (224 i. V. m. En. 17 auf S. 234).

825 Vgl. Basset, Conc. 11 (1975), 494 ff. (495).

3. Missbrauchsgefahr

Von nicht wenigen Autoren[826] wird auf die Gefahr hingewiesen, dass die mit weiten Strafvorschriften verbundenen Möglichkeiten missbraucht werden könnten und die Gefahr der Willkür bestehe.

Die Auffassung, die Gefahr des Missbrauchs von Macht sei in der Kirche geringer, da diese die größtmögliche Sorgfalt darauf lege, „gelehrte, kluge und barmherzige" Würdenträger zu wählen[827], lässt außer Betracht, dass auch in der Kirche Menschen handeln. Zu einfach erscheint es daher auch, diese Gefahr zu verneinen, weil die Dienstfunktion der Oberen den Missbrauch von Gewalt ausschließe[828]. Auch das Argument, es gebe im kanonischen Recht eine geringere Bandbreite an Auffassungen bei den im Rahmen der Anwendung des Strafrechts zu berücksichtigenden ethischen Fragen als im weltlichen Recht[829], so dass kaum ein Raum für Missbrauch bleibe, trägt dieser Gefahr nicht ausreichend Rechnung. Dies gilt auch für den Hinweis, Geschmeidigkeit des Rechts müsse nicht Willkür bedeuten[830].

Es trifft ferner zu, dass eine weite Entscheidungsgewalt des Richters im Strafrecht keine Ausnahme[831] bzw. Missbrauch auch bei der Anwendung anderer Strafbestimmungen möglich ist[832], da es im CIC/1983 – wie im 2. Teil dargelegt – immer noch viele weit gefasste Straftatbestände gibt. Hieraus kann man aber allein folgern, dass c. 1399 CIC/1983 keinen Systembruch darstellt, aber nicht, dass diese Regelung auch gerechtfertigt ist.

---

826 Vgl. Green, Jurist 50 (1990), 221 ff. (246); Herrmann, ÖAKR 20 (1969), 3 ff. (11); Sanchis, in: Comentario exegético IV/1, c. 1399 Anm. 7 (S. 597); Marzoa, Los delitos, S. 735 ff. (737); di Mattia, Equità, S. 89 ff. (105); Sériaux, Rn. 296 (S. 734). Der Hinweis von Basset, Conc. 11 (1975), 494 ff. (501), c. 2222 § 1 CIC/1917 habe krassem Missbrauch Raum geboten, dürfte zu pointiert sein, da es kaum Hinweise zur tatsächlichen Anwendung dieser Bestimmung gibt. Kardinal Felici, Comm. 10 (1978), 273 ff. (277), kommt dementsprechend zu dem Ergebnis, c. 2222 CIC/1917 habe in der Praxis nur in wenigen Fällen Anwendung gefunden.

827 Barberena, in: Cabreros de Anta/Alonso Lobo/Alonso Moran IV, Nr. 220; ähnlich Paralieu, S. 406, der darauf abstellt, es bestehe keine Gefahr der Willkür, da der Obere zu einer barmherzigen und die Menschenrechte respektierenden Praxis im Strafrecht aufgefordert sei.

828 Vgl. Gerosa, Exkommunikation, S. 86. Siehe auch Chanez, Norme, S. 13: „Nous sommes donc en présence d'une règle particulière du droit de l'Eglise offrant aux autorités compétentes un outils (richtig: outil) maniable tout en excluant une quelconque forme d'arbitraire. Notre canon permet une application du droit pénal dans sa finalité avouée, le salut des âmes, loi suprême dans l'Eglise.". In diesem Zusammenhang verweist er auf c. 1752 CIC/1983.

829 Vgl. Green, Jurist 50 (1990), 221 ff. (245); Green, Reflections, S. 179 ff. (185); Strigl, Funktionsverhältnis, S. 208. Ähnlich Güde, DRZ 1947, 111 ff. (117): Im Bereich des römischen Kirchenrechts sichere die überlieferte Festigkeit der Normen gegen den Missbrauch der außerordentlichen Strafbefugnis in c. 2222 § 1 CIC/1917.

830 Borras, NRT 113 (1991), 205 ff. (213).

831 Adami, EIC 45 (1989), 137 ff. (160).

832 Chiappetta, Codice II, Rn. 5050; Chiappetta, Sommario, S. 999.

Vorgebracht wird, eine Möglichkeit, sich gegen willkürliche Strafen zu schützen, sei Massenmedien einzuschalten, die auf Missbräuche kirchlicher Institutionen reagieren würden[833]. Der dadurch vermittelte Schutz ist aber nicht ausreichend, da dieser allein vom Willen Dritter abhängt, aber nicht dem Einzelnen eine Möglichkeit gibt, seine Interessen in der Kirche selbst effektiv durchzusetzen.

Lipiński sieht zwar die Gefahr des Missbrauchs, da c. 1399 CIC/1983 keine Maßstäbe für seine Anwendung enthalte; dieser Gefahr steht aber nach seiner Auffassung der offensichtliche Nutzen dieser Vorschrift entgegen[834]. Damit wird außer Betracht gelassen, dass ein Missbrauch nicht nur den Einzelnen trifft, sondern gleichzeitig auch Schaden für die Kirche verursacht und dann eben nicht mehr zum Nutzen der Allgemeinheit ist.

Der bestehenden Gefahr der Willkür ist vielmehr – so eine verbreitete Auffassung in der Kanonistik – durch die Ausgestaltung des kirchlichen Strafverfahrens zu begegnen[835]. Das kanonische Recht stellt somit geringere Anforderungen an das Gesetzmäßigkeitsprinzip im Strafrecht als das weltliche Recht: Dort kann eine Einschränkung des Gesetzmäßigkeitsprinzips im Strafrecht nicht mit der Zusicherung verfahrensrechtlicher Sicherungen gerechtfertigt werden. Genannt wurden die folgenden 14 Grundsätze[836]:

1. *Das Recht, während des ganzen Prozesses persönlich anwesend zu sein*

   Dieser Grundsatz setzt eine mündliche Verhandlung voraus. In Strafsachen ist aber das schriftliche Verfahren die Regel und eine mündliche Erörterung die Ausnahme (cc. 1728 § 1, 1602 § 1 CIC/1983). Das mündliche Streitverfahren (cc. 1656 ff. CIC/1983) ist ausgeschlossen (c. 1728 § 1 CIC/1983). Für die Frage, ob ein Verfahren fair ist, ist aber nicht in erster Linie entscheidend, ob es mündlich ist[837]. Diese Forderung ist zu sehr angelehnt an

---

[833] Sériaux, Rn. 296 (S. 734).

[834] Lipiński, S. 98.

[835] Vgl. Basset, Conc. 11 (1975), 494 ff. (495 und 499 f.); Gottero, QDE 10 (1997), 343 ff. (350 f.); Green, Jurist 50 (1990), 221 ff. (255); Herrmann, Überlegungen, S. 275 ff. (283); Metz, RDC 18 (1968), 97 ff. (100); de Paolis, Sanctionibus, S. 123; Sériaux, Rn. 296 (S. 734); Strigl, Funktionsverhältnis, S. 208; im Ergebnis auch Chiappetta, Prontuario, „Legalità della pena", S. 695 f. (696).

[836] Aufzählung in Anlehnung an Basset, Conc. 11 (1975), 494 ff. (499 f.); s. auch die weniger umfangreiche, nicht abschließende Aufzählung bei Green, Reflections, S. 179 ff. (184): „ (...) das Recht Rat einzuholen, dem Ankläger/Belastungszeugen („accuser") entgegenzutreten und auf faire Anhörung usw.".

[837] Zu den Diskussionen über die Vorteile des mündlichen Verfahrens gegenüber dem schriftlichen Verfahren vgl. Grocholewski, StudCan 17 (1983), 357 ff. (362 ff.).

die staatliche Verfahrenspraxis. Entscheidend ist vielmehr, ob das Recht auf Verteidigung[838] gewahrt wird. Diese Frage wird im Folgenden behandelt.

2. *Das Recht, von allem, was gegen sie (die Beschuldigten) vorgebracht wird, ebenso Kenntnis zu haben wie der Gerichtshof*

Das Recht, von allen Beweisen, die für das Verfahren von Bedeutung sind, Kenntnis zu erhalten, wird für das Strafdekretverfahren in c. 1720, 1⁰ CIC/1983 gewährt. Ausreichend ist die *Möglichkeit* der Kenntnis. Daher kann sich der Beschuldigte nicht auf seine Unkenntnis berufen, wenn er trotz ordnungsgemäßer Vorladung nicht erscheint.

Im Gerichtsverfahren ergibt sich das Recht, von allen relevanten Beweisen Kenntnis zu erhalten, aus c. 1598 § 1 CIC/1983. Dem Angeklagten und dem Anwalt ist zu gestatten, die nicht bekannten Akten in der Gerichtskanzlei einzusehen. Dem Anwalt sind ggf. Abschriften auszuhändigen. Zur Vermeidung sehr schwerer Gefahren darf zwar die Einsicht in ein Aktenstück verweigert werden; dabei muss aber das Verteidigungsrecht gewahrt bleiben[839].

Wenn diese Vorschrift streng ausgelegt wird, wird diesem Grundsatz auch im Gerichtsverfahren entsprochen.

3. *Das Recht, vom Gericht angehört zu werden*[840]

Aus c. 1720, 1⁰ CIC/1983 ergibt sich, dass dem Beschuldigten im Strafdekretverfahren die Möglichkeit zu geben ist, sich zu verteidigen. Dieses Recht wäre entwertet, wenn er sich zu dem Vorwurf zwar äußern könnte, er aber mit diesem überraschend konfrontiert würde. Ihm sind daher alle relevanten Beweise nicht erst während des Verhörs, sondern rechtzeitig vor der Vernehmung mitzuteilen, damit er diese prüfen und seine Verteidigung vorbereiten kann[841].

Im Gerichtsverfahren ist der Angeklagte gemäß cc. 1728 § 1, 1507 § 1 CIC/1983 nach Ermessen des Richters entweder zu einer mündlichen oder zu einer schriftlichen Äußerung aufzufordern und kann nach Offenlegung der Akten weitere Beweise vorlegen (c. 1598 § 2 CIC/1983).

Das rechtliche Gehör wird damit in beiden Verfahrensarten gewährt.

---

838 Das Recht auf Verteidigung in einem Prozess beruht auf Naturrecht, so dass ihm immer Rechnung zu tragen ist, vgl. S. R. R. vom 23. Juli 1986 coram Pompedda, Decisiones LXXVIII, Nr. 122, 479 ff. (480); Jaques, StudCan 37 (2003), 163 ff. (163).

839 Dieser Fall ist nur bedingt vergleichbar mit § 96 StPO. Wird gestützt auf diese Vorschrift die Vorlage von Akten verweigert, dürfen diese im Strafverfahren nicht zu Lasten des Angeklagten verwendet werden.

840 Vgl. zur Geschichte dieses Rechts in der Kirche auch: Becker, S. 67 ff.

841 Vgl. Erdö, DPM 8/2 (2001), 17 ff. (29).

4. *Das Recht, den Fall selbst zu führen oder sich durch einen selbst gewählten qualifizierten Verteidiger vertreten zu lassen*

Während es im allgemeinen gerichtlichen Streitverfahren einer Partei gemäß c. 1481 § 1 CIC/1983 regelmäßig frei steht, einen Anwalt bzw. einen Prozessbevollmächtigten zu bestellen, besteht im gerichtlichen Strafverfahren gemäß c. 1481 § 2 CIC/1983 Anwaltszwang. Der Angeklagte ist bei der Ladung aufzufordern, einen Anwalt zu wählen; ggf. ist von Amts wegen ein Anwalt zu bestellen (c. 1723 CIC/1983).

Im Strafdekretverfahren ist das Recht, einen Anwalt hinzuzuziehen, nicht ausdrücklich vorgesehen. Daraus folgt aber nicht, dass der Beschuldigte keinen rechtlichen Rat einholen oder sich nicht eines Anwalts bedienen darf. Vielmehr gebietet es die Fairness des Verfahrens, ihm dieses Recht auch im außergerichtlichen Verfahren zuzugestehen[842].

5. *Das Recht, nicht zu Selbstbeschuldigungen gezwungen zu sein oder verleitet zu werden*

Dem „nemo-tenetur-Grundsatz" wird im gerichtlichen Verfahren durch c. 1728 § 2 CIC/1983 Rechnung getragen. Der Angeklagte ist weder verpflichtet, eine Straftat zu gestehen, noch kann ihm die Leistung eines Eides abverlangt werden. Es handelt sich hierbei um eine Einschränkung von c. 1531 § 1 CIC/1983. Die dort normierte Pflicht zu einer (wahrheitsgemäßen) Aussage besteht im gerichtlichen Strafverfahren nicht.

Für das außergerichtliche Verfahren bedarf es einer ausdrücklichen[843] entsprechenden Regelung nicht, da es in dieser Verfahrensart derartige Mitwirkungspflichten nicht gibt.

6. *Das Recht, das gesamte Beweismaterial in der Form, in der es dem Prozess vorliegt, zu lesen oder anzuhören und dieses Beweismaterial durch Konfrontation mit den Zeugen zu prüfen*

Diesem Grundsatz wird hinsichtlich des ersten Teils entsprochen, da dem Beschuldigten das Beweismaterial – ggf. über seinen Anwalt – sowohl im gerichtlichen als auch im außergerichtlichen Verfahren zugänglich zu machen ist, vgl. die Ausführungen zum zweiten Grundsatz.

Die Konfrontation mit den Zeugen setzt an sich ein mündliches Verfahren voraus, das es im kanonischen gerichtlichen Strafverfahren nicht gibt. Ge-

---

842 Vgl. Green, Reflections, S. 179 ff. (184); MK-Lüdicke, c. 1720 Rn. 5; Proctor, S. 227 ff. (238); Pree, Rechtsstellung, S. 303 ff. (319); Sheehy/Brown/Kelly/McGrath, Rn. 3350. Althaus, S. 31 ff. (47 f.), tendiert sogar analog c. 1723 CIC/1983 zu einem Anwalts*zwang* im Strafdekretverfahren. Im Verfahren des hierarchischen Rekurses ergibt sich das Recht, einen Anwalt oder Bevollmächtigten beizuziehen aus c. 1738 CIC/1983.

843 Der Grundsatz gilt dennoch auch im Dekretverfahren, vgl. Green, in: Beal/Coriden/Green (zu c. 1728), S. 1815. Ein Kleriker kann daher in einem Strafverfahren auch nicht unter Hinweis auf seine Gehorsamspflicht gezwungen werden, sich selbst zu belasten.

mäß c. 1560 § 2 CIC/1983 kann jedoch eine Gegenüberstellung erfolgen, wenn ein Zeuge in einer schwerwiegenden Sache von einem anderen Zeugen oder einer Partei abweicht. Darüber hinaus können Zeugen nach Maßgabe des c. 1570 CIC/1983 vor Offenlegung der Akten bzw. der Zeugenaussagen auf Antrag einer Partei erneut vernommen werden, wenn dies notwendig oder zweckdienlich ist und keine Gefahr der Absprache besteht. Auch nach diesem Zeitpunkt ist dies möglich, wenn ein schwerwiegender Grund vorliegt (c. 1600 § 1, 2° CIC/1983). Ein derartiger Grund ist gegeben, wenn die Vernehmung der Wahrheitsfindung dient[844] und keine Gefahr der Manipulation der Aussage besteht. Zwar hat der Richter insoweit einen großen Entscheidungsspielraum. Bei sachgemäßer Anwendung dieser Bestimmungen sind aber die Forderungen dieses Grundsatzes erfüllt.

Für das Strafdekretverfahren fehlen entsprechende Regelungen. Zwar folgt aus dem Sinn des Anhörungsrechts gemäß c. 1720, 1° CIC/1983, dass der Beschuldigte entlastende Gesichtspunkte und Beweise benennen kann. Im Strafdekretverfahren ist aber eine zusätzliche Beweiserhebung nicht vorgesehen; vielmehr ist für die Entscheidung nur dasjenige heranzuziehen, was im Rahmen der Vorermittlung an Beweisen erhoben worden ist. Bringt der Beschuldigte daher nach Abschluss der Voruntersuchung bisher nicht berücksichtigte Beweisanregungen vor, ist die Entscheidung gemäß c. 1718 § 1, 3° CIC/1983, ein Strafdekretverfahren durchzuführen, abzuändern und ein gerichtliches Verfahren einzuleiten[845].

7. *Das Recht, jeden gewünschten Zeugen herbeizurufen*

Das Recht, jeden gewünschten Zeugen zu benennen, ergibt sich im gerichtlichen Verfahren grundsätzlich aus c. 1527 § 1 CIC/1983. Der Richter hat aber einen weiten Ermessensspielraum, Beweisanträge zurückzuweisen[846]. Er kann einen Zeugenbeweis nicht nur gemäß c. 1553 CIC/1983 ablehnen, also die Zahl der Zeugen beschränken, sondern auch, weil die Beweisfragen nicht innerhalb der gesetzten Frist vorgelegt wurden (c. 1552 § 2 CIC/1983), auf Antrag einer Partei, soweit ein gerechter Grund hierfür geltend gemacht wird (c. 1555 CIC/1983), wegen mangelnder Eignung des Beweismittels oder wegen der Gefahr des Prozessbetruges, des Irrtums von Zeugen bzw. ihrer Voreingenommenheit[847]. Ist ein Zeuge geeignet, eine entlastende Aussage zu machen, und ist der Zeugenbeweis zulässig, kommt aber eine Ablehnung nicht in Betracht. Damit wird im Ergebnis den Anforderungen des siebten Grundsatzes im gerichtlichen Verfahren entsprochen.

---

844 MK-Lüdicke, c. 1600 Rn. 4.

845 MK-Lüdicke, c. 1718 Rn. 7; Paarhammer, in: Listl/Schmitz, HbdkKR (1999), S. 1215.

846 Vgl. MK-Lüdicke, c. 1527 Rn. 3. In diesem Fall kann der Angeklagte eine (unanfechtbare) Entscheidung des Richters über die Zulassung des Beweismittels verlangen (c. 1527 § 2 CIC/1983).

847 Vgl. näher Sheehy/Brown/Kelly/McGrath, Rn. 3070.

Hinsichtlich des Strafdekretverfahrens wird auf die Ausführungen zum sechste Prinzip verwiesen.

8. *Das Recht darauf, dass der Prozess öffentlich stattfindet, außer es würde dadurch anderen schwerer Schaden zugefügt*

Dem achten Grundsatz wird nicht entsprochen, da es kein mündliches Strafverfahren gibt, vgl. die Ausführungen zum ersten Grundsatz.

9. *Das Recht, dass dem Angeklagten aus dem Prozess kein Nachteil erwächst, es sei denn, es liegt eine klare Verletzung einer bestimmten kirchlichen Gesetzesvorschrift vor, die ordnungsgemäß erlassen und vor der Zeit, in der die Zuwiderhandlung erfolgte, promulgiert worden ist*

Hier sind mehrere Prinzipien angesprochen:

Einerseits wird die „Verdachtsstrafe" verworfen; eine Strafe darf nur verhängt werden, wenn die Täterschaft bewiesen ist. Daher darf ein Strafdekret nur erlassen werden, wenn die Straftat sicher feststeht (c. 1720, 3^0 CIC/1983) und daher ist im gerichtlichen Strafverfahren eine Verurteilung nur zulässig, wenn der Richter hinsichtlich der Täterschaft moralische Gewissheit gewonnen hat (cc. 1608, 1728 § 1 CIC/1983). Diese Forderung wird daher in beiden Verfahrensarten erfüllt.

Ferner ist das Gesetzmäßigkeitsprinzip im Strafrecht angesprochen. Dieses ergibt sich aus cc. 221 § 3, 1321 § 1 CIC/1983. Das Bestimmtheitsgebot (c. 14 CIC/1983) sowie das Rückwirkungsverbot (c. 9 CIC/1983) gelten ebenfalls. Die Frage, ob c. 1399 CIC/1983 diesen Forderungen entspricht, wird im 4. Teil behandelt.

10. *Das Recht, dass ihm aus dem Prozess kein Nachteil erwächst, außer dem, den das Kirchenrecht für die betreffende Gesetzesübertretung vorsieht*

Diesem Grundsatz wird in beiden Verfahrensarten Rechnung getragen. Strafen dürfen gemäß c. 221 § 3 CIC/1983 nur nach Maßgabe eines Gesetzes verhängt werden. Gemäß c. 18 CIC/1983 sind Strafgesetze eng auszulegen. Die Erweiterung des Anwendungsbereichs derartiger Vorschriften oder eine Verschärfung der Rechtsfolgen über den Wortlaut hinaus ist daher grundsätzlich verboten.

11. *Das Recht, für unschuldig gehalten zu werden, bis genügendes, glaubhaftes Beweismaterial vorgelegt wurde, um diese Annahme zu entkräften*

Die Unschuldsvermutung wird im kanonischen Recht nur unvollständig anerkannt[848]. Zwar wird nicht die Täterschaft vermutet, wohl aber die Zure-

---

848 Diese Tatsache überrascht. Schließlich war dieser Grundsatz bereits im 14. Jahrhundert in einer Glosse eines französischen Kanonisten zu einem Dekretale Papst Bonifaz VIII. herausgearbeitet worden, vgl. hierzu sowie zur weiteren Entwicklung dieses Grundsatzes im kanonischen Recht: Pennington, Jurist 63 (2003), 106 ff. (115 ff.).

chenbarkeit[849] (c. 1321 § 3 CIC/1983). Der sowohl[850] im außergerichtlichen als auch im gerichtlichen Strafverfahren anwendbare c. 1722 CIC/1983 ermöglicht ferner vorsorgliche Maßnahmen, die keinen Strafcharakter haben sollen[851].

12. Das Recht auf ein voll begründetes Urteil

Das Strafurteil hat gemäß c. 1728 § 1 i. V. m. c. 1611, 3⁰ CIC/1983 eine Darlegung der Gründe zu enthalten. Wird im außergerichtlichen Verfahren vorgegangen, muss das Strafdekret wenigstens eine kurze Darstellung der rechtlichen und tatsächlichen Gründe enthalten (c. 1720, 3⁰ CIC/1983).

13. Das Recht, ein Rechtsmittel einzulegen

Der Angeklagte kann nach Maßgabe des c. 1727 § 1 CIC/1983 gegen ein Strafurteil Berufung einlegen. Hierüber entscheidet das zuständige Berufungsgericht. Dieses hat den Fall rechtlich und tatsächlich neu zu bewerten; eine erneute Beweisaufnahme ist allerdings nicht zwingend erforderlich (c. 1640 CIC/1983). Für das gerichtliche Verfahren ist die Forderung also erfüllt.

Ist ein Strafdekret erlassen worden, kann hiergegen nach Maßgabe der cc. 1732 ff. CIC/1983 ein hierarchischer Rekurs eingelegt werden. Über den Rekurs entscheidet der nächsthöhere Obere; letztendlich kann die Angelegenheit auf diesem Wege an die zuständige Dikasterie des Apostolischen Stuhls gelangen. Gegen deren Entscheidung kann gemäß c. 1445 § 2 CIC/1983 i. V. m. Art. 123 § 1 PB Beschwerde bei der Apostolischen Signatur eingelegt werden. Fraglich ist, ob diese Rechtsbehelfe dem Beschuldigten eine effektive Möglichkeit des Rechtsschutzes geben. Der Obere hat Recht- und Zweckmäßigkeit im vollen Umfang, die Apostolische Signatur aber nur die Rechtmäßigkeit zu prüfen. Ein ausreichender Rechtsschutz ist

---

[849] Vgl. MK-Lüdicke, c. 1722 Rn. 2; Alesandro, S. 28 ff. (59); Ruf, Recht, S. 342. Die von Astrath, S. 363 ff. (372), vertretene Auffassung, c. 1321 § 3 CIC/1983 beziehe sich nur auf die Eröffnung des Verfahrens, nicht das Verfahren selbst, engt den Anwendungsbereich der Bestimmung gegenüber dem Wortlaut zu sehr ein. Im Strafverfahren muss aber der Sachverhalt dennoch umfassend aufgeklärt werden, vgl. Hughes, StudCan 21 (1987), 19 ff. (28). Vor Erlass eines Strafurteils oder eines außergerichtlichen Strafdekrets muss daher von Amts wegen geprüft werden, ob ein Schuldausschließungs- oder -milderungsgrund vorliegt, vgl. Breitsching, S. 191 ff. (213). Bereits Anhaltspunkte, die die Schuld in Frage stellen, lassen diese Vermutung entfallen, vgl. näher Hughes, StudCan 21 (1987), 19 ff. (34 f.).

[850] McDonough, S. 206 ff. (210).

[851] Die in der Vorschrift als erstes genannten Maßnahmen, die eine Beschränkung des geistlichen Dienstes bzw. eines kirchlichen Amtes oder Auftrags betreffen, sind unbedenklich, vgl. im deutschen Recht § 38 BDG. Kritisch ist aber die Aufenthaltsbeschränkung, vgl. Paarhammer, in: Listl/Schmitz, HbdkKR (1999), S. 1219. Ebenfalls problematisch ist es, die öffentliche Teilnahme an der Eucharistie zu verbieten. Solange die Tat nicht sicher feststeht, sollten – abgesehen von der vorläufigen Dienstenthebung – nur Maßnahmen erfolgen, die der Sicherung der Durchführung des Verfahrens dienen, vgl. auch MK-Lüdicke, c. 1722 Rn. 2.

nur gegeben, wenn auch die gerichtliche Kontrolle eine vollständige ist, also sämtliche Voraussetzungen für die Verhängung der Strafe gemäß c. 1399 CIC/1983 geprüft werden. Für ein umfassendes Überprüfungsrecht der Apostolischen Signatur spricht, dass c. 1399 CIC/1983 Voraussetzungen enthält, die dem Strafverfolgungsorgan kein Ermessen (bzw. keinen Beurteilungsspielraum) bei deren Auslegung geben. Vielmehr sind die allgemeinen Grundsätze der Interpretation von Gesetzen heranzuziehen[852]. Darüber hinaus spricht für ein umfassendes Prüfungsrecht, dass die Apostolische Signatur die Aufgabe hat, die vor ihre Schranken gebrachten Verwaltungsmaßnahmen auf alle Rechtsfehler zu überprüfen, insbesondere auch, ob Rechte des Betroffenen verletzt sind[853].

Die Voraussetzungen des 13. Grundsatzes werden daher in beiden Verfahrensarten beachtet.

14. Das Recht, kein doppeltes Risiko eingehen zu müssen

Ein Verschlechterungsverbot gilt im gerichtlichen Berufungsverfahren nicht. Vielmehr sind beide Seiten durch eine Berufung gleichermaßen betroffen (c. 1637 § 1 CIC/1983). Auch wenn daher nur eine Partei Berufung einlegt, kann das Berufungsurteil für sie ungünstiger ausfallen als das angegriffene Urteil. Grund für diese Abweichung von dem Grundsatz des Verbots der reformatio in peius[854] ist, dass kirchliche Richter die Wahrheit zu erforschen haben, nicht aber den Interessen einer Partei dienen sollen[855]. Auch das Berufungsverfahren dient daher nicht allein dem Interesse des Rechtsmittelführers. Der Fairness des Verfahrens steht dies nicht entgegen, da der Rechtsmittelführer, wenn er die Gefahr der Verschärfung der Strafe erkennt, die Rechtskraft durch Verzicht auf das Rechtsmittel herbeiführen kann. Dieser bedarf keiner Zustimmung, auch nicht der des Richters[856].

Legt der Betroffene gegen ein außergerichtliches Strafdekret hierarchischen Rekurs ein, entscheidet der Obere gemäß c. 1739 CIC/1983, und zwar nach Maßgabe der materiellen Rechtslage sowie im Rahmen seiner Vollmacht[857]. Das Verschlechterungsverbot gilt also auch hier nicht. Da die Entscheidung über den hierarchischen Rekurs einen entsprechenden Antrag voraussetzt, kann auch über diesen nach dessen Rücknahme nicht mehr entschieden werden, so dass auch insoweit keine Bedenken gegen die Fairness des Verfahrens bestehen.

---

852 Vgl. oben 1. b) (S. 162-164).

853 Vgl. dazu Schlick, PJR 3 (1986), 127 ff.; Valdrini, Injustices, S. 353.

854 Vgl. für das deutsche Strafprozessrecht §§ 331 Abs. 1, 358 Abs. 2 StPO und für Frankreich Art. 515 Abs. 2 C. P. P.

855 MK-Lüdicke, c. 1637 Rn. 2; Valdrini, Injustices, S. 313 f. und S. 315.

856 MK-Lüdicke, c. 1636 Rn. 3.

857 Vgl. MK-Lüdicke, c. 1739 Rn. 5.

Die Position des Angeklagten ist im gerichtlichen Verfahren klarer und für ihn günstiger geregelt als im außergerichtlichen Verfahren[858]. Besonders für dieses gilt das für das Strafverfahren festgestellte hohe Maß an Flexibilität bei dessen Ausgestaltung und des Übergewichts des Anklägers gegenüber dem Angeklagten[859]. Dennoch werden ihm auch dort die Rechte auf Gehör, Kenntnis der Beweise sowie Überprüfung der Entscheidung im Wesentlichen gewährt[860]. Daher entsprechen beide Verfahrensarten grundsätzlich den Anforderungen der Fairness, obwohl Verbesserungen und Klarstellungen der Rechte des Angeklagten im außergerichtlichen Verfahren wünschenswert wären.

4. Abweichung vom CCEO

Gegen c. 1399 CIC/1983 wird auch eingewandt der CCEO, das Gesetzbuch für die orientalischen katholischen Kirchen, enthalte keine entsprechende Vorschrift[861]. Da der CIC/1983 und der CCEO zusammen ein „Corpus Iuris Canonici" bildeten[862], dürfte in ihnen zwar die Verschiedenartigkeit der Riten berücksichtigt werden; in einer so wesentlichen Frage seien aber voneinander abweichende Regelungen nicht zulässig[863].

Entscheidend für die Frage, ob die unterschiedlichen Regelungen gerechtfertigt sind, sind die Traditionen der katholischen Rituskirchen. Die Darstellung im 1. Teil hat gezeigt, dass sich c. 1399 CIC/1983 in eine entsprechende Tradition

---

858 Suchecki, S. 959 ff. (978).

859 Vgl. Ventura, PJR 14 (1997), 257 ff. (272 und 274). Dieses Übergewicht ist nach dem alten, in reg. iur. 32 in VI^0 aufgenommenen, Grundsatz „Non licet actori quod reo licitum non exsistit." (Friedberg II, Sp. 1123) sehr fragwürdig.

860 Ähnlich J. Huber, Strafverhängung, S. 879 ff. (895).

861 Zutreffend wird hieraus der Schluss gezogen, dem CCEO liege ein strenges Legalitätsprinzip zugrunde, vgl. Feliciani, S. 81 ff. (95); Lipiński, S. 99. Zu weitgehend ist aber die Auffassung, dass im CIC/1983 – anders als im CCEO – nicht das Gesetzmäßigkeitsprinzip, sondern (nur) der Grundsatz „nulla poena sine *culpa*" gelte, so aber Green, StudCan 28 (1994), 407 ff. (441). Auch im weltlichen Bereich gibt es – wie ausgeführt – Ausnahmen vom Gesetzmäßigkeitsprinzip, ohne dass dessen Geltung deswegen grundsätzlich in Frage gestellt wird. Faris (Faris, Folia Theologica 2 [1999], 53 ff. [73]), verweist in diesem Zusammenhang auf c. 1464 § 1 CCEO:

> *„Wer außer in den im Recht bereits vorgesehenen Fällen durch eine Handlung oder eine Unterlassung, ein Amt, eine Aufgabe oder sonst einen Dienst in der Kirche missbraucht, soll mit einer gerechten Strafe, die Absetzung nicht ausgeschlossen, belegt werden, wenn nicht im Gesetz oder im Verwaltungsbefehl für einen derartigen Missbrauch eine andere Strafe bestimmt ist.".*

Es handelt sich um eine c. 1389 § 1 CIC/1983 entsprechende aber – wie auch Faris feststellt – gerade nicht wie c. 1399 CIC/1983 auf alle Gesetzesverstöße anwendbare Strafvorschrift, sondern allein auf Fälle des Amtsmissbrauches.

862 Vgl. AAS 83 (1991), S. 486 ff. (490 unter Nr. 8). Vgl. dazu auch Gefaell, AnnCan 41 (1999), 165 ff.

863 di Mattia, Equità, S. 89 ff. (109 f.); zurückhaltender: Primetshofer, Auswirkungen, S. 557 ff. (565).

der lateinischen Kirche einfügt. Eine derartige allgemeine Tradition existiert in den orientalischen Kirchen nicht. Während der Beratungen des CCEO wurde über die Einführung des Grundsatzes der Gesetzmäßigkeit im Strafrecht, insbesondere, ob er dem Seelenheil entspreche, diskutiert. Dabei wurde deutlich, dass es damals in dieser Frage in den einzelnen orientalischen Kirchen keine eindeutige allgemeine Praxis gab[864]. Der Aufnahme einer c. 1399 CIC/1983 entsprechenden Regelung in den CCEO stand damit entgegen, dass dieser nur Vorschriften enthält, die für alle orientalischen katholischen Kirchen gelten und im CCEO auf die bisherige Rechtslage soweit wie möglich Rücksicht genommen werden sollte. Diesem Anliegen hätte es widersprochen, eine so umfassende Strafvorschrift auch nur in einigen Rituskirchen der Tradition zuwider einzuführen.

5. Vorheriges Strafgebot ist regelmäßig ausreichend

Da im kanonischen Recht eine Strafe nicht allein in einem Gesetz, sondern auch in einem Strafgebot angedroht werden kann, könnte für c. 2222 § 1 CIC/1917 bzw. c. 1399 CIC/1983 kein Bedürfnis bestehen[865]. Dies setzt allerdings voraus, dass der Erlass eines Gesetzes komplizierter und langwieriger ist als der eines Strafgebotes. Dass ein Gesetzgebungsverfahren mehr Zeit in Anspruch nimmt als Verwaltungshandeln, trifft zwar für das weltliche Recht zu, weil die Zuständigkeit des Parlaments und dessen erforderliche Beratungen zu einer Verzögerung führen können[866]. Da in der Kirche aber nicht nur Strafgebote, sondern auch Gesetze regelmäßig in der Römischen Kurie oder der Diözesankurie ausgearbeitet werden, ohne dass es langwieriger Beteiligungen anderer Stellen bedarf, kann ein Strafgebot nicht schneller formuliert werden als ein Gesetz. Auch der Erlass des Gesetzes mittels Promulgation gemäß c. 7 CIC/1983 dürfte kaum

---

864 Nuntia 4 (1977), 79. Soweit man Chanez, Applicabilité, S. 74 und 90, daher so verstehen kann, dass c. 1399 CIC/1983 *unverzichtbar* ist, ist dem schon im Hinblick auf das Fehlen einer entsprechenden Vorschrift im CCEO zu widersprechen.

865 Vgl. Cassola, Apoll. 34 (1961), 332 ff. (336 f.); Green, Reflections, S. 179 ff. (185); MK-Lüdicke, c. 1399 Rn. 2; Primetshofer, Geist, S. 405 ff. (416). Ähnlich Aznar, in: Universidad, (zu c. 1399) S. 864: Angesichts der Schnelligkeit der Medien (z. B. bei der Veröffentlichung eines Strafgesetzes) bestehe für c. 1399 CIC/1983 kein Bedürfnis. Auch nach Auffassung von Wernz/Vidal VII, S. 48 (Nr. 34) ist es weise von dem Oberen, wenn einer Strafe ein Strafgebot vorangeht: „Illud plane concedendum est, quod propter nimiam generalitatem principii can. 2222, superior prudenter aget, si in casu gravis scandali vel gravissimae iuris laesionis (...), illi legis transgressioni castigandae praemittat praeceptum, quo transgressor adigatur cum comminatione poenae (...).". Laut Cantón II, S. 182: („El legislador obraría más prudentemente, como dicen algunos autores, si procediera a sancionar por vía de precepto penal [...].") wäre es weise vom Gesesetzgeber, in diesen Fällen immer ein vorrangehendes Strafgebot vorauszusetzen.

866 Andererseits sind staatliche Gesetze auch schon innerhalb weniger Tage erlassen worden. So wurde das „Kontaktsperregesetz" im Jahre 1977 (BGBl. I, 1877 ff.) innerhalb von 2 Tagen in Bundestag und Bundesrat beraten und verabschiedet; vgl. Meyer-Goßner, EGGVG, Vor § 31 Rn. 2.

langwieriger sein als die Mitteilung des Strafgebots gemäß c. 54 § 1 CIC/1983. Da der kirchliche Obere ein Strafgebot also nicht oder allenfalls unwesentlich schneller erlassen kann als ein Gesetz und überdies auch durch ein Strafgebot ein bereits erfolgter Verstoß nicht mit Strafe bedroht werden kann[867], ist dieser Einwand nicht geeignet, die Notwendigkeit des c. 1399 CIC/1983 in Frage zu stellen.

[867] Vgl. I. 4. c) dd) bbb) (S. 158).

4. Teil Tatbestandliche Voraussetzungen des c. 1399 CIC/1983 und Unterschiede zu c. 2222 § 1 CIC/1917

A. Dogmatische Begründung des c. 2222 § 1 CIC/1917 bzw. c. 1399 CIC/1983

I. Begründungen in der kanonistischen Wissenschaft

Sehr umstritten war, ob und ggf. wie c. 2222 § 1 CIC/1917 mit dem Deliktsbegriff in c. 2195 § 1 CIC/1917 in Einklang zu bringen war. Eine ähnlich breite Diskussion existiert für c. 1399 CIC/1983 nicht. Da beide Normen den gleichen Sachzusammenhang regeln, ist diese Diskussion auch für c. 1399 CIC/1983 von Bedeutung. Daher wird sie im Folgenden auch im Hinblick auf c. 2222 § 1 CIC/1917 kurz dargestellt und eine Lösung vorgeschlagen.

1. Gesetzesverletzung i. S. des c. 2222 § 1 CIC/1917 bzw. c. 1399 CIC/1983 kein Delikt ?

Nach einer vereinzelt vertretenen Auffassung handelte es sich bei c. 2222 § 1 CIC/1917 nicht um eine Strafvorschrift, weil in diesen Fällen zwar eine Gesetzesverletzung, aber kein Delikt, also keine Straftat, vorliege[868]. Gegen diese Theorie spricht, dass dort (ebenso wie heute in c. 1399 CIC/1983) eine gerechte *Strafe* angedroht wird[869], also eine Rechtsfolge, die ansonsten nur bei Delikten vorgesehen ist. Bei der gegenwärtigen Rechtslage ist gegen diesen Begründungsansatz auch einzuwenden, dass in c. 1399 CIC/1983 nicht mehr die Formulierung „transgressio legis“, sondern „violatio externa“ verwendet wird. Diese findet sich allein noch in c. 1321 §§ 1 und 3 CIC/1983, also in der zentralen Vorschrift, aus der sich der Begriff des Deliktes ableiten lässt. Daher ist c. 1399 CIC/1983 bzw. war c. 2222 § 1 CIC/1917 nicht als bloße Gesetzesübertretung, sondern als Delikt anzusehen.

---

[868] Vermeersch/Creusen III (4. Aufl.), Nr. 383 (S. 184); Jemolo, S. 723 ff. (725). In die Diskussion eingebracht wurde dieser Gedanke schon während der Beratungen des CIC/1917 durch den deutschen Kanonisten Hollweck, vgl. Tambasco, IDE 113 (2002), 245 ff. (267). Damit wurde an entsprechende Diskussionen innerhalb der Kanonistik – vgl. z. B. Lega, Praelectiones II, Nr. 19 (S. 20 f.) – angeknüpft.

[869] Casey, S. 46, kritisiert, dem CIC/1917 sei diese Unterscheidung fremd. Der Begriff (Gesetzes)Verletzung werde außer in c. 2222 § 1 CIC/1917 nur in cc. 2242 § 2, 2310 und 2312 § 2 CIC/1917 verwendet. In den ersten beiden Fällen sei er ersichtlich synonym mit „Delikt“ und c. 2312 § 2 CIC/1917 treffe zwar diese Unterscheidung, beziehe sich aber auf Bußen. Auch gegen diese Unterscheidung: Conte a Coronata, Institutiones IV, Nr. 1639 (S. 12).

2. Anwendung des c. 2222 § 1 CIC/1917 bzw. des c. 1399 CIC/1983 als Akt der Gesetzgebung ?

Einige sahen in einer Anwendung des c. 2222 § 1 CIC/1917 einen Akt der Gesetzgebung: Dem verletzten Gesetz werde für diesen Einzelfall mit Rückwirkung eine Strafandrohung beigefügt und (gleichzeitig) die im Einzelfall als angemessen angesehene Strafe verhängt[870].

Gegen diese Theorie wird vorgebracht, ein Verhalten könne kaum rückwirkend mit Strafe bedroht werden[871]. Sonst würde auf das rechtliche Element des Delikts verzichtet[872]. Diese Kritik überzeugt nicht, da beide Kodifikationen rückwirkende Gesetze auch im Bereich des Strafrechts zulassen bzw. zugelassen haben (c. 10 CIC/1917 bzw. c. 9 CIC/1983)[873].

Abzulehnen ist dieser Ansatz aber, weil es fern liegt anzunehmen, der Obere wolle, wenn er gemäß c. 2222 § 1 CIC/1917 bzw. c. 1399 CIC/1983 vorgeht, ein Gesetz erlassen. Gesetze regeln üblicherweise eine *unbestimmte Zahl gleichgelagerter Fälle* (auch) für die Zukunft, während die Entscheidung gemäß c. 1399 CIC/1983 bzw. c. 2222 § 1 CIC/1917 die Strafgerechtigkeit in einem *Einzelfall* zum Ziel hat. Zwar sind Einzelfallgesetze nicht von vornherein unzulässig. Dass der Obere ein Gesetz erlassen will, ist aber jedenfalls dann nicht anzunehmen, wenn die Strafverhängung – wie in den Fällen des c. 2222 § 1 CIC/1917 bzw. c. 1399 CIC/1983 – ohne ausdrückliche Rechtssetzung gegenüber dem Täter erfolgt[874] und mit der Strafverhängung zusammenfällt.

3. C. 1399 CIC/1983 als Interpretationsmaßstab für c. 1315 CIC/1983 ?

Nach Auffassung von Pahud de Mortanges sollte c. 1399 CIC/1983 nur als Interpretationsprinzip für c. 1315 § 1 CIC/1983, in dem die Gesetzgebungsgewalt im Hinblick auf Strafgesetze geregelt wird[875], betrachtet werden. Diese Auffassung überzeugt nicht, da gemäß c. 1399 CIC/1983 unter den genannten Voraussetzungen die *Bestrafung*, nicht nur die *Androhung einer Bestrafung in*

---

[870] Vgl. d'Angelo, ETL 3 (1926), 210 ff. (213); Bouscaren/Ellis/Korth, S. 26 (dort heißt es, es gebe keine rückwirkenden Strafen, außer im Falle des c. 2222 CIC/1917; a. a. O., S. 858 wird jedoch ausgeführt, c. 2222 CIC/1917 enthalte eine unbestimmte Strafe für derartige Verletzungen und sei daher von der Definition in c. 2195 CIC/1917 erfasst. Dies könnte so verstanden werden, dass an dieser Stelle c. 2222 § 1 CIC/1917 als Generalnorm angesehen wird); Maroto II, Nr. 184 (S. 186).

[871] Wernz/Vidal VII, S. 48 (Nr. 34).

[872] Roberti I/1, Nr. 52 (S. 73).

[873] Vgl. 2. Teil C. I. 1. (S. 48) und 2. Teil C. II. 1. (S. 49).

[874] Die Tatsache, dass ein Gesetz promulgiert werden muss (c. 8 CIC/1917 bzw. c. 7 CIC/1983), aber eine Veröffentlichung der Entscheidung in dem regelmäßigen Verkündungsorgan kaum erfolgen wird, steht der Annahme, es werde in diesen Fällen ein Gesetz erlassen, allerdings nicht entgegen. Die Promulgation kann nämlich auf Grund besonderer Anordnung auch durch Übersendung des Textes an die von dem Gesetz Betroffenen erfolgen, vgl. Huels, in: Beal/Coriden/Green, (zu c. 8) S. 60.

[875] Pahud de Mortanges, Vergebung, S. 182.

einem Gesetz zulässig ist. Diese Auffassung beachtet auch nicht ausreichend die systematische Stellung des c. 1399 CIC/1983, da er in dem Teil des CIC/1983, in dem die Delikte aufgezählt sind und nicht in dem Abschnitt, in dem Strafgesetz und Strafgebot geregelt sind (cc. 1313 ff. CIC/1983), enthalten ist.

4. Prinzip des Kirchenrechts ?

Teilweise wird die Auffassung vertreten, c. 2222 § 1 CIC/1917 bzw. c. 1399 CIC/1983 sollte nicht in erster Linie als praktische Strafvorschrift, sondern als ein (historisch gewachsenes) Prinzip des Kirchenrechts angesehen werden. Dieses betone den Vorrang bestimmter Werte vor den subjektiven Rechten Einzelner[876]. Dieser – zutreffenden – Erwägung lässt sich jedoch lediglich entnehmen, dass eine derartige Vorschrift im kanonischen Recht existiert und – wie deutlich überwiegend in der kanonistischen Literatur vertreten – auch gerechtfertigt ist. Die an dieser Stelle zu behandelnde Frage des Verhältnisses des Gesetzmäßigkeitsprinzips zu c. 2222 § 1 CIC/1917 bzw. c. 1399 CIC/1983 wird dadurch nicht beantwortet.

5. Ausnahmetheorie

Nach einer sehr verbreiteten Auffassung sollen c. 2222 § 1 CIC/1917 bzw. c. 1399 CIC/1983 Durchbrechungen des Gesetzmäßigkeitsprinzips im Strafrecht enthalten[877]. Kritisiert wird diese Theorie, weil die Ausnahme so umfassend sei,

---

[876] Vgl. Barberena, in: Cabreros de Anta/Alonso Lobo/Alonso Moran IV, Nr. 221; Aznar/Chueca (Übersetzer), in: Soria-Vasco/Laplane/Chueca, (zu c. 1399) S. 783; vgl. auch Green, Jurist 50 (1990), 221 ff. (247).

[877] Abbo/Hannan II, (zu c. 2195) S. 783 f.; Althaus, S. 31 ff. (33 Fn. 17); Amann, AfkKR 171 (2002), 93 ff. (106); Breitsching, S. 191 ff. (213); Bride in: Catholicisme III, „Délit", Sp. 566 ff. (567); Cortés, S. 62; Eichmann, Strafrecht, S. 28; Esswein, S. 115; Gutleben, S. 12; Hagen, S. 367; Herrmann, ÖAKR 20 (1969), 3 ff. (6); Herrmann, Überlegungen, S. 275 ff. (283); Hilling, AfkKR 122 (1947), 3 ff. (15); Lefebvre, Église, S. 189 ff. (288); Cenalmor, in: Comentario exegético II/1, c. 221 Anm. 3 (S. 149 f.); Jombart, in: Naz, Dictionnaire VI, „Peine", Sp. 1296 ff. (1299); Nelles, S. 286; Riedel-Spangenberger, Grundbegriffe, „Strafrecht", S. 221 f. (222); Waider, ZStW 89 (1977), 995 ff. (1007); Werckmeister, RDC 39 (1989), 93 ff. (102); Werckmeister, RDC 46 (1996), 383 ff. (385 f.). Ähnlich: Jombart, in: Naz, Dictionnaire IV, „Délit", Sp. 1084 ff. (1086): „(...) il faut admirer la sagesse du législateur ecclésiastique qui a admis la règle *Nulla pœna sine lege,* mais sans rigidité excessive, en laissant aux supérieurs et aux juges une latitude suffisante et en empêchant des criminels trop habiles de jouir d'une scandaleuse impunité pour avoir trouvé moyen de ne pas vérifier exactement la définition d'un délit catalogué.". Zu dieser Auffassung tendiert wohl auch Cance, Code III, Nr. 219 (S. 332 Fn. 3), da er darauf hinweist, c. 2222 § 1 scheine eine Ausnahme von diesem Prinzip zu enthalten, man könne aber auch sagen, dass es sich um eine Generalnorm handle: „Ce c. 2222, § 1, semble contenir une exception au principe: *Nulla poena sine lege.* On peut dire cependant qu'll énonce lui-même une loi pénale (générale) (...)".

dass die Regel selbst in Frage gestellt werde[878]. Diese Kritik überzeugt nicht. Sowohl c. 2222 § 1 CIC/1917 als auch c. 1399 CIC/1983 ließen bzw. lassen die Verhängung einer Strafe nicht ohne weiteres zu, sondern nur unter strengen Bedingungen, so dass der Nullum-crimen-Satz die Regel bleibt. Auch das Argument, wenn ein Verbrechen eine lex *praevia* voraussetze, sei keine Ausnahme hiervon zulässig[879], überzeugt nicht: Selbst im insoweit strengeren weltlichen Recht sind Ausnahmen anerkannt[880].

Umgekehrt reicht der Hinweis, die anderen Auffassungen böten unterschiedliche *dogmatische*[881] Begründungen für das Verhältnis des Gesetzmäßigkeitsprinzips zu c. 2222 § 1 CIC/1917 (c. 1399 CIC/1983) an, entgegen der Auffassung von Cortés[882] nicht aus, um der Ausnahmetheorie den Vorzug zu geben. Cortés fasst diese Auffassungen zu Unrecht unter dem Oberbegriff „Ablehnung eines Widerspruchs zum Gesetzmäßigkeitsprinzip" zusammen, ohne die Lösungsansätze im Einzelnen zu hinterfragen.

6. Generalnorm

Nach einer anderen – nicht weniger verbreiteten – Auffassung war c. 2222 § 1 CIC/1917 bzw. ist c. 1399 CIC/1983 eine allgemein gefasste Strafvorschrift[883]. Teilweise wurde auch ausgeführt, unter den in c. 2222 § 1 CIC/1917 genannten Voraussetzungen sei jedes Gesetz ein Strafgesetz[884]. Unterschiedlich beantwor-

---

[878] di Mattia, Equità, S. 89 ff. (96); ähnlich Peperoni, S. 91 und Pellegrini II, S. 45 f. Fn. 7. Auch Barberena, in: Cabreros de Anta/Alonso Lobo/Alonso Moran IV, Nr. 219, weist darauf hin, die Ausnahme könne keine größere Bandbreite aufweisen als die Regel.

[879] Vgl. Roberti I/1, Nr. 51 (S. 71).

[880] Vgl. 3. Teil C. I. (S. 137-146).

[881] Hinsichtlich der Erforderlichkeit der Vorschrift auf Grund der Begrenztheit des positiven Rechts bestehen zwischen den Vertretern aller genannter Theorien keine Meinungsverschiedenheiten.

[882] Cortés, S. 57: „Et précisément le nombre de raisons qu'ils donnent nous fait penser que leur explication n'est pas évidente et est loin de résoudre les difficultés que leur théorie soulève pour affirmer d'une façon absolue et sans exception que le principe de notre thèse s'applique toujours dans le codex juris canonici.".

[883] Adami, EIC 45 (1989), 137 ff. (170 f.); Beste, S. 997 f.; Bouscaren/Ellis/Korth, S. 858 (a. a. O., S. 26 heißt es jedoch, es gebe keine rückwirkenden Strafen, außer im Falle des c. 2222 CIC/1917; dort wird anscheinend die Theorie vom Erlass des rückwirkenden Gesetzes vertreten); Cappello III, Nr. 571 (S. 482) und Nr. 588 (S. 493); Conte a Coronata, Institutiones IV, Nr. 1695 (S. 90); Conte a Coronata, Compendium II, Nr. 2131 (S. 354); Gomez de Ayala, in: Enciclopedia XXVII, „Nullum crimen b) Diritto canonico", S. 961 ff. (965); Gottero, QDE 10 (1997), 343 ff. (344); Holböck II, S. 1054; Marzoa, Los delitos, S. 735 ff. (739); Paillot, RDC 2 (1952), 407 ff. (410); Przybyla, Prawo kanoniczne 14 (1971), 225 ff. (241); Roberti I/1, Nr. 53 (S. 73 f.); Sanchis, S. 289 ff. (292); Waider, ZStW 98 (1986), 145 ff. (168); Wernz/Vidal VII, S. 47 (Nr. 34); wohl auch Melillo, IDE 113 (2002), 694 ff. (709).

[884] Casey, S. 52; Michiels, De delictis II, S. 159; Regatillo II, Nr. 778 (S. 474 f.) und Nr. 842 (S. 512); Pellegrini II, S. 44 Fn. 5.

ten die Vertreter dieser beiden Ansätze damit die Frage, welche Norm die Strafvorschrift ist. Nach der Generalnormtheorie ist das Strafgesetz allein c. 2222 § 1 CIC/1917 bzw. c. 1399 CIC/1983; diese Normen werden durch das verletzte Gesetz lediglich inhaltlich ausgefüllt. Nach dem zweiten Ansatz ist die verletzte Norm selbst das Strafgesetz.

Kritisiert wurde die Generalnormtheorie zu c. 2222 § 1 CIC/1917 mit der Erwägung, das Vorliegen eines Ärgernisses oder einer schweren Gesetzesverletzung begründe für sich genommen kein Delikt, denn es handele sich bei diesen Voraussetzungen gemäß cc. 2218 § 1, 2196 CIC/1917 um Umstände, die die Schwere der Tat bzw. die Strafzumessung beträfen[885]. Diese Kritik überzeugt nicht. C. 2218 CIC/1917 enthielt zwar bestimmte erschwerende Umstände – u. a. das eingetretene Ärgernis. Diese allgemeine Regelung schloss aber nicht aus, dass in einem Straftatbestand ein Ärgernis bereits als Tatbestandsmerkmal vorausgesetzt wird und nicht allein im Rahmen der Strafzumessung zu berücksichtigen ist. Der Hinweis auf c. 2196 CIC/1917 überzeugt aus dem gleichen Grunde nicht.

II. Abwägung und eigene Auffassung

C. 2222 § 1 CIC/1917 und c. 1399 CIC/1983 unterscheiden sich auf Grund ihrer jeweiligen systematischen Stellung sowie ihres Wortlauts so deutlich voneinander, dass ihr Verhältnis zum Gesetzmäßigkeitsprinzip nicht einheitlich zu bestimmen ist. Für beide Bestimmungen kommen aus den soeben genannten Erwägungen nur die Ausnahmetheorie bzw. die Generalnormtheorie in Betracht. Auf Grund der grammatikalischen Auslegung und systematischer Kriterien gelangt man zu folgendem Ergebnis:

C. 2222 § 1 CIC/1917 konnte nicht als Generalnorm angesehen werden, sondern nur als Ausnahme vom Prinzip der Gesetzmäßigkeit. Er betraf nach seinem Wortlaut die Strafkompetenz des Oberen und stand deshalb im 5. Titel des 2. Teils des V. Buches des CIC/1917, in dem kompetenzrechtliche Fragen geregelt wurden[886].

Anders sieht dies bei c. 1399 CIC/1983 aus. Er wurde vom Gesetzgeber als allgemeine Norm bezeichnet und deshalb in den 2. Teil des VI. Buches des CIC/1983 eingeordnet, in dem die meisten Delikte enthalten sind. *Dessen* systematische Stellung spricht daher dafür, dass er eine strafrechtliche Generalnorm ist. Die Kritik, diese Einordnung sei systematisch falsch und die Vorschrift ge-

---

885 Cortés, S. 61: „ Peut-être considère-t-on comme Michiels que le scandale et la spéciale gravité de la transgression d'une loi quelconque comme tels constituent de vrais délits (...) ? (...) mais d'après le c. 2218 § 1, le scandale se considère comme une circonstance aggravante dont le législateur doit tenir compte. Pour le même raison et d'après le c. 2196, la spéciale gravité de la transgression, qui doit toujours être grave pour qu'il existe un délit, ne peut être considérée que comme une circonstance aggravante. ".

886 Cortés, S. 61: „Ce c. 2222 comme ceux du titre V. ne contient aucune loi pénale mais définit les facultés respectives du législateur et du juge.".

höre in den 1. Teil des VI. Buches[887], beachtet nicht ausreichend, dass während der Beratungen des CIC/1983 und in Kenntnis dieses Meinungsstreites zu c. 2222 CIC/1917 eine Tendenz deutlich wurde, c. 1399 CIC/1983 als allgemeinen Tatbestand anzusehen[888]. Für die Generalnormtheorie bezüglich c. 1399 CIC/1983 spricht ferner, dass es – anders als in c. 2222 § 1 CIC/1917 – nicht mehr heißt, „der Obere" habe die Kompetenz, eine Strafe zu verhängen[889], sondern wie bei den (übrigen) Delikten ein Verhalten beschrieben wird, das bestraft werden kann. Dies genügt dem Erfordernis einer lex praevia, da der Nullum-crimen-Satz nur eine Beschreibung des strafbaren Verhaltens verlangt, nicht aber, dass die Strafandrohung dem verletzten Gesetz selbst beigefügt ist[890].

Die Kritik von Lüdicke, c. 1399 CIC/1983 sei mit dem Bestimmtheitsgebot des c. 14 CIC/1983 nicht vereinbar[891], trifft angesichts der generalklauselartigen Fassung dieser Regelung allerdings zu. C. 1399 CIC/1983 ist eine Ausnahme von dem Erfordernis der lex *certa*[892]. Dagegen ist die Vorschrift nicht – wie von den Vertretern der Ausnahmetheorie häufig ausgeführt – eine Ausnahme von dem Erfordernis einer lex *praevia,* denn eine solche ist c. 1399 CIC/1983. Ein Verstoß gegen c. 18 CIC/1983 liegt dagegen nicht vor, so dass der Grundsatz „nullum crimen sine lege *stricta*" nicht berührt wird. C. 1399 CIC/1983 ist bewusst weit gefasst, um alle relevanten Fälle zu erfassen. Eine über den Wortlaut hinausgehende Erweiterung des c. 1399 CIC/1983 oder des verletzten Gesetzes verstößt aber gegen das Analogieverbot und ist unzulässig.

Dagegen überzeugt der der Generalnormtheorie verwandte Ansatz, dass unter den in c. 2222 § 1 CIC/1917 bzw. c. 1399 CIC/1983 genannten Voraussetzungen jedes Gesetz ein Strafgesetz ist, weder für c. 1399 CIC/1983 noch für c. 2222 § 1 CIC/1917. Keiner dieser Bestimmungen lassen sich Anhaltspunkte dafür entnehmen, dass das verletzte Gesetz um eine Strafandrohung ergänzt

---

887 Vgl. Eser, S. 493 ff. (509); Green, StudCan 15 (1981), 135 ff. (192); Rees, Strafgewalt, S. 486; Scheuermann, AfkKR 143 (1974), 3 ff. (61). Im Ergebnis ähnlich Bernardis, IDE 98 (1987), 342 ff. (346): „ (...) la logica giuridica avrebbe voluto infatti che nel primo capoverso si fosse citato il canone 1371, n. 2, in riferimento anche ai canoni 273, 285, §§ 1-2 e 287, § 2, e nel secondo i canoni 1349 e 1399 in quanto i primi configurano il reato, e i secondi spiegano la natura e la gravità della pena irrogata (...)".

888 Vgl. Comm. 7 (1975), 94. Nach anderer Auffassung wurde dieser Streit bewusst offengelassen und der Wissenschaft zur Entscheidung überlassen, vgl. Ciprotti, MonEccl 114 (1989), 17 ff. (26).

889 Hieraus folgert Ruf, Strafzumessung, S. 56, dass für c. 2222 § 1 CIC/1917 die Generalnormtheorie abzulehnen sei.

890 Casey, S. 52.

891 Vgl. MK-Lüdicke, c. 1399 Rn. 2.

892 Eser, S. 493 ff. (508), sieht in c. 1399 CIC/1983 eine Einschränkung des Bestimmtheitsgebots und des Analogieverbots. A. M. aber Chanez, Norme, S. 12: „Comme nous l'avons vu plus haut, la typicité de ce c. 1399 CIC est très clairement établie et ce principe ne pose pas problème quant à ce principe de la précision (...)". Ebenso Nelles, S. 280. Diese Auffassung stellt aber die Geltung des Bestimmtheitsgebots in Frage.

werden und dann selbst Grundlage der Strafbarkeit sein soll. Vielmehr spricht der Wortlaut von c. 2222 § 1 CIC/1917 bzw. c. 1399 CIC/1983 dafür, dass sich die Strafbarkeit unmittelbar aus ihnen ergibt[893].

B. Schutzgut

Als Schutzgüter des c. 1399 CIC/1983 kommen in Betracht:

- die kirchliche Rechtsordnung in ihrer Gesamtheit,
- das durch das jeweils verletzte Gesetz betroffene Rechtsgut oder
- die salus animarum (das Seelenheil).

Da c. 1399 CIC/1983 ein eigenständiger Straftatbestand ist, ist für die Bestimmung des Schutzgutes auf diesen selbst, nicht auf das verletzte Gesetz abzustellen. Dafür, dass c. 1399 CIC/1983 die kirchliche Rechtsordnung insgesamt schützen soll, spricht, dass c. 1399 CIC/1983 auf jede Gesetzesverletzung Anwendung finden kann. Die Möglichkeit, auf der Grundlage einer solchen Generalklausel Strafen zu verhängen, beruht auf der These, dass ein Gesetz ohne Sanktionsmöglichkeit häufig wirkungslos bleibt[894]. Das Unrecht der Tat liegt daher einerseits in der Verletzung irgendeines kirchlichen oder göttlichen Gesetzes, also der kirchlichen Rechtsordnung. Andererseits wird im Tatbestand des c. 1399 CIC/1983 nunmehr aber immer auch das Vorliegen oder das Drohen eines Ärgernisses verlangt. Voraussetzung und innerer Grund für die Rechtfertigung dieser Regelung ist, dass durch das Fehlverhalten der Verkündigungsauftrag der Kirche beeinträchtigt oder jedenfalls gefährdet wird. Schutzgut des c. 1399 CIC/1983 ist daher zwar die kirchliche Rechtsordnung aber gleichzeitig auch der Verkündigungsauftrag der Kirche bzw. das Seelenheil.

C. Übersicht über die Unterschiede von c. 1399 CIC/1983 und c. 2222 § 1 CIC/1917

Vergleicht man c. 2222 § 1 CIC/1917 und c. 1399 CIC/1983, fallen folgende Gemeinsamkeiten bzw. Unterschiede auf:

- Während in c. 2222 § 1 CIC/1917 allgemein die Verletzung eines Gesetzes[895] verlangt wurde, stellt c. 1399 CIC/1983 auf die Verletzung eines göttlichen oder eines kirchlichen Gesetzes ab. Die offenere Formulierung in c. 2222 § 1 CIC/1917 hatte zu einem Meinungsstreit geführt, ob diese Vorschrift bei einer Verletzung eines nicht in das positive kirchliche Recht über-

---

893 So im Ergebnis auch: Adami, EIC 45 (1989), 137 ff. (163 f.).

894 Metz, L'église, S. 98; ähnlich: Heiner, Kirchenrecht II, S. 77.

895 Nach Auffassung von Chanez (Chanez, Norme, S. 3 und S. 4) ist der Begriff „violatio" in c. 1399 CIC/1983 enger als der Begriff „transgressio" in c. 2222 § 1 CIC/1917. Es sei nunmehr mehr verlangt als ein bloßer Gesetzesverstoß, nämlich ein Rückzug aus dem kirchlichen Bereich: „Le terme est donc plus précis que dans le CIS [Anm.: CIC/1917], il ne s'agit pas seulement d'une simple infraction, mais il doit s'agir en plus du retrait d'un domaine sacré.".

nommenen göttlichen Gesetzes anwendbar war[896]. Der Meinungsstreit kann hier offen bleiben, da er sich mit Außerkrafttreten des CIC/1917 erledigt hat.

- In c. 1399 CIC/1983 wird ausdrücklich die *äußere* Verletzung eines Gesetzes verlangt. Zwar war dieses Merkmal in c. 2222 § 1 CIC/1917 nicht explizit enthalten. Dennoch war auch bei c. 2222 § 1 CIC/1917 ein nach außen in Erscheinung getretenes Verhalten erforderlich. Auch diejenigen, die c. 2222 § 1 CIC/1983 als Ausnahme vom Grundsatz des c. 2195 CIC/1917 ansahen[897], bezogen dies allein auf das Erfordernis der „lex *praevia*", nicht auf die sonstigen Voraussetzungen des c. 2195 § 1 CIC/1917. Eine andere Frage war, ob c. 2222 § 1 CIC/1917 auch oder in erster Linie bei nicht im forum externum beweisbaren äußeren Verhaltensweisen anwendbar war[898].

- Sowohl in c. 2222 § 1 CIC/1917 als auch in c. 1399 CIC/1983 wurde bzw. wird vorausgesetzt, dass dem verletzten Gesetz keine Strafandrohung beigefügt ist; die außerordentliche Strafkompetenz greift also nur subsidiär ein, wenn eine spezifische Strafvorschrift fehlt.

- In c. 2222 § 1 CIC/1917 war ausdrücklich bestimmt worden, dass, wenn weder ein Strafgesetz verletzt worden war noch die Voraussetzungen dieser Bestimmung vorlagen, der Täter nur bestraft werden konnte, wenn er zuvor eine Mahnung mit Androhung einer Tat- oder Spruchstrafe für den Fall eines Verstoßes hiergegen erhalten hatte. Dieser Grundsatz gilt weiterhin und liegt auch c. 1399 CIC/1983 zugrunde, obwohl er dort nicht ausdrücklich erwähnt wird. Daher unterscheiden sich c. 2222 § 1 CIC/1917 und c. 1399 CIC/1983 insoweit nicht.

- Während c. 1399 CIC/1983 keine Regelung darüber trifft, wer die Strafe verhängen kann, stellte c. 2222 § 1 CIC/1917 insoweit auf den „rechtmäßigen Oberen" ab. Mit diesem Begriff war der Ordinarius gemeint. Ordinarien waren gemäß c. 198 CIC/1917 der Papst sowie der residierende Bischof (Diözesanbischof), der gefreite Abt, ein Prälat nullius, deren Generalvikar, sowie ein Apostolischer Administrator, Vikar oder Präfekt für das ihm jeweils zugewiesene Gebiet, sowie derjenige, der für einen der genannten Amtsträger nach dessen Ausscheiden die Leitung vorübergehend innehat. Hinzu kamen die höheren Oberen in klerikalen exemten Ordensgemeinschaften für ihre

---

896 Gegen eine Anwendung des c. 2222 § 1 CIC/1917 in diesen Fällen z. B.: Casey, S. 61; Hagen, S. 365; Michiels, De delictis II, S. 160. Roberti I/1, Nr. 53 (S. 74 mit Fn. 2), sieht hierin einen Fortschritt gegenüber dem früheren Recht. Für eine Anwendbarkeit des c. 2222 § 1 CIC/1917 im Falle der Verletzung von Naturrecht / göttlichem Recht: Chelodi/Ciprotti, S. 30 (Nr. 25); Mörsdorf, Kirchenrecht III, S. 309; Maroto II, Nr. 184 (S. 186); Noval, IusPont 2 (1922), 147 ff. (155); wohl auch di Mattia, Sostanza, S. 409 ff. (436), da er darauf hinweist, dass anders als in c. 1399 CIC/1983 das göttliche Gesetz *formal* in c. 2222 § 1 CIC/1917 nicht erwähnt war. Damit sollte nach seiner Auffassung das göttliche Gesetz nach Sinn und Zweck dieser Bestimmung vom Wortlaut ebenfalls erfasst sein.

897 Vgl. die Nachweise oben A. I. 5. (S. 179 Fn. 877).

898 Vgl. dazu Casey, S. 22 und S. 82.

Untergebenen. Der Offizial war in dieser Aufzählung nicht enthalten und damit kein Ordinarius[899]. Allerdings bildete der Offizial mit dem Diözesanbischof ein Gericht (c. 1573 § 2 CIC/1917). Daher war jede Sache, die dem Ordinarius zur gerichtlichen Erledigung überwiesen war, auch dem Offizial überwiesen[900]. Umstritten war, ob im Falle des c. 2222 § 1 CIC/1983 auch der Offizial und nach Bestellung eines gerichtlichen Spruchkörpers sogar andere Richter tätig werden konnten[901]. Diese nicht mehr aktuelle Streitfrage muss hier nicht entschieden werden.

- Beide Bestimmungen setzen voraus, dass eine besondere Schwere der Rechtsverletzung vorliegt.
- Zwei Unterschiede gibt es bei dem Merkmal des Ärgernisses:

  Während in c. 2222 § 1 CIC/1917 auf das *eingetretene* Ärgernis abgestellt wurde, setzt c. 1399 CIC/1983 voraus, dass die Notwendigkeit drängt, Ärgernissen zuvorzukommen oder sie zu beheben. Diese Formulierung ist gegenüber c. 2222 § 1 CIC/1917 einerseits enger, da durch das Merkmal „necessitas urget" der Ausnahmecharakter dieser Bestimmung deutlicher hervortritt. Soweit auf die Behebung des Ärgernisses abgestellt wird, ist die Vorschrift ebenfalls enger, da sie zwar den Eintritt des Ärgernisses voraussetzt, aber nunmehr die Strafe nur verhängt werden darf, wenn diese zur Behebung des Ärgernisses erforderlich ist. Sie darf daher nicht allein eine Sühne für den Gesetzesverstoß sein. Andererseits ist c. 1399 CIC/1983 gegenüber c. 2222 § 1 CIC/1917 weiter gefasst, soweit er auch angewandt werden kann, um einem Ärgernis zuvorzukommen.
- Vor allem ist aber c. 1399 CIC/1983 gegenüber c. 2222 § 1 CIC/1917 strenger, weil die Merkmale „Schwere der Gesetzesverletzung" und die „Behebung" bzw. „Zuvorkommen" eines Ärgernisses nunmehr kumulativ und nicht mehr bloß alternativ gegeben sein müssen.

---

[899] Vgl. Bouuaert, in: Naz, Dictionnaire VI, „Ordinaire", Sp. 1123 ff. (1124).

[900] Jone, Gesetzbuch I, (zu c. 198 § 1) S. 225.

[901] Für eine Kompetenz des Offizials/Richters: Casey, S. 78; Michiels, De delictis I, S. 87; Mörsdorf, Kirchenrecht III, S. 309 und S. 363; Jombart, in: Naz, Dictionnaire IV, „Délit", Sp. 1084 ff. (1086); mittelbar: Jullien, S. 155. Gegen diese Kompetenz: d'Angelo, ETL 3 (1926), 210 ff. (217); Paillot, RDC 2 (1952), 407 ff. (410); Pellegrini II, S. 47 mit Fn. 11 (Pellegrini spricht sich aber allein gegen eine originäre Zuständigkeit des Offizials aus; auf Grund delegierter Gewalt könne sowohl dieser, als auch jeder andere Richter tätig werden). Roberti (Roberti I/1, Nr. 53 [S. 75]) und Gomez de Ayala (Gomez de Ayala, in: Enciclopedia XXVII, „Nullum crimen b) Diritto canonico", S. 961 ff. [965]), stellen darauf ab, der Obere handele (wohl) kraft gesetzgebender Gewalt bzw. benötige diese.

D. Tatbestand des c. 1399 CIC/1983

I. Objektiver Tatbestand

1. Fehlen eines Strafgesetzes oder eines Strafgebotes

C. 1399 CIC/1983 setzt voraus, dass dem verletzten Gesetz keine Strafandrohung beigefügt ist. Gesetz in diesem Sinne sind neben den Vorschriften des CIC/1983 auch alle anderen Bestimmungen göttlicher, allgemeiner oder partikularer Gesetze. Da ein Strafgesetz häufig das verbotene oder gebotene Verhalten nicht konstitutiv bestimmt, sondern an ein bestehendes Ge- oder Verbotsgesetz anknüpft, wird im Folgenden das Verhältnis von Straf- sowie Ge- oder Verbotsgesetz zueinander untersucht:

- Wird in dem Strafgesetz der Verstoß gegen ein anderweitig ge- oder verbotenes Verhalten mit Strafe bedroht, kommt die Anwendung von c. 1399 CIC/1983 selbst dann nicht in Betracht, wenn im Einzelfall die Verletzung besonders schwerwiegend und das Ärgernis besonders groß ist. Wer z. B. gegen das Verbot der simonistischen Spendung von Sakramenten verstößt, kann auch in extrem gelagerten Fällen nicht gestützt auf c. 1399 CIC/1983 mit einer härteren Strafe als in c. 1380 CIC/1983 vorgesehen (Interdikt, Suspension) bestraft werden.
- Besteht ein allgemeines Ge- oder Verbotsgesetz, wird aber nur ein qualifizierter Verstoß mit Strafe bedroht, ist wie folgt zu differenzieren:
    - Begeht der Täter die in dem Strafgesetz beschriebene Tat, ist ein Rückgriff auf c. 1399 CIC/1983 unzulässig. Wer daher z. B. einen anderen verstümmelt oder schwer verletzt, kann nicht gestützt auf c. 1399 CIC/1983 härter als nach c. 1397 CIC/1983 bestraft werden.
    - Verstößt jemand zwar gegen das allgemeine Ge- oder Verbotsgesetz, begeht aber nicht den ausdrücklich mit Strafe bedrohten qualifizierten Verstoß, kommt eine Anwendung des c. 1399 CIC/1983 in Betracht. Daher kann derjenige, der einen anderen körperlich verletzt, ohne dass die Voraussetzungen des c. 1397 CIC/1983 oder einer anderen Strafvorschrift erfüllt sind, nach Maßgabe des c. 1399 CIC/1983 bestraft werden. Allerdings ist im Beispielsfall im Rahmen der Strafzumessung zu berücksichtigen, dass bei einer schweren Verletzung allein Sühnestrafen zulässig sind. Würde man bei einer einfachen Körperverletzung auch die Verhängung einer Beugestrafe zulassen, ergäbe sich ein Wertungswiderspruch zu c. 1397 CIC/1983. Gelöst werden kann dieses Problem mit dem Grundsatz der Sperrwirkung: Bei einer nicht-qualifizierten Verletzung eines Ge- oder Verbotsgesetzes ist die zulässige Höchststrafe entweder der Strafvorschrift für die qualifizierte Verletzung oder c. 1399 CIC/1983 zu entnehmen, je nachdem, welche Bestimmung die mildere Strafandrohung enthält. In dem Beispielsfall ist daher die Verhängung einer härteren als in c. 1397 CIC/1983 angedrohten Strafe unzulässig.

Eine härtere Strafe als im Gesetz angedroht kann in diesen Fällen nur unter den Voraussetzungen des c. 1326 CIC/1983 verhängt werden.

Fraglich ist, ob auch Strafgeboten eine derartige Sperrwirkung zukommt. Der Wortlaut des c. 1399 CIC/1983 („Praeter casus hac vel aliis *legibus* statutos") legt es nahe, hierunter allein Strafgesetze zu fassen. C. 1399 CIC/1983 ist aber so zu verstehen, dass allgemein an eine gesetzlich zulässige Strafmöglichkeit gedacht ist; hierunter fällt auch ein Strafgebot. Hierfür spricht, dass c. 1399 CIC/1983 es ermöglichen soll, eine Strafe zu verhängen, wenn dies auf dem ordentlichen Wege nicht möglich ist. Im Falle eines vorherigen Strafgebots besteht keine Notwendigkeit, auf diese außerordentliche Strafmöglichkeit zurückzugreifen. Droht daher z. B. ein Diözesanbischof einem Kleriker für den Fall eines erneuten Verstoßes gegen das Gebot des standesgemäßen Verhaltens (c. 285 CIC/1983) eine konkrete Strafe an, kann, selbst wenn die Voraussetzungen des c. 1399 CIC/1983 im Übrigen vorliegen, eine Strafe allein gemäß der Androhung in dem Strafgebot, nicht aber auf der Grundlage des c. 1399 CIC/1983, festgesetzt werden. Die Verhängung einer härteren Strafe ist auch hier nur unter den Voraussetzungen des c. 1326 CIC/1983 möglich.

2. Äußere Verletzung eines Gesetzes

a) Verletzung eines Gesetzes

aa) Allgemeines

Weitere Voraussetzung des c. 1399 CIC/1983 ist die Verletzung eines kirchlichen[902] oder eines göttlichen Gesetzes. Der Begriff des Gesetzes ist dabei eng und im strengen Sinne[903] zu verstehen, so dass Verstöße gegen Gewohnheiten nicht erfasst sind[904].

---

902 Da nunmehr ausdrücklich die Verletzung eines *kirchlichen* Gesetzes verlangt wird, kann dahinstehen, ob Conte a Coronata, Institutiones IV, Nr. 1638 (S. 11), darin zu folgen ist, dass im Rahmen des c. 2222 § 1 CIC/1917 auch die Verletzung eines *staatlichen* Gesetzes ausreichend sein konnte. Erfasst auch von c. 1399 CIC/1983 ist ein staatliches Gesetz, wenn dieses durch ein kirchliches Gesetz „kanonisiert", d. h. in den kirchlichen Rechtsbereich übernommen, wird.

903 Scheinbar anderer Auffassung ist Sanchis, in: Comentario exegético IV/1, c. 1399 Anm. 3 (S. 596), der ausführt, der Begriff „Gesetz" sei nicht in einem formalen Sinne zu verstehen; ähnlich Gottero, QDE 10 (1997), 343 ff. (344). Damit soll aber lediglich verdeutlicht werden, dass auch göttliche Gesetze erfasst sind, die – wie von den Autoren auch klargestellt wird – rechtliche und nicht bloß sittlich-moralische Regelungen sein müssen.

904 Vgl. Michiels, De delictis I, S. 67; Sanchis, in: Comentario exegético IV/1, c. 1399 Anm. 4 (S. 596); Schauf, S. 19 (Nr. 21); Sériaux, Rn. 295 (S. 732 Fn. 3).

aaa) Verwaltungsbefehle, Allgemeine Ausführungsdekrete und Instruktionen

Grundsätzlich nicht erfasst sind Verstöße gegen Verwaltungsbefehle, Allgemeine Ausführungsdekrete und Instruktionen. Allerdings ist insoweit dennoch zu differenzieren:

Ein Verwaltungsbefehl ist ein Dekret, durch das einer Person oder einer Personenmehrheit unmittelbar und rechtmäßig ein Tun oder ein Unterlassen auferlegt wird (c. 49 CIC/1983). Hierbei sind zwei Fälle zu unterscheiden. Ergeht ein Verwaltungsbefehl extra legem, wird also ein Verhalten geboten, obwohl eine entsprechende gesetzliche Verpflichtung nicht besteht, verstößt derjenige, der diesem Gebot zuwiderhandelt, nicht gegen ein Gesetz, so dass eine Bestrafung gemäß c. 1399 CIC/1983 ausscheidet[905]. Möglich ist eine Bestrafung nur, wenn dem Verwaltungsbefehl eine Strafandrohung beigefügt war (c. 1319 § 1 CIC/1983). Wird dagegen der Verwaltungsbefehl erlassen, um ein bestimmtes gesetzmäßiges Verhalten zu erreichen, kann derjenige, der hiergegen verstößt, gemäß c. 1399 CIC/1983 bestraft werden. Dies gilt auch dann, wenn in dem Verwaltungsbefehl gesetzlich bestehende Verpflichtungen konkretisiert werden. So kann z. B. ein Kleriker angewiesen werden, ein bestimmtes Verhalten, das nach Auffassung des Oberen standeswidrig ist, aufzugeben. Verstößt der Kleriker hiergegen, kann er wegen der Verletzung des c. 285 § 1 CIC/1983, mit der Konkretisierung durch den Verwaltungsbefehl, gemäß c. 1399 CIC/1983 bestraft werden.

Entsprechendes gilt für Allgemeine Ausführungsdekrete, durch die die Art und Weise der Gesetzesanwendung näher bestimmt wird (c. 31 § 1 CIC/1983) bzw. für Instruktionen, durch die Vorschriften von Gesetzen erklärt werden (c. 34 § 1 CIC/1983). Sowohl Allgemeine Ausführungsdekrete als auch Instruktionen sind nur verbindlich, soweit sie sich im Rahmen der Gesetze halten (cc. 33 § 1, 34 § 2 CIC/1983). Halten sie sich in diesem Rahmen, können sie gesetzliche Pflichten konkretisieren. Verstößt jemand gegen diese konkretisierenden Normen, liegt darin ein Verstoß gegen das Gesetz selbst, der gemäß c. 1399 CIC/1983 bestraft werden kann.

bbb) Prinzipien der Auslegung des verletzten Gesetzes

Nicht nur bei der Auslegung des c. 1399 CIC/1983 selbst, sondern auch bei der des verletzten Gesetzes sind die allgemeinen Grundregeln für die Auslegung von Strafgesetzen zu beachten. Dies ergibt sich aus der Natur des c. 1399 CIC/1983 als Generalnorm, da sich das strafbare Verhalten allein aus der Gesamtschau von c. 1399 CIC/1983 mit dem Ge- oder Verbotsgesetz ergibt. Die hier vertretene Auffassung entspricht auch dem Sinn von cc. 18, 19 CIC/1983, eine Einschränkung von Rechten – gerade im Strafrecht – nur zuzulassen, wenn dies durch den

---

[905] Ein gemäß c. 1371, 2^0 CIC/1983 strafbarer Ungehorsam liegt in diesen Fällen nur vor, wenn der Täter nach einer Verwarnung in diesem verharrt.

Gesetzgeber so eindeutig wie möglich angeordnet ist. Die Grundsätze der strengen Auslegung und des Analogieverbots gelten daher nicht nur für c. 1399 CIC/1983 selbst, sondern auch für das verletzte Gesetz. Ebenso ist c. 14 CIC/1983 auch bei dem verletzten Gesetz zu beachten[906]. Ist der Sinn der verletzten Vorschrift unklar, verpflichtet sie nicht, und ein Verstoß hiergegen kann nicht gemäß c. 1399 CIC/1983 bestraft werden.

bb) Kirchliches Gesetz

Verstößt der Täter gegen ein allgemeines oder partikulares kirchliches Gesetz, kann eine Strafe auf der Grundlage von c. 1399 CIC/1983 nur verhängt werden, wenn das Gesetz von dem zuständigen Gesetzgeber im Rahmen seiner Zuständigkeit erlassen sowie ordnungsgemäß promulgiert worden ist und es zum Zeitpunkt der Tat in Kraft war. Ändert sich die Rechtslage nach Tatbegehung, sind die Grundsätze des c. 1313 § 1 CIC/1983 entsprechend anzuwenden: War das Verhalten zum Zeitpunkt der Tat nicht gesetzeswidrig, kann eine Verurteilung nicht auf c. 1399 CIC/1983 gestützt werden. Wird das verletzte Gesetz nachträglich aufgehoben oder so geändert, dass das Verhalten von dem neuen Wortlaut nicht mehr erfasst wird, ist c. 1399 CIC/1983 nicht anwendbar.

Der Täter muss ferner durch das Gesetz persönlich und örtlich gebunden gewesen sein:

- Allgemeine Gesetze verpflichten – soweit nicht anders bestimmt – alle, die in der katholischen Kirche getauft oder in diese aufgenommen worden sind, hinreichenden Vernunftgebrauch besitzen und das siebte Lebensjahr vollendet haben (c. 11 CIC/1983). Ist das Gesetz nicht räumlich beschränkt, bindet es den Verpflichteten überall (c. 12 CIC/1983).
- Liegt ein partikulares Gesetz vor, ist es im Zweifel ein territoriales Gesetz (c. 13 CIC/1983). Verstößt ein Fremder gegen ein derartiges Gesetz, kann er auf der Grundlage von c. 1399 CIC/1983 nur bestraft werden, wenn er an dieses Gesetz nach Maßgabe des c. 13 § 2 CIC/1983 gebunden ist. Bindet ihn das Gesetz nicht, kann eine Strafbarkeit gemäß c. 1399 CIC/1983 nicht allein damit begründet werden, dass durch sein Verhalten ein Ärgernis entstanden ist[907].

---

906 A. M. jedenfalls hinsichtlich des Erfordernisses der Bestimmtheit: Jone, Gesetzbuch I, (zu c. 19) S. 44.

907 Anders für den CIC/1917: v. Hove, ETL 1 (1924), 153 ff. (161); wie hier: Casey, S. 68. Siehe aber auch: Lega/Bartoccetti III, S. 191: „(...) [et scandalo esse fidelibus est iam delictum vi can. 2222 § 1], (...)".

cc) Göttliches Gesetz

C. 1399 CIC/1983 ist ferner anwendbar, wenn ein göttliches Gesetz verletzt worden ist. Zu unterscheiden sind das positive göttliche Recht und das Naturrecht. Positives göttliches Recht ist das Recht, das in der göttlichen Offenbarung, der Heiligen Schrift, seinen Ursprung hat[908]. Das Naturrecht gründet sich dagegen auf dem aus der Schöpfungsordnung mit der menschlichen Natur gegebene, allgemein und zu allen Zeiten gültige und von den Menschen mit dem Verstand erkennbare Recht[909]. Nicht erforderlich ist, dass das göttliche Gesetz in das positive Recht übernommen wurde.

Die Möglichkeit, Verstöße gegen göttliche Gesetze gemäß c. 1399 CIC/1983 zu bestrafen, ist für den Einzelnen mit Unsicherheiten verbunden. Göttliches Recht ist zwar unwandelbar, jedenfalls in seinem materiellen Kern, aber die Erkenntnisse hierüber können sich vertiefen und damit zu einer anderen Auslegung führen[910]. Dies ist aber Folge der besonderen Natur göttlichen Rechts, dessen Inhalt gemäß cc. 750, 753 CIC/1983 authentisch allein vom Lehramt der Kirche festgestellt werden kann.

b) Äußere Verletzung

Es muss eine *äußere* Verletzung eines Gesetzes vorliegen. Eine äußere Verletzung setzt ein wahrnehmbares Verhalten voraus. Eine bloße Gedankensünde reicht nicht aus.

3. Besondere Schwere der Gesetzesverletzung

Verlangt wird in c. 1399 CIC/1983 eine besonders schwere Gesetzesverletzung. Bei der Bestimmung des Inhalts dieses Merkmals ist an die allgemeinen und früher in c. 2196 CIC/1917 ausdrücklich normierten Grundsätze[911] anzuknüpfen. In dem bereits erwähnten Beispielsfall, der Tötung eines in vitro gezeugten Embryos[912], kann wegen der Bedeutung des Tötungsverbots daher auch dessen

---

908 Vgl. Naz, in: Naz, Dictionnaire IV, „Droit canonique“, Sp. 1446 ff. (1451); Riedel-Spangenberger, Gottesrecht, S. 99 ff. (107); Werckmeister, Dictionnaire, „Droit (ius)“, S. 88 f. (89) und „Loi (lex, legis)“, S. 133.

909 Vgl. Naz, in: Naz, Dictionnaire IV, „Droit canonique“, Sp. 1446 ff. (1451); Riedel-Spangenberger, Gottesrecht, S. 99 ff. (104); Werckmeister, Dictionnaire, „Droit (ius)“, S. 88 f. (89).

910 Vgl. Lederhilger, Ius divinum, S. 184; Pree, Wandelbarkeit, S. 111 ff. (118 ff.). Allerdings ergibt sich aus c. 1323, 2⁰ CIC/1983, dass der Inhalt des göttlichen Rechts zugänglich sein muss, jedenfalls im gemeinsamen Bewusstsein, auch wenn es nicht geschriebenes Recht ist, vgl. Chanez, Norme, S. 6: „La loi divine devrait être explicitée en tant que loi posée par Dieu. Cette dernière n'est pas nécessairement écrite, elle doit cependant être accessible, au moins par le sens commun, sans quoi une peine est impossible et le c. 1399 CIC ne permet pas de l'infliger.“. In diesem Zusammenhang verweist auch Chanez ausdrücklich auf c. 1323, 2⁰ CIC/1983.

911 Vgl. 2. Teil E. I. 2. a) ee) (S. 84 f.).

912 Vgl. 3. Teil D. I. 4. c) dd) bbb) (S. 158).

einfache Verletzung ohne sonstige erschwerende Umstände die besondere Schwere der Gesetzesverletzung begründen. In Anlehnung an c. 2218 § 1 CIC/1917 wird ferner zu Recht gefordert, im Rahmen der Prüfung dieses Merkmals objektive *und* subjektive Umstände zu berücksichtigen[913]. Von Bedeutung ist daher, ob der Täter das Gesetz regelmäßig oder häufig verletzt, er gegen Amtspflichten verstoßen hat, er sich der Tat öffentlich rühmt, eine große Störung der Gemeinschaft entstanden ist, der Täter besonders unverschämt handelte[914], er mit vollem Wissen[915] hinsichtlich der Rechtswidrigkeit und möglicher Folgen, bewusst an einem Heiligen Ort oder zu Heiligen Zeiten gehandelt hat, er bereit ist, den Schaden wieder gutzumachen, aber auch seine „kriminelle Energie", der Zweck der Tat, insbesondere, wenn sie gegen die Kirche gerichtet ist, die Bedeutung des verletzten Gesetzes und Ähnliches mehr. Die subjektive Schwere ist z. B. nicht gegeben, wenn ein Strafmilderungsgrund des c. 1324 § 1 CIC/1983[916] vorliegt. In diesem Falle ist bereits der Tatbestand des c. 1399 CIC/1983 nicht erfüllt. Dies gilt auch, wenn ein Straffreiheitsgrund des c. 1323 CIC/1983 gegeben ist.

Der besondere objektive und subjektive Schweregrad muss gleichzeitig vorliegen. Die fehlende subjektive Schwere kann nicht im Rahmen einer Gesamtwürdigung durch eine besonders große objektive Schwere ersetzt werden oder umgekehrt.

---

913 Vgl. Chiappetta, Codice II, Rn. 5049; Gottero, QDE 10 (1997), 343 ff. (344 f.); Lipiński, S. 91 f.; Sadowski, S. 120; Sanchis, S. 289 ff. (290). Anderer Auffassung ist Chanez, Norme, S. 7. Nach seiner Auffassung ist für die besondere Schwere allein auf die subjektive Seite abzustellen, da eine objektive Verletzung nur begangen oder nicht begangen werden könne: „Il faut donc déterminer en quoi consiste la gravité de l'imputabilité, et du même coup la gravité de la violation. Dans le cadre de notre canon, la gravité de la violation ne saurait être différente de la gravité de l'imputabilité: du oint de vue purement objectif, l'infraction est consommée ou non, la gravité ne pouvant être liée qu'à la classification selon la loi, on ne peut pas commettre plus ou moins gravement, du point de vue objectif, une même infraction. Selon les critères énoncés concernant les circonstances atténuantes et les conditions inhabilitantes du délit, nous pouvons estimer que la gravité tient en l'élément subjectif de la conscience de l'auteur quant l'infraction commise.". Aus c. 1326 CIC/1983 folgt jedoch, dass sich die Schwere der Tat auch aus objektiven Umständen ergeben kann. Darüber hinaus ist die hier vertretene Auffassung als die engere vorzuziehen (c. 18 CIC/1983).

914 Michiels, De delictis II, S. 162/163.

915 Gemäß c. 1321 § 3 CIC/1983 wird zwar die Zurechenbarkeit vermutet, aber nicht die in c. 1399 CIC/1983 vorausgesetzte *schwerwiegende* Zurechenbarkeit, vgl. Chanez, Norme, S. 7: „L imputabilité est certes présumée, étant donnée l'extériorité, mais non l'imputabilité grave et c'est cette dernière seule qui permet à l'autorité compétente d'infliger une peine.".

916 Ausgenommen ist insoweit aber c. 1324 § 1, 9⁰ CIC/1983. Diese Bestimmung betrifft, da allein auf die Kenntnis der *Strafbarkeit* (nicht der *Rechtswidrigkeit*) abgestellt wird, nicht die Schwere der Gesetzesverletzung und ist daher allein im Rahmen der Strafzumessung relevant, vgl. dazu III. 1. (S. 197 f.).

4. Ärgernis

a) Begriff des Ärgernisses

Zu dem Begriff des „Ärgernisses" wird zu Recht angemerkt, es sei schwierig, hierfür objektive Maßstäbe festzulegen[917]. Um Unklarheiten über den Inhalt dieses Begriffs zu vermeiden, wäre es sinnvoll, diesen gesetzlich zu definieren[918]. Der Begriff des Ärgernisses wird im CIC/1983 ferner nicht einheitlich verwendet. Teilweise wird das Ärgernis in einem Verhalten gesehen, das die Gefahr in sich birgt, andere zu einer Sünde oder einem Delikt zu verleiten, andererseits aber auch in der Störung der öffentlichen Ordnung oder auch in der negativen öffentlichen Reaktion als solcher[919].

Auf der Grundlage der Lehre des Thomas von Aquin ist kennzeichnend für das Ärgernis i. S. des c. 1399 CIC/1983, dass es gegen gutes und richtiges Verhalten gerichtet ist[920], gegen das Gebot der Nächstenliebe verstößt[921] bzw. in einem Verhalten liegt, das anderen Menschen eine Gelegenheit zur Sünde gibt[922]. Das Ärgernis wird durch eine öffentliche Sünde begründet[923].

Ein Ärgernis setzt daher erstens ein öffentlich bekanntes Verhalten voraus. Dieses Verhalten muss zwar nicht allgemein bekannt, darf aber auch nicht vollständig verborgen sein[924]. Nicht ausreichend ist es auch, wenn nur wenige Personen hiervon Kenntnis haben[925].

Zweitens ist ein geistlicher Schaden, eine Störung der Gemeinschaft, erforderlich[926]. Dieser Schaden erschöpft sich nicht in einem „Sich-Ärgern", sondern es muss Zweifel oder Unsicherheit über das gebotene und richtige Verhalten entstehen. Dies kann dadurch geschehen, dass das Verhalten einen verführerischen

---

917 Dordett, S. 307 ff. (324); Gerosa, Exkommunikation, S. 53; Gottero, QDE 10 (1997), 343 ff. (352).

918 Vgl. Provost, StudCan 9 (1975), 135 ff. (149).

919 Werckmeister, Dictionnaire, „Scandale (scandalum)", S. 185 f. (185); ähnlich: Werckmeister, RDC 39 (1989), 93 ff. (108). Nicht überzeugend ist seine grundsätzliche Ablehnung dieses Begriffs für das Strafrecht, da „ (...) ce sont bien les Eglises chrétiennes, elles qui sont fondées par un prophète mort pour avoir scandalisé." (Werckmeister, RDC 39 [1989], 93 ff. [106]). Er unterscheidet dabei nämlich nicht hinreichend eine geschichtlich-theologische Bewertung eines Sachverhaltes als „Ärgernis" von der im Rahmen der Auslegung des c. 1399 CIC/1983 erforderlichen kanonistischen Umschreibung dieses Begriffs.

920 Vgl. Vileo, S. 96.

921 Vgl. Vileo, S. 98 ff.; Bricout, in: Bricout VI, „Scandale", Sp. 219 ff. (219); Naz, in: Naz, Dictionnaire VII, „Scandale", Sp. 877 f. (877).

922 Katechismus, S. 581 (Nr. 2284); Iung, in: Vacant/Mangenot/Amann XIV/1, „Scandale", Sp. 1246 ff. (1247); Vileo, S. 114.

923 Vgl. Vileo, S. 264; ähnlich: Bricout, in: Bricout VI, „Scandale", Sp. 219 ff. (219): Ein Verstoß gegen die Tugend.

924 Vgl. z. B. Michiels, De delictis I, S. 74 f.; MK-Lüdicke, c. 1318 Rn. 6.

925 Calabrese, S. 366.

926 Vgl. Michiels, De delictis I, S. 74 f.; MK-Lüdicke, c. 1318 Rn. 6.

Einfluss ausübt und eine Gelegenheit oder einen Vorwand für andere bietet, zu sündigen[927]. Was ein Ärgernis ist, hängt auch davon ab, welche Verhaltensweisen von den Oberen geduldet oder sogar für gut geheißen werden[928]. Dagegen kann insoweit nur bedingt die Meinung der Gläubigen in einer Frage berücksichtigt werden. Entscheidend ist vielmehr die Sicht des Lehramtes[929], dem gegenüber die Gläubigen zum Gehorsam verpflichtet sind (cc. 750, 752 CIC/1983). Gerade die Duldung eines nach Auffassung des Lehramtes falschen, aber verbreiteten Verhaltens führt zu einem Missverständnis über das, was geboten oder verboten ist[930]. Daher ist es in diesen Fällen Aufgabe der Inhaber der Strafgewalt – insbesondere der Bischöfe –, die Unversehrtheit und Reinheit der Glaubenslehre in schwerwiegenden Fällen auch mit Mitteln des Strafrechts zu sichern.

Das Ärgernis muss drittens besonders schwerwiegend sein. Das mit jedem Gesetzesverstoß zwangsläufig eintretende Ärgernis reicht nicht aus[931]. Dies ergibt sich zwar nicht aus dem Wortlaut des c. 1399 CIC/1983, denn dieser spricht eher für die Gegenauffassung, da anders als bei der Gesetzesverletzung bei dem Ärgernis keine besondere Schwere verlangt wird. Für die hier vertretene Auffassung spricht aber der Ausnahmecharakter der Vorschrift, die nur auf besonders gelagerte Fälle mit der Gefahr großen Schadens Anwendung finden soll.

b) Zuvorkommen eines Ärgernisses

Gemäß c. 1399 CIC/1983 kann auch dann eine Strafe verhängt werden, wenn dadurch einem Ärgernis zuvorgekommen werden soll („scandala praeveniendi"). Nach Auffassung von Lüdicke ist es nicht gerechtfertigt, eine Strafbarkeit zu begründen, wenn die Gesetzesverletzung noch kein Ärgernis verursacht hat, da die Bestrafung dann nicht dazu eingesetzt werden könne, dieses zu vermeiden[932]. Gegen diese Auffassung spricht, dass es denkbar ist, dass ein Ärger-

---

927 Vgl. Casey, S. 71 und S. 72; Esswein, S. 116 f.; Johnstone, in: Lacoste, „Scandale", S. 1074 ff. (1074); Naz, in: Naz, Dictionnaire VII, „Scandale", Sp. 877 f. (877); Ruf, Strafzumessung, S. 98.

928 Condé, RDC 50 (2000), 243 ff. (261).

929 Vgl. die Erklärung des Päpstlichen Rates für die Interpretation von Gesetzestexten vom 24. Juni 2000 zur Frage der Zulassung von wiederverheirateten Geschiedenen zur Heiligen Kommunion unter 1. „Ein solches Ärgernis besteht auch dann, wenn ein derartiges Verhalten leider kein Befremden mehr hervorruft; ja, gerade angesichts der Verformung der Gewissen wird ein geduldiges und zugleich entschiedenes Handeln der Seelsorger umso notwendiger, (...), zur Verteidigung der christlichen Moral und zur richtigen Unterweisung der Gläubigen.", vgl. AfkKR 169 (2000), 135 ff. (137).

930 Vgl. aber Fuchs, S. 178 ff. (202), der zwar c. 1399 CIC/1983 nicht ausdrücklich erwähnt, aber die Auffassung vertritt, was ein öffentliches Ärgernis sei, müsse von der Öffentlichkeit – dem Subjekt des Ärgernisses – mitdefiniert werden.

931 Vgl. für c. 2222 § 1 CIC/1917: Esswein, S. 117; Casey, S. 70 f. und S. 72; Noval, IusPont 3 (1923), 36 ff. (39); Vidal, JusPont 2 (1922), 99 ff. (102); a. M. Michiels, De delictis II, S. 161.

932 MK-Lüdicke, c. 1399 Rn. 2.

nis als Folge der Gesetzesverletzung zwar noch nicht eingetreten, aber sicher zu erwarten ist. Unter dieser Voraussetzung ist es gerechtfertigt, eine Strafe zu verhängen, um das Entstehen eines Ärgernisses bereits im Ansatz zu verhindern und nicht erst den Eintritt eines Schadens abzuwarten. Ist der Gesetzesverstoß noch nicht einem größeren Personenkreis bekannt, muss sicher damit zu rechnen sein, dass demnächst ein relevanter Personenkreis hiervon erfährt. Weiter muss sicher zu erwarten sein, dass Irritation oder Zweifel entstehen werden.

c) Beseitigung eines Ärgernisses

Weitgehend unproblematisch ist das Merkmal „scandala (...) reparandi", also Beseitigung des Ärgernisses. Erforderlich ist, dass ein Ärgernis bereits eingetreten ist. Hinzukommen muss, dass die Strafe erforderlich ist, um das Ärgernis zu beseitigen. In diesem Zusammenhang ist zu prüfen, ob der Einsatz des Strafrechts hierfür ein geeignetes Mittel ist[933].

d) Drängen der Notwendigkeit

Weiterhin ist Voraussetzung, dass die Notwendigkeit drängt („necessitas urget"), von der Möglichkeit des c. 1399 CIC/1983 Gebrauch zu machen. Diese Voraussetzung liegt nur vor, wenn das Strafrecht das einzige Mittel ist, dem Ziel dieser Norm (Wahrung des Seelenheils) gerecht zu werden.

aa) Geeignetheit der Strafe

Der Einsatz des Strafrechts muss also zunächst ein geeignetes Mittel sein, das Ärgernis zu beseitigen bzw. dessen Entstehen zu verhindern. Eine Anwendung des c. 1399 CIC/1983 ist unzulässig, wenn durch die Verhängung einer Strafe ein ebenso großer oder sogar ein noch größerer Schaden hervorgerufen würde als durch den Gesetzesverstoß. An *dieser* Stelle gewinnt der Gesichtspunkt Bedeutung, dass die Kirche die rechtsstaatlichen Grundsätze beachten sollte, die in der entsprechenden Gemeinschaft existieren[934]. In einer Gemeinschaft, in der der Nullum-crimen-Satz praktisch ausnahmslos gilt, kann die Anwendung des Strafrechts ohne Verletzung eines klar gefassten Strafgesetzes auf Unverständnis stoßen. Ein Kriterium kann insoweit auch die Bedeutung des verletzten Gesetzes sein: Je stärker Glaubensfragen und für den Verkündigungsauftrag der Kirche wesentliche Fragen betroffen sind, um so eher wird die Strafverhängung durch die kirchlichen Strafverfolgungsorgane auch unter Inkaufnahme kritischer Reaktionen auf Seiten der Gläubigen zu verantworten sein.

bb) Erforderlichkeit der Strafe

In Anlehnung an c. 1341 CIC/1983 muss hinzukommen, dass c. 1399 CIC/1983 das mildeste Mittel ist, dieses Ziel zu erreichen. Kann dieser Zweck durch eine Ermahnung, einen Verweis, andere Mittel pastoralen Bemühens, eine Buße oder

---

[933] Vgl. dazu d) (S. 194 f.).

[934] Vgl. dazu 3. Teil D. II. 2. (S. 165).

auch den Erlass eines Strafgebotes erreicht werden, darf nicht auf c. 1399 CIC/1983 zurückgegriffen werden. Von Interesse ist im Zusammenhang mit der hier behandelten Thematik besonders die Möglichkeit, ein Strafgebot zu erlassen. Nur wenn bereits der erste Verstoß[935] so schwerwiegend ist, dass eine strafrechtliche Reaktion notwendig ist, ist c. 1399 CIC/1983 anwendbar.

cc) Proportionalität der Strafe

Schließlich muss die Strafverhängung auch eine angemessene Reaktion sein. Auch im kirchlichen Strafrecht gilt der Grundsatz der Angemessenheit, der Proportionalität, so dass insoweit die Schwere der Tat, die Persönlichkeit des Täters und dessen Gefährlichkeit zu berücksichtigen sind[936]. Selbst wenn daher ein milderes Mittel als eine kanonische Strafe keinen Erfolg verspricht, weil der Täter unverbesserlich ist, muss an dieser Stelle noch einmal die bereits im Rahmen der übrigen Voraussetzungen des c. 1399 CIC/1983 geprüfte Frage aufgeworfen werden, ob die Bedeutung des verletzten Gesetzes sowie der Schaden für das Seelenheil so erheblich ist, dass die Verhängung der Strafe nicht eine übermäßig harte Reaktion ist.

II. Subjektiver Tatbestand

Gemäß c. 1321 § 2 CIC/1983 trifft eine Strafe nur denjenigen, der den mit Strafe bedrohten gesetzlichen oder in einem Verwaltungsbefehl festgelegten Tatbestand vorsätzlich begangen hat, soweit nichts anderes bestimmt ist. Da c. 1399 CIC/1983 eine derartige anderweitige Bestimmung nicht trifft, kommt nur eine Bestrafung wegen einer vorsätzlichen Tat in Betracht. Im Folgenden wird untersucht, worauf sich dieser Vorsatz beziehen muss.

1. Verletzung eines Gesetzes oder Strafgebots

Nach der Konzeption des CIC/1983 reicht es aus, dass sich der Vorsatz auf die Verwirklichung des Tatbestandes bezieht, also dass der Täter bewusst das gesetzlich verbotene Verhalten begeht oder das gebotene unterlässt; die Kenntnis des Ge- oder Verbotsgesetzes ist nicht zwingend erforderlich. Nur wenn der Täter das Gesetz *schuldlos* nicht kennt, entfällt die Strafbarkeit (c. 1323, 2^{0} CIC/1983)[937]. Ebenso muss er sein Verhalten nicht selbst als rechtswidrig be-

[935] Vgl. 3. Teil D. I. 4. c) dd) bbb) (S. 158).

[936] Lipiński, S. 18.

[937] Vgl. MK-Lüdicke, c. 1321 Rn. 7; Lüdicke, Dolus, S. 359 ff. (368 f.). A. M. ist wohl z. B. Werckmeister, Dictionnaire, „Dol (dolus)“, S. 87. Danach ist Vorsatz eine „violation délibérée d'une loi ou d'un précepte, volonté de commettre un délit.“. Für die hier vertretene Auffassung spricht der Umkehrschluss aus c. 1323, 2^{0} CIC/1983, vgl. MK-Lüdicke, Einführung vor c. 1321 Rn. 14. Die unverschuldete bloße Unkenntnis der Strafbarkeit führt ohnehin nur zu einer Strafmilderung (c. 1324 § 1, 9^{0} CIC/1983). Nach dem dem CIC/1917 zugrundeliegenden Konzept gehörte dagegen die Kenntnis der Verletzung eines Gesetzes (nicht der Strafbarkeit) zum Vorsatz, vgl. Michiels, De delictis I, S. 110; Lefebvre, in: Naz, Dictionnaire IV, „Dol en droit canonique actuel“, Sp. 1347 ff. (1354): „Le dol criminel (ou délictuel)

werten.

2. Ärgernis

Fraglich ist, ob der Täter den Eintritt bzw. die Gefahr des Eintritts des Ärgernisses voraussehen und wollen muss, sich also der Vorsatz auch auf dieses Merkmal zu beziehen hat. Die Gegenposition ist, das Ärgernis als objektive Bedingung der Strafbarkeit anzusehen[938]. Man versteht hierunter Umstände, die zu der Unrechtshandlung hinzukommen müssen, damit eine Strafbarkeit gegeben ist, auf die sich der Vorsatz oder die Fahrlässigkeit aber nicht beziehen muss[939].

Für die erste Lösung spricht c. 18 CIC/1983, da sie die strengere Auslegung ist. Andererseits darf dieser Grundsatz nicht dazu führen, dass der vom Gesetzgeber erkennbar gewollte Zweck des Gesetzes verfehlt wird[940]. Durch c. 1399 CIC/1983 werden unter den dort genannten Voraussetzungen die Strafmöglichkeiten erweitert, wenn der Verkündigungsauftrag der Kirche bzw. das Seelenheil eine derartige Reaktion der Kirche erfordert. Eine Bestrafung muss daher immer möglich sein, wenn die Gefährdung dieser Güter objektiv vorliegt, auch wenn der Täter diese weder beabsichtigt noch vorausgesehen hat.

Das Merkmal „Ärgernissen zuvorzukommen oder sie zu beheben" ist daher eine objektive Bedingung der Strafbarkeit. Der Täter muss das Ärgernis nicht vorhergesehen und erst recht nicht gewollt haben. Er muss noch nicht einmal die Umstände, die zu dessen Entstehen führten, erkannt haben. Ausreichend ist, dass das Ärgernis objektiv vorliegt oder droht.

3. Schwere der Verletzung

Auch das Merkmal der „besonderen Schwere der Gesetzesverletzung" ist eine objektive Bedingung der Strafbarkeit[941]. In c. 1399 CIC/1983 wird in erster Linie eine Gesetzesverletzung verlangt. Das Ärgernis und die besondere Schwere der Gesetzesverletzung werden – durch ein „et" miteinander verknüpft – zusätzlich gefordert. Die enge – auf der gleichen sprachlichen Ebene erfolgende – Verknüpfung spricht dafür, Ärgernis und besondere Schwere der

---

suppose ainsi d'abord la connaissance préalable du caractère illicite de l'acte envisagé; ensuite, la volonté de faire (ou d'ometttre) cet acte.". Bei einer schwer schuldhaften Unkenntnis des Gesetzes kam aber gleichwohl eine Strafbarkeit in Frage (cc. 2202 § 1, 2218 § 2 CIC/1917).

[938] So für c. 2222 § 1 CIC/1917: Michiels, De delictis II, S. 161. Anderer Auffassung sind z. B. Lombardo, Annali del seminario giuridico, 1 (1946/47), 191 ff. (199 f.) und Cortés, S. 61. Nach ihrer Auffassung handelt es sich bei diesen Merkmalen nur um Umstände oder Gegebenheiten des Delikts. Diese Auffassung beachtet nicht ausreichend, dass ohne das Vorliegen eines Ärgernisses *oder* (c. 2222 § 1 CIC/1917) bzw. *und* (c. 1399 CIC/1983) einer besonderen Schwere der Gesetzesverletzung kein Delikt vorliegt.

[939] Vgl. hierzu Roxin I, § 23 Rn. 2.

[940] Vgl. 2. Teil D. II. (S. 51).

[941] So auch für c. 2222 § 1 CIC/1917: Michiels, De delictis II, S. 161/162.

Gesetzesverletzung gleich zu behandeln, also beide als objektive Bedingungen der Strafbarkeit anzusehen. Der Täter muss daher die erschwerenden Umstände nicht gekannt haben, sondern es reicht aus, dass die Gesetzesverletzung objektiv schwerwiegend ist.

III. Rechtsfolgen

1. Gerechte Strafe

Liegen die Voraussetzungen des c. 1399 CIC/1983 vor, kann („potest") eine Strafe verhängt werden. Da die Strafandrohung nur fakultativ ist, kann statt einer Strafe auch eine Buße auferlegt werden (c. 1343 CIC/1983).

Angedroht ist eine „gerechte Strafe". Gemäß c. 1349 CIC/1983 dürfen daher keine Strafen für immer („poenas perpetuas") verhängt werden und schwerere Strafen – vor allem Beugestrafen – nur, wenn die Schwere des Falles dies fordert. Strafen für immer können nur Sühnestrafen sein, da Beugestrafen nur bis zur Aufgabe der Widersetzlichkeit („contumacia") Bestand haben können[942]. Strafen für immer sind z. B. die Entlassung aus dem Klerikerstand oder die Versetzung in ein anderes Amt[943]. Der Begriff der „Schwere des Falles" („casus gravitas") ist im CIC/1983 nicht definiert. Mit dem Wort „Fall" kann nur das Delikt gemeint sein, so dass die Schwere an Hand aller objektiven sowie subjektiven Tatumstände zu bestimmen ist. Bei dem hier untersuchten Verstoß gegen c. 1399 CIC/1983 ergibt sich jedoch die Besonderheit, dass bereits vom Tatbestand des c. 1399 CIC/1983 nur besonders schwerwiegende Verletzungen der kirchlichen Rechtsordnung erfasst werden. Dies könnte dafür sprechen, dass in den Fällen des c. 1399 CIC/1983 auch immer die Voraussetzungen des c. 1349 CIC/1983 für die Verhängung einer schwereren Strafe vorliegen. Dagegen ließe sich einwenden, c. 1349 CIC/1983 stelle auf die Schwere des Falles, c. 1399 CIC/1983 jedoch auf die Schwere der Verletzung des Gesetzes ab, so dass in jedem Fall die Voraussetzungen des c. 1349 CIC/1983 selbstständig geprüft werden müssen. Die Auslegung des Begriffs der Schwere der Gesetzesverletzung hat jedoch gezeigt, dass auch dort sämtliche objektiven und subjektiven Tatumstände zu berücksichtigen sind. Damit stellen c. 1399 CIC/1983 und c. 1349 CIC/1983 auf die gleichen Gegebenheiten ab. C. 1399 CIC/1983 ist sogar eher strenger als c. 1349 CIC/1983, da er eine *besondere* Schwere verlangt. Die Verhängung einer schwereren Strafe i. S. des c. 1349 CIC/1983 ist daher im Falle des c. 1399 CIC/1983 nach der Gesetzeslage immer möglich.

Andererseits wurde und wird vertreten, dass die Strafen im Falle der außerordentlichen Strafkompetenz eher milder sein müssten als in den gesetzlich ausdrücklich geregelten Fällen. Da die wesentlichen Straftaten bereits ausdrücklich mit Strafe bedroht seien, könne es sich bei den hier in Rede stehenden Verstößen

---

[942] MK-Lüdicke, c. 1349 Rn. 5.

[943] Vgl. MK-Lüdicke, c. 1336 Rn. 6; Ghesquières, in: Catholicisme X, „Peines ecclésiastiques", Sp. 1073 ff. (1079).

nur um geringere handeln, die nur mit milderen Strafen geahndet werden könnten. Darüber hinaus sei zu berücksichtigen, dass der Betroffene die Strafbarkeit nicht habe voraussehen können[944]. Gegen den ersten Einwand spricht, dass die Schwere der Tat an Hand der objektiven und subjektiven Tatumstände zu bestimmen ist und ferner, dass c. 1399 CIC/1983 gerade ein besonders schweres, aber nicht ausdrücklich unter Strafe gestelltes Fehlverhalten erfassen soll. Daher wird teilweise auch durch Vertreter der soeben genannten Auffassung die Verhängung schwerer Strafen nicht ausgeschlossen, wenn dies auf Grund der Umstände des Einzelfalls erforderlich ist[945]. Dem zweiten Einwand ist durch eine Berücksichtigung des Gedankens[946] des c. 1324 § 1, 9⁰ CIC/1983 Rechnung zu tragen[947]. Danach ist eine Strafe zu mildern, wenn jemand ohne Schuld nicht wusste, dass dem Gesetz eine Strafandrohung beigefügt ist.

2. Verhängung einer Beugestrafe

a) Genereller Ausschluss von Beugestrafen ?

Teilweise wird die Zulässigkeit der Verhängung einer Beugestrafe im Rahmen des c. 1399 CIC/1983 bzw. des c. 2222 § 1 CIC/1917 verneint bzw. nur eine Sühnestrafe als mögliche Strafe erwähnt[948]. Hierfür wird vorgebracht, die Strafe könne in diesen Fällen ohne die – bei einer Beugestrafe erforderliche – vorherige Mahnung verhängt werden bzw. in den Fällen des c. 1399 CIC/1983 (c. 2222 § 1 CIC/1917) fehle die für die Beugestrafe erforderliche contumacia[949]. Dieser Einwand spricht nicht dagegen, unter den allgemeinen Voraussetzungen, insbesondere einer vorherigen Mahnung, auch eine Beugestrafe zuzulassen[950].

---

944 Vgl. dazu Calabrese, S. 366; Casey, S. 97; Green, in: Coriden/Green/Heitschel, (zu c. 1399) S. 931; Michiels, De delictis II, S. 165; de Paolis, Sanctionibus, S. 124; Vermeersch/Creusen III (7. Aufl.), Nr. 412 (S. 248).

945 Vgl. Casey, S. 99.

946 Unmittelbar anwendbar ist die Vorschrift bei einer durch Gesetz oder Strafgebot angeordneten Strafe; besteht dagegen hinsichtlich der Strafzumessung ein Ermessensspielraum, ist diese obligatorische Strafmilderung von vornherein im Rahmen der Ermessensentscheidung zu berücksichtigen.

947 Sanchis, in: Comentario exegético IV/1, c. 1399 Anm. 6 (S. 597).

948 Vgl. z. B. Blat V, S. 58; Cance, Code III, Nr. 219 (S. 332 Fn. 2); Casey, S. 95; Mörsdorf, Kirchenrecht III, S. 362; Nessel, Jurist 27 (1967), 310 ff. (322); Regatillo II, Nr. 842 (S. 512) und Nr. 874 (S. 527); Sadowski, S. 122.

949 Vgl. Conte a Coronata, Institutiones IV, Nr. 1695 (S. 90); Green, in: Coriden/Green/Heintschel, (zu c. 1399) S. 931; Regatillo II, Nr. 842 (S. 512).

950 Vgl. Calabrese, S. 366; Chiappetta, Codice II, Rn. 5049; Chiappetta, Prontuario, „Legalità della pena“, S. 695 f. (696); Marzoa, Los delitos, S. 735 ff. (752); de Paolis, Sanctionibus, S. 124; de Paolis, in: Salvador/de Paolis/Ghirlanda, „Nulla poena sine lege“, S. 719 f. (720); Woestman, S. 155. Im Ergebnis auch: Kotzula, AfkKR 156 (1987), 432 ff. (456); Schreiben der Kongregation für den Gottesdienst und die Sakramentenordnung (Roman Replies 2000, S. 15 f. [15]), in dem auch eine Beugestrafe als mögliche Strafe erwähnt wird; s. auch die Instruktion „Sacrosanctum matrimonii“ der Kongregation für die Sakramentenordnung vom

Gegen die Verhängung von Beugestrafen wird auch vorgebracht, dem stehe das Anliegen des c. 1399 CIC/1983 bzw. des c. 2222 CIC/1917 entgegen, bei Vorliegen besonderer Umstände ein schnelles Eingreifen zu ermöglichen[951]. Dies überzeugt ebenfalls nicht, da die in der erforderlichen Mahnung gewährte Frist für die Umkehr kurz bemessen werden kann.

Auch das Argument, c. 1399 CIC/1983 bzw. c. 2222 § 1 CIC/1917 solle die gestörte Ordnung wiederherstellen, aber nicht – oder jedenfalls nicht in erster Linie – den Täter bessern[952], steht der Verhängung einer Beugestrafe, die ihrer Natur nach den Täter zur Einsicht führen soll, nicht entgegen. Ziel des kirchlichen Strafrechts ist es immer auch, dem Täter zu zeigen, dass sein Verhalten den Zielen der Kirche widerspricht und er sich zu seinem eigenen Heile bessern sollte[953].

Daher ist die Verhängung einer Beugestrafe im Falle der Verletzung des c. 1399 CIC/1983 grundsätzlich zulässig.

b) Widersetzlichkeit (contumacia)

Die Verhängung einer Beugestrafe setzt gemäß c. 1347 § 1 CIC/1983 eine Mahnung an den Täter voraus, seine Widersetzlichkeit (contumacia) aufzugeben[954]. Der Begriff der contumacia ist im CIC/1983 nicht definiert. Man versteht hierunter eine Auflehnung gegen die kirchliche Autorität, die sich in dem Ungehorsam gegen eine Weisung eines Oberen oder ein kirchliches bzw. göttliches Ge-

---

29. Juni 1941 unter Ziffer 12 (AAS 33 [1941], 297 ff. [306]). Dort wurde, insbesondere für Rückfällige, u. a. die Suspension als Strafe angedroht, die im Zweifel Beugestrafe war (c. 2255 § 2 CIC/1917).

951 Vgl. Gottero, QDE 10 (1997), 343 ff. (345).

952 Green, in: Coriden/Green/Heintschel, (zu c. 1399) S. 931.

953 An dem Besserungszweck des kirchlichen Strafrechts wird Kritik geübt. Ziel der kirchlichen Strafe könne nicht die Besserung des Täters sein, sondern nur eine Ausgrenzung bzw. Minderung der Rechte des Betroffenen, bis er sich geändert habe, vgl. MK-Lüdicke, Einleitung vor c. 1311 Rn. 23. Der Besserungszweck stehe mit der Glaubensfreiheit in Konflikt, vgl. MK-Lüdicke, c. 1341 Rn. 5. Diese Kritik ist angesichts des Wortlauts des c. 1341 CIC/1983, der auch auf eine Besserung des Täters abstellt, rechtspolitischer Natur.

954 Abzulehnen ist die zu c. 2222 § 1 CIC/1917 geäußerte Auffassung, eine Mahnung vor der Verhängung einer Beugestrafe sei entbehrlich. Dies wurde teilweise damit begründet, wenn auf das vorherige Strafgesetz verzichtet werden könne, sei erst recht eine vorherige Mahnung entbehrlich, vgl. dazu Esswein, S. 119; Hofmann, S. 461 ff. (492 Fn. 2) und Jombart, in: Naz, Dictionnaire VII, „Remèdes pénaux", Sp. 574 ff. (576) („En dehors de cas exceptionnels [can. 2222, § 1] on n'inflige une censure qu'après avoir donné au moins une monition canonique [can. 2333, § 2]."). Die Mahnung ist – wie sich jetzt auch eindeutig aus c. 1347 § 1 CIC/1983 ergibt – eine Gültigkeitsvoraussetzung, die immer bei der Verhängung von Beugestrafen zu beachten ist; eine Ausnahme für c. 1399 CIC/1983 ist nicht vorgesehen. Dies galt nach zutreffender Auffassung – s. Chelodi/Ciprotti, S. 35 (Nr. 28); Conte a Coronata, Institutiones IV, Nr. 1743 (S. 153); Jone, Gesetzbuch III, (zu c. 2233 § 2) S. 494; Michiels, De delictis III, S. 29; Bride, in: Naz, Dictionnaire III, „Censures (Peines)", Sp. 169 ff. (199); Jombart, in: Naz, Traité IV, Nr. 995 (S. 629) – auch für den CIC/1917.

setzes manifestiert[955]. Dieser Begriff der contumacia lässt sich auch im Wege des Umkehrschlusses c. 1347 § 2 CIC/1983 entnehmen. Danach ist davon auszugehen, dass der Täter seine Widersetzlichkeit aufgegeben hat, wenn er die Tat aufrichtig bereut und er eine angemessene Wiedergutmachung der Schäden sowie eine Behebung des Ärgernisses geleistet oder jedenfalls versprochen hat. Es wird zutreffend festgestellt[956], c. 1347 § 2 CIC/1983 formuliere erneut den traditionellen[957] Begriff der contumacia. Bei der Beantwortung der Frage, welches Verhalten als Ausdruck der contumacia anzusehen ist, unterscheidet Borras – teilweise in Anlehnung an c. 2242 § 2 CIC/1917 – drei Fälle: Sind Taten mit Spruchstrafen bedroht, liege die contumacia vor, wenn der Täter auch nach einer Mahnung das (oder ein vergleichbares) Delikt begeht oder sich weigert, eine Buße für das begangene Delikt zu leisten und die aus der Tat folgenden Schäden sowie Ärgernisse zu beseitigen („contumace formelle"). Bei Delikten, die eine Tatstrafe vorsehen, liege die contumacia in der bewussten Verletzung des Strafgesetzes oder -gebotes („contumace virtuelle"). Bei einer verhängten oder festgestellten Beugestrafe wird die contumacia dadurch begründet, dass der Täter keine aufrichtige Buße erkennen lässt und die Beseitigung des Schadens und des Ärgernisses verweigert[958]. Ein bloß innerer Sinneswandel reicht daher für die Beendigung der contumacia nicht aus[959].

Verstößt jemand schuldhaft und trotz einer Mahnung gegen ein kirchliches oder göttliches Gesetz, zeigt sich darin, dass er das Gesetz nicht als verbindlich ansieht und dass er der kirchlichen Autorität nicht gehorchen will. Da c. 1399 CIC/1983 mit einer Spruchstrafe bedroht ist, liegt daher eine contumacia grundsätzlich vor, wenn der Täter trotz der Mahnung weiterhin die (oder eine entsprechende) Tat begeht, also trotz der Mahnung gegen das gleiche Gesetz durch ein im Wesentlichen gleiches Verhalten verstößt.

Unabhängig davon kann eine contumacia gegeben sein, weil der Täter sich auch nach der Mahnung weigert, Buße zu leisten und den Schaden bzw. das Ärgernis zu beseitigen.

---

955 Vgl. Conte a Coronata, Institutiones IV, Nr. 1743 (S. 151); Green, in: Coriden/Green/Heintschel, (zu c. 1347) S. 913; Bride, in: Naz, Dictionnaire III, „Censures (peines)", Sp. 169 ff. (198); Jombart, in: Naz, Traité IV, Nr. 995 (S. 629); Merle, S. 48.

956 Aznar/Chueca (Übersetzer), in: Soria-Vasco/Laplane/Chueca, (zu c. 1347) S. 751.

957 Vgl. dazu Torquebiau, in: Naz, Dictionnaire IV, „Contumacia, contumax", Sp. 506 ff. (507 ff.).

958 Borras, L'excommunication, S. 120/121.

959 Vgl. de Paolis, in: Comentario exegético IV/1, c. 1347 Anm. 2 (S. 415).

E. Gerichtliches oder Dekretverfahren ?

Nach wie vor umstritten ist, ob die Kompetenz, eine Strafe auf der Grundlage des c. 1399 CIC/1983 zu verhängen, dem Ordinarius vorbehalten ist[960] oder auch einem Richter/Gericht zusteht[961]. Da weder in c. 1399 CIC/1983 noch in cc. 1717 ff. CIC/1983 diese Frage explizit geregelt ist, entscheidet gemäß der allgemeinen Regel des c. 1718 § 1, 3^0 CIC/1983 der Ordinarius, ob ein gerichtliches Verfahren einzuleiten oder mittels eines außergerichtlichen Strafdekrets vorzugehen ist. Hierfür spricht auch, dass der Gesetzgeber des CIC/1983 – in Kenntnis des zu c. 2222 § 1 CIC/1917 deswegen ausgetragenen Meinungsstreits – in c. 1399 CIC/1983 auf das Merkmal „rechtmäßiger Oberer" verzichtet hat. Der Hinweis von Sanchis[962], die Bewertung der Dringlichkeit der Strafverhängung komme allein dem Ordinarius – nicht dem Richter – zu, ist nicht auf die Tatbestandsmerkmale, sondern nur auf die Prüfung der allgemeinen Voraussetzungen der cc. 1341, 1718 CIC/1983 zu beziehen, d. h. der Frage, ob die Durchführung des Strafverfahrens erforderlich ist oder ob andere Mittel ausreichen. Daher kann auch in einem gerichtlichen Verfahren auf der Grundlage des c. 1399 CIC/1983 eine Strafe verhängt werden.

---

960 Aznar, in: Innocenti, (zu c. 1399) S. 683.

961 C. Bernardini, MonEccl. 114 (1989), 143 ff. (143); Calabrese, S. 366; Chiappetta, Codice II, Rn. 5050 Fn. 2; Sanchis, in: Comentario exegético IV/1, c. 1399 Anm. 6 (S. 597); Sadowski, S. 125.

962 Sanchis, in: Comentario exegético IV/1, c. 1399 Anm. 6 (S. 597).

5. Teil Ergebnis

C. 1399 CIC/1983 stößt bei Juristen und Kanonisten auf Kritik und Unverständnis. Dabei wird regelmäßig darauf verwiesen, diese Vorschrift verstoße gegen den Grundsatz „Nullum crimen nulla poena sine lege".

Grundsätzlich gilt der Nullum-crimen-Satz auch im kanonischen Recht:

- Drei der Ausprägungen dieses Satzes (Rückwirkungsverbot, Schriftlichkeitsgebot und Analogieverbot) finden dort bereits seit Jahrhunderten prinzipiell Anwendung. Ausnahmen hiervon sind aber nach wie vor zulässig.
- C. 1399 CIC/1983 schränkt die vierte Ausprägung des Nullum-crimen-Satzes, das Bestimmtheitsgebot, ein. Dieses Gebot war im kanonischen Strafrecht nie – und ist es auch heute noch nicht – in einem dem weltlichen Strafrechtsverständnis entsprechenden Umfang anerkannt. Zwar verpflichten Gesetze nicht, wenn ein Rechtszweifel besteht (c. 14 CIC/1983). Daher bindet es nicht, wenn es Sinn und Reichweite nicht erkennen lässt. Aber dennoch sind weiterhin viele kanonische Strafbestimmungen unbestimmt gefasst.

Diese Einschränkung des Gesetzmäßigkeitsprinzips ist im kanonischen Strafrecht hinnehmbar. Die ausnahmslose Geltung des Nullum-crimen-Satzes lässt sich nicht aus dem – auch im kanonischen Recht zu beachtenden – Naturrecht ableiten. Daher sind sogar im weltlichen Recht Abweichungen von diesem Grundsatz zulässig. Der Nullum-crimen-Satz ist im weltlichen Recht überdies als Folge der Aufklärung entwickelt und anerkannt worden. Er wird deshalb in erster Linie mit den Prinzipien der Demokratie und der Gewaltenteilung begründet. Diese Argumente lassen sich auf das kanonische Recht nicht übertragen. Die Kirche ist keine *demokratisch*, sondern eine *hierarchisch* verfasste Gesellschaft. Auch eine Teilung der Gewalten gibt es in ihr nicht.

Andererseits darf es in der Kirche keine willkürlichen Bestrafungen geben. Der Gläubige muss sich grds. darauf verlassen können, dass in seine Rechte nicht *ohne* rechtliche oder auf Grund einer *nachträglich geschaffenen* rechtlichen Grundlage eingegriffen wird. Der Inhalt dieser Rechte kann jedoch nicht losgelöst vom Verkündigungsauftrag der Kirche bestimmt werden. Daher ist ein Eingreifen der kirchlichen Autorität auch mit strafrechtlichen Mitteln gerechtfertigt, wenn dies erforderlich ist, um einer Gefährdung dieses Verkündigungsauftrags bzw. des Seelenheils entgegenzuwirken. Der Gefahr der Willkür ist im Rahmen des Prozessrechts zu begegnen, insbesondere durch eine umfassende Beteiligung des Beschuldigten in jedem Verfahrensabschnitt und durch Zubilligung von Rechtsmitteln, die es ihm ermöglichen, die Entscheidung in vollem Umfang zur Überprüfung zu stellen. Darüber hinaus ist dem Gebot der Rechtssicherheit Rechnung zu tragen. Aus rechtspolitischer Sicht widerspricht es diesem Gebot, wenn der Gesetzgeber wegen der Möglichkeit, gemäß c. 1399 CIC/1983 vorzugehen, auf den Erlass einer spezifischen Strafvorschrift verzichtet, obwohl für eine solche angesichts der Häufigkeit und Schwere der Verstöße ein Bedürfnis besteht.

C. 1399 CIC/1983 ist eine strafrechtliche Generalklausel und wurde daher zu Recht nicht in den Allgemeinen Teil des Strafrechts aufgenommen. Daher könnte auch im orientalischen Rechtskreis, dessen Gesetzbuch – der CCEO – eine entsprechende Vorschrift nicht enthält, ein Gesetzgeber – insbesondere der einer Kirche „sui iuris" – unter Beachtung des c. 1405 § 1 CCEO eine entsprechende Generalklausel erlassen.

Die Grundsätze der Auslegung strafrechtlicher Gesetze (insbes. das Analogieverbot sowie das Gebot der engen Auslegung, cc. 18, 19 CIC/1983) sind nicht nur für c. 1399 CIC/1983, sondern auch für das verletzte Gesetz zu beachten.

Während das Merkmal der Gesetzesverletzung in c. 1399 CIC/1983 ein Tatbestandsmerkmal ist, sind dessen weiteren Voraussetzungen – das Bestehen bzw. das Drohen eines Ärgernisses und die besondere Schwere der Gesetzesverletzung – objektive Bedingungen der Strafbarkeit. Der Täter muss daher weder das Eintreten des Ärgernisses gewollt noch alle Umstände, die die besondere Schwere der Gesetzesverletzung begründen, erkannt haben. Für das Merkmal des „Ärgernisses" in c. 1399 CIC/1983 ist die Sicht des kirchlichen Lehramtes entscheidend. Auch verbreitetes, aber nach dessen Auffassung unzulässiges Verhalten kann daher ein Ärgernis begründen.

Bei der Anwendung des c. 1399 CIC/1983 muss berücksichtigt werden, dass strafrechtliche Maßnahmen nur in Betracht kommen, wenn alle anderen Mittel keinen Erfolg versprechen. Kontraproduktiv und dem Grund dieser Vorschrift widersprechend ist es, auf der Grundlage von c. 1399 CIC/1983 Strafen wegen eines beliebigen Fehlverhaltens zu verhängen. Überzeugende Anwendungsbeispiele für c. 1399 CIC/1983 und c. 2222 § 1 CIC/1917 konnten in der Kanonistik bisher kaum gefunden werden. Für eine Anwendung des c. 1399 CIC/1983 verbleibt danach nur wenig Raum.

Adnotationes in Ius Canonicum

Herausgegeben von Elmar Güthoff und Karl-Heinz Selge

Band 1 Anton Morhard: Die gerichtliche Berufung im kanonischen Recht. Eine Analyse des klassischen remedium iuris. 1995.

Band 2 Elmar Güthoff (Hrsg.): Der Schutz des geistigen Eigentums in den Schriften von Winfried Schulz. Festgabe für Theodor Schmitz zur Vollendung des 80. Lebensjahres. 1997.

Band 3 Richard Puza/Andreas Weiß (Hrsg.): Iustitia in caritate. Festgabe für Ernst Rößler zum 25jährigen Dienstjubiläum als Offizial der Diözese Rottenburg-Stuttgart. 1997.

Band 4 Ernst Freiherr von Castell: Alkoholismus in der Rechtsprechung der Rota Romana. 1997.

Band 5 Burghard Pimmer-Jüsten: Facultas vel licentia imponendi tributa sacerdotibus. Partikularrechtliche Untersuchung zu den diözesanen "Pflichtabgaben" der Kleriker. 1997.

Band 6 Jürgen Olschewski: Das Recht auf Sakramentenempfang. Zur Entwicklung eines Fundamentalrechtes der Gläubigen vom Konzil von Trient bis zur Gegenwart. 1998.

Band 7 Martin Grichting: Die Umschreibung der Diözesen. Die Kriterien des II. Vatikanischen Konzils für die kirchliche Zirkumskriptionspraxis. 1998.

Band 8 Cesare Mirabelli/Giorgio Feliciani/Carl Gerold Fürst/Helmuth Pree (Hrsg.): Winfried Schulz in memoriam. Schriften aus Kanonistik und Staatskirchenrecht. 1999.

Band 9 Christoph Kühn: Die Rechtsbeziehungen des Heiligen Stuhls zum Europarat. 1999.

Band 10 Peter Stockmann: Außerordentliche Gemeindeleitung. Historischer Befund – Dogmatische Grundlegung – Kirchenrechtliche Analyse – Offene Positionen. 1999.

Band 11 Jürgen Cleve: Inkompatibilität und Kumulationsverbot. Eine Untersuchung zu c. 152 CIC/1983. 1999.

Band 12 Karl-Heinz Selge: Ehe als Lebensbund. Die Unauflöslichkeit der Ehe als Herausforderung für den Dialog zwischen katholischer und evangelisch-lutherischer Theologie. 1999.

Band 13 Elmar Güthoff / Karl-Heinz Selge (Hrsg.): Der Staat der Vatikanstadt, der Heilige Stuhl und die Römische Kurie in den Schriften von Winfried Schulz. Città del Vaticano, Santa Sede e Curia Romana negli Scritti di Winfried Schulz. Franz X. Walter zur Vollendung des 70. Lebensjahres. 1999.

Band 14 Hermann Kahler: Absentia consensus. Der fehlende Mindestwille zur Ehe als Ehenichtigkeitsgrund. 1999.

Band 15 Nikolaus Schöch: Die kirchenrechtliche Interpretation der Grundprinzipien der christlichen Anthropologie als Voraussetzung für die eheprozessrechtliche Beurteilung der psychischen Ehekonsensunfähigkeit. Eine kanonistische Studie unter besonderer Berücksichtigung der päpstlichen Allokutionen und der Judikatur der Römischen Rota. 1999.

Band 16 Michael Landau: Amtsenthebung und Versetzung von Pfarrern. Eine Untersuchung des geltenden Rechts unter besonderer Berücksichtigung der Rechtsprechung der Zweiten Sektion des Höchsten Gerichts der Apostolischen Signatur. 1999.

Band 17 Paul Weibel: Das Selbstbestimmungsrecht der römisch-katholischen Kirche. Eine staatskirchenrechtliche Studie am Beispiel des Kantons Schwyz. 2003.

Band 18 Stefan Korta: Der katholische Kirchenvertrag Sachsen. 2001.

Band 19 Jürgen Wätjer: Das katholische Domkapitel zu Hamburg von den Anfängen bis zur Reformation und seine Wiedererrichtung 1996. Eine kanonistische Untersuchung. 2001.

Band 20 Bernd Matecki: Der Traktat *In primis hominibus*. Eine theologie- und kirchenrechtsgeschichtliche Untersuchung zu einem Ehetext der Schule von Laon aus dem 12. Jahrhundert. Anhang: Edition des Traktates *In primis hominibus*. 2001.

Band 21 Stefan Gatzhammer: Der Souveränitätsanspruch des Apostolischen Stuhles in päpstlichen Lehraussagen und in der Kanonistik von 1846 bis 1978. 2001.

Band 22 Andreas Franitza: Das Domkapitel zu Hildesheim in der Zeit zwischen Preußenkonkordat (1929) und Niedersachsenkonkordat (1965) und seine Statuten von 1984. 2001.

Band 23 Péter Erdő: Die Quellen des Kirchenrechts. Eine geschichtliche Einführung. 2002.

Band 24 Rüdiger Althaus / Rosel Oehmen-Vieregge / Jürgen Olschewski (Hrsg.): Aktuelle Beiträge zum Kirchenrecht. Festgabe für Heinrich J. F. Reinhardt zum 60. Geburtstag. 2002.

Band 25 Hartmut Zapp / Andreas Weiß / Stefan Korta (Hrsg.): Ius Canonicum in Oriente et Occidente. Festschrift für Carl Gerold Fürst zum 70. Geburtstag. 2003.

Band 26 Johnson Michael Kallidukil: The Canonical Significance of the Synod of Bishops of 1994 on Consecrated Life. From the *Lineamenta* to the *Vita consecrata*. 2003.

Band 27 Hubert Schiepek: Der Sonntag und kirchlich gebotene Feiertage nach kirchlichem und weltlichem Recht. Eine rechtshistorische Untersuchung. 2003.

Band 28 Andreas Weiß / Stefan Ihli (Hrsg.): Flexibilitas Iuris Canonici. Festschrift für Richard Puza zum 60. Geburtstag. 2003.

Band 29 Benita von Beyme: Die Baulast für das Freiburger Münster. 2003.

Band 30 Nikolaus Schöch: Festlegung, Änderung und Konformität von Klagegründen im kanonischen Eheprozess. 2003.

Band 31 Andreas Weiß / Stefan Ihli (Hrsg.): Kulturgutschutz und Kirche, Bibel und Kirchenrecht. Symposion und Festakt anlässlich des 60. Geburtstags von Professor Dr. Richard Puza. 2004.

Band 32 Stefan Lunze: The Protection of Religious Personnel in Armed Conflict. 2004.

Band 33 Christian Kröber: Zur Bedeutung der urheberrechtlichen Vergütungspflicht von kultischer Kirchenmusik in Deutschland. 2004.

Band 34 Szabolcs Anzelm Szuromi: Anselm of Lucca as a Canonist. 2006.

Band 35 Robert Oswald: Streikrecht im kirchlichen Dienst und in anderen karitativen Einrichtungen. 2005.

Band 36 Heribert Schmitz: Die Liturgie-Instruktion *Redemptionis Sacramentum* von 2004. Kirchenrechtliche Anmerkungen zum Erlaß der Kongregation für den Gottesdienst und die Sakramentenordnung vom 25. März 2004. 2005.

Band 37 Krzysztof Górski: Das personenbezogene Eheverständnis und relatives Erfüllungsunvermögen. 2006.

Band 38 Salus animarum suprema lex. Festschrift für Offizial Max Hopfner zum 70. Geburtstag. Herausgegeben von Ulrich Kaiser, Ronny Raith und Peter Stockmann. 2006.

Band 39 Bernd Eicholt: Geltung und Durchbrechung des Grundsatzes „Nullum crimen nulla poena sine lege" im kanonischen Recht, insbesondere in c. 1399 CIC/1983. 2006.

www.ingramcontent.com/pod-product-compliance
Ingram Content Group UK Ltd.
Pitfield, Milton Keynes, MK11 3LW, UK
UKHW021909290926
8980IPUK00015B/1159

9 783631 553244